网络舆情治理

理论与实务

陈华明◎主编

中国社会科学出版社

图书在版编目（CIP）数据

网络舆情治理：理论与实务／陈华明主编．—北京：中国社会科学出版社，2023.1（2024.3 重印）

ISBN 978－7－5227－1522－3

Ⅰ.①网…　Ⅱ.①陈…　Ⅲ.①互联网络—舆论—研究—中国　Ⅳ.①G219.2

中国国家版本馆 CIP 数据核字（2023）第 040849 号

出 版 人　赵剑英
责任编辑　张　潜
责任校对　杜　威
责任印制　王　超

出　　版　中国社会科学出版社
社　　址　北京鼓楼西大街甲 158 号
邮　　编　100720
网　　址　http://www.csspw.cn
发 行 部　010－84083685
门 市 部　010－84029450
经　　销　新华书店及其他书店

印　　刷　北京明恒达印务有限公司
装　　订　廊坊市广阳区广增装订厂
版　　次　2023 年 1 月第 1 版
印　　次　2024 年 3 月第 2 次印刷

开　　本　710×1000　1/16
印　　张　26.25
字　　数　332 千字
定　　价　98.00 元

凡购买中国社会科学出版社图书，如有质量问题请与本社营销中心联系调换
电话：010－84083683

目　　录

上　　编

下 编

上　　编

第一章

网络舆情的概念、特征与功能

第一节　中国舆情思想的演进

如何正确认识舆情思想的历史，是对其开展深入学习和研究的前提。本节将厘清中国舆情思想的演化脉络。

一　中国古代舆情辞源的历史考证

在中国古代，“舆”字最早出现在商代甲骨文中，许慎的《说文解字·车部》提到“舆，车舆也”，“舆”最早用以表示车。《周礼·考工记·舆人》里出现“舆人为车”，“舆”与“人”连用指代造车的人，称为“舆人”；《吕氏春秋·离俗览》记载的“舆隶至贱”反映出舆人在当时处于下等人的社会地位。在春秋末期，“舆”逐渐演化为“轿”，“舆人”被赋予抬轿子的人的意思，其所指范围扩展至与车有关的下层普通大众，如车夫、管车男女、随车士卒、差役、小官吏等。到了汉代，“舆人”与“刍荛”“庶人”的语义趋同，成为普通百姓的代名词。按照当今语义，“舆”包含了“众人的”意思。

关于“情”字，战国时期的先秦儒学家学术论文汇编《礼记·礼运》中即有“何谓人情？喜、怒、哀、惧、爱、恶、欲，七者弗学而能”的说法，意思是一个人无须后天学习，天生就有喜、怒、哀、惧、爱、恶、欲七种人情，这也是我们现在常说的七种基本情绪。随着词义发展，“情”的含义由感情引申为本性、情欲、爱情、意愿、欲望、情趣、私情、情面、常情、实情等，又由实情引申为情况、情形等。①

而“舆情”由“舆”与“情”二字结合，最早的历史记载出现在唐昭宗在乾宁四年（897 年）的一封诏书中：“……朕采于群议，询彼舆情，有冀小康，遂登大用……”（《旧唐书》卷 177，《唐大诏令集》卷 58）此后，“舆情”在历史文献中的出现频率逐渐增加，如《旧五代史》石敬瑭上章云：“明宗社稷，陛下纂承，未契舆情，宜推令辟。”（《旧五代史》卷 48），南唐诗人李中云：“格论思名士，舆情渴直臣。”（《献乔侍郎》）苏轼更有“伏冀为时自重，少慰舆情”（《贺欧阳少师致仕启》）。刘毅在《文渊阁四库全书》电子版进行检索，该书汇集了从先秦到清代前期的主要典籍，共收书 3461 种，其中“舆情”一次共出现 1100 余次，分散在“经”“史”“子”“集”及唐代之后历代的各类文献中。②

在中国古代历史文献中，“舆情”一词的使用主要体现以下三个方面：一是反映民众的情绪，如舆情欢戴、舆情怡悦、舆情慰悦、舆情震骇、舆情愤激、舆情愤懑、抚顺舆情等；二是反映民众的意愿和意见，如未契舆情、未惬舆情、察舆情之向背、博采舆情、舆情尽达等；三是表达民众的疾苦，如体访舆情、俯徇舆情、俯察舆情等。

清代著名思想家魏源系统总结了古代执政者获取舆情的渠道，如彻膳宰、进膳旌、诽谤木、敢谏鼓、师箴、瞍赋、诵、百工谏、庶人传语、士传言、遒人以木铎徇于路、登记歌谣、审议诅祝、查

---

① 李学勤、赵平安主编：《字源》，天津古籍出版社、辽宁人民出版社 2013 年版，第 924 页。

② 刘毅：《网络舆情研究概论》，天津人民出版社 2007 年版，第 1 页。

访谤议、太学之子上书、召见耆老等。这些舆情收集方式基本形成于先秦时代，尽管难以穷尽，但是这些方法却对后世产生了广泛的影响。有现代学者将中国古代舆情收集制度大体归纳为采诗观风制度、吏民上书制度、朝议制度和官员巡查制度等。[①] 可以明确的是，不仅中国古代的舆情思想在漫长的历史发展过程中不断发展和创新，舆情收集制度也处在调整和变化之中，关于舆情的观念思想与制度行为从古发展到今，未曾断裂。

二　中国近代舆情思想的嬗变

到了近代，舆情区别于古代最重要的一点就在于近代报刊的兴起与迅猛发展使其载体和表达方式发生了重大变化，这也更利于人们了解舆情。而在公民意识和国家民族意识的影响下，舆情概念的使用和内涵也出现了新的变化，主流的舆情思想由古代的以民为本、体察民情、通达民声、尊重民意、顺应民心、关心民众疾苦等，转变为救亡图存、号召公共性与民主性的意识形态表达。

报刊发展是支撑舆情演化的重要的媒介载体。虽然早在唐朝时期，中国就有由官府发行的公报如“进奏院状报”“报状”“邸报”或“杂报”之类的报纸，此后北宋有“小报”或“新闻”，明朝中叶以后有“京报”印刷成册公开出版。然而，这些报纸主要记录奏折、官吏任免奖惩与皇帝起居等消息，并没有自己采写的新闻，没有评论、广告及其他副刊文字，未能汇聚成舆情现象，也缺乏监督等正向功能。中国早期的中文近代报刊由传教士和商人创办，从内容到形式已明显不同于中国传统的邸报。近代中国报刊真正的崛起是在甲午战败和国内维新变法兴起的基础上逐渐形成并兴起的庞大现代报刊体系。从 1815 年中国最早的中文期刊《察世俗每月统记

---

① 刘毅：《刍论中国古代舆情收集制度》，《天津大学学报》（社会科学版）2007 年第 5 期。

传》的创办，到1915年《青年杂志》的出版，在这100年间，中国大陆和海外总共出版了近2000种中文报刊。[①] 这些报刊具有报道新闻、传递信息、通达民情、传播知识、开启民智、立言议政和舆论监督（后文将详述舆情与舆论的区别）的功能，促进了近代中国舆情在公共领域的兴起。

舆情走势的持续高涨还由于其处在民族危机这样特定的时代背景下，通过救亡图存进入现代国家体系，逐渐成为近代中国政治精英所追求的理想模式，也是19世纪末20世纪前半期中国政治走向的中心议题。而鼓动舆情高涨、进行意识形态宣传成为当时有识之士开展救亡图存的重要抓手，这也使得近代中国的舆情思想内涵相比于古代发生了根本性的变化。在西学冲击之下，一些人开始借鉴西方以民意为基础的人民主权思想，利用公民意识的力量在中国进行思想启蒙运动，推行君主立宪和议会政治，并通过政治体制的变革推动了人们对专制主义的唾弃和对民主政治的向往。严复在1906年前后撰写的政治学重要著作《政治讲义》中讲道："舆情向背多寡，有议院以为宣达测视之机关者，即无异言国民得此，而有其建立维持破坏政府之机关也。"[②] 严复认为舆情的向背多寡与议员在议院的投票直接相关。同一时期的康有为、梁启超等维新知识分子提倡民权，认为要使议院脱离单纯"通上下之情"的舆情工具，具有内在的价值追求，希望晚清政府能由"君民共治"转向更具近现代意义的"君民平衡"。[③] 近代舆情思想的核心相较于古代，是公民意识与臣民意识的区别，相应地，在利益诉求及制度保障上也有本质差异。辛亥革命后，民主共和取代君主专制充分表明中国传统政

---

① 姚琦：《中国近代报刊业的发展与百年社会变迁》，《社会科学辑刊》2001年第6期。

② 许纪霖：《近代中国的公共领域：形态、功能与自我理解——以上海为例》，《史林》2003年第2期。

③ 王建明：《我国近代舆情概念的使用及其思想内涵的历史嬗变》，《天津师范大学学报》（社会科学版）2019年第6期。

治制度的近代化已迈出实质性一步，现代公民意识已经彻底取代传统的臣民意识，开国会、建立民主共和制度取代君主专制，成为当时民众的主流舆情思想。

总的来说，在近代报刊发展和民族危机现实困境的驱动下，中国近代舆情在社会发酵中持续高涨，其思想内涵发生了根本性转变。近代作为舆情主体的民众开始从传统的君民与臣民观念中觉醒，探讨和发表关于公民的权利义务的意见或意愿，形成现代的民族与国家观念，并通过一定的途径去探讨现代公民的民主与自由的权利。同时，舆情思想中传统天下观的打破、民意取代了天意、近代民族国家观念的形成与发展，成为统治阶层增强统治合法性和国民凝聚力的重要武器。

三　新中国成立后的舆情思想

新中国成立后，中国共产党坚持“全心全意为人民服务”的宗旨、“一切为了群众一切依靠群众，从群众中来，到群众中去”的群众路线、社会主义民主和法制的国家制度、“代表中国最广大人民的根本利益”的思想、“权为民所用，利为民所谋，情为民所系”的执政理念……这都体现了中国共产党始终将民本思想作为执政基础，又不断在执政中发展“以人为本”思想。作为公众认知、情绪、态度、意见反映的总和，在中国现代社会中，舆情对贯彻党的方针路线思想、实现社会黏合具有高度的现实意义。

从媒介的发展情况来看，以互联网为代表的技术高速发展，使得舆情生长的环境日新月异，舆情的传播渠道和内容形态发生了翻天覆地的变化。一方面，自 1994 年互联网进入中国以来，互联网已经融入社会生活的方方面面；现如今网络已成为民众评点社会事件、表达价值诉求的重要方式，也成为政府汇集人民意愿、掌握社会动态的重要渠道。加上手机、电脑等移动设备的普及，每个人都可以随时随地成为信息的生产者和传播者，不再仅仅依靠广播、电视等大众媒体，“社会公众拥有了更多的知情权、话语权，借助网络等新媒体自主设置公共议题，并迅速形成公众舆论，一定程度改变了由政府完全掌控的信息传播格局”①。在互联网时代，“万众皆媒”，舆情生产与发展的情势变化了，网络也相应地成为舆情生发演化的主阵地。另一方面，互联网完成了新一轮传播技术革命，新的媒介技术形态对信息和观念的传播形态也产生了深度影响。以媒体组织为例，当资讯生产机构从线下走到线上并以网络媒体的姿态出现，它们就已经不再是纸质媒体的网络版，而是逐渐形成了自己的信息生产模式。网络媒体更追求新速度、新角度、新高度、新深度、新态度、新逻辑，对信息的生产和传播提出全新的、更高层次的运转模式；同时音频、视频、图文等更为丰富的表现形式被综合应用，信息表征实现革新。由多种信息汇集而成的舆情在自身形态演变的同时趋向于呈现更为纷繁复杂的状态。

从舆情的思想内容来看，随着国际国内形势的发展演变，舆情的思潮也更为复杂，中国共产党领导及政府对舆情思想的把控也提出了更高的要求。从国际局势来看，随着全球一体化以及中国对外开放力度的不断加大，我国和其他国家尤其是西方发达国家的贸易往来、文化交流、人员互动更加密切。而传播技术的迅猛发展使信息传播呈现全球一体化的趋势。地球上任何区间的事件经过大众传媒密集传播到其他地区，使舆情的形成表现出前所未有的新势态。中国的国内舆情与国际舆情的关联度日增，前者受后者的影响十分明显。发出中国声音和争取与中国的国际地位相称的话语权，成为中国媒体对外传播的重要目标。

从国内环境来看，21 世纪以来，中国的 GDP 快速增长，工业

---

① 彭兰：《新媒体用户研究：节点化、媒介化、赛博格化的人》，中国人民大学出版社 2020 年版，第 9 页。

化、城市化以及与之同步的社会转型，催生了工业化国家在转型期间遇到的诸多问题，如腐败蔓延、地区发展失衡、民族问题频发、道德制衡和道德力量缺失等，而做好舆情工作成为治理社会问题的工具与基石。2004 年，党的十六届四中全会指出："要高度重视互联网等新型传媒对社会舆论的影响。"中共中央宣传部舆情信息局就是在这个背景下成立的。2005 年，中共中央办公厅专门印发《关于进一步加强和改进舆论监督工作的意见》，明确表示："重视和支持新闻媒体正确开展舆论监督……新闻媒体要坚持科学监督、依法监督和建设性监督、遵守职业道德，把握正确导向、注重社会效果。"2006 年，党的十六届六中全会强调："要加强对互联网等的应用和管理使各类新兴媒体成为促进社会和谐的重要阵地。"2012 年，党的十八大报告提出："要加强和改进网络内容建设，加强网络社会管理，推进网络依法规范有序运行。"2013 年，党的十八届三中全会决定"健全网络突发事件处置机制形成正面引导和依法管理相结合的网络舆论工作格局"，提出"加快完善互联网管理领导体制，加强网络法治建设和舆论引导"。2014 年，中央网络安全和信息化领导小组成立，习近平总书记指出："做好网上舆论工作是一项长期任务，要创新改进网上宣传，运用网络传播规律，把握好网上舆论引导的时度效，使网络空间清朗起来。"2018 年，国家相关机构建设更加完善，原中央网络安全和信息化领导小组更改为"中国共产党中央网络安全和信息化委员会"（简称"中央网信办"），是中共中央直属议事协调机构；而 2011 年成立的"中华人民共和国国家互联网信息办公室"（简称"国家网信办"）也被列入中共中央直属机构序列，国家网信办履行中央网信办的具体职责，二者为"一个机构两块牌子"。2019 年 12 月，国家网信办发布了《网络信息内容生态治理规定》，自 2020 年 3 月 1 日起施行，旨在营造良好网络生态，保障公民、法人和其他组织的合法权益，维护国家安全和公共利益。舆情对中国社会稳定和国家长足发展具有重要意义，随着政府领导力的提升和工作的不断完善，有关舆情的制度化建设也正在逐步有序发展。

第二节　网络舆情的概念界定

“舆情”“舆论”“民意”“舆情信息”“舆情事件”和“网络舆情”是几个关联性很强的概念，从最基本的概念来说，如何定义“舆情”，目前学界还未能给出一个权威性定义。但从代表性的说法中能看出这些概念之间的相通之处，为我们理解网络舆情这一学术领域及相关研究奠定了重要基础。

一　舆情、舆论与民意

“舆情”“舆论”和“民意”是三个非常相近的概念，在中国特色和现实语境的影响下，从 21 世纪初相关研究兴起到现在，国内学者对这三个概念及其关系众说纷纭，提出若干不同的见解，下文列举了具有典型代表性的说法。

通过前文对“舆情”辞源的历史考证，可以看出舆情的基本含义是民众的认知、情绪、态度、意见等。一些学者对这一概念进行过专门探讨：《舆情研究概论》是中国第一部舆情基础理论专著，王来华对舆情概念的界定倾向于采用“社会政治态度”说，即“舆情是指在一定的社会空间内，围绕中介性社会事项的发生、发展和变化，作为主体的民众对作为客体的国家管理者产生和持有的社会政治态度”。[①]

刘毅则主张采用“多种情绪、意愿、态度和意见交错的总和”

---

① 王来华：《舆情研究概论》，天津社会科学院出版社 2003 年版，第 32 页。

说，即“舆情是由个人以及各种社会群体构成的公众，在一定的历史阶段和社会空间内，对自己关心或与自身利益紧密相关的各种公共事务所持有的多种情绪、意愿、态度和意见交错的总和”。①

丁柏铨提出“舆情即民意”说，即舆情“既可以是得到公开表达的民意，也可以是尚未得到公开表达的民意”。②

张元龙则力主“群体性情绪、意愿、态度、意见和要求的总和及其表现”说，认为“舆情是社会民众在一定的历史阶段和社会空间内，对关乎自己切身利益的公共事务（事项）或自己关心的特定事件所持有的群体性情绪、意愿、态度、意见和要求的总和及其表现”。③

上述学者都相对较早地界定了舆情概念，后续研究多有援引。虽然学者们对取用属概念和就种差进行表述的过程中看法不尽相同，但均认为舆情具有特定含义，而非“舆论情况”的简称。随着讨论的不断深入，也有研究者提出较为新颖的界定，例如：

唐绪军认为：“舆情是潜在的或显性的舆论情势，既包括公开的公众意见，也包括尚未公开的公众意见。”④ 这一表述注意到了舆情中包含了公众的尚未公开表达的意见，而其关于舆情是“舆论情势”的见解颇为独特。

孙立明认为：“由社会事件引发的网络舆情，舆情是原生态的公众情绪和意见，后经媒体和意见领袖的提炼和加工后形成网络议题，围绕议题形成不同舆论，不同舆论经过互动与博弈最终形成民意。”⑤ 此说的特点是将舆情内涵阐述得较为具体清晰，认为舆情与

---

① 刘毅：《网络舆情研究概论》，天津人民出版社 2007 年版，第 51 页。

② 丁柏铨：《略论舆情——兼及它与舆论、新闻的关系》，《新闻记者》2007 年第 6 期。

③ 张元龙：《关于“舆情”及相关概念的界定与辨析》，《浙江学刊》2009 年第 3 期。

④ 唐绪军：《科学分析舆情——正确引导舆论的基础与前提》，《人民日报》2016 年 6 月 19 日第 5 版。

⑤ 孙立明：《网络舆情的三个世界——关于网络舆情的一个初步分析框架》，《中央社会主义学院学报》2017 年第 1 期。

民意等同，舆论是其具体议题的呈现。

本书认为，舆情、舆论和民意之间是有差别的，不能简单地将三者混为一谈。首先来看舆情与舆论的区别与联系。国内也有很多关于舆论系统性的研究，一些较为经典的舆论定义有：甘惜分提出："舆论是社会生活中经济政治地位基本相近的人们或社会集团对某一事态的大体相近的看法。"① 刘建明提出："舆论是显示社会整体知觉和集合意识、具有权威性的多数人共同意见。"② 陈力丹提出："舆论是公众关于现实社会以及社会中的各种现象、问题所表达的信念、态度、意见和情绪表现的总和，具有相对的一致性、强烈程度和持续性，对社会发展及有关事态的进程产生影响。其中混杂着理智和非理智的成分。"③ 韩运荣和喻国明提出："舆论是社会或社会群体中对近期发生的、为人们普遍关心的某一争议的社会问题的共同意见。"④ 除了陈力丹的界定使舆论的内涵较为宽泛外，大部分学者对于舆论的理解都认为是"公众的意见"，其中包含了呈现为公开表达的言论的意思。不过，陈力丹认为舆论有"潜舆论"和"显舆论"之分，除了能够直接看到的言论和议论，还有一部分"没有公开表达出来的信念或者是知觉到而又不易确切捕捉到的公众情绪"，⑤ 这就是潜舆论。可见，对舆论的界定也是存在分歧的。

本书认为，从舆情研究角度看，"潜舆论"更适合被理解为一种舆情。舆论更侧重于可见的意见和言论，舆情在此之上还包括了不可见但可感知的情绪情感和态度等意涵。所以，舆情相较于舆

---

① 甘惜分：《新闻理论基础》，中国人民大学出版社 1981 年版，第 52 页。

② 刘建明：《基础舆论学》，中国人民大学出版社 1988 年版，第 11 页。

③ 陈力丹：《舆论学——舆论导向研究》，中国广播电视出版社 1999 年版，第 11 页。

④ 韩运荣、喻国明：《舆论学原理、方法与应用》，中国传媒大学出版社 2005 年版，第 4 页。

⑤ 陈力丹：《舆论学——舆论导向研究》，中国广播电视出版社 1999 年版，第 90 页。

论，二者内涵有所交叉，但舆情关注的范围更广，这一概念本身也更为复杂。

再看学界如何理解民意。卢梭在《社会契约论》中首次提出“Opinino Publique”这个概念。而在英语中，相对应的词汇是 Public Opinion。其中文译法很多，中国大陆多翻译为“舆论”或“公共舆论”，中国港台地区则多译为“民意”。例如中国台湾学者王石番在其《民意理论与实务》一书中，对西方学者的若干民意定义进行了详细的介绍。这里的“民意”，仅是对“Public Opinion”的一种翻译，其实与中国大陆地区的“舆论”并无差异。比如书中提到杜伯（Leonard Doob）提出的“潜在民意”（Potential public opinion）实际就是前文说到的“潜舆论”。从这个意义上看，民意和舆情的内涵是更为接近的，所指范围要比舆论更加广泛。但学者们的看法不尽相同，例如中国学者刘建明认为：“民意是社会舆论的一种类型，同样反映着特殊的共同意识。”[①] 民意又称民心、公意、公论等，它是人民意识、精神愿望和意志的总和。作为社会真理的坐标，民意是立国治国之本，是判定社会问题真理性的尺度，是推动社会前进和历史发展的根本性和决定性力量。民意体现了人民改变现状、维护自己利益的历史要求，违背民意就是阻止历史前进，最终遭到历史的抛弃。人们通常崇拜的舆论，大多是指民意而言。在这个意义上，民意的内涵被缩小了，成为舆论中具有正面公共价值的部分。

本书认为，舆情研究更多是在中国语境下成长演化，而民意研究多有援引西方学者的讨论，在国别立场上较为模糊，这是二者最突出的区别。总而言之，“舆情”“舆论”和“民意”三个概念在不同视角的讨论下会有不同的立场，但三者不是割裂的，而是有互

---

① 刘建明：《舆论传播》，清华大学出版社 2001 年版，第 92—106 页。

相交叉的联系。需特别指出的是，在研究中三者往往也互相融合，在研究对象、理论视角、研究方法等方面也多有互鉴。对于具体研究来说，无须过分纠结于所指为舆情、舆论还是民意，在明确立场与逻辑前提的情况下，抓住其中的关键问题才更有裨益。

二 舆情信息与舆情事件

"舆情信息"在舆情研究中经常出现，但人们对于该词的使用似乎基于一种默契的共识，而很少讨论其含义为何。从"信息"这一概念谈起，可以看到历史上信息的概念有不下百种，同样是含混不清的。钟义信在对各种观点进行了归纳分析后，认为"本体论层次"上定义的信息是最广义的信息，它可以被认为是事物存在的方式和运动状态的表现形式。这里的"事物"泛指存在于人类社会、思维活动和自然界中一切可能的对象；"存在方式"指事物的内部结构和外部联系；"运动"泛指一切意义上的变化包括机械的、物理的、化学的、生物的、思维的和社会的运动；"运动状态"则是指事物在时间和空间上变化所展示的特征、态势和规律。由于宇宙间的一切事物都有其特定的存在方式和运动状态，因而一切事物都在不断地产生信息，而且是不同的信息。[①]借鉴这个看法，"舆情信息"在广义上就是随着社会实践的发展而源源不断生产出来的。

但是"舆情"的主语是公众、是百姓、是人，因此，舆情信息的主体指向是以人为中心的。从主体认识论的视角来看，舆情信息既包括通过物质载体记录和表达的能够反映公众情绪、意愿、态度或意见的语言、符号数据、消息，也包括那些以非记录形式存在的口头言论、表情、行为举止等线索。在研究与实践中，舆情信息出

① 钟义信：《信息科学原理》，北京邮电大学出版社 1996 年版。

现的语境常常为“经过产生、传递、交流，通过分析，应用于决策活动”。进一步来说，狭义的舆情信息是反映舆情的信息，是人们有目的地收集、分类、加工、处理的信息。比如非典型肺炎疫情和新型冠状病毒肺炎疫情，其本身不是舆情而是“舆情因变事项”（舆情事件的阐述中会涉及这一概念），只有发生了非典疫情和新冠肺炎疫情，引起社会民众恐慌和不安而形成的某种民众社会政治态度、看法和意见，才能算是舆情，将人们的社会政治态度、看法和意见进行收集、整理而形成的文字材料，这就是舆情信息。

对于管理部门来说，舆情信息工作主要涉及日常工作和危机管理工作两个方面。其中，日常工作要求有关人员随时关注民众的生活，定期了解和把握社情民意；而危机管理，则要求相关部门，在突发性事件和群体性事件发生后，做出联合反应，采取各种应急处理措施控制事态的蔓延扩大，减少事件造成的损失和社会负面影响。

而何谓“舆情事件”？这一概念具有双重含义。在传统舆情研究中，类似的概念有舆情因变事项、中介性社会事项、突发性事件、公共性事件、群体性事件等。舆情事件可以被理解为现实社会中客观发生的、刺激舆情出现的、可以归纳为同一主题的行为活动或社会实践。舆情事件有可能是自然发生的，也有可能是人为策划的；有可能是非常具象的一件事，也有可能是模糊不清、通过事后反思复盘才能归纳出的一类事件。舆情事件作为独立于舆情发生的客观存在，对舆情的出现和呈现具有重要影响，可能影响着舆情生发演化的关键节点、舆情信息的内容议题、舆情的次生性与危害性等。

在互联网语境下，舆情出现更为频繁且更为可见可感，“舆情事件”的内涵发生转变，类似的“网络舆情事件”概念随之出现，一般指舆情本身所造成的具有社会影响的网络公共事件。例如夏立新、毕崇武等学者认为舆情事件是指发生在某时刻或时间段内、在某种特定情境下，由一个或多个行为主体参与的网络事件或网络状态的改变。[①] 范晨虹、谭宇菲将“网络舆情事件”定义为，针对特定主题的事件借助网络媒体宣泄、质问、对抗和快速集聚，最终以话语要素影响事件的趋势走向乃至冲击、推进、促成社会关系和社会权力结构变化的社会事件。[②]

不论是促成舆情产生的先验事件，还是舆情造成的社会事件，在互联网语境下二者的界限趋于模糊，都是舆情研究关注的重点。学者或一些实践机构通过舆情信息的收集，进一步分析热点的舆情事件，以此观察热门的公共议题、社会现实中的困境和人们的社会心态等。近年来，热门的舆情事件大致可以归纳为以下几类。

一是涉“官”事件。作为公共事务的管理人员，官员在一定程度上是其所在的政府机构的形象代表，因此官员是重要的舆论监督对象，与官员有关的网络事件是网民关注度较高的兴趣点，也很容易会被推成网络舆情事件。如“雷政富事件”曝光后，网络舆情迅速膨胀，仅用 63 小时，雷政富就被立案查处。

二是涉“富”事件。改革开放至今，中国在经济发展上取得了巨大成就，但与此同时也出现了贫富差距现象。在一定程度上出现了一些仇富情绪。如郭某某炫富事件，经过网络的多轮发酵将中国某公益机构的信誉打落至“冰点”，其反映的是当下人们对于社会公平、正义的焦虑以及在此背景下对公共机构的信任危机。

三是涉“警”事件。作为公共秩序的一线维护者，公检法机构在中国社会安全维护方面发挥着重要作用，但也是国内矛盾的直接承压点。因此，他们的行为很容易成为网络舆情的焦点，如果出现

---

① 夏立新、毕崇武等：《基于事件链的网络舆情事件演化研究》，《情报理论与实践》2020 年第 5 期。

② 范晨虹、谭宇菲：《网络舆情事件对城市形象建构的影响研究》，《情报杂志》2019 年第 12 期。

如滥用警力、警员违法、警察不作为、警车私用等现象，就极易造成警民关系的紧张，引发社会的“仇警”情绪。

四是涉“黄”事件。桃色新闻总是能够吸引人的眼球，因此涉“黄”事件最容易引发网络发酵。这使得“潜规则”“二奶”“包养”等成了网络上夺人眼球的词汇。如果涉“黄”事件与涉“官”或涉“富”涉“警”事件相结合，则更容易激发网络舆情的井喷。

五是涉“暴”事件。暴力是对社会秩序的挑战与冲击行为，涉及每一个公民的人身自由与安全，因而涉“暴”事件最容易触发公众的心理底线。近年来，强拆、自焚、暴力执法、群体性事件等都是网络关注较高的涉“暴”事件。

六是涉“假”事件。与造假有关的如食品安全问题、简历作假、学历作假、“PS 门”等事件，也比较容易形成网络舆情风险。特别是食品药品安全问题，一旦形成网络发酵，其态势则远远强于其他所有事件。例如 2022 年 3 月 15 日，央视“3・15”晚会曝光了部分老坛酸菜包是在土坑腌制而来的现象，引起舆论哗然。

七是涉“弱”事件。与弱势群体有关的事件，也容易引起网民的高度关注和讨论。如 2013 年的某地婴儿随车被盗事件等，都成为网络持续发酵的热点事件。一般而言，容易引发网络关注的弱势群体包括孤寡老人、农民工、残疾人、无业退伍军人等。

八是民生问题。如计划生育政策、房价过高、医保制度改革、高考改革等，这些涉及全国、和民众切身利益紧密相关的民生事件很容易引起网民的共鸣。尤其值得注意的是，2019 年新型冠状病毒肺炎（Corona Virus Disease 2019，COVID－19）疫情暴发以来，有关健康知识、疫情防控政策等公共卫生议题在近些年持续性地成为舆情热点，病毒和由此带来的生产生活问题是极为突出的民生话题。

九是涉及国家利益问题。中国日益强大的政治经济实力引发了中华民族久违的民族自豪感和爱国热情，这种民族自豪感是强烈而不容侵犯的，一旦发生危及国家利益和民族自豪感的事件，网民的民族情绪就会高涨，如南海问题、台湾问题、香港问题、品牌对华歧视等。

此外，甚至还有一些完全是人为制造出来的、难以预料的与公众生活毫无关系的无厘头事件也成为网络舆情的话题源。比如“贾君鹏你妈妈喊你回家吃饭”竟吸引了广大网络哄客一起来吹一个本来毫无意义的网络泡沫，还有在抖音、快手、B 站等用户生产内容、以视频信息表征为主的流量平台上的恶搞话题，一些学者称其为网络群体无聊心理衍生出来的亚文化事物。

三 网络舆情

“网络舆情”的英文对应着“Network Public Opinion”“Internet Public Opinion”“Online Public Opinion”或“Cyberspace Public Opinion”，但国外所指的网络舆情和中国认知中的网络舆情区别较大，与此概念相关的研究主要集中在互联网作为一种新的媒介形式对“公共领域”的拓展功能上，分析或反思网络在人们表达意见中的媒介角色。

与国外相同的是，国内的网络舆情研究也是在互联网高速发展的背景下如火如荼地展开。1994 年 4 月 20 日，中国国家计算机与网络设施（The National Computing and Networking Facility of China，NCFC）到美国加州 Stocken 的 64Kbps 卫星专线开通，首次实现了中国与 Internet 的直接连接，翻开了中国 Internet 发展史的首页，这标志着中国正式接入国际互联网。互联网进入中国 20 年以来，彻底改变了传统的舆情环境，对现实生活也造成了巨大影响，相关的规律研究和对网络舆情监测、预警、处置等主题的研究大量出现。

《网络舆情研究概论》是国内关于网络舆情的第一部专著，刘毅在其中认为："网络舆情是社会大众、新闻媒体、政府部门和各类组织在互联网空间针对热点事件、特定议题与社会现象，所表达的认知、态度情绪、意愿、意见、观点和行为倾向等的总和情况。"① 夏立新、毕崇武等学者认为网络舆情是公众以网络平台为载体，围绕已经发生或即将发生的舆情事件发布的意见、观点、情感和态度的信息集合。② 可见，网络舆情的概念建立在舆情基础之上，重点关注围绕互联网媒介技术发生的舆情。

网络舆情研究借鉴了西方传播学、政治学、公共管理学、舆论学和民意调查等相关研究成果，但由于中国独特的政治、经济、社会和文化环境，中国的网络舆情研究具有鲜明的中国特色。经过数十年的积累，网络舆情研究已经在某种程度上形成了体系性的共识和规范，建设瞄准中国现实、具有中国特色的"网络舆情学"成为可能。网络舆情对了解和反映社情民意、辅助公共决策、引导社会舆论和维护社会稳定等方面都具有重要作用，具有极强的现实意义和社会价值，那么从学理层面，网络舆情学即致力于探究网络舆情发生、发展与传播的规律，并把这些规律运用于引导社会心理与行为规范，促进政府、企业及社会组织决策科学化、民主化，提升社会形象并推动社会和谐进步的学科。网络舆情学的任务就是让学生从理论和实践上掌握网络舆情发生发展的机制和规律，让学生学会对网络舆情进行监测、分析、研判及引导，学会对网络舆情信息进行经营和管理，最后为实现社会治理的现代化做好服务工作。

---

① 刘毅：《网络舆情研究概论》，天津人民出版社 2007 年版，第 53 页。

② 夏立新、毕崇武等：《基于事件链的网络舆情事件演化研究》，《情报理论与实践》2020 年第 5 期。

第三节　网络舆情的基本特征

“网络舆情”这一概念自诞生以来就有其独特之处。舆情信息中谣言等不同内容类型的复杂性特点与现实中的事件演进相互交织，并伴随着网民集中关注的心理与公共讨论的行为……这些都造成了网络舆情的基本特征。对此，学者们进行过多样讨论：徐晓日认为网络舆情有五个特征，即来源具有广泛性和匿名性、倾向于问题揭露与现实批判、具有突发性、易出现群体极化倾向、能够形成更大的群体压力。[①] 中宣部舆情信息局将网络舆情特征划定为开放性、迅捷性、丰富性、互动性、落地性、有限性、情绪性和易控性这八类。[②] 丁柏铨认为网络舆情是虚拟与实在相交融、虚假与真实相伴生、自发与被动相混杂、原生态与非原生态相并存、理性与非理性相兼容。[③] 马映红认为网络舆情的特点可以扩展为即时性、隐匿性、直接性、互动性、广泛性、非理性、突发性。[④] 王国华等将网络舆情的特征归纳为内容庞杂性、情绪感染性和总体可控性三部分。[⑤] 周蔚华等在总结前人经验的基础上，将网络舆情的特征归纳为自发性、指向性、时效性、情绪性、片面性。[⑥]

综合以上，网络舆情是舆情事件内在复杂矛盾积蓄到一定量级的表现，是一种以不可预知时间、态势、规模爆发并在网上快速蔓延的群体性观念和认识。可以说，网络舆情是一种复杂系统的产

---

① 徐晓日：《网络舆情事件的应急处理研究》，《华北电力大学学报》（社会科学版）2007 年第 1 期。

② 中共中央宣传部舆情信息局：《网络舆情信息工作理论与实务》，学习出版社 2009 年版，第 24—27 页。

③ 丁柏铨：《论网络舆情》，《新闻记者》2010 年第 3 期。

④ 马映红：《基于电子政务视角的网络舆情研究》，《兰台世界》2011 年第 2 期。

⑤ 王国华、曾润喜等：《解码网络舆情》，华中科技大学出版社 2011 年版，第 1—2 页。

⑥ 周蔚华、徐发波：《网络舆情概论》，中国人民大学出版社 2015 年版，第 12—13 页。

物，是一种复杂性的网络映射。为了更好地掌握网络舆情的本质特点，可以将网络舆情置于复杂系统和传播五要素的框架下进行考量，其特征可归纳为以下几个方面。

一　随机性与偶发性

从网络舆情的生发来看，其具有随机性与偶发性。人们言论发表的便捷自由度往往与传播技术的发展密切相关。进入互联网时代尤其是信息化时代，人人都有麦克风，人人都有摄像机，人类已经进入一个表达相对自由的阶段。个体在信息时代摆脱了传统的传者—受者二元关系，形成传播者/接收者、转发/评论/点赞等互动者立体关系格局。网络舆情的生发是随机的，往往由不特定的网络话题所引致。当某个话题在网络上持续发酵，逐渐成为热点时，网民便不自觉被吸引到该话题的传播链条中，通过微博、微信等新媒体平台进行转发、评论。在此基础上，当一定规模的网络力量围绕在该话题周边时，网络舆情事件便产生了。网络舆情一般并不是刻意“导演”的结果，其生成演进有着较强的随机性与偶发性。值得注意的是，网络舆情虽存在上述特征，但它不是无缘无故产生的，它是现实社会矛盾的集中反映，深刻体现了公众的利益诉求。

二　情绪化与非理性

从网络舆情的内生性来看，其深层指向公众情绪在互联网上的表达，因此情绪化和非理性必然成为网络舆情的最显著特征。网络舆情对现实世界的反映偶尔是全面的、深度的、本质的，但总体上是局限的、表面的、关联的。长期郁结的非主流社会舆论及其代表群体有了不同于以往任何一个时代的发表与分享意见的权利，在这样的环境下，微信公众号、朋友圈、微博、博客、贴吧、知识问答平台、短视频、直播平台、聚合新闻等渠道，成为网民获取信息、交流思想、发表意见的主要途径。不同的观点、意见和评价越来越兼容，大大超过了传统媒体时代资讯所带来的舆论浪潮。当情绪与舆情事件交织一起时，情绪作用影响下的舆情事件会出现情感偏向，使事件有了更多的情感标签。在舆情的世界里，事实的传播不如情感的传播，情感线是贯穿网络舆情生发演化始末的牵引索。[①]在互联网环境中，网络的开放性摒除了大众传播的组织化中介与专业化把关，情绪的传递因为这种开放变得没有边界和管控。网络舆情世界的逻辑主线并非客观的、讲道理的、讲逻辑的，其主要动力来源于情绪化、非理性的情感。

三 丰富性与多元性

从网络舆情的具体内容和信息表征来看，其具有丰富性和多元性的特征。由于网络的虚拟性、隐蔽性等特点，为公众提供了可以大胆甚至毫无顾忌发声的机会和渠道，这极大地丰富了舆情信息，信息面涵盖了公众对社会各种事件或事物的情绪、认知或心理态势等。此外，移动互联网技术的广泛应用，催生了网络舆情呈现终端的多元化，让网络舆情更具有动态性、融合性、协同性。在全媒体时代，以图片、音视频等为主要表达形式的信息传播较单纯的文字描述效果更好，也折射出网民对网络环境下的图片、音视频等信息可靠性、真实性的认同。

四 交互性与即时性

从网络舆情的传播时空来看，其具有交互性和即时性的特点。信息时代的交互性主要体现在三个方面。第一，网民与政府的互动。目前，很多政务网站为民众开通了和政府直接对话的渠道，民

---

① 陈华明、孙艺嘉：《情感线逻辑下的网络舆情生发演化机理与治理研究》，《西南民族大学学报》（人文社科版）2020 年第 5 期。

众能够把意见直接传递给政府，同时也能及时得到反馈，这是中国民主政治建设的一种积极探索和尝试。第二，网民和新闻媒体的互动。以新闻评论为例，很多新闻网站的页面下端一般都附有“评论”选项，读者如想对这条新闻发表言论，输入自己的意见即可。用户通过媒体了解新闻，媒体通过网络用户的言论了解民众对新闻事件的看法以及民众的思想动态等。第三，网民间的互动。网民借助各类平台进行互动已成为常态。交互性为网络舆情得以迅速发酵壮大提供了信息传播条件。

同时，移动化、融合化的网络媒介赋予舆情更快的传播速度，不仅可以实现“两微一端”的即时传播，更有视频、直播网站带来的实时传播，事件发生和舆情传播在时间上正无限趋于同步化。可视化、实时化的传播方式赋予网民更强的现场感和参与性，实现线上舆情对线下事件的高度还原。如 2021 年郑州遭遇暴雨洪涝灾害袭击，微信朋友圈被相关小视频刷屏；“北京毒跑道事件”中，有家长使用视频直播 App 现场直播检测过程，让事件“发生即传播”，一上网就引发“围观”。

五 个体化与群体极化

从网络舆情的结果呈现来看，具有个体化与群体极化的双重复杂性特点。互联网的发展为民众内隐情绪的释放和观点态度的表达提供了一个理想的渠道，形成了形式多样化的网络舆情信息。网络舆情充斥着网民个体的情感、意志和认知等主观心理因素，每个人的社会经历与思考方式不同，注定网络舆情呈现个体性差异。

但是，尽管网民个体对某个热点或话题的“微传播”看似为独立的网络行为，而一旦引发网民的共同关注、共同参与、共同传播，则有可能形成几何级、裂变式的扩散传播，极易由小众变为大众、由热点变为焦点。网民通过线上讨论、观点分析、意见表达、情绪宣泄等形式，借助网民的转发、评论、跟帖等手段，辅以线下行动，使网络传播系统和社会行为系统同频共振，集聚强大的线上线下舆论力量，形成了趋同性、一致性的舆情走向。

第四节 网络舆情的基本功能

网络舆情作为动态演化的一种社会现象，是互联网时代不可避免且必须面对的一种社会现象。网络舆情的功能是指网络舆情对民众个体、社会生活、政府决策和国家稳定所能发挥的正向作用。

一 信息传递功能

在中国，政府长期以来与民众之间存在信息不对称的现象。互联网时代的到来全面改变了这种局面。网络媒介平台为政府与民众的沟通搭建了快捷通道。一方面，公众可以通过网络参与相关事件的评论和讨论，表达自己的意见和看法，甚至实现了民意直通中央，为基层群众与各级党和政府之间架设起沟通的桥梁。另一方面，网络舆情信息承载了民众针对某一事件或社会现象的观点和态度，故而网络舆情是政府了解情况、掌握社情民意的主要依据，也为进一步的分析、预测及态势控制搭建了桥梁。在信息交互传递的过程中，通过互动、碰撞与协调，完成真相澄清与价值选择，从而统一思想认识、凝聚人心。

二 决策导向功能

只有决策者了解、掌握了社会舆情，才能增强工作的针对性和有效性，才能做出正确的决策。舆情信息通常为公众对社会某事件的关注，是民意的一种体现，反映了广大人民群众的共同愿望和利益诉求。决策者只有在科学研判网络舆情的基础上，才有可能提出具有科学性和可行性的应对措施。许多重大网络舆情事件，由于网民的热切关注，才得到公正合理的解决，并推动了相关制度和法律的改革与完善。2009 年，备受关注的吴英非法集资诈骗案，引发了网民的大讨论。2012 年“两会”结束后，温家宝总理在新闻发布会上就“吴英案”谈了三点启示，要求对民间借贷进行深入调查和研究。在此基础上，国家有关部门陆续出台相关方案，推动了民间借贷在法律和政策保障方面的完善。

三　舆论监督功能

网络舆情是现实社会中各种矛盾的话语性释放，是对党和政府工作的监督，有助于问题的暴露和工作的改进。网络舆情不仅使得公众更加直接地参与政治活动，也弥补了传统监督机构的缺陷，扩大了对社会进行监督的范围，监督内容涉及与公正等价值观念背道而驰的决策或行为。网络舆情关注的主要是社会热点事件，如环境保护、官员腐败、司法公正、医疗卫生、食品安全等，这些问题的妥善解决均与政府部门密切相关。在网络上，公共机关的任何行为都被放大在公众的面前，公共政策的实施过程或执行结果失范，随时可能引发公众的讨论和评论。若不加以有效引导，舆情压力会达到任何部门、机构甚至公众人物无法忽视的地步。网络舆情对于政府推进政务公开具有促进作用，它是公众知情权、参与权、监督权等民主权利得以实现的保障。

四　宣传引导功能

在中国社会经济发展转型期，各种社会矛盾、利益主体冲突凸显。若引导不力或不当，就可能会通过网络的催化和放大，容易使局部问题扩大为全局性问题，使一般问题演变成政治性问题，使个人偏激性言论扩散为非理性社会情绪。网络舆情是进行舆论引导的重要依据。及时对网络舆情信息进行深入的分析和挖掘，发现问题，掌握情况，从而对舆情事件的态势走向进行积极引导，以防其进入恶性循环；对不良信息和虚假信息进行甄别、跟踪和控制，防止其继续扩散，引导舆论方向。在此基础上，能够疏导、释放网民的不良情绪，保障社会稳定，维护政府良好形象。

五　心态匡扶功能

由于中国社会经济发展正处于转型期，各种社会矛盾、利益主体冲突凸显，在面临个体发展不确定性和多元矛盾现象充斥的状况下，社会心态容易摇摆并体现在网络舆情的信息内容中，而这种表达与诉说是网络舆情匡扶失衡的社会心态的重要切入点。网络舆情在某种程度上是现实生活的“晴雨表”，是网民情感和意愿的宣泄场所。通过及时有效的正向引导，能够解决民众反映的真实诉求，避免二次触动网民的敏感神经，这样也就避免了个体不良心态传染到群体，最终酿成具有严重社会危害的群体性公共事件。

第二章

网络舆情的构成要素

第一节　网络舆情的本体

一些人将网络舆情视为“后现代”概念，是伴随现代工业社会之后信息社会而产生的新事物。从它的不确定性角度来看，网络舆情可被称为社会的“晴雨表”和“温度计”，是一种意见和态度的流动性集合，具有不同的存在形态与信息形态，常指向的是代表网络舆情本然的状况或性质。因此，研究网络舆情本体的不同形态，对全方位认识网络舆情具有本体意义。

一　网络舆情的基本形态

网络舆情是复杂性事物之一，具有复杂性的开放、无序、多元等表征。因此将网络舆情置于复杂性视域下来研究，认为其本质是对社会世界复杂性的一种映射，是具有多向因果自反能力并具有复杂属性的“社会主体”，以一种超越个体意见和思想的言说方式，对复杂混沌状态下网络时空关系表达和话语权利维护的过程。综合并动态来看，网络舆情具有以下两种基本存在形态。

（一）网络言论

描述网络舆情为何物？可以将其概括为集约化的民意在网络上传播的产物，“意”反映的是一种心理状态，笼统而言，是指普通民众的看法和想法，是比较抽象的概念。也可以说，网络舆情是网络言论的一种聚合解释，代表的是众人公开化的言论和评议，是特定历史时期和社会空间条件下，公众对特定公共事务、社会问题、自身利益相关事务的整体感知和情感，是多种意愿、态度、情绪等融合的产物。当网络上舆论代表的观点态度形成一种“势”，这种“势”再加上个体情绪的影响，就会成为弥散于网络的舆情。

能引起这种“势”的正是有关事件的言论。网络言论是网络中的基本行为之一，“网络言论是网民在网络平台中关于现实社会的各种现象、具体问题所表达的信念、看法、态度、见解、意见、情结的总和”[①]。网络言论往往是在一个个有关公共利益事件出现后，经过网络传播后，在网络上与现实中弥散开来的一种情感、意见、态度的集合，具有发布匿名性、内容繁杂性、形式多样性的特点。

众人拥有“麦克风”可以在众声喧哗的“网络广场”上发表建议和意见，对个人现实身份会或多或少地隐匿包装，通常以“网络化现实身份”或“二次元身份”示人，在网络平台注册账号，在网站、论坛等网络空间上畅所欲言，比如网络平台发言、即时通信软件的使用、发表文章、发表新闻评论。匿名性特点让公民在新闻时事、社会事件及涉及个人利益事务中发表言论。尽管网络的开放性让言论表达有了自由场域，但也出现了诸如侵权性网络言论、政治性谣言、不道德的网络言论等。可以说，网络舆情的生发、演化与网络言论有着直接性关联。因此，匿名性是相对的、有规则的，权利才有保障。2013 年出台的《最高人民法院、最高人民检察院关于办理利用信息网络实施诽谤等刑事案件适用法律若干问题的解释》，明确诽谤信息被转 500 次可判刑，也明确了合理表达观点不牵涉诽谤。网络言论的失范问题逐渐纳入国家法律的重要治理

---

① 刘正祥：《网络言论的失范及其法律规制》，《政法学刊》2010 年第 2 期。

一环，防范恣意诽谤、网络暴力等现象依然任重道远。

网络言论所谈内容也是十分繁杂。网络舆情中的言论内容主要是情感情绪与模糊性事实互相叠加后形成的如流言、谣言、段子等。中国网络用户每天接收和发送海量信息，网络信息数量庞大、类型多样，网络言论内容繁杂。中国互联网络信息中心（CNNIC）第50次《中国互联网络发展状况统计报告》显示，截至2022年6月，我国网民规模为10.51亿，互联网普及率达74.4%。习近平总书记在网络安全和信息化工作座谈会上的讲话中提道："网民大多数是普通群众，来自四面八方，各自经历不同，观点和想法肯定是五花八门的。"网络言论极具个性化，这让用户时刻处于广大及更多元化的意见、观点及争辩当中。这里参照免费海量事件数据分析平台——"知微事见"对言论内容的分类，可以囊括社会、互联网、政务、财经、企业、娱乐、灾难、违法犯罪、国际、体育、谣言等内容分类。与此同时，媒介化社会让舆论场与各类事件相关言论成为包含关系，直观刻画舆情环境。

（二）网络行为

近年来，具有重大社会影响力的舆情热点事件呈现井喷状态，加上庞大的各类网络产品用户群体，多样性网民行为与喷涌的舆情热点事件成为媒介化社会下的社会现实。网络舆情视域下的网络行为是一种社会集体行为。第一，是使用网络或各类网络产品的用户群体，有意识、有目的地利用网络技术或平台进行思想、情感交流的过程。第二，是在信息网络上涉及他人原始信息内容，存在被讨论、点击等与用网行为无关或者仅以网络为跳板而在其他传媒工具之中进行大面积传播行为。网络行为不是本能动作而是出于信息获取目的或情感参与目的行为。对于舆情而言，这种夹带个人或社会群体意见意志的目的性或情绪性行为，又常常通过网络媒介予以传播，带来网络舆情潜在爆发的风险，增加了网络舆情管控的难度。

网络行为会对社会公众形成感染效应，推动网络集体行为发酵形成网络舆情，常在观点渗透与情绪感染、群体认知与情感联盟、社会公众情绪与情感的外显三个方面影响舆情走势。首先，在网络舆情事件中，用户多以信息搬运工、信息编写者、信息发射者、被动型传播者的身份处于舆情扩散的旋涡中。其次，在群体极化、意见氛围、沉默的螺旋及信息协同过滤等效应作用下，松散的个体或组织被各种情绪、意见、立场等刺激或感染，形成基于共同心理的情感联盟，对事件大致产生趋同的认知和情感。最后，媒介技术及平台给予了这类认知和情感的传播机会。裹挟着零散式表达和集体式表达的网络行为会强化舆情传播，通过网络暴力、网络人肉搜索、极化言论，或是游行、抗议等和平方式以及打砸烧杀等暴力方式引爆情绪。因此可以讲，网络行为与网络舆情互为彼此，网络行为是现实社会矛盾在网络虚拟社会中的影射与延伸，是网民力量释放的结果，极易成为引燃网络舆情的源头。

二　网络舆情的话语异化

网络话语是造成网络舆情爆发的一种元传播现象，这是由于网络话语既能传播信息又能表达情绪或观点，话语涵盖了概念表达的总体框架，兼具了舆情生成、言说、传播、再生成的能力，网络语言中的异化话语与规范性语言相悖，其强烈的修辞手法和负能量叙事方式加快了网络舆情的蔓延。网络异化话语直接影响政府管理层对突发事件网络舆情的导控效果，而网络话语主体在信息传递中的负向伦理价值观对舆情态势和事件效应也有较大的不良影响。

（一）网络闲话

网络闲话是网民普遍关注事件及社会现象，是在网络上被公众关注、追捧和传播的语义表达形式。作为一种日常文化实践，具有信息传播、游戏娱乐、道德评价、群体团结等功能。由于每个人都有可能参与闲话传播，因而闲话还关联着舆论形成和权力分配。内容方面，网络闲话是热门话题或事件的集中反映，且热度具有周期性。范围方面，网络闲话是网络事件引起发酵后网民宣泄情感的一种口语化表达，其本身内容未必反映事件的真相，可能带来舆情的生成。性质方面，“热”体现在热点话题的集中反映。产生条件方面，源自网络条件下网民社会心理的折射，即符合集合传播的意愿。

作为特定情境下人与人之间进行沟通的具体语言行为，一直以来，闲话主要集中在“熟人社会”这一现实场域中。闲话传播的意义及功能，是乡土文化研究的独特方向。进入现代社会，尤其是网络社会后，网络闲话适应了个性化生活形式为主导的大规模、现代语境的交流需要，更加具体地指向不在场他人或他群具有“闲谈”特征的评说，这种不以信息正确真实还是失真来进行评判的表达，极为容易与舆论舆情相挂钩，形成线上一种日趋常态化的舆论活动。由此，闲话研究的语境也得到进一步的拓展，研究主题也更加复杂多元，与网络流言、网络谣言等存在着模糊性。

（二）网络流言

网络流言是指没有经过证实的陈述，不对其内容真假进行判断，仅代表一种对存在的描述。网络流言与网络相关，网络流言的形成、传播、扩散经过互联网，并利用各种互联网信息媒介进行传播扩散，它是流言与网络相结合的产物，又有着新媒介技术所赋予的特点，能在短时间内以几何倍数扩散，甚至引发巨大的“蝴蝶效应”。其传播方式涵盖了人际传播、组织传播和大众传播三种方式。网络流言的内容是网民所感兴趣且愿意议论评价的，在传播动力上，网络流言是自然传播扩散，造成的影响不及网络谣言。

流言自古有之，在传统社会主要依靠口耳相传的人际传播方式进行。与新媒体相结合以后，流言突破了时空限制，以更短的时间辐射到达更大的范围，甚至可能在瞬间蔓延到各个角落。网民稍微不注意就会卷入网络流言传播当中，自觉或不自觉地充当起网络流言的“中转站”、散播者甚至是直接制造者。其中，尤其是网络流言的“群体极化”逻辑给网络流言的散播提供了生存环境。“群体极化”是社会心理学的概念，桑斯坦在《极端的人群：群体行为的心理学》中给出的定义是，“进行讨论的一个群体的成员通常到最后所采取的立场，与讨论前成员所持有的倾向总体相同，而且更为极端”。在网络流言的发展过程中，由于网络流言传播具有广泛性和易变形性，极为容易在极化情绪的影响下成为带有观点的假消息，如果处理不当或者被人利用，就很容易变形为可怕的“网络谣言”。导致网络空间中人心惶惶，严重的会影响现实环境中的民众心态，甚至引发群体性事件，影响正常的社会生活秩序。

（三）网络谣言

网络谣言指的是流传于网络上的带有诽谤性质的言论，其主要特征是捏造出来的虚假陈述，核心特性是虚假性。相较于网络闲话的“闲谈”、网络流言的“陈述”，网络谣言是包含或者兼顾二者，是虚假性与真实性交织的、没有事实依据，带有攻击性、目的性的话语。

当网络谣言逐渐从一种信息变成影响公众判断和行动的障碍时，就会向网络舆情演化发展的方向转化。网络谣言正是以其特有的主观、模糊、虚实难辨等特性，逐渐裹挟着更多公众，使他们开始信以为真并做出负向判断和行动。可以说，网络谣言对网络舆情发展过程的影响、危害尤为巨大，不仅会形成谣言舆情，扰乱网络舆情环境，更会衍生出其他负向舆情，引发网络舆情危机，危害整个网络社会秩序。

网络谣言对网络舆情的传播是有着直接影响的，这主要体现在对网络舆情的传播渠道、传播内容、传播主体的影响上。在传播渠道方面，网络谣言作为信息传播内容，可直接借由网络谣言的活跃点推测出网络舆情的传播渠道，通常谣言聚集或传播频繁的地方也是网络舆情生发、传播、达到高潮的地方。在传播内容方面，网络谣言是中国转型期社会矛盾突出、社会心态浮躁的现实反映，特别是某些具有较强社会动因的网络谣言能够引发情感共鸣，迅速集结民意，转化为强大的网络舆情攻势。在一定程度上，网络谣言涉及的事件或态度、情绪，相应反映的也是网络舆情重要的传播内容。另外，网络谣言的煽动与引导话语，极易使公众产生共鸣，引起情绪上的共振，这很容易引发线上负向舆情，甚至是线下群体性事件。在传播主体方面，网络谣言会推动网络舆情朝着负向发展，网络谣言易蛊惑网民，引发错误的舆情导向，非直接相关主体也会被裹挟其中，出现“假主体真参与”的怪象，也就是毫不相关的主体在谣言氛围下“被主体化”，成为参与谣言传播的主体，这一点需要格外关注。

三　网络舆情的形式异化

（一）网络表情包

娱乐泛化的网络背景下，网络表情包中图文结合的表达形式所带来的视觉冲击为受众所追捧，网络表情包作为由网络表情符号发展而来的新型网络交际语言，能适应社交聊天中各种不同语境的文化交往。相较于弹幕、恶搞视频等其他亚文化形式，网络表情包的样式更加新颖，接触使用频率更高，制作方式更为便利，组成内容更为多样化，颠覆性和抵抗性更加明显。现实网络环境中，网络表情包在带来感官愉悦、压力释放、群体认同的同时，也存在暴力色情、无谓狂欢等消极方面。作为一种非语言交际行为，网络表情包在日常生活中发挥着信息补充功能、重复功能、强化功能、协调功能、替代功能、抵触功能。正因为如此，过度使用和使用不当也会造成泛化的网络舆情，消解网络舆情事件的严肃性，造成相关或非相关的触发因素助推舆情失控。

1982 年美国学者法尔曼发布了 ASCII 码笑脸，随后“微笑”符号在世界各地传开，深受人们的喜爱，这也是网络表情符号最初的产生形态。网络表情随即进入网络社交时代，成为一种便捷有趣的交往方式。开始出现日式颜文字、emoji 表情、QQ 经典小黄脸等各式各样表情包。网络表情包通常作为某一群体话语空间的产物，会在公共区域内体现直接表达的意见或主张，形成区别于政治建构之外的公共交往和舆论舆情。又由于网络表情包制作便捷，为了吸引眼球、博取关注，部分网民设计、制作出充满非主流思想的网络表情包，这也给居心叵测的传播者提供了利用表情包进行负面传播或非法传播的机会。

网络表情包与网络舆论的内在关联。表情符号作为一种普遍的传播现象，不仅改变了传播格局，也对社会短期的舆论建构和集体记忆建构产生了重要的影响。这些表情包往往可以反映出用户的情感。对于相关管理人员来说，分析网络社区中用户的情感倾向性，有利于把握舆情动态，对于舆情治理有着指导意义。曾有学者认为，网络舆情隐喻化是舆情通过隐喻的方式在网络上传播和表达的过程。[①] 网络舆情隐喻通常以图片、漫画、表情包、历史小故事、音频、视频等为载体。表情包作为网络舆情的视觉化隐喻表现形式，若建构的是正面隐喻，则有塑造、美化公权力的作用，如果是负面隐喻，就会有损害、降低公权力的作用。因此，关注网络表情包的隐喻流变性、隐喻群体极化、隐喻片面化三个重要方面，是研究和防范网络表情包造成社会舆情的主要着力点。

---

① 孙江、秦小琪：《网络舆情隐喻化及纠偏治理机制研究》，《现代传播》（中国传媒大学学报）2019 年第 4 期。

（二）网络流行语

网络流行语是语言学与社会学跨视域下呈现的研究对象。网络流行语一定程度上是由网络事件与网络舆情叠加而成的，在语言表达方式上形成的一种网络内容。陈一民教授曾从语言学层面解释了网络流行语。他认为，网络流行语指伴随着现实和社会新闻事件的发生，在网络几近同步产生，迅速风靡于网络内外、短时间内生命力极其强大但并不长久的热门词语，又叫“网络雷词”“网络热词”。[①] 很多网络流行语跟一些热点事件和舆论焦点关联密切。从某种意义上讲，网络流行语在网络虚拟空间快速泛化的实质，是现实民意的网络表达。近几年，网络流行语迅速流行并成为人们的日常生活用语。网络流行语之所以如此流行，虽然离不开复杂的社会环境和互联网的技术支持，但是也与它自身的简洁性、媒体的引用、独特的话语方式、创新式的语言有关。网络流行语的多范围使用，有一定的社会背景，中国经济、政治、文化、社会等领域的快速发展出现的“阵痛”问题，尤其是国家在提出治理能力和治理体系现代化的总体要求背景下，教育、医疗、生态环境、社会治安等领域依然存在问题，这样的处境为新时代语言的产生和发展提供了肥沃的生存土壤。

网络流行语引发网络舆情。自 2003 年互联网在中国呈井喷式发展开始，网络流行语便以非主流文化的形式出现在人们的生活中，丰富着人们日常生活中的表达方式。在网络舆情研究视域下看网络流行语，能看到政治、经济、文化、社会等领域盘根交错的关系，也能看到当代网民解构传统文化、追求后现代自由表达的思想状况，还要看到网络流行语具有“交流工具”、“社会舆情表达”载体、个性化“表情达意”或“情感宣泄”载体的功能。伴随着

---

① 陈一民：《语言学层面的网络流行语解读》，《中南林业科技大学学报》（社会科学版）2008 年第 6 期。

社会发展，中国已经进入网络舆情事件的高发时期，但社会热点类年度网络流行语与网络舆情事件在数量上总体有所减少。这表明，中国网络流行语经过从浅显直白的娱乐表达到民意诉求的凝结爆发，其表现形式和话语表达都有回归网络原生态的趋向。但是，这并不意味着网络话语对现实社会的影响力有所减弱。需要加强对网络流行语创作手法和用意的甄别，规范网络流行语的传播渠道，限制危害主流意识形态安全的网络流行语在网络空间和现实社会传播。重点是要消化、理解网络流行语涉及的社会事件或现象，掌握从事件或现象中抽取、概括出的，能正向引导的表达形式和内容的建构技巧和策略。

（三）网络集体行为

网络集体行为的定义为“在一定时期内借助网络通讯技术，众多网民自发参与或有组织地聚集在某一个网络公共场域，通过网络互动对某一刺激作出的一致的共同反应的行为”[①]。媒介化社会与现实生活的深度融合，在不断改变与形塑社会公众的生存方式与行为方式。

网络集体行为诉诸互联网这个媒介，传达人们的态度想法，与现实社会中的集体行为不同。网民集体行为发生在时空场域交叉、重叠的网络环境中，具有自发性、情绪性、无组织性、极易接受暗示与引导等特点。截至2022年6月，中国网民规模已达10.51亿，网络传播改变了传统媒体的传播模式，为普通民众提供了平等的话语空间，一些传统媒体没能报道的现实问题，有可能通过网络空间传播到社会上，触发社会的敏感神经，引发网民的集体行为。这样，一些由网络传播而引发，有一定数量网民参与并在社会上引起广泛关注的事件，被人们称为“网络群体性事件”。群体中的成员

---

① 郝强：《网络集体行为的特征及其影响——对“网民反CNN事件”的分析》，《延边党校学报》2010年第3期。

们在最开始是带有舆论倾向的，经过彼此交流沟通后，群体成员的舆论倾向会进一步发展并且比开始更极端。这种现象被称为“群体极化”现象。桑斯坦教授还指出，在网络氛围中，这种现象会变得更加明显和突出。法国社会心理学家勒庞在其著作《乌合之众》中用“集体无意识”一词来形容网络环境中公民的言行，为西方学者的研究提供了崭新的分析视角。他指出，个体如果进入集体，其独有的性格便会逐渐模糊甚至消失，集体的意念与想法就会逐渐居于支配地位，几乎同时，集体的行为还会出现不接受不同意见、冲动、情绪化及愚昧化等特质，进而对社会产生破坏性的影响。后来，包括瑞士心理学家荣格在内的众多西方学者，都认同或发展了勒庞的该观点，并且认为这种集体无意识现象的不理性特点会造成一定程度的消极影响。

总而言之，网络集体行为是网民群体基于共同的利益和情感诉求，利用虚拟空间有意识地大量传播某一信息，以影响更多人群获得舆论支持，并有可能催生现实群体事件的行为，它不同于那些合法的游行示威活动，也有异于政治骚动等集体行为，是一种特殊的、新式的集体行为，介于合法与不合法、暴力与非暴力、理性与非理性、自组织与他组织之间，表现形式丰富。因此，应该重视实践的策略指导方面，要通过合理化信息认知策略，改变网民对集体行为的认知构念，还要根据网络集体事件的属性及时疏解网民的情绪体验，从而引导网络集体行为向健康积极的方向发展。

第二节　网络舆情的主体

舆情的主体是人，舆情反映的是人的态度、情绪、观念的总和。构成舆情的主体众多，普通网民、自媒体、传统媒体、政府、意见领袖等都属于网络舆情主体的范畴。他们是网络舆情最不可或缺的要素，离开了主体，网络舆情也就无从谈起。因此，我们有必要对网络舆情主体的内涵及特点进行梳理。

一 网络舆情主体概念及内涵变迁

从舆情的定义来看，舆情主体主要指公众，网络舆情的主体主要指网民，它是舆情产生的直接因素，没有公众或网民，便不会有舆情。网络舆情的主体主要是网民，网民的群体构成复杂，其中大多数为普通网民，他们的态度直接影响舆情的走向。

但是随着个人媒介素养的提升及网络空间自由表达的条件越发充分，越来越多的当事者在公共事件中有更多的发言权，影响网民的看法。另外，网民中还有小部分重要的群体就是意见领袖，他们虽然人数不多，但影响巨大，是网络舆情中起到关键作用的节点性人物。[①] 与此同时，社会组织、政府部门、网络媒体等主体也已然意识到网络舆情的重要性并利用网络平台传递信息、发表意见。综上所述，网络舆情的主体概念及内涵变迁是一个动态发展的过程，越来越多的社会主体加入到了众声喧哗的网络“喊话”中来。因此，我们认为网络舆情主体指对社会事务发表意见或采取具体行为的个体或者群体。

网络舆情是多种意见主体在网络空间共同讨论的结果，哪个群体掌握话语权，就会成为网络舆情扩散的推动力量，掌握的话语权越大，这种力量越强。因此在网络舆情治理的过程中，我们应该分析公共舆情事件所涉及的舆情主体有哪些，他们对舆情的走向有何作用，应该如何识别各个主体的心理特征和主要诉求，从而对症下药，让舆情往预期的方向发展。

---

① 王平、谢耘耕：《突发公共事件网络舆情的形成及演变机制研究》，《现代传播》（中国传媒大学学报）2013 年第 3 期。

二　网络舆情主体类型

学者黄微认为，网络舆情主体是在网络空间表达认知、情绪、态度、意见等言论的主体，大体可以分为自由主体、领袖主体、管控主体、利益相关方主体四类，以下我们对这四类主体的内涵、特征逐一分析。

（一）自由主体

自由主体由与舆情事件无关的网民组成，随着自媒体的兴起，每个网民都成为“新闻人”，其数量占据绝对优势，影响日渐扩大。虽然网民的意见不能代表全部的网络舆情，更不能代表整个社会的社情民意，但是网民的意见经过网络平台的传播变得更显性，是测量网络舆情的重要指标，也是民意的重要补充。

1. 网民的构成

《第50次中国互联网络发展状况统计报告》表明，截至2022年6月，中国网民规模为10.51亿，“人人都有麦克风”的时代已悄然到来。基数庞大，网民群体构成复杂，根据该报告，我们可以得到表2－1，从整体上把握网民的基本属性结构。

表2－1　中国网民基本属性

网民属性	基本特征描述
性别结构	截至2022年6月，中国网民男女比例为51.7：48.3，与整体人口中男女比例基本一致。
年龄结构	截至2022年6月，中国30—39岁网民占比为20.3%，在所有年龄段群体中占比最高；40—49岁、20—29岁网民占比分别为19.1%和17.2%，在所有年龄段群体中占比位列二、三位。

由表2－1可以看出，中国网民接入互联网的条件越发成熟，再加上各类社交媒体的发展，每一个网民都具备了“手握麦克风”

的条件而有可能成为“平民记者”。大众媒介的主导作用随着技术对网民的赋权而相对减弱，即使是草根网民，也能够借助网络平台接收或者发布信息，很容易造成“众声喧哗”的场面，进一步导致舆情失焦、失控、极化等问题，给舆论生态乃至社会系统的正常运行造成负面影响。

我们应该意识到网民群体内部的差异性，随着网络社会化，网民内部分化、分层态势逐渐呈现，即现在的网民群体是一个多样的复合群体，用“网民”这一用语呈现或说明网络空间中的行为者和话语力量已面临着极大的问题和局限。在具体的舆情事件中，网民所扮演的角色也会有所不同，例如有的网民将新闻从传统媒体搬运到网络平台、从一个平台搬运到另一个平台；而有的网民在社交媒体上评论或者发表自己的意见；有的网民出于某种动机在网络上煽风点火、编造传播虚假信息；而剩下的大多数网民可能仅仅是围观者。有学者依据面临网络突发事件时的行为特征，将网民类型分为潜水型、转发型、复合型、争论型和领袖型。[①]

2. 网民的不良社会心态

在互联网这个“意见的自由市场”中，网民得以畅所欲言，其中不乏理性、建设性的看法和观点，但同时也存在诸多情绪化、非理性的表达。在社会转型的大背景下，网民不仅受到中国传统文化的熏陶，也受到西方各种理论思潮影响，网民心理十分复杂。一般而言，网民心理包括渴求新知的心理、猎奇探究的心理、彰显个性的心理、娱乐时尚的心理、减轻压力的心理、跟风从众的心理、平等参与的心理、强烈的创新心理、追求自我实现的心理。[②] 个体的网民心理特征、情绪可以和其他网民个体或群体汇集、碰撞，情绪

---

① 刘晔：《关于网络舆论传播的主体及客体分析》，《法制与经济》（上旬）2012 年第 5 期。

② 刘毅：《网络舆情研究概论》，天津人民出版社 2019 年版。

和情感具有极强的传染性，热点事件信息本身可能会在公众情绪冲动中被曲解和放大，也有可能被恶意利用传布不实和有害信息，及时公布事件真相，抢占信息“生态位”至关重要。[①]

因而我们有必要对当下网民的社会心态进行研究和总结，社会心态来自社会个体心态的同质性，却不等同于个体心态的简单加总，而是新生成的、具有本身特质和功能的心理现象，反映了个人与社会之间相互建构而形成的最为宏观的心理关系。[②] 张志安等梳理了中国网络空间和现实空间渗透着的不良社会心态，主要有结构性怨恨、仇官和仇富心态、低信任感、冷漠和浮云等较为典型的特征。[③] 这些复杂心态不仅影响着网络舆情的产生和发展，也成为网络舆情治理的关键所在。

结构性怨恨。通常存在于社会发展效能较低的社会群体中，主要表现为对社会和体制的批判和不满，习惯于恨社会、骂体制。在网络社会中，他们常批判社会不公和体制弊病等问题，常把对社会的不满情绪宣泄在网上，呈现一种对体制和社会的结构性批判，背后其实掺杂着对社会抱怨、不满乃至怨恨等复杂心态。不过，正视这种结构性怨恨心态的形成过程及其真正原因，也能帮助管理部门更好地改善治理机制和提升执政绩效，因此，也需要理性看待结构性怨恨。这种心态极易放大网络中的负面情绪，在舆情表达过程中，还容易产生“群体极化”现象。针对具有结构性怨恨心态的议题，舆情引导的难度会大大增加，而且如果过度正面宣传，反倒更容易加深网民的不满情绪和逆反心理。这些消极情绪和逆反心理会

---

① 毛太田、蒋冠文、李勇、赵蓉、高凯：《新媒体时代下网络热点事件情感传播特征研究》，《情报科学》2019 年第 4 期。

② 杨宜音：《个体与宏观社会的心理关系：社会心态概念的界定》，《社会学研究》2006 年第 4 期。

③ 张志安、张美玲：《网民社会心态与舆论引导范式转型》，《社会科学战线》2016 年第 5 期。

影响网民的理性判断，阻碍其参与社会实践，更有甚者发展成“民粹主义”，成为导致网络舆情危机的导火线。

仇富和仇官。一直是网络社会中较为根深蒂固的社会心态，反映了一部分公众对官员和富人较难改变的刻板印象和不满情绪。抱有这种心态的网民群体常表现出对富人和官员的不满或憎恨，一想到富人，就容易联想到骄奢淫逸、挥霍放纵的形象；一想到官员，就容易联想到腐败滋生、权力滥用的形象。这种刻板成见一旦形成，很难在短期内有所改变。尤其在涉及官员、企业家等人物的负面事件时，相关的舆论引导效果会大打折扣，部分网民会陷入极端化、固化的态度和情绪中，甚至习惯于以“阴谋论”思维来解读。这种心态无疑增加了针对官员、企业家等群体或相关议题的舆论引导难度。对于持有这部分心态的网民来说，公开透明的报道、实事求是的传播是最好的沟通方式。

低信任感。有研究者认为，当今中国正面临的信任危机，动摇了社会建设的底线。其中，政府的信任危机是较为典型的一种危机，事实上，它源自民众对政府认知与公共期待之间落差形成的相对剥夺感。对政府的不信任并非新媒体环境下特有的社会心态，早在古罗马时代，对此就有描述，西方政治学将其称为“塔西佗陷阱”（Tacitus Trap），通俗地讲，就是当政府失去了公信力，无论说真话还是假话，做好事还是坏事，民众都会认为是在说假话、做坏事。网民和公民对政府、对权威等缺乏足够的信任，在涉及相关的热点事件时，有时候即便政府持续发布真实信息，网民依然抱有质疑和怀疑态度。网民由于首先不信任政府这个发布信息的主体，所以才不信任这个主体发布的信息内容，在这种相对缺乏信任的社会心态中，权威信息在新闻发布过程中，也不容易取得预期的效果。

对于这种心态，舆情引导将很难实施。比如同样是建垃圾焚烧厂，在欧美国家往往没有太多争议，因为公众对政府进行自发性监管、合法团体对施工、设计方有持续的评议。但在中国各地多次发生针对垃圾焚烧场的社会抗争活动，其中除了政府发布相关信息不够透明外，跟一部分地方政府的公信力不高、公众对其监管机制缺乏足够信任有关。网民的低信任感使得“塔西佗陷阱”逐渐成为舆情引导过程中最大的棘手问题，这也是传统舆情导向范式不得不进行转型的动因。

“冷漠”和“浮云”的心态一直是网络上典型的社会心态特征。有研究者认为“冷漠”心态是当前最可怕的社会心态，其结果就是麻木。这种心态还反映了部分网民对改变现实的无力感、对自我实现的控制感降低，这种情绪放大和汇聚，比较容易导致悲观和无奈情绪的弥漫。互联网上聚集了很多弱势群体，这部分人在现实社会中不能获得应有的利益，不能保障自己的权益，甚至在最基本的健康、医疗、公平权上也不能得到保障，对这部分网民而言，互联网是他们交流信息的介质，通过网络上的信息看到更多的弱势群体，那种消极情绪也互相传染，成为他们眼中的社会“现实”，再通过一系列的连锁反应，更加剧其负面心理认知。

这部分网民群体对于社会议题往往呈现“幻象”般的关注状态，如他们典型的“关注方式”就是随意点赞，“好的方面”点赞，“不好的方面”也点赞。这种社会心态最容易被人忽视，影响舆论的真实性，容易让舆情引导工作产生“错觉”，最后也会影响到舆情引导的效果评估和策略制定。

（二）领袖主体

领袖主体由记者、评论人、专栏作家、网络大V等代表新闻媒体或具有相当个人影响力的意见领袖组成，既表达了媒体机构的观点，也代表了大众的意见和声音。在网络舆情事件中，意见领袖在其中扮演着越来越重要的角色。在网络舆情事件演变过程中，网络意见领袖在传递信息、引发讨论、形成强势意见、对媒体解读与反解读甚至发起行动方面都起着重要作用。

1. 网络舆情事件中的意见领袖特征和类型

根植于互联网络虚拟平台的意见领袖，既具有传统社会意见领袖的本质特征，即选择性地传播有利于自己观点的信息，通过提供建议和观点影响他人，又因为其不同于现实社会的特殊生存环境，而具有一些不同的特点。这些特点包括：

a. 网络意见领袖与受其影响者处于同一群体并拥有共同的兴趣爱好。

b. 网络意见领袖与受其影响者之间的关系缺乏稳定性。

c. 网络意见领袖的行为表现非常活跃。

d. 网络意见领袖都具有出色的表达能力。

e. 网络意见领袖都具有某种专长。[①]

网络空间的虚拟性与匿名性，使人们之间的信任和社会联系较现实社会更难建立和维持，而自由开放的网络平台又为多元意见的表达和存在提供了便利的条件，网络意见领袖的地位保持存在难度。因此，根据个人影响力的持续时间，网络意见领袖可划分为以下两类。

事件型网络意见领袖。一方面，与传统社会意见领袖相比，网络意见领袖与被影响者之间的虚拟交往可能缺乏一种持续性，而社交互动是意见领袖发挥个人影响力的先决条件。另一方面，互联网上的议题层出不穷、涉及广泛，网民的兴趣点时常此起彼伏，想要持续地处于意见的领导者地位非常不易。因此，网络环境下可能存在一类昙花一现的事件型意见领袖。这类意见领袖往往只在某一特定社会事件中发挥出其个人影响力，通过传播的信息与观点来左右

---

① 陈然、莫茜：《网络意见领袖的来源、类型及其特征》，《新闻爱好者》2011 年第 24 期。

其他网民的看法，引导舆情。事件过后，这类网民的意见领袖地位也随之消失。事件型网络意见领袖之所以成为意见领袖可能仅仅因为对某一特殊事件或问题有深刻感悟和体会，或者掌握着第一手信息资料。

群体型网络意见领袖。尽管网络世界的人际交往具有一定的虚拟性，人与人之间的联系不似现实社会那般紧密，但在一些虚拟社区中，仍然存在着成员所认可的群体型网络意见领袖，如基于兴趣所建立的网络论坛中的意见领袖。这类意见领袖往往专注于某一兴趣领域，对某类话题的熟悉程度以及有效解决这方面问题的能力使他们成为参与群体中的意见领袖。群体型网络意见领袖的价值取向总是和该群体的主流规范相一致，同时是该群体中有威望的成员，他们不是群体的正式权威者，而是群体成员主观认定和尊崇的。根据所擅长的兴趣领域，网络意见领袖又可以被划分为时政类意见领袖、娱乐类意见领袖等多种类型。

在突发事件网络舆情演变过程中意见领袖主要有三方面特征。一是知识背景。即具有一定学术背景和专业素质的知识分子。二是社会地位。即积极参与公共事务，关注社会民生，具有批判精神，在大众中具有影响力。另外，网络空间中“社会地位”也包括其在网络中的号召力和影响力。三是对媒体接触度和关注度。即热衷于在网络空间传达信息和表达意见，比其他人更多接触媒介或信息源。①

按不同知识背景，突发事件网络舆情意见领袖可分为五种类型。

a. 文化批评型。“文化批评”是广义的，既可以是文化人类学意义范畴，探讨植根于民族文化心理和民俗中的基本样态，也可以

① 王国华、张剑、毕帅辉：《突发事件网络舆情演变中意见领袖研究——以药家鑫事件为例》，《情报杂志》2011 年第 12 期。

是文化研究凸显和回应当下社会的精神和文化问题。

b. 司法关注型。随着法律知识的不断普及，人们越来越懂得利用互联网行使自己权利和进行自身利益维护。一大批法学家、律师通过网络争夺话语权和提高影响力而进入公众视野。

c. 社会批判型。学者朱学勤指出，所谓社会批判，不是政治参与，就是知识分子以在野之身，监督在朝之政，善则推动之，恶则反抗之，弱则激励之，强则抗衡之。网络空间这一平台给予知识分子更宽广的视野和更灵活的方式参与、影响政府各项决策，推动社会发展和变革。网络空间这一平台给予知识分子更宽广的视野和更灵活的方式参与、影响政府各项决策，推动社会发展和变革。

d. 文艺创作型。即借助语言、表演、造型等手段塑造典型形象反映社会生活的意识形式。充满智慧的网民通过诗歌、散文、音乐等对突发事件和热点话题表达嘲讽、批判等情感，以发泄情绪或吸引眼球。

e. 传媒放大型。媒体人相较于普通网民，他们具备专业知识和对各种载体的客观认知，在泛滥的网络舆情中更具说服力和引导性，其用语接近媒体评论文章风格，语言相对浅显易懂，容易为大众所接受。

2. 网络舆情事件中意见领袖的作用和影响

新媒体的发展会放大意见领袖的影响力，有研究发现，由新媒体首曝的突发公共事件，意见领袖的参与度更高。同时由于新媒体的开放、即时、交互等特点，经由意见领袖关注、转发和评论的舆情事件更容易在社交媒体中“病毒式扩散”，成为引爆全网的热点舆情事件。客观地看，网络意见领袖在网络舆情事件中既发挥着积极作用也可能会带来消极影响。其作用体现在以下三个方面。

一是网络意见领袖是网络舆情事件的源头，信息时代，舆情的形成和影响力的大小和信息传播的速度、数量以及发表主体的权威性有关。大致有两种情况，一种是意见领袖是舆情事件的当事人，了解舆情事件的发展始末和前因后果，能够掌握第一手或独家信息材料，处于舆情的源头。还有一种情况是微博意见领袖虽然不是当事人，因个人身份或对事件的特殊看法最终成为舆情传播的始发地。[①]

二是网络意见领袖成为网络舆情事件发展的重要推动者。舆情事件一旦形成，网络意见领袖发表言论的热情就极为高涨，在网络舆情传播流程中的表现就极为活跃，他们纷纷进入舆论的主阵地，对相关事件的信息进行大量的转发或评论，当他们的信息、观点和情绪引起受众的共鸣时，就会产生很大的舆情影响，尤其是受网友追捧的言论带来的舆论影响则更为广泛。

三是网络意见领袖能够设置公众和媒体议程。一般情况下，舆情发展的整个过程会有一个主导议题引导舆情走势，但是由于事物是不断变化的，常常会使议题发生走向，这其中微博意见领袖发挥着不可忽视的作用。在事件的传播过程中，微博意见领袖可以设置新的议题，改变民众关注的重点，从而改变舆情走向。同时，他们拥有庞大的粉丝群，能形成强大的舆论浪潮，引起社会广泛关注，从而对大众媒介的议程设置产生不可忽视的影响。

与此同时，我们也不能忽视网络意见领袖在网络舆情事件中潜在的负面影响。

一是片面追求轰动效应，使用耸人听闻的言辞，捏造和散播虚假信息，蛊惑社会公众，导致负面情绪在社会公众中蔓延，造成网络空间动荡。

二是对社会问题，尤其是社会突发事件，轻率地发表非理性的见解和观点，一味进行情绪化宣泄，言语夸张偏激，将社会问题无

---

① 李波：《网络舆情中微博意见领袖的培养和引导》，《新闻大学》2015 年第 1 期。

限扩大，使社会公众正常的利益诉求变成群体性非理性行为。

三是利用自身的舆论优势，夸大甚至歪曲事实，恶意发表极端性言论，对他人进行人身攻击，实施网络暴力。

四是与商业势力相勾连，发表或转发倾向于特定商业利益的言论，成为隐性的商业广告，诱导甚至误导社会公众等。

因此，在网络舆情治理过程中，要精准识别不同类型的意见领袖，针对舆情意见领袖的不同特点，做到有的放矢。不仅要利用好网络意见领袖这个关键变量，同时也要注重对网络意见领袖的培育、引导和监管，这样才能让网络舆情治理抓住主要矛盾。

（三）管控主体

管控主体由代表政府机构和法律的发言人、专家和相关公权部门构成，有着依法化解公共危机、减小负面影响的责任，对舆论的真实性走向起着引导作用。从舆情的定义来看，管控主体所表达的言论、态度是属于官方的，因此不属于舆情范畴。但是管控主体的言论、态度和行为能够对网络舆情的产生和扩散造成显著的影响，从舆情主体的概念来看，管控主体是我们讨论舆情主体绕不开的重要对象。

1. 管控主体扮演的角色

从上述讨论来看，管控主体在网络舆情事件中扮演的角色是多元的，多重身份的管控主体的言论和行为成为舆情事件发展变化的重要因素。总结既有研究，我们可以将管控主体的角色划分为两类：一是涉事主体，二是管理机构和管理者。

其中，管控主体作为涉事主体又可以划分为直接涉事主体和间接涉事主体。一方面，管控主体本身的言论、行为备受公众关注，很容易成为网民讨论的焦点。很多情况下，以政府为代表的管控主体成为舆情的重要指向对象。管控主体的发声与沉默，作为与不作为，言论正确与否，行为是否合理，都可能成为网络舆情的诱发和推动因素。在这种情况下，管控主体就成为网络舆情的直接涉事主体。另一方面，以政府为代表的管控主体作为公共事务的管理者，由非政府机构引发的舆情一旦涉及公共事务，很容易将政府牵涉其中，如国家各部门的检测机构、司法审判机关等；除此之外，部分官员因其个人言行不当引发舆情时，政府往往也作为间接的涉事主体惹祸上身。由此可以看出，政府在突发公共事件中的干预行为日趋常态化。管控主体作为舆情管理机构和管理者的角色在本书第五章讨论较多，所以在此不多做阐述。

2. 政府作为涉事主体时的回应误区

进入全媒体时代，话语权的争夺也从线下的公共领域转移到了线上的社交平台。原有的话语权力体系结构被打破，精英、政府和传统媒体的话语权被分散，同时公共知识分子和公众群体则呈现话语权的涨势。有研究表明，公众对政府事件具有潜在的“负面偏好”，政府负面新闻的平均热度远高于政府正面新闻，且政府负面新闻的热度波动较大。[①] 面对负面舆情，政府如果依旧遵循传统媒体时代的处理模式，不仅会导致网络话语权的旁落，更丢失了民众的信任与支持。政府面对网络舆情事件时，如果处理不当，回应不及时或者态度有误，很可能会引发次生舆情，进一步加剧网络舆情的激化，影响舆情事件的顺利解决。政府及相关管控主体在面对网络舆情事件时的回应误区和困境主要有以下方面。[②]

第一，角色错位，管理不善。在当下，政府面对网络舆情事件不能只扮演仲裁者和发布者的角色，更应该将自身置于平等协商的沟通者的角色，做好网络舆情事件走向的“主持人”，适时把控舆情走势，以疏导而非强制的方式主导话语权，加强与媒体、意见领

---

① 刘红波、高新珉：《负面舆情、政府回应与话语权重构——基于1711个社交媒体案例的分析》，《中国行政管理》2021年第5期。

② 刘成波：《政府网络舆情危机管理及其应对》，《学校党建与思想教育》2018年第18期。

袖和公众的对话。部分政府部门深受传统硬性管理模式的影响，总是试图“管住”舆情，充当网络舆情管理的唯一公共“遥控器”，并且在遇到问题时一味地采取强制性手段予以“封、堵、删”，企图隐瞒事情真相，瞒天过海。然而，互联网时代，网络舆情只会越堵越高，甚至会激起民众去挖掘事情背后的线索，寻找答案，一旦民众获取事情真相，公众就会对政府的行为丧失信任，使矛盾进一步激化，事件的负面影响就如波涛汹涌般迅速扩大，从而使事态失控，致使政府处于严重的被动地位。

第二，回应滞后，反馈不畅。网络舆情危机事件发生后，部分政府部门往往怕事情真相公开，引起公众恐慌，影响政府形象，或者是担心影响到自己的政绩考核，所以对一些负面信息讳莫如深，采取“能拖就拖”的战术，对一些事情的应对一拖再拖，久拖不决，以此来达到平息事态的目的。然而，政府不及时主动向公众传播事实真相，容易错失引导舆论的最佳时机，使得一些事情在持续扩散的情况下脱离了原本的发展轨道，致使流言、小道消息大行其道，又由于部分网民在面对这些信息的时候缺少一定的辨别和抵御能力，很容易被一些谣言、负面信息绑架，从而使得一些不明真相的网民对这些信息循环往复地转帖传播，以讹传讹，引发严重的网络舆情危机。

第三，态度失恳，专业缺失。面对网络舆情危机，部分政府“官本位”思想严重，在发布信息、回应问题时，言辞官腔十足，闪烁其词，或语焉不详，满满的套路，只是装装样子，做做表面文章，缺少谦逊真诚的态度去为民众答疑解惑。部分政府的媒介素养不足，面对媒体和公众的质疑，部分政府部门的回应表现得不专业，答非所问、说套话、数据有误、低头念稿等行为表现，不仅不能满足公众的预期，更有可能引发公众的质疑。不诚恳的态度和不专业的表现会使政府在后续的信息发布中失去权威和说服力，甚至会让民众觉得政府越描越黑，推卸责任，使事态进一步恶化，从而使政府不但没成为事件的平息者，反而成为危机事件爆发的助推者。

第四，技术不足，回应被动。当下我们已经进入乌尔里希·贝克所说的风险社会，技术风险与各种社会因素交织，社会进入一个高度复杂和高度不确定性的风险时期。事实上，为了应对信息化社会的到来，提升政府的信息化管理水平，近年来中国各级地方政府大都建立了网络舆情预警机制，网络舆情分析的技术化水平在不断提高，但技术的应用及其作用的发挥也受到人和制度等软环境因素的影响和制约。由于中国各级地方政府，特别是基层地方政府网络风险预警技术意识不强，信息专业技术人才匮乏和信息管理制度缺失，造成政府系统内部缺乏科学化、技术化、系统化的网络舆情监测机制，难以迅速对海量的网络信息进行技术上的筛选与识别，及时掌握舆情指向并发出预警，网络舆情政府应急部门常常是在网络舆情危机爆发后被动做出回应，网络舆情预警的技术化水平仍有待进一步提高。①

（四）利益相关主体

利益相关主体由舆情事件的当事人、受害人、利益相关者组成，对舆情发展有着关键性作用。

1. 事件当事人层面

从当前的网络舆情孕育情况来看，有些突发事件的网络舆情孕育是当事人作为的结果。如一些事件的舆情诱发者是事件的受害对象，受害方（包括受害者的亲人）为了能够获得同情以及对施害的一方施加压力，受害方当事人会利用网络自媒体或通过向媒体投诉、说明的方式将事件信息或舆情发布到网络媒体，从而促成了网

---

① 周伟：《自媒体时代网络舆情政府回应困境与消解路径》，《情报杂志》2018 年第 4 期。

络舆情的孕育。在方舟子遇袭事件中，方舟子遇袭后的第一时间由其妻子将遇袭消息发布到方舟子个人微博，从而引发了大量的关于方舟子遇袭案的舆情。目前，有一定量的突发事件网络舆情是由当事人中的受害者引发的。

除了事件的受害者外，事件的参与者基于对事件中内含的不公正因素的不满或基于事件的离奇性、特异性的考虑而在网络上发布事件相关舆情，引起关注，从而获得支持和援助。事件的参与者包括两种：一种是事件的直接参与者，这些参与者在事件的发展中发挥了一定的作用，如各种群体性事件中的参与者。这些参与者会将参与事件的经历等通过文字、图片等形式发布到网络中引发热议。另一种是事件的间接参与者，这些参与者是以当事人的代言者身份出现。从当前热点事件来看，当事人本身由于能力、知识或网络技能的限制而不会自我制造舆情，这时可能出现持有不同动机的代言者，这些代言者会借助媒体表达声音。如在“史上最毒后妈”事件中，代言者为了使当事人能够获得网络的帮助而制造了“史上最毒后妈”的帖文，引发了网络的关注和热议。

当事人可以促使网络舆情的孕育，也可以阻滞网络舆情的孕育，尤其是施害者。为了减少网络带来的巨大压力，或者避免自身成为网络声讨或谩骂的对象，施害者会通过网络公关等方式阻止网络舆情的产生。施害者进行网络公关的具体方法包括私下收买网络媒体，寻找删帖公司，威胁、恐吓或收买受害方当事人等。一旦这些方式获得成效，网络媒体不会发布事件舆情，网络删帖公司可删除某个原发型帖文，当事人中受害者不会借助网络制造舆情风暴。施害者的特定公关行动能够避免或阻滞突发事件网络舆情的孕育。不过，由于网络媒体的多元化以及网络媒体的自媒体特性，当事人凭借自身的力量管控网络舆情以及试图删除网络舆情帖文的行动往往收效甚微。在强大的网络媒体以及数以亿计的网民面前，施害者最终“无可奈何”或“不知所措”。[①]

2. 利益相关者层面

1984 年弗里曼在《战略管理：利益相关者方法》一书中首次提出了“利益相关者理论”。克拉森在 1995 年强调了利益相关者在企业管理中的重要性。[②] 之后，利益相关者理论被广泛用于公司治理、组织管理等研究领域，在利益相关者识别、分类及管理等层面发展出日益成熟的理论。近年来，该理论也逐渐被引入网络事件及网络舆情研究，为相关领域研究开辟了新视角。在网络舆情治理过程中，识别利益相关方往往是最初始且关键的一步。[③]

分析确定特定危机中的利益相关者，就是确认这场危机同哪些人有关，有最直接利害关系的群体应该进行最优先的沟通与应对。美国学者米切尔（Mitchell）和伍德（Wood）提出了一种确定分析企业利益相关者的方法，即按照合法性、权利性和紧急性，对可能的利益相关者进行评分，根据分值的高低确定某一个人或群体是不是利益相关者、是哪一类型的利益相关者。[④] 郑昌兴等通过影响力、相关度、介入度三个特征指标将突发事件利益相关者归为三类，分别是确定型利益相关者、预期型利益相关者、潜在型利益相关者。[⑤] 不同层级的利益相关者的诉求是有差异甚至相互冲突的，这需要舆情治理者进行取舍和协调，处理好三者之间的矛盾，对不同层级和分类的利益相关者采取不同的关注度和不同的策略，有助于提升舆情治理的效率和水平。

网络舆情治理主体需要先对利益相关者进行分析和分类，再采

---

① 方付建：《把脉网络舆情》，华中科技大学出版社 2015 年版。

② Clarkson, “As Take Holder Framework for Analyzing and Evaluating Corporate Social Performance”, *The Academy of Management Review*, No. 1, 1995.

③ 党生翠：《网络舆情利益相关者研究述评》，《情报杂志》2020 年第 7 期。

④ 汤景泰：《危机传播管理》，经济日报出版社 2015 年版。

⑤ 郑昌兴、苏新宁、刘喜文：《突发事件网络舆情分析模型构建——基于利益相关者视阈》，《情报杂志》2015 年第 4 期。

取不同的沟通和应对策略。对不同类型的利益相关者不能“一视同仁”，要更重视与同核心利益相关者的沟通协调，把沟通的重点放在核心利益相关者身上，当不同的相关者需求出现矛盾时，首先应该更关注核心利益相关方的诉求。潜在、边缘的利益相关方的声音也不容忽视，要关注他们的行动和言论诉求，使其成为舆情治理系统中不容忽视的变量，这样才能更好地把握全局，从整体上实现网络舆情的治理。不过值得注意的是，网络舆情的利益相关者兼具经济人与社会人特征，其决策应兼顾经济效益与社会效益。政府重视舆情中的利益相关者最终指向是保护公众权利，实现社会公正。因此，尊重群众利益，实现官民良性互动才是处理好网络舆情利益相关者关系的关键所在。

第三节　网络舆情的客体

舆情客体是直接引发舆情的事件、现象和问题，是引发网络舆情的刺激物，是网络舆情的指向物。舆情主体是舆情的发出者，舆情客体则是舆情的接受者，也就是舆情的具体指向。能引起网民关注和讨论，并与社会讨论形成互动的社会事件，就是网络舆情的客体。

（一）网络舆情客体的本质

网络舆情的客体指向引发舆情的事件、现象和问题，其本质就是社会矛盾在现实生活中的反映。用一句话来说，就是形成网络舆情的事件引子，比如社会的重大活动、社会名流的动向、社会热点问题等，也有网络舆情信息的产生原因及相关经验、教训、启示等，这些事情通常也是爆发网络舆情的导火线。它们都具有一些共同特点：首先，舆情客体必须是客观事实。作为社会意识的一种，舆情是人们对现实生活事件、问题、观念等的反映，这种反映因社会事件而起，直到舆情针对某一事件所反映的问题、观念得到解决舆论才会消失。“舆论客体的变化决定舆论的变化。”其次，客观事实要成为舆情必须具有公共性，必须涉及人们的社会公共利益、社会关系和社会观念。另外，还必须具有矛盾性和特殊性。舆情所关注的对象往往不是一个普通问题，而是一个有别于常规的问题。由于它的矛盾性和特殊性才引起公众的关注，并对此发表各种各样的意见，进而成为舆论形成的对象。最后，舆情客体还具有议论性，只有公众对某一事件产生观念，并公开表达自己的观点，在各种观点进行交流和碰撞之后，形成一定的规模和统一的社会共识才是舆情。

以“郭某某事件”为例。2011 年 6 月，一位网友在微博上炫富——“住大别墅，开玛莎拉蒂”。三十多年经济社会发展，使得富豪不再是一种“稀有动物”，炫富也已经不像“放卫星”般吸引眼球。但是，偏偏其微博身份认证是某公益机构总经理。这种特殊身份，不由得让网友们心生疑问：作为公益机构的经理竟然如此富有？然后，质疑又产生“多米诺骨牌”效应，众多网友发出心底深处最关心的一个问题：我们捐给公益机构的钱被用到哪里？由此，引发了公众的质疑和指责：“公益机构拿大家的捐款充大款”“以后再也不会向该机构捐款了”。显而易见，这段有关郭某某的舆情，由郭某某引起，但是，公众的目光并没有停留在郭某某身上，而是将矛头一致指向管理捐款的公益机构。该机构才是舆情的客体。

（二）网络舆情客体的内涵变迁

长久以来，网络舆情都被看作社情民意的重要组成部分，是用户对自己关系或与自身利益紧密相关的各种公共事务，所持有的多种情绪、意愿、态度和意见交错的综合。然而随着社会的发展，人们越来越倾向于对任何事件发表自己的观点和看法，一些私人话题或私欲问题也随着网络讨论逐渐成为重大议题，再而成为影响全社会的舆情。比如“广东一司机为救婴儿连闯红灯家属拒绝做证”“河南孕妇未做胸透被拒录用案开庭”“东北农村主妇做直播变顶梁柱”等网络舆情，事件持续发酵被全网关注成为争议性舆情话题。可以说，网络为用户增设了更多畅所欲言的“麦克风”，意见、观点、情绪涌入网络让表达成为基本权力，众声喧哗的时代注定了舆情的外延在理论和操作层面都有所扩大，只要有意见的不统一就会有来自个体或群体的舆情新现象。

此外，舆情的客体除了表现为公开表达的意见，也可以是内隐的，尤其在形成过程及模式上有所不同。过去，舆情是众人观点的集合外显，是一种线性过程，网络舆情形成的每个环节环环相扣呈现渐进样态。但随着网络生态越来越细分，更多的舆情主体在表达风格或形式上会出现多种圈层化特征，即多为圈子内的用户擅长并勤于使用，这就造成反映这一类群体或事实的舆情会暗暗地滋生，逐渐地积累，经历从无到有、从弱到强、从隐匿到公开的过程，即使公开了也不容易被圈层外的用户察觉，以至于舆情出现是完全毫无察觉的状态。

网络舆情客体在业务识别上不如主体、本体、传播渠道等易于辨识。舆情并非完全是单一的信息传播问题，也是事关用户、心理、社会、市场等一系列繁杂事务的复杂化耦合。因此，认清舆情客体的概念原则和耦合形式，强化从概念操作层面理解网络舆情是极为重要的，其本质就是社会矛盾在现实生活中的反映。

第四节　网络舆情的传播载体

网络舆情的传播载体是网络平台上的各类媒体化应用功能模块。在互联网引入中国后，网络媒体经历了电子邮件、新闻组、新闻门户、社交平台和移动应用等阶段。不同形态的承载平台对于网络舆情的推动衍变有所差异。对于网络舆情的衍变影响最大的是新闻门户和社交平台，新闻门户承载了网络舆情的聚焦效应，社交平台承载了其动态衍变过程。

一　网络舆情的传播源

网络舆情的传播源包括传统媒体、网络媒体、个体网民和舆情当事人。在网络舆情传播过程中，它们各自的不同表现形态为网络舆情的传播提供了重要的支撑。

（一）传统媒体

在互联网没有兴起之前，传统媒体的信息传播构成社会舆情的主要形态。当互联网兴起后，传统媒体的传播信息成为网络舆情的重要源头。根据国家对于网络新闻信息登载管理办法的要求，网络媒体发布的新闻资讯信息主要是从报纸杂志、广播电视等传统媒体上转载。由于国内的网络媒体用户群数量大，颇具影响力的网络平台大都是由商业资本在运营，形成了传统媒体网络平台提供新闻信息来源、商业网络媒体转载给信息服务终端用户的局面，并由此形成了一个网络信息传播的分工链条，网络舆情的传播就是在这样的分工产业链条下形成。传统媒体的新闻报道通过做好现场记录，并通过发行渠道把新闻信息传达给公众。从社会舆情的功能来看，传统媒体报道的新闻事件有可能演变成舆情事件。尤其是这个事件触动公众道德底线和根本利益时，社会舆论的聚焦和众多媒体的集中报道，就会形成社会预期。此外，传统媒体对某个时间或现象的连续报道，或深度挖掘报道，会推动网络舆情形态的变化。

（二）网络媒体

互联网技术的兴起和应用使得网络媒体成为社会传播的重要媒

介，社会舆情借助虚拟网络空间和全新网民社交方式演化成复杂的网络舆情。在网络舆情的生态中，传统媒体、编辑记者、网络媒体、网民和事件当事人构成了网络舆情的衍变点，全社会的不同组织和个人都参与形成了独具特色的网络舆情生态。在网络舆情产生和演化的过程中，网络媒体体现出来的作用形态主要有以下几点。

第一，聚合传统媒体信息。网络媒体通过互联网技术改变了社会传统传播的信息流动方式。网络媒体对信息传播方式的改变，一方面，通过技术和人工复制方式将新闻资讯信息聚合起来提供给网民浏览。另一方面，是门户平台给网民提供互动功能，网民可以自发讨论新闻话题，或者自行传播某些传统媒体没有报道的事件话题。不管是转载传统媒体的信息还是互动话题讨论，网络媒体在传播过程中形成对于某个事件的聚焦性关注、讨论和行动，都是网络舆情得以形成的基础。网络媒体突破了传统媒体传播周期和版面空间的限制，同一个事件的传播覆盖率和到达率大大提高，形成可感知的舆论效果和快速聚焦的舆情态势。

第二，聚焦引发网络舆情。网络媒体突破时空的报道方式，方便了网民在同一时间关注传统媒体转载过来的新闻事件信息，并在关注的同时，通过网页的留言评论模块参与讨论，这种关注和讨论的状态在网络技术上是可以记录和统计的，从而能够据此把握和感知网络舆情的基本形态。根据网页技术的点击统计功能，网络传播的传播效果可以被精确感知，能够监测到公众的阅读状态，包括用户数、阅读数和评论数都可以精确统计。媒体和网民之间、网民和网民之间，互动传播构成的舆论场各自都可以感知，网络舆情的存在状态和发展态势在一定程度上通过这种技术连接方式可以感知到。

第三，互动推演舆情。网络媒体成为网络舆情的显性来源，是因为网络技术的应用功能可以实时显示以及记录统计网民的浏览状态和互动参与状态。梳理构成网络舆情来源的显性指标可以从几个方面考察。文章的点击阅读数统计是一个最明显的指标，一般关注度高的文章，点击量也高。网民对某个事件的立场态度，通过新闻跟帖的数量和内容可以看出来。网民对某些新闻事件的态度立场通过留言评论表达支持、反对或中立的立场。再深入一点分析观察，还可以看到网民表达了对于新闻事件的不同情绪。网络舆情的重要影响还伴随着行为趋势。网民有态度和立场的表达，还会伴随着行动。网民通过网络社交功能的使用，表达相同的立场和情绪，同时实现统一行动的沟通和集结。这种统一的行动影响公众对于某些事件的行为和态度。

（三）个体网民

在网络舆情的传播源头中，个体网民是很重要的促发源头。个体网民有两个身份在快速推动网络舆情变化。一是作为网络舆情当事人，他在网络上发布的信息成为促发舆情的重要因素；二是作为事件围观的第三方，网民对于新闻或话题事件信息的转发、表达立场，会成为推动舆情衍变的重要因素。不同类型的个体网民在舆情传播过程的行为模式和逻辑也是有差异的。

第一，围观式参与传播。网络舆情成为舆情往往是因为网民的围观，围观带来公众对于政府工作、领导个人形象和言行表达、企业的社会责任的审查式品评。这种网络快速传播和互动传播格局带来社会舆情的全新形态。网络传播突破了时间和空间的限制，网民可以在时间和空间上形成一致性传播体验。你看我看大家看，你说我说大家说，形成了围观的态势，网络上的舆论情况和舆情态势呈显性而可见。

第二，自媒体“大 V”传播。在社交媒体微博兴起后，意见领袖有一个新的称呼——“大 V”。在社交媒体上，意见领袖对于事件话题的议程设置、话语表达的控制权，已经把传统媒体的采访权、编辑权、议程设置权，一定程度上转移到了意见领袖“大 V”身上。尤其是社交媒体特有的“粉丝关注”功能，使得“大 V”和粉丝的信息流向和互动成为很多舆情事件的衍变因素。于是，很多新闻不是在报纸和电视上最先发布和传播，而是先在网络媒体上，然后才是传统媒体跟进报道。“大 V”在网络传播环境中把个人话语权发挥到一个高度。很多网络舆情事件往往是因为“大 V”的介入而改变了舆情的态势和结果。

第三，网民参与评论。因为有了网民的互动参与，网络传播的快速和活跃要比传统媒体的传播过程丰富而复杂。网络传播对于信息分配权和话题的议程设置过程因为网民的参与成为传播的重要环节，而在传统媒体向网络媒体的转型过程中，政府与公众之间围绕传播资源和话语权的磨合与对立，明显形成了两个不一样的舆论场，即传统媒体主导下的官方舆论场和网络媒体自发存在的民间舆论场。当官方舆论场和民间舆论场缺乏重合度，甚至互不相容的时候，网络舆情就引发了。通过观察近几年发生的舆情事件可以发现，政府、领导个人因为言论、行为和民间舆论场冲突的时候往往就是网络舆情爆发的时候。

（四）舆情当事人

传统媒体和网络媒体要成为网络舆情的传播源，都离不开最核心的源头，这就是舆情的当事人。因为当事人发生的变化才给传统媒体和网络媒体提供了信息源头。舆情当事人由于自身利益诉求不同，因而对舆情事件的影响力预期也是不同的。在舆情传播过程中，舆情当事人一般有以下行为模式。

第一，表达权利诉求。网络舆情的当事人会主动寻找传统媒体行使权利表达。在网络传播环境中，当事人自己就会利用网络的开放应用功能，行使自己的传播权。当事人利用网络媒体，不需要借助传统媒体，有些当事人自己就能成为网络舆情的源头。

第二，配合媒体互动传播。网络舆情当事人，尤其有点网络媒介素养的当事人，往往很会利用网络媒体来推动网络舆情的衍变。在网络媒体的传播环节中，舆情当事人在网络传播的开放和互动过程中，往往会主动地行使自己的诉求表达和信息传播权，在推动舆情的衍变过程中，尤其是微博微信等社交媒体的传播中，个人的作用有时候要大于传统媒体。

第三，扰乱或避免舆情传播。网络时代中，关注和流量往往意味着巨大的利益潜力，因而一旦网络舆情当事人有制造虚假舆情为自身牟利的计划时，其往往可能会发布虚假信息扰乱视听或刻意迎合公众朴素的价值观博取同情，“罗冠军梁颖”事件、“春秋两不沾杜撰奸杀”事件、“体罚哮喘女童”事件等一系列舆情反转事件，都是由于舆情当事人发布虚假信息而制造的虚假舆情事件。

此外，当个人或集体的名誉和经济利益由于舆情事件传播造成损失时，舆情当事人的主要诉求是避免舆情事件的发酵和传播，避免更大的损失。因而舆情当事人可能选择回避、删除媒体账号、删帖等方式使得舆情事件不再传播。

二　网络舆情传播渠道

网络舆情的传播渠道包括有形和无形两种。有形的是媒介形式渠道，无形的是公众心理情绪渠道。通过传播渠道，网络公众在知晓信息的基础上快速反应，形成网络舆情。

（一）媒介形式渠道

网络信息和网络舆情互相促进，网络信息作为信息传播的媒体，当然也是网络舆情传播的重要渠道。也就是说，网络舆情必须借助媒介渠道才能实现传播和衍变，新媒体媒介形式加大了这种媒介渠道的重要作用，这也是近年来政府、企业和社会组织不得不重视网络舆情的原因。而且，社会公众也看到，近年来，各类典型的网络舆情都是通过新媒体媒介渠道促发和衍变的。

1. 网络新媒体的非结构化渠道

网络舆情的传播渠道主要是网络新媒体。网络新媒体的形态随着网络技术的变化而有所不同，从开始的新闻组、论坛、门户和微博微信，贯穿其中的是技术功能和数据。其技术特点决定网络新媒体的数据化特性，那就是网络新媒体的用户可量化。网络用户的网络行为的巨量积累，形成所谓的大数据基础。这种大数据带来了非结构化的特性。

国内外的学者归纳总结了大数据具有的4V特性：数据量大（Volume）、数据种类多样（Variety）、要求实时性强（Velocity），对它关注也是因为它蕴藏的商业价值大（Value）。在互联网平台上，在这种大数据环境中的网络舆情，实际上是以一种非结构化的状态存在。要想分析梳理网络舆情的来龙去脉，既要立足这种非结构化的状态，同时又要用结构化的分析模型去梳理。

这种非结构化的状态带来了网络舆情的复杂和不可完全把控性。从网络用户立场看，网络用户始终是在活动的。当然，网络舆情在大数据的环境中传播，在可承担的人力成本、经济成本范围内，管理者可以借助结构化方式去追溯舆情事件的传播路径。

2. 传统媒体的结构化渠道

从不同的传播渠道对比来看，传统媒体作为传播渠道，它的舆论扩散和到达率不如网络媒体，但是，在整个传播渠道中仍然是非常重要的一个节点。因为在信息的采集和品质的打造上，传统媒体仍然具有网络媒体不具备的优势和价值。

对于报纸杂志而言，能够看到网络舆情的传播形态存在于报纸杂志的定位、采编流程、内部审稿流程、编辑记者与采访线索及采访对象之间整理信息和提供信息的关系和过程中。舆论和舆情的传播在很大程度上受限于报纸杂志的议程设置。报纸杂志的传播信息形成的舆情延伸到网络上后，话题或者事件的议程聚焦性特别明显。网络往往会“百里挑一”地聚焦于报纸杂志提供的舆情素材，报纸杂志成为网络舆情传播的重要源头。

对于广播和电视而言，对于网络舆情的传播也是遵循采编流程、内部审稿流程，存在于编辑记者与采访线索及采访对象之间整理信息和提供信息的关系和过程中。广播传播信息可能不如电视。这些年来，由于网络媒体偏爱画面传播，吻合了网民的读图式阅读习惯、情绪化判断，因此在传统媒体传播舆情的过程中，电视传播起了很大的推动作用。

（二）心理情绪渠道

在网络舆情传播过程中，报纸杂志、广播电视和网络新媒体等媒体构成网络舆情传播的重要有形渠道，但是，在心理学层面的个体心理之间的信息传播才是网络舆情传播渠道最“原生态”的存在。

1. 社会话题的立场传播渠道

从“沉默的螺旋”的规律看，大多数个人会力图避免由于单独持有某些态度和信念而产生的孤立，对于一个有争议的议题，人们就会形成有关自己身边“意见气候”的认识，同时判断自己的意见是否属于“多数意见”。当人们感觉到自己的意见属于“多数”或处于“优势”的时候，便倾向于大胆地表达这种意见；当发觉自己的意见属于“少数”或处于“劣势”的时候，遇到公开发表的机会，可能会为了防止被孤立而保持沉默。越是保持沉默的人，越是觉得自己的观点不为人所接受，由此一来，他们越倾向于继续保持沉默。几经反复，便形成占优势地位的意见越来越强大，而持劣势意见的人发出的声音越来越弱小，这样的循环形成了“一方越来越大声疾呼，而另一方越来越沉默下去的螺旋式过程”。

在传统媒体构成的舆论空间中，在个体与个体之间通常在公共饭桌、家庭聚会、沙龙聚会上，这种“沉默”会以“信息孤岛”

的方式节奏比较缓慢地传播。在网络空间里的社区、论坛、博客、朋友圈等环境中，网络舆情也体现了这种“沉默的螺旋”特点。

在基于观点和立场的表达构成的网络舆情中，一定程度上是报纸杂志和广播电视的议程设置在引导着社会公众的舆情走向，而在网络发展和兴起后，“沉默的螺旋”的结构化更多地偏向于个体的情绪化结构，传统媒体在网络媒体环境中并不能主导这种舆情传播。

2. 网络话题的情绪传播渠道

网络媒体和网络社交的普及应用逐渐消解了原有社会的传播结构和交往方式。全新的信息传播方式带来的最大变化就是信息传播权和知晓权落到了个体手上，因此带来了网络舆情的异常活跃和非结构化状态。

网络舆情的基础是网民的社会心理，它包含网民的情绪、愿望、主张、评价、感受、态度等心理层面，公众通过情绪、认知和态度倾向等显露出一种行为倾向。这种显露行为既包含明明白白的舆情表达，如群众上访、网络“吐槽”和网络“人肉”搜索等方式，也包括隐晦的和暗藏的舆情表达，如文艺作品、民谣或者表达冷漠等方式。作为网络舆情表达主体的网民只有通过特定方式的舆情表达，才能将网络舆情的状态显露出来。网络舆情表达的渠道和方式较复杂，通畅是网络信息大数据形态中的非结构化可见形式。

网络舆情的传播渠道涉及传统媒体、新媒体与现实中的口传、交谈、文字线索等多种表达渠道，这些渠道的传播为我们展现不同群体、载体的话语特征及整个舆情环境的构造。在不同的舆论场合经常见到网民激烈地争论，言辞尖锐、情绪激动甚至侮辱和谩骂。网民的舆情表达是理性和非理性的混合体，在网络传播过程中，可以呈现不同舆情主体的心理态势和演变过程。

三　技术主导的新型传播载体

网络舆情的传播载体是网络平台上的各类媒体化应用功能模块。在互联网引入中国后，网络媒体经历了电子邮件、新闻组、新闻门户、社交平台和移动应用等阶段。不同形态的承载平台对于网络舆情的推动衍变有所差异。对网络舆情的衍变影响最大的是新闻门户和社交平台，新闻门户承载了网络舆情的聚焦效应，社交平台承载了其动态衍变过程。

（一）新闻门户平台

网络新闻门户平台是网络媒体发展过程中很重要的形态之一。网络新闻门户让网民第一时间快速了解新闻事件信息，对刚发生的事件进行关注，形成舆情态势。

网络新闻门户是网民了解新闻资讯的重要媒介形式，改变了公众获得信息和知识的方式，颠覆了传统的报纸杂志、广播电视和图书的传播形态。

新闻门户作为网络舆情的承载平台，其最明显的特点是对于新闻事件的快速报道。新闻事件一旦发生，是网络门户第一时间报道出来，网民在第一时间得以知晓的。在报道过程中，一般是有采访权的政府类新闻网站率先报道，然后是商业网站转发报道。网络媒体在报道节奏和速度上大大领先于报纸杂志和广电等传统媒体。在新闻事件的报道过程中，网民的聚焦关注会形成事件信息的聚焦效应。对于这种聚焦效应，在网络平台上可以记录统计网络用户的基本属性和浏览行为特点，这是分析和研判网络舆情的重要基础。

网络新闻门户是公众获取资讯信息的网络平台，作为平台运营方，可以通过技术后台，了解网络用户的基本属性和网络上的行为状态。用户的基本属性是通过注册系统来了解。网络用户在使用新闻门户平台之前，要先填写一些基本的信息，才能使用平台提供的一些服务，像电子邮箱、互动功能模块，社区、论坛和微博微信等个性化的应用功能。通过这些填写的信息，平台运营方可以了解用户的基本信息。虽然用户在填写性别和年龄信息的时候，存在随意或故意填写假信息的情况，但是随着电子商务和主题活动的使用普及，以及国家政府的管理政策推动，网络填写真实信息已经成为一种必然。平台方掌握了用户的真实信息，可以研究用户特点和属性，以便提供更有针对性的服务。网络技术便于运营方了解用户的用户属性和浏览行为特点，从中发现用户的浏览习惯和规律，可以更好地改善服务内容和方式，这也是分析和研判网络舆情的基础数据。

（二）互动社交平台

网络媒体最活跃的板块是互动功能，从信息传播的角度看，互动功能模块给用户提供了信息发布权，这也是网络舆情得以传播的基础。近年来，网络媒体的互动功能应用已经发展了丰富的应用形态，如国内最早的新浪论坛、网易论坛、搜狐论坛，最有人气的天涯社区、西祠胡同等，以及后来的个人主页、搜索、社区、微博微信。大部分网民早期的网络生活都是在这些论坛上进行的。网民自发传播的信息和形成舆情的话题和事件都是这些论坛促发的。

1. 搜索信息主动关注

搜索改变了信息流动的方式，从技术上赋予了网络用户对于信息的快速知晓权。由前期平台的主动提供信息的方式发展到网民的主动搜索，这是网络媒体信息传播方式的极大改变。网络主动寻找信息，加剧了对于某些突发事件和话题的聚焦性关注，形成了舆论生态和舆情走向。例如，百度搜索风云榜以数亿网民的单日搜索行为为数据基础，以关键词为统计对象建立权威全面的各类关键词排行榜，以榜单形式向用户呈现基于百度海量搜索数据的排行信息，线上覆盖十余个行业类别、一百多个榜单，发现和挖掘互联网最有价值的信息、资讯，直接、客观地反映网民的兴趣和需求，盘点中国最新最热的人、事、物信息，为最具代表性的“网络风向标”。不仅仅是百度，各类网站的排行也体现网络用户对于某些事件和话题的聚焦关注，很多网民会直接浏览这些排行。

2. 发布信息扩散传播

网络媒体的互动板块给予了网络用户信息发布权。最早的信息发布方式是留言评论。几乎在所有新闻信息后面都附带这样的功能。最有人气的是网络的留言“盖楼”模式，它激发网络的留言积极性，也推动了用户之间的横向交流。

论坛、社区、微博微信式的发言模式是网络用户最活跃的信息发布方式。用户有什么诉求、看到什么突发事件第一时间自己就发布了，如果是冲突性的、有悖于公共道德和公共利益的事件，往往很快形成聚焦效应，推演成舆情事件。当然，也有部分用户出于谋利需要，往往把主动发布政府、领导或企业的一些负面信息当成传播权和知晓权的经营来做，给网络的舆情生态带来复杂的衍变。近年的删帖方式就是这种传播权和知晓权使用变异的状态。

3. 互动讨论推动舆情

网络互动功能的应用有很大一部分是网民之间的话题讨论和社交。网民在社交平台上讨论一些新闻话题和社会现象，构成了网络舆情的重要基础。这种网络互动功能的应用实际上是尊重了网民的信息传播权和意见表达权，表达个人对于事件的态度和立场；网民之间因为利益阶层差异往往立场和态度不同，因而会形成争论。

（三）移动社交应用

移动互联网兴起后，移动终端的便捷性和私密性加快了网络传播的现场报道速度，丰富的移动社交工具应用催生了网民之间的交往方式，传播的快节奏和社交的复杂化推动着网络舆情趋向碎片化和私密化。

1. 圈子化的封闭信息传播

移动互联网因为是移动化终端应用，微小、随身的特性具有封闭性和便捷性。而且，移动互联网的社交功能以熟人连接为主，通过偶像和粉丝、熟人和熟人之间建立连接关系，通过信任关系推转信息在封闭的传播渠道中扩散。

2. 现场化的快速报道

移动终端带来了移动传播对现场新闻事件的报道的改变。以微博为例，移动互联网传播得到很好的应用。移动互联的便捷性、智能手机的普及、快速拍照和微博碎片化文字描述使很多突发事件或现场活动得到快速传播，直击现场画面感是新一代网络用户的阅读方式。

（四）网络博客/播客

网络博客被称为“平民媒体”，是网民自我拥有的话语或言论空间。由网民从博客代管平台申请获得并进行自我管理。网民可将自我写作的文章发布到博客上，也可转载他人博文。博客是一种“个人编发、公众阅读”的新网络传播方式，有人称之为继电子邮件、BBS 和即时通信工具之后出现的第四种网络交流方式。有学者指出，作为自媒体的“公民博客”曾经在公共新闻中发挥了重要的作用。中国的两亿多博客用户一度掀起了中国的“新启蒙运动”。博客世界是一个“众声喧哗”的评论场，来自各方的信息在这里品评分析、质疑校正，其言论声浪常常反馈到现实空间，以此来影响舆论风向。

目前，网络博客类型多样，根据博主的兴趣而决定博客的总体倾向。如时政博客、新闻博客、美食博客、明星博客等。博文形式也十分多样，博文字数可长可短，并且出现了限定字数且可与其他媒体共通的微博平台。微博凭借着用户之间重重叠叠的关系嵌套，造成了传播所具有的核裂变式的传播效应。

博客凸显其功能的标志性事件是美国克林顿桃色事件中的“德拉吉报道”。此后，博客获得了巨大影响力，开博者越来越多。在汶川地震中，有统计显示，网民通过博客、播客发布的新闻量是传统媒体或新闻网站播报新闻量的20余倍。目前，博客、播客不仅承载着网民发布新闻或信息的功能，也承载着网民“议论时政、点评万象”的评论功能，这也是博客、播客作为舆情发布或转载平台的原因。博客言论相对于新闻跟帖而言，在话语长度、分析深度、议论集中度、语言精练度方面往往更有优势，并且博主多是学历层级较高的知识分子。新闻跟帖受到新闻主题或网站编辑的限制，而博客是网民的自主言论平台，其发布的博文较少被限制。所以，博客、播客等也是网民发表舆情的重要平台。

（五）其他网络舆情载体

目前逐渐形成或发展的还有一些新的舆情载体。第一种是网络游戏空间。网络游戏最基本的功能是为网民提供游戏与娱乐，早期的网络游戏是单机游戏，后来出现了各种类型的联机网络游戏，而目前发展或增加的是各种新型的社会交往形态的游戏。现在的大型游戏可同时有几百、上千甚至上万人在线玩，且游戏玩家之间可相互交流。因此网络游戏平台具有交流信息、进行协同或沟通的功能。未来网络游戏空间可能会成为一种可行的组织、动员或言论交流新工具。第二种是一些网站或网民自我开发的小型分众或小众化的兴趣平台，这些平台也可能成为事件舆情的爆发地。小众媒体通常由兴趣相同或相近的网民组织或维护定期或不定期地进行兴趣的交流，一些兴趣小组还会在现实社会中开展兴趣交流活动。这些交流小组类似于各种读书会、内部交流会等，会产生一些新的观点、言论。

除此之外，维基百科、百度百科等也可能成为舆情的发源地。一些事件或事件衍生的热词发生后，网民会利用百科工具随时在线更新，其他网民则可通过百科工具获得相关信息并不断更新或完善这一事件的各种观点、评价。因此，网民主导的社会现象汇集库也可能会成为特定事件舆情的发源地。

另外，一些网站或特定平台开展的网络调查、网络问政等活动也会诱发网民的评论、诉求，从而衍生各种舆情。如在医疗改革中，政策制定部门进行了问计问策活动，获得了大量的原生态观点或建议。而这几年逐渐获得认同或政府关注的地方领导留言板也逐渐成为一些事件信息和舆情的发生地。随着地方领导留言板的火爆，2010 年人民网又推出了中央领导留言板。这一新的诉求、建议或问政平台无疑会汇聚更多舆情信息。

第 三 章

网络舆情的生成机制与传播规律

第一节　网络舆情的生成动因

一　网络舆情的外部动因

（一）社会风险作用力

与传统时代不同，现代社会所面临的风险是多重的、并存的、叠加的，以共时态交织在一起所构成的复合性风险。因此，如果说传统媒体时代的舆论是伊丽莎白·诺尔－诺依曼描述下“个人感知意见气候的社会皮肤”，那么互联网时代的网络舆情，则是反映网络空间公共态度、情绪和价值取向的皮肤，其背后也映射着网络社会的风险性和复杂性。

1. 社会结构性风险

当前，中国正处于从传统文明向现代文明、农业社会向工业社会和信息社会、计划经济体制向市场经济体制转型的深水区，社会物质文明、精神文明和政治文明不断升级融合。市场机制的深度介入从根本上改变了中国传统的社会资源和社会机会分配机制，由此伴随而来的是不同利益群体之间的结构重组和社会阶层的迅速分化。不同的社会阶层和利益群体对于利益划分问题的标准不同、诉求不同、边界不同，这也成为诱发网络舆情的主要动因。

什么是利益?《牛津法律大辞典》中将“利益”一词解释为个人或个人的集团寻求得到满足和保护的权利、请求、要求、愿望或需求。利益是由个人、集团或整个社会的、道德的、宗教的、政治的、经济的以及其他方面的观点而创造的。根据王伟光的《利益论》，利益反映的是“人与人之间对需求对象的一种经济分配关系”①。在中国，计划经济时代采取的是单一按劳分配原则，人们在收入获得上相差不远，但这种趋向绝对的平均主义，极易挫伤人们的劳动积极性。而改革开放后的中国社会逐渐在更加灵活的分配制度和社会公平正义间寻找平衡点，但即使如此，“如何切分蛋糕”这个问题仍然是社会舆情爆发的根源之一。“不患寡而患不均”是人类的天性，不同群体就共有利益的分配往往难以达成共识，就业矛盾、收入差距、征地补偿、社会流动等问题成为当前中国社会的显性风险，社会结构呈现出相对脆弱、不稳定的特征，公共舆论极易以特定突发事件为导火线，在短时间内积聚、膨胀、宣泄，形成舆情风险。

2. 政治不信任风险

信任是和风险密切相关的心理因素，它往往因未来的不确定性而产生，又会在建立信任后产生新的风险。政治信任是公众基于对政治体系、政治机构及其运作的感知而产生的期待、认同和信任心理，是评价公民与政府关系以及衡量政治稳定的重要指标。② 当代中国公众政治信任普遍存在着对中央和地方政府信任程度的“差序格局”，③ 即对越高层级的政府赞同态度、信任程度越高，反之越低。可以说，中国政治领域呈现出“央强地弱”的差序信任格局，

---

① 王伟光：《利益论》，人民出版社2001年版。

② 李艳霞：《何种信任与为何信任？——当代中国公众政治信任现状与来源的实证分析》，《公共管理学报》2014年第2期。

③ Lianjiang, Li, "Political Trust in Rural China", *Modern China*, Vol. 30, 2016, pp. 228 - 258.

国内公众对区县级、乡镇级政府持有的信任水平相对较低。

可以说，政治信任的差序格局现状和网络舆情的微观议题特征之间存在很大程度的关联性。网络舆情的议题类型复杂多元，但不管是官民冲突、公共安全事件，还是道德隐私、民族主义争端，其共性都是发生在个体身上的微观议题，都有相对明确的事件成因。当这些焦点事件发生时，作为最基层行政单元的区县或乡镇政府往往是介入处理的第一角色。这一过程中，网络舆情主体对政府的认知失调，会在很大程度上削弱舆情主体与政府之间的沟通有效性。舆情主体一方面希望政府能够妥善解决突发事件，恢复良性秩序，另一方面又对政府的能力和行为犹疑，对其解决问题的程序正义予以否定，在此期间产生的焦虑愤怒和迷茫情绪都会通过网络以个体话语的形式表达出来，成为舆情进一步演化的导火线。

3. 现代化技术风险

伴随着第四次工业革命的发展，数字技术、物理技术和生物技术与生活场景深度嵌入，公共社会呈现出智能化、数字化、媒介化的技术生态特征。新兴技术的介入，也使得社会风险逐渐从火灾、台风、地震等传统风险向技术所带来的生态破坏、安全隐患、隐私问题等非传统的人造风险转移，这类风险是吉登斯所说的在人们不具有足够历史经验的情况下所产生的新风险。①

随着前端科技与大众生活的融合发展，下沉的技术逐渐深化了普罗大众关于技术两面性的反思和认知。当前，技术发展的不确定性和技术应用的有限性在一定程度上剥夺了人类在早期社会建立起来的主宰力和掌控权，现代风险更多地源自人类无法直观感受的技术后果。在这种技术风险背景下，大量的公共舆情来自公众对技术进步和社会失控的焦虑。人们担心基因编辑技术被误用、滥用、错

① ［英］安东尼·吉登斯：《失控的世界》，周红云译，江西人民出版社 2001 年版。

用，担心社会价值和独立个体被商业算法轻易驾驭，担心人体健康被放射性物质吞没。这些关于技术未知性的焦虑心理在日常生活中不易被轻易察觉、频繁表达，但当标志性事件发生时，由于其往往超出人们的已有经验，很容易就成为情绪宣泄的出口，并构成表达质疑、不满、愤怒态度的网络舆情。

4. 全球化转向风险

在全球化转向与风险社会两者相伴相生、复合叠加的现代背景下，人们面临的早已不再是局限于国内社会的区域性风险，取而代之的是跨越时间和空间、文化和种族的全球性危机。互联网消解了现实空间中的地域距离，将全球联结为一个广泛的共同体。人员、物质、资本、信息等要素在全球化社会的语境下加速流动和融通，全球范围内的政治、经济、社会、环境、文化和科技等领域的风险愈加显著，并由此重构了全球社会的经济政治结构、组织行为关系和文化价值观念。

全球信息的自由流通和文化的自由交融也进一步促进了国际舆情议题的凸显。在传统时代，这些议题往往只能被国际主流媒体捕捉，而基于社交网络的全球信息系统，则使得更多公共议题可以通过社交媒体进行传播，全球性的公共舆情也随之产生。与政府、政策、领导人相关的政治议题、群体性事件引发的社会议题、环境议题、人权议题以及网络安全相关议题等成为各国受众关注的共同议题，不同国家、不同政治背景的群体通过社交媒体渠道针对议题广泛发声，并在各种传播网络中迅速扩散，从而产生舆情的“蝴蝶效应”。

（二）媒介环境作用力

1. 诉求表达渠道的媒介化

传统时代的信息传播空间以“地点”要素为联结节点，人们相互之间的互动行为以地理位置为边界展开。而互联网社会的流动性消解了物理空间的限制，使信息传播的地域概念和空间向度被弱化。人们不用基于地缘进行议题围观和意见表达，而是作为“流动空间”中的网络节点，通过电脑、手机等电子设备即可记录、书写、表达和沟通。

在传统媒体时代，由于传受关系的固化格局，公众对于公共议题的观点输出和意见表达仅限于主流媒体或政府机构等单向沟通渠道，公众的态度和情绪很难被作为传声筒的“公开意见箱”完全收集。由于民意表达者和接受者在信息控制上的权力差距，尤其是反对意见和不同声音，更加容易被淹没在拥有强大话语权的媒介机构和主流人群的附和声中。而新媒体时代，人们诉求表达的渠道和空间得以拓展，整个社会的公共话语环境发生根本性改变。在把关层面上来说，社交媒体网络弱化了传统渠道中权力主体对舆情表达的绝对把关权力，为长期郁积的社会舆论提供了释放能量的新出口，也进一步为社会舆论赢得平等话语权提供了可能。

2. 议题生成场所的媒介化

互联网语境下，人与人、人与信息之间达到空前紧密的联结。社交网络将话语表达的权力下放至每个社会个体，使得信息的生产和传播呈现出泛社会化的特征，作为节点的个体得以在公共话语空间中充分表达意见主张。这种“人人皆可参与”的低门槛性和易传播性使得大量私人性的话题内容流入公共空间，如家长里短、奇闻逸事、明星八卦等。这种公私界限的模糊，链接了私人空间与公共空间，大量的私人话题，甚至是个体间的私密对话，被作为集体网络围观的公共议题。

当公众个体的、私人的信息通过社交媒体进入公共空间时，就不可避免地会产生公共参与性质，由此也丰富了网络舆情的议题范围。当这些家长里短、明星八卦发生在社交媒体空间时，公众可以越过作为渠道的传统媒体，而亲自进入议题生成的第一现场共同围观。这种从现实场景走向虚拟空间的场所转变使得人们在围观过程中获得强烈的参与感，广大公众纷纷利用网络平台传递信息、表达意见、评议时事、释放情绪，由此形成网络舆情信息啸聚的现象。

3. 舆情主体关系的媒介化

新媒体语境下的数字技术将人们大部分的生存场景、对话场景都转移到虚拟世界，实现社会生产和数字技术的合而为一。在现实社会和虚拟社区的充分融合下，人与人之间的关系被重新建构而趋于媒介化，"关注"和"被关注"即可体现互联网弱关系的社交联结。各种信息碎片在社交关系间通过无数节点向外传播，并且社交媒体的网状式结构也与人们在获取内容时所接收的信息和影响密不可分。

信息碎片裹挟着网民的情绪态度和价值判断，从一个网络节点传向下一个网络节点。在这种传播网络中，网络舆情很容易就在非结构化的信息和情绪的相互交织下逐渐发酵、放大、传染，从而引发广泛关注和传播。此外，信息的碎片化也将现代社会的人们使用媒介的时间结构切割成碎片，网民可以充分利用闲暇时间接收和生产信息，这样极大提高了信息聚合频率，最终形成汹涌的网络舆情。

二　网络舆情的内部动因

（一）个体动机

1. 权利诉求

网络舆情即在网络空间中体现的民意情况。[①] 当网络舆情事件爆发时，我们往往能在旺盛的民意表达背后，窥见公众广泛的权利诉求。权利意识是特定社会形态的产物，其强弱变化与特定的历史

① 丁柏铨：《论网络舆情》，《新闻记者》2010 年第 3 期。

传统、文化价值、社会制度和经济发展水平息息相关。在传统社会中，儒家文明是中国长期以来的民族文化基因，“君子喻于义，小人喻于利”所倡导的义务导向是这类传统文化背后的价值底色。在“义”与“利”二元对立的价值思维下，人们更加强调“隐忍”“顺从”“大义”“气节”，这一方面从文化根基层面塑造了国民追求和谐、提倡义务的传统美德，但另一方面也抑制了个体权利合法化的进程。

自改革开放以来，国内公众对于权利的诉求和意识逐步觉醒，可以说，权利意识作为社会主体意识的重要内容，伴随着现代社会的转型发展而逐步现代化。国民开始摆脱封建文化的束缚，以“尊重私权”“个人主义”“平等观念”为关键词的权利意识成为人们维护个人权益的出发点。一般来说，网民的权利诉求可以概括为三类：生存、健康、个人尊严、名誉等基本权利，知情权和话语权。当公民权利的实际享有难以保障时，刺激性事件会进一步打破其背后映射的权利天平，很多作为信息生产节点的网民由最初对弱势群体的同情逐渐延伸至对自身权利的维护和捍卫，并通过社交媒体层层传播，主动争取个人权利，进一步激化网络舆情。

2. 价值共鸣

“价值”一般指的是某个客体所具备的满足主体特定需求的属性，而价值观则是反映主客体之间价值关系的一种信念，它具有动机和评价功能，能够影响人们对行为方式、手段和目的的选择。[①]一般来说，价值观念和个体行为之间存在强烈的一致性，人们的大多数行为都是对其价值观的表达。如果一个人热衷于徒步、滑翔、跳伞等户外运动，这背后也能反映出其热爱冒险、追求刺激的价值观。因此，价值观也可以被看作行为和态度的指导。

---

① 姜永志、白晓丽：《文化变迁中的价值观发展：概念，结构与方法》，《心理科学进展》2015 年第 5 期。

在网络舆情事件中，当舆情客体呈现出的价值取向和公众既有的价值观相匹配时，网民就会对该舆情事件持肯定性态度；反之，当舆情客体呈现出的价值取向与公众既有价值观相冲突时，人们会对此产生否定性的态度。事物的多样性意味着价值观的多样性，在面对和传统价值观相符的社会事件时，网络舆情往往呈现出带有肯定、赞同、崇敬、欣赏色彩的态度表达，并基于巨大的社会认同进一步强化人们既有的价值观念。而当违反社会公序良俗、违背主流价值观的社会事件发生时，人们又会借助网络媒介表达否定、反对、质疑、愤怒，由此激发众多舆论。在个人与集体的价值层面上，中国传统的价值体系着重否定个人的价值，认为个人价值应该完全消融在集体价值之中。但在当前的市场经济环境下，个人的生存和发展脱离了计划经济时期国家所能提供的基本保障，个人与集体的价值取向开始由集体本位价值向个人本位价值倾斜。在此过程中，网络民意的表达也在很大程度上由集体导向转向个人导向。

3. 伦理冲突

“伦理”在古汉语中可以被拆分为“伦”和“理”两个单字，“伦”即长幼尊卑的秩序，“理”则指规则、纹理。狭义上，“伦理”一词可以解释为“人际相处的道德和准则”；而在广义上，“伦理”不仅反映人和人关系处理中的规则范式，而且包含着对人与社会、人与自然之间行为规范的要求。社会伦理作为社会公序良俗的规范体系，对社会成员的行为活动起着一定的规范作用。它从宏观层面出发，调整社会个体与整体、个体与个体之间的关系，以“应当”为规范标准，引导社会主体履行与其身份相符合的社会义务。

一方面，社会伦理作为社会整体的公认准则，从道德层面维护社会成员的合法权利；另一方面，社会伦理也能对违反社会道德标准的行为进行制约。但与法律、政策等规范方式所不同的是，不管是对正向行为的维护还是对失范行为的规制，伦理对社会的调节作用都是通过社会舆论来体现的。可以说，伦理是社会层面所公认的道德红线。当某些个体或社会行为冲击了公众的伦理信念和道德底线并通过媒体平台大量曝光时，许多事件的参与者、舆论的表达者并不以维护或争取某种权利、利益为目的，而是出于维护社会公共道德和社会基本秩序的正义感，坚持正义的伦理道德信念。

（二）群体心理

群体是将个体和更大范畴的社会两者关联起来的中介，它将不同社会个体的声音以集群的方式凝聚起来向外传播，并通过寻求相同声音以连接更多个体，从而扩大群体规模。可以说，个体公开表达是舆情诱发的基础，群体公开表达则往往会直接导致舆情诱发。

群体认同是一种社会认知过程，是个体对群体价值观、态度与情绪的认同感与归属感。[①] 用户知晓自身属于特定的社会群体，在与群体的互动过程中强化对群体的认同，并且从自己认同的群体中获得情感强化、价值意义以及被群体认同和接受的满足感。在互联网空间中，网民以群体内同质化、群体间异质化的特点聚集，志同道合的网民个体之间的相互回复和群体交互会进一步强化群体认同。认同心理就像群体内部的黏合剂，它替人们筛选过滤掉与自己立场不匹配的信息和人群，并将立场相同的网友紧密关联在一起，使人们很容易就与群体内部其他成员或舆情主体的意见、情感、信念保持一致，并站在群体内部成员的立场发表支持的观点和言论。但在群体认同感的高度渲染下，人们由于缺乏

① 汪明艳、余丽彬、朱译冰：《舆论反转中群体极化效应的影响因素研究》，《情报杂志》2018 年第 9 期。

相对客观的核实过程以及验明真伪的事实材料，而走向理性缺位的群体极化。

（三）群体压力机制

群体压力是指群体成员基于遵守群体规范，以及为了同其他成员在观点、行为上保持一致而产生的心理压力，[①] 它使得群体成员倾向于做出为群体所接受或认可的反应。群体压力能在一定程度上维护群体稳定有序，保持群体团结，增强群体成员的安全感。社会心理学中，群众从众性即是群体成员在群体压力的作用下，力图同群体中多数成员在知觉、判断、行为上保持一致的一种倾向。[②] 群体压力的形成会对群体成员产生心理压迫，继而对规范进行自动的复制执行。在某些群体压力非常大的情况下，群体压力会迫使成员违背自己的意愿而产生完全相反的行为。

在网络舆情的形成与传播中，群体压力心理机制的存在使社会成员在舆情表达上受到影响而发生与群体倾向一致的变化。具体来说，随着占支配地位的或日益得到支持的意见被作为群体内部的普遍规范，越来越多的人在群体压力的作用下倾向于支持这一观点，这使得支持该观点的人群更占优势，而另一派则每况愈下。由此，一方表达而另一方沉默的倾向便开始在群体内部形成“沉默的螺旋”。[③] 当群体成员的判断或行为超出群体规范的范围，成员会产生一种背离群体的感受以及紧张感，如果成员想要继续保持与群体的联系，这种心理紧张感会迫使成员改变自己原本的意识和行为。尤其在从众心理的支配下，个体放弃自己与群体规范相抵触

---

① 毕宏音：《网络舆情形成与变动中的群体影响分析》，《天津大学学报》（社会科学版）2007 年第 3 期。

② 余凯成、陈维政、张丽华：《组织行为学 · 人力资源管理案例与练习》，大连理工大学出版社 2001 年版。

③ ［英］丹尼斯 · 麦奎尔、［瑞典］斯文 · 温德尔：《大众传播模式论》，上海译文出版社 1987 年版。

的意识倾向，而服从群体大多数人的意见，这使得一个极小的事件议题能够在很短时间内聚集起成千上万人，从而汇聚起巨大的社会能力。

（四）群际情绪唤起

情绪，渗透在社会生活之中，是人对认知内容的特殊态度，映射着个体的愿望、需要和动机。任何社会日常、经历过往都会唤起个体情绪的体验和表达。群际情绪是当个体认同某一社会群体，群体成为自我心理的一部分时，个体对内群体和外群体的情绪体验。[①]群际情绪可以调节个体和群体的行为，当个体认同某一群体时，群体变为自我的一部分，那么个体在评价与群体相关的事物时都会带有情绪的色彩，就像这些事情发生在自己身上一样，把情绪从个人水平拓展到群体水平。有研究表明，群际情绪能激发和调节群际态度和群际行为，群际焦虑、群际情绪趋同等都是造成舆论事件群体极化行为的有效动因。[②]

在作为导火线的突发事件发生后，利益出发点或意见立场趋同的个体会在网络空间中逐渐聚合，并基于群体认同在一定程度上形成共同的群际情绪，群体认同程度越高，群际情绪表现越强烈。很多情况下，人们在个体水平和群际水平的情绪体验是一致的，但从本质上来说，群际情绪通常不同于个体情绪，其差别在于人们对那些影响群体其他成员的事件，即使这些事件没有发生在自己身上，也同样会产生群际情绪。因此，群际情绪能够在社会群体层面反映人们对特定议题的一致性、整体性感受，并作为巨大的情感动员力量推动舆情发生。在互联网场域中，当个体情绪沿着社交媒体构建的人际关系网络进行传播，从一个信息节点延伸至下一个信息节点，从而进入更大范围的群体领域，群际情绪就在这个过程中逐渐

---

① 刘峰、佐斌：《群际情绪理论及其研究》，《心理科学进展》2010 年第 6 期。

② 刘峰、佐斌：《群际情绪理论及其研究》，《心理科学进展》2010 年第 6 期。

向网络舆情转化，并进一步扩散开来。这其中的情绪感染机制尤为明显。随着个体间互动的愈加频繁，群体内部不断强化某种心理暗示，网民很容易因此摒弃个人的判断和立场而进入集体无意识状态，对网络舆情的形成和强化起到推波助澜的作用。

从本质上说，网络舆情的发生演变是现实社会问题在网络空间的直接反映。尤其在中国社会变迁和互联网环境下，网络舆情的生成机制相较于传统舆情发生了很大变化，其中的影响因素、影响过程变得更加复杂和多变。从长远来看，深刻把握舆情背后的外部动因和内在因素，是治理网络舆情、维系社会稳定的根本。

第二节　网络舆情传播的周期与规律

一　网络舆情的演变周期

“生命周期”（Life Cycle）的概念最早出现于生物学领域，本质上是指生物所经历的出生、成长、衰老到死亡过程。[①] 而生命周期理论，是基于生命周期思想，将对象从形成到消亡的过程看作一套完整的生命运动，描述其在不同阶段先后呈现出的形态或功能特征，并强调应根据对象在不同阶段呈现出的差异性特征，采取与之匹配的管理方式和应对措施。总的来说，该理论以整体性、阶段性、内在联系性为主要特征，以社会有机体论与系统论为理论基础，从 20 世纪 50 年代以来，为政治、经济、社会、技术等跨学科研究领域提供广泛的理论指导，尤其在企业管理、市场营销、危机管理等方面衍生出诸多相关概念，并逐步发展为一种重要的社会学研究工具。

信息生命周期则是生命周期理论在信息管理领域的应用。1981

---

① 朱晓峰：《生命周期方法论》，《科学学研究》2004 年第 6 期。

年，列维坦（Karen B. Levitan）指出，信息或信息资源是一种“特殊商品”，具有信息的生产、组织、维护、增长和分配等生命周期特征。[①] 1982 年，泰勒（Robert S. Taylor）提出包含数据、信息、告知的知识、生产性知识和实际行动五个阶段的信息生命周期过程（见图 3－1），[②] 他指出，信息从低级阶段迈向高级阶段的每一次跨越，都是由人类所进行的信息组织、分析、判断、决策等活动在其中注入价值。1985 年，美国信息学家霍顿（F. W. Horton）在《信息资源管理》（*Information Resources Management*）一书中提出，信息是一种具有生命的、周期性的资源，其生命周期由逻辑关联的一系列阶段所组成，是伴随人类活动而出现的一种信息运动过程。基于此，霍顿提出了两种不同形态的信息生命周期：一是基于信息利用和信息管理需求的信息生命周期，由需求定义、收集、传递、处理、存储、传播、利用七个阶段组成；二是基于信息载体和信息交流的信息生命周期，由创造、交流、利用、维护、恢复、再利用、再包装、再交流、降低使用等级、处置十个阶段组成。[③] 2000 年 10 月 12 日，由信息生命周期管理（ILM）技术委员会通过的 405 号决议进一步明确了信息生命周期的概念，其指出“信息无论是以物理的形式还是以电子的形式管理，该信息生命周期包括信息的生成、获取、标引、存储、检索、分发、呈现、迁移、交换、保护与最后处置或废弃”[④]。

总的来说，信息生命周期视角下的信息管理学认为，不论信息以何种形式呈现，其变化过程都无一例外地符合具有阶段性、周期

---

① Karen, B., Levitan, Information Resources as “Goods” in the Life Cycle of Information Production, Journal of the American Society for Information Science, 1982.

② Taylor R. S., “Value-Added Processes in the Information Life Cycle”, *Journal of the American Society for Information Science*, Vol. 33, No. 5, 1982.

③ 霍国庆：《企业战略信息管理》，科学出版社 2001 年版。

④ 李铭：《看国际动态　找国内差距　促技术发展》，《数字与缩微影像》2002 年第 2 期。

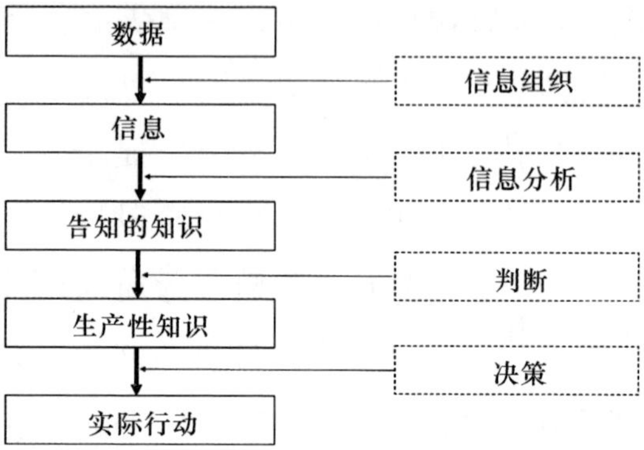

图3－1 泰勒（Robert S. Taylor）的信息生命周期模型

性、关联性等特征的生命周期规律。

从本质上说，网络舆情是反映公众态度、信念或价值观的信息，网络舆情的传播过程是这些信息在时空中的传递与交互。因此，这一过程也遵循着信息生命周期的演进规律，反映着舆情信息从产生走向衰退的完整运动过程。由于信息纷繁复杂，并随着事态发展不断变化，我们有必要在研究网络舆情的过程中对其进行科学的阶段划分。对此，学界着眼于不同的研究重点将网络舆情的演化过程按照时间发展维度划分为几个阶段，在下文中，本书将给出对三阶段、四阶段、五阶段、六阶段几种主流周期模型的详尽解读。

（一）三阶段模型

三阶段模型是早期舆情研究中较为典型的演进过程划分模式，尽管学界对各阶段的命名方式不尽相同，但总体上都遵循着网络舆情从形成、扩散到衰退的三种显著阶段特征。

1. 网络舆情形成期

在互联网场域内，社会公众对某一突发事件或议题的意见表达是网络舆情形成的起点。舆情的发生过程是一个受刺激—反应机制所支配的过程。在这一时期，作为导火线的公共事件一旦出现，公众个体会随之形成社会态度，就突发事件发生的情况创设相关议题，以微博、帖子等碎片化的传播形式发表看法，网民对这一事件的言说与讨论随之形成网络公共舆情。但需要注意的是，并非所有互联网空间中流通的信息都能进入公众视野并引发公共情绪，只有那些抵达舆情生成机制触点的议题才能引发社会关注，形成网络舆情。

2. 网络舆情扩散期

互联网空间为公众赋予了平等交流、双向对话的技术基础，围绕同一社会话题，众多议题浏览者和创设者相互传递信息，产生舆情共振效应，使议题影响范围进一步扩大。随着公共参与的不断深入，大量的网络舆情信息被大规模转发或搬运，关于议题的讨论从原发平台涌入其他的信息渠道，引发强烈的社会关注。长期积压的利益冲突和社会矛盾将相关议题作为释放能量的新出口，推动舆情演变的各种主体和社会力量纷纷介入，当事双方、政府机构、利益相关群体、意见领袖、普通公众等都参与到网络事件的利益拉扯中，在各方意见、态度、价值观念的裹挟下，不断形成争议、冲突，最终影响舆情趋势。

3. 网络舆情衰退期

网络舆情的不断蔓延会给政府主体造成巨大的舆论压力，并引发政府的重视与介入。一方面，政府机构会针对突发事件采取相应的处置措施，追溯源头、解决问题，并借助主流媒体、政务媒体等权威渠道进行信息公开与合理引导。另一方面，公众对舆情的关注时间也是有限的。经历舆情形成与扩散的前序阶段后，公众的社会情绪、表达需求得到一定纾解，心理和行为表现逐渐趋于理性，人们的关注焦点又会被网络空间中新的信息转移，原本激烈的网络舆情也随着注意力的消散而冷却。但需要注意的是，舆情的结束并不等同于绝对意义的消失或终结。虽然网络舆情会在刺激—反应机制的支配下随着相关事件议题的结束而结束，但舆情作为公众的社会政治态度，其一旦发生过便会被记忆和添加到人们的思想和感情世界中，并不会完全消失。而在一定的社会条件下，当其他事件议题发生时，这些被残留和记忆的社会政治态度又会被再度激活，而成为新的网络舆情的构成部分。

网络舆情的三阶段模式以公共事件前期、中期、后期的发展脉络为研究线索，将舆情传播进程的阶段划分与之关联，总结出网络舆情在三个时期的特征和规律。总的来说，网络舆情演变的三阶段模型在描述上简洁明了，但由于网络舆情本身的复杂性、变化性、不确定性和衍生性的特征，各种因素都会作用于事件舆情的呈现和变化过程中，三个阶段难以详尽概括出互联网场域中纷繁复杂的舆情传播进程，在解释力和完整性上稍显不足。

（二）四阶段模型

为了更细致地描述网络舆情的演变过程，学界提出将网络舆情的传播归纳为四个阶段，较为经典的是以美国学者斯蒂文·芬克（Steven Fink）的危机管理四阶段理论作为分析框架的四阶段模型。1986 年，斯蒂文·芬克提出将危机传播过程划分为危机潜在期、危机突发期、危机蔓延期、危机解决期四个阶段，[①] 这一理论为危机管理提供了一个综合性的循环往复的全过程框架，对突发性公共危机信息传播也具有较大的参考价值。基于这一框架，网络舆情的演变过程可以被进一步划分为四个阶段，分别是网络舆情潜伏期、网络舆情突发期、网络舆情蔓延期和网络舆情衰退期。

1. 网络舆情潜伏期

网络舆情潜伏期与三阶段模型中的形成期阶段特征一致，即最初的舆情碎片化、散在地分布于网络空间，尚未形成较大声量和集中意见。具体而言，这一时期的散播特征表现为舆论起点分散、信

① Fink S, Crisis Management: Planning for the Inevitable, American Management Association, 2002.

源分散和传播主体分散。舆论起点分散即诱发舆情的原发信息在最初是零散地出现在微博、抖音等新媒体平台上，不太能引发广泛关注；信源分散即此时的舆情的信息来源并不集中，而是散布在关联度不高的平台或页面；传播主体分散即舆情信息由不同的网络个体分散传播，没有形成聚集，转载只是个别现象。

2. 网络舆情突发期

网络舆情突发期与三阶段模型中扩散期的前期相对应，即原本散在分布的舆情信息在频繁转载和转发中迅速集聚，形成大量的信息网络交汇点，使得议题热度由一开始的零散讨论上升至大面积的广泛关注。在空间维度上，这一时期表现为网络议题设置、网民知晓关注、网民意见表达三方面的集聚，即不同网络平台对相关事件进行议程设置，共同聚焦于这一议题的进展；相关议题的点击率、浏览量快速上升，形成普遍关注的态势；在事件知晓的基础上，大量网民围绕这一事件的利益矛盾广泛讨论，通过评论、转发集中呈现公众的意见和诉求。在时间维度上，网络舆情突发期从开始到结束的持续时间不长，一般在半天内即可完成，有的甚至只持续1—2小时。

3. 网络舆情蔓延期

网络舆情蔓延期可以对应三阶段模型中扩散期的后期演变。在这一时期，社交媒体、专业媒体、社会公众、专家学者、相关利益团体或机构等多方力量共同介入，围绕这一事件议题进行意见博弈和辩论。社交媒体为利益攸关者提供表达与传播的开放平台，并凭借技术赋能在琐碎、庞杂的文本基础上提炼整合关键信息，串联起事件关键节点的时间线；专业媒体利用专业优势深入挖掘事件、参与调查，寻求事件议题的第一手材料，为鱼龙混杂的碎片信息提供事实核查；社会公众从围观走向发声，借助自媒体平台发表意见、大声疾呼，在转发和评论中叠加自己的情绪和立场，进一步推动信息扩散；专家学者作为权威信源，从专业视角出发针对事件议题的争议点进行回应，在摆事实、讲道理中进行客观分析和理性表达；相关利益团体或机构是利益个体的集合，关注群体成员的利益诉求，整合碎片化的声音形成更大声量。和网络舆情突发期相比，突发期强调信息在空间上的及时扩散和传递，而这一时期则更加关注社会各方力量介入下的权益诉求和问题解决。

网络舆情的发展过程并非总是直线式的上升或下降，而是在某些时候呈现出波浪式发展的轨迹。当舆情议题已经引发一定程度热议，而又随着事态变化出现了一些新情况或新进展时，原有的舆情发展会受此影响出现不同程度的波动变化，因此这一时期的网络舆情也可以被界定为"网络舆情波动期"或"网络舆情变化期"。在此期间，由于多方主体的主动下场和持续爆料，相关议题可能出现多种版本的报道，在事件逐渐披露的过程中，舆情态度会随着事件倾向的转变而发生变化，并反过来推动事件的进一步发展，从而呈现出此起彼伏、上下波动的舆情运动。

4. 网络舆情衰退期

这一时期与三阶段模型的最后阶段所对应。从舆情强度上来说，舆情事件由于政府入场以及公众注意力的转移而逐渐淡出人们关注的视野，舆情热度明显回退，新的舆情事件逐渐孕育萌发。从舆情形式上来说，在经历前三阶段后，多数网络舆情将以符号化的形式收尾，并对社会心理产生后续影响。也就是说，在网络舆情演变的后期，公众一般会将舆情相关议题中的主要人物或情节加以符号化，提炼出与之相关的网络流行语，使网络舆情的传播效果和认知结果借助象征符号长期延续，影响人们的社会心理和价值判断。

总的来说，四阶段模型相对于三阶段模型更加有层次感，理论内容更加丰富。虽然除此之外还有其他各种舆情传播阶段的四阶段划分方式，但基本上都以斯蒂文·芬克的四阶段模式为基础，要么是在此模式基础上的细化分析，要么是对其中某些阶段的称谓不同，总之，都是对突发事件发展过程中网络舆情四种运动状态的梳理整合。

（三）五阶段模型

网络舆情演变的五阶段模型是对四阶段模型的进一步划分和扩展，将舆情生成之后的上升过程（对应三阶段模型中的“扩散期”和四阶段模型中的“突发期”和“蔓延期”）细分为萌动期、加速期和成熟期三个阶段。由于网络舆情生成与消退变动的缘由、表现特征大致相似，五阶段模型也延续了三阶段、四阶段模型对网络舆情演进过程中首尾阶段的命名。因此，在下文中本书将对网络舆情演变五阶段模型中的萌动期、加速期、成熟期三个阶段进行具体解读。

1. 网络舆情萌动期

网络舆情萌动期与四阶段模型中的网络舆情突发期特征相似，即网络舆情的展开，事件议题的网络关注度逐渐提升，一些有代表性的舆论开始在互联网空间凸显，原本高度分散、个体表达的观念开始在转发、转载中出现以代表性言论为中心的多头聚集。这一时期以“转发”机制促成的链式信息流动为标志性特征，有公共性价值的舆情事件会在这一机制下实现“病毒式传播”与广泛讨论，因此这一时期也可以被称为“社会性知情”阶段。需要注意的是，这一阶段虽然初步呈现出以传播节点为中心的向内聚集和向外扩散现象，但信息传播范围并不广泛，一般只局限在互联网空间中特定群体或区域。

2. 网络舆情加速期

在加速期阶段，网络舆情的信息传播渠道逐渐拓展，社交媒体与传统媒体协同传播，网民、互联网、传统媒体三者的循环互动将网络舆情推向高潮。传统媒体的介入意味着网络舆情的传播主体从普通公众、意见领袖转向专业媒体机构，传播场域从网络空间延伸至现实空间，传播受众从部分网民扩大至普遍社会公众。在这一时期，相关议题的公共讨论在线上线下领域迅速膨胀，事件议题的关注度急速提升，网络舆情的导向开始向少数几个中心靠拢，形成寡头集聚的态势，事件议题的网络能量在此时期快速积聚，影响范围也快速扩张。这一时期的议题往往被媒体作为议程设置醒目出现，推动更大范围的社会公众不断加深对相关事件的信息认知和情绪投入，这标志着该议题下网络舆情的社会化，由此，这一时期也可以被看作"社会性表达"的过程。此外，由于社交媒体的互动性与可参与性，充分的社会表达会在一定条件下向社会行动转化，也就是说，当网络舆情足够激烈时，公众可能会在强烈的情绪介入下从话语表达转向捐款、探访、举报等实际行动，促成行动目标的达成。

3. 网络舆情成熟期

随着各类社会力量的介入以及关注人群的不断增多，参与到网络舆情发展过程中的行动主体不再局限于当事人双方、社会公众和媒体，还拓展至专家学者、政府机构等。这些角色从应对冲突、解决问题的视角出发，介入到网络舆情的应对机制中，发布权威信息以澄清舆情传播中的错误和偏差，提出应对举措以解决利益攸关群体的矛盾冲突。因此，进入成熟期的网络舆情已经相对稳定且高度集中，议题关注热度的提升速率呈递减趋势，相关信息的蔓延速率逐渐放缓，公共舆情得到初步控制。

（四）六阶段模型

在前几类划分思路的基础上，六阶段模型结合新媒体场域的传播特性，提出将"长尾期"作为网络舆情演进的最后阶段，这一模型较为准确地阐述了新媒体环境下网络舆情的传播过程与特性。

长尾理论（The Long Tail Effect）认为与大量的共同关注相比，许多差异化、零散的、少量的关注点分散在正态分布曲线的尾部，这一理论强调个性化、颗粒度、细微服务、分散个体的价值与重要性。网络舆情演进六阶段模型中的长尾期虽然也被称为“长尾”，却与长尾理论的定义并不相同。它是以时间为横轴，以关注度为纵轴，认为公众的关注度随着对旧话题的兴趣衰减和新兴趣点的出现而逐渐下降，但并不会完全终止，因此在事件议题产生结果后的一段时间内，与之相关的网络舆情会进入一个较长的消弭期，从而在网络舆情演变曲线上形成一条长长的尾巴。随着之后同类议题、参与公众、科学研究等新的变量的进入，作为“社会集体记忆”的议题与舆情又会被再次激活，而不断为少数网民所关注。

二　网络舆情的演变规律

普列汉诺夫说：“公众意见的历史发展和整个人类历史一样，乃是个有规律的过程。”作为公众情绪、态度的网络舆情，其传播与演进过程受到众多影响因素的作用而呈现出自由性、互动性、复杂性等特征，并通常遵循着某些特定的深层规律。对网络舆情发展的客观规律进行探索与总结，更能准确地把握舆情背后的本质联系、了解普遍特征，从而提升网络舆情治理的效能。目前，关于网络舆情演变规律的研究尚显不足，本书在吸收现有研究成果的基础上，从舆情演变的涨落变化、生成运动、空间扩散三个维度出发，描述网络舆情在运动变化过程中的规律性特征。

（一）网络舆情的涨落变化规律

涨落变化是网络舆情运动的基本规律之一，也是客观存在的社会现象。[①] 同一议题的舆情传播强度并非自始至终一成不变的，而是伴随事件的发展变化起伏涨落。在舆情发展的一起一伏之间，社会系统在充分的意见表达和及时的情绪纾解下趋于稳定。

---

① 刘毅：《网络舆情研究概论》，天津人民出版社 2007 年版。

1. 突变规律

突变理论由英国学者齐曼（Zeeman）最早提出，主要关注一种稳定状态的物质跃迁到另一种状态物质的中断性质变过程与规律。一个系统要具备突变特性需要符合五个突变指征：一是多模态性，系统中有两个或两个以上的状态；二是不可达性，两个状态之间没有其他相对稳定的平衡点；三是跳跃性，系统不连续变化；四是发散性，极限临界点的变量影响最大化；五是滞后性，系统平衡打破相对滞后。[①] 可以看出，网络舆情的演变逻辑与突变理论的以上五个特征高度契合：一是双模态指征，网络舆情一般表现为关注度较低的、围绕普通事件的潜舆论和关注度较高的、围绕衍生突发事件的显舆论两种常见状态；二是不可达性，公共事件议题主要表现为普通事件或衍生突发事件两种状态，相对应地，网络舆情也往往以潜舆论或显舆论的状态呈现，除此之外没有其他相对稳定的状态；三是跳跃性，网络舆情的生成与演化是跃变的过程，即使舆情在生成前往往伴随各种因素的累积而呈现出渐变效应，但一旦控制因素完全，网络舆情则会发生跳跃性变化；四是发散性，当网络舆情处于临界点时，一旦有外部控制因素的介入（如政府对事件的应对举措、平台对相关讨论的删帖行为等），临界点的平衡状态会被打破，网络舆情可能趋于弱化消散，也可能向突发事件网络舆情转化；五是滞后性，当网络舆情突然爆发时，外部控制手段的介入存在明显滞后。总的来说，由某个事件议题孕育生发的网络舆情在一定条件下突然释放，引发互联网空间的关注与热议，这一过程表现为一种突变性特征，即网络舆情演变的形态突变规律。

2. 衰变规律

万事万物都处在变化之中，凡有盛必有衰，有衰必有变。如果

---

① 凌复华：《突变理论——历史，现状和展望》，《力学进展》1984 年第 4 期。

说突变理论反映的是网络舆情上升阶段的演变规律，那么衰减规律则是对其消减和衰退过程的机制总结。网络舆情的衰减规律存在“衰”和“变”两层含义。一则是“衰”，即针对某一具体事件议题的网络舆情必将走向衰落的趋势，由于事件议题争端解决或公众注意力逐渐转移，舆情信息在其传播过程中会逐渐呈现出速度减缓、强度减弱的下降趋势。二则是“变”，即旧舆情衰落的节点正是新舆情萌发的开端，可以说，舆情的衰退并不意味着完全终结，而是以“社会集体记忆”的形式积淀在人们的头脑中。这一过程中，或将其整合为感性的、零碎的认知片段；或形成理性思考，甚至上升至理论形式；或更加坚定原有的态度和意见；或产生截然相反的态度变化。当新的公共事务出现时，这些已形成的认知和看法会与新议题所包含的刺激性信息发生“化合作用”，并促使公众的信念体系对其做出反应，从而诱发新的舆情。

（二）网络舆情的生成运动规律

1. 共振趋同规律

“共振”（Resonance）是物理学上较为常用的专业术语，是指“一个物体在周期性的连续受到驱动力的作用，当驱动力频率与物体本身产生的频率相当或相差较少时，物体做受迫振动使振幅最大，系统的能量最大”[①]。（见图 3 – 2）目前，“共振”被广泛应用于自然科学和社会科学领域，人们不仅用以描述物质世界中宏观事物或微观粒子的同频震荡现象，还将这一概念借鉴到对社会情绪、人类思维的考察描述上。而舆论波的流动则正是情绪共振的雏形。[②]具体来说，网络舆情的共振规律主要表现为以下三点特征。一是共振发生的条件是不同事物的振动频率相同或相近，即一个公共议题

---

① 程守洙、江之永、胡盘新：《普通物理学（第五版）》，高等教育出版社 1998 年版。

② 毛湛文：《新媒体事件研究的理论想象与路径方法——“微博微信公共事件与社会情绪共振机制研究”开题研讨会综述》，《新闻记者》2014 年第 11 期。

能够引发争议从而形成声势浩大的网络舆情，这意味着其背后所反映的价值观念、利益矛盾与特定群体的诉求和期望所关联，网民在共同的关注、诉求和话语中共享情绪和情感，这种共鸣能够在最大程度上成为网络舆情生成的驱动力。二是共振具有传递性，一个物体振动必然会引起频率相同的另一个物体振动，在情绪共振的作用下，当事人和利益相关者的参与很容易引发更大范围群体的关注，从公众到媒体再到政府都会或多或少地参与到事件之中，不同的社会主体从各自角度出发展开民意表达，相互之间彼此支持、遥相呼应，在一定条件下各主体的意见式参与甚至可能转化为更汹涌的行动式参与。三是共振的结果往往是能量的聚集，形成比单个物体振动更大的振幅。网络舆情往往是社会情绪持续累积后在一定条件下形成的能量释放，其实质是社会公众的情绪和观念的共鸣和强化，比起个体单独的碎片化表达，基于社会关注所形成的共同话语具有更大的能量和影响力，能够更迅速且彻底地解决事端。

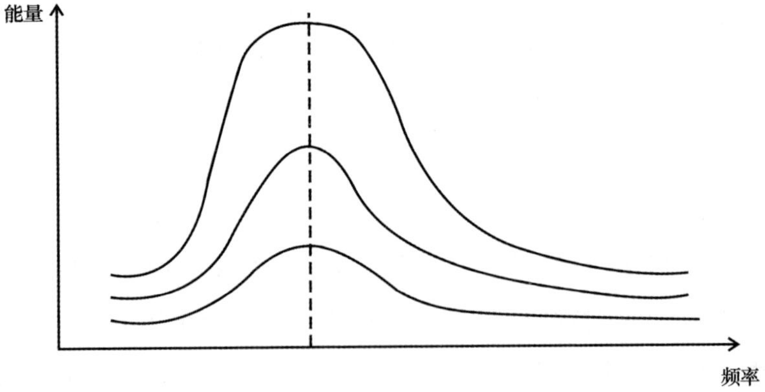

图 3－2　共振示意图

2. 叠加聚焦规律

叠加原理和聚焦原理都是物理学上较为常见的学术理论，分别从时间和空间的角度描述了事物由少变多、由小变大、由分散变集中的变化过程。叠加原理（Superposition Principle）的核心观点是几种不同因素的综合所产生的效果，等同于各个因素单独产生效果的叠加和。聚焦原理（Focus Principle）主要是指多数光线或电子射线在一定条件下会集中在同一点的过程。网络舆情也是在能量的叠加与聚焦作用下逐渐衍生放大的。传统媒体时代，大众媒体机构在新闻框架的影响下对一系列事件层层筛选、加工与排序，它们带有垄断性的话语建构和新闻生产权力给相关的公共事件注入了更高的社会关注度。相比之下，互联网技术的深度嵌入则带来了公众注意力和巨大信息量间的矛盾，但社会关注却没有因此削弱。相反，内容生产权力的下放使互联网空间中流动的社会议题更加多元、更具颗粒感，而叙事主体由新闻媒体让位于事件当事者，公众也能接收到更加强烈的情绪和态度并给予关注。因此，在互联网空间中，一个微小的个人议题很容易被放大为社会普遍关注的热点事件。并且，由于平台媒体的议程设置功能更加灵活，公众的注意力往往很容易被集中到特定的事件议题上，最终引发广泛的社会讨论与民意表达。除此之外，由于“人人都可发声”的互联网特性，在某一舆情事件获得社会关注后，其他的同类事件极易经由各当事人的社交媒体相继发出，从而引发网络群体性事件，催生更大范围、更加强烈的网络舆情。

（三）网络舆情的空间扩散规律

网络舆情的扩散与发展并非简单的线性结构链式传播模式，而是一个复杂的演化过程。即使如此，这一过程也不是完全杂乱无章的扩散运动，而是有一定规律的、具备明确特征的舆情传播结构。在此，本书将网络舆情的空间扩散运动总结为涟漪发散和感染互动两条传播规律。

1. 涟漪发散规律

在危机管理领域，“涟漪效应”（Ripple Effect）是风险社会放大框架下描述风险事件影响的一种比喻[①]，描述的是风险事件的发生就像将一块石头投入平静的湖水，石头激起的一圈圈涟漪以落水点为中心向外扩散，其影响由里向外地从直接当事人逐渐波及更多的利益相关者，由此引发更大的危机或多种危机的发散和放大。网络舆情的发生也可以看作由公共事件在互联网场域中引发的衍生现象，其传播和扩散过程往往符合涟漪效应的特征。公共事件的发生就像是向公共领域的水池中投入一块石头，在激起波浪形成层层涟漪的同时，引发更大范围的网络舆情，并对外部产生不同程度的影响。在传统媒体时代，链状的媒介消费和单向的大众传播使得公众围绕事件议题的讨论相对被动、传播范围相对狭窄；而互联网技术打破了传统媒体构建的壁垒，将潜在的、数量有限的信源和相对沉默的受众变成了积极的参与者，与事件议题相关的信息借助以社交媒体为代表的扁平化传播媒介充分流动，一些原本对事件并不知晓或不关心的社会公众在网络舆情传播过程中由于“涟漪波”弥漫和放大而转入对事件的知晓、态度的表达和相关行为的实施，网络舆情的“涟漪效应”愈加显著。互联网节点的连接放大了社会个体的声量，一些局部的、微小的个体事件在“涟漪效应”的作用下随着“水波”的扩散而逐层向外蔓延，并迅速成为社会公众所关注的“共同话语”。

2. 感染互动规律

日本学者伊藤阳一在其著作《日本与美国的大众传播》中提出“三极模式”。他认为，大众传播媒介、政府和公众是影响社会舆论的最重要三极，三者相互独立的同时相互影响，这三极相互作用的结果便是社会舆论。[②] 目前，舆情传播的三极互动模式被学界普遍

---

① Kasperson R. E., Renn O., Slovic P., et al., “The Social Amplification of Risk: A Conceptual Framework”, *Risk Analysis*, Vol. 8, No. 2, 1988, pp. 177 – 187.

② 李东：《日本社会舆论形成的三极模式评析》，《新闻与传播研究》1996 年第 4 期。

认同。政府、媒介和公众作为舆情主体，三者之间的相互影响、感染和互动贯穿了网络舆情形成、扩散与消减的完整过程。具体来说，在网络舆情的传播场域中，公众往往是公共事件的直接利益者或相关利益者，基于公共利益的话题往往能充分激发公众的普遍关注和共鸣，人们从不同利益诉求和期待出发，广泛参与到针对焦点议题的讨论中，而互联网的流动性使得私人领域的日常讨论与公共领域的维权、抗争话语界限模糊，网络舆情在此过程中态势持续攀升。媒体作为网络舆情的传播中介，为舆情的孕育、扩散提供了基础的媒介环境和传播要素，网络媒介平台作为网络传播场域的核心汇集了大量的事实与态度信息，并吸附大量的公众注意力资源；传统主流媒体则承载着将网络空间与现实空间连接起来的职责，持续将事件议题的信息源搬运至网络平台，同时将网络讨论迁移至传统载体，实现线上线下话语的勾连。政府作为公共事件的治理主体和网络舆情的监管者，由于网络舆情的扩散和爆发可能对社会造成不良影响，政府会及时介入并充分调动社会资源以迅速应对和解决问题，从而避免社会秩序的混乱以及可能发生的公共危害。需要注意的是，并非所有的网络舆情都会共同涉及公众、媒体和官方主体三者。具体而言，突发事件引发的网络舆情往往影响范围较广、强度较大，因而表现为公众、媒体、政府三者间信息交互频发、多向互动；而非突发事件相关的网络舆情传播结构并非三者缺一不可，一般以“公众—媒体”“公众—政府”和“公众—媒体—政府”等几种互动模式为主。

总体来看，网络舆情的演变周期与演化规律都是着眼于网络舆情运动变化全过程的基本特征而进行的总结与归纳。从这样的观点出发，我们便可以知道，尽管网络空间混沌复杂、瞬息变化，如果可以准确把握网络舆情的发展规律，则能更好地应对舆情，取得治理良效。

第三节　媒介化社会网络舆情生成演化机制新表征

网络舆情的生发演化与其所处的时代背景有着密不可分的关系。媒介化社会，一方面，以媒介融合为特征和趋势的媒介技术演化大大充盈了网络空间的生态环境，为多观点的呈现提供了话语空间；另一方面，受众主体身份的凸显以及主体意识的觉醒使得网络空间成为一个观点碰撞和交锋的重要场域。这些都在很大程度上形塑着网络舆情的生成与演化机制，使得网络舆情的传播生态与生成机制的表征都发生了极大的变化。在圈子化、情感化、仪式化等一系列因素和机制的影响下，媒介化时代的网络舆情表现出不同以往的生成机制。在理论介绍的基础上，本节将着重探讨圈子化和情感化在网络舆情生成中的作用与影响。

一　媒介化社会中的网络舆情

作为与全球化、个人化和商业化并列的“元过程”（meta - processes），[①] 媒介化已经成为当下人类社会发展演进的重要表征。20 世纪末，信息技术蓬勃发展、经济全球化加速以及互联网的推广与发展，中国社会结构转变为信息高速传递、传媒生态深刻变革的媒介化时代。进入 21 世纪以来，以互联网、信息技术发展为主要动力，社会时空背景不断更新，社会治理工具不断迭代，以媒介作为重要主导力量的网络舆情事件层出不穷，成为治理的难点和痛点。

随着大数据、物联网、人工智能等新兴信息技术的发展，媒介在网络舆情事件中的嵌入越发凸显，在网络舆情的生发、演化、爆

---

① Krotz, F., “The Meta-process of ‘Mediatization’ as a Conceptual Frame”, *Global Media and Communication*, Vol. 3, No. 3, 2007, pp. 256 - 260.

发、消弭的各个环节，在网络舆情治理的平台、信息、技术各个领域，媒介化的手段无处不在。可以毫不夸张地说，媒介化已然成为时代潮流，网络舆情的生发、演化表征研究已经离不开对媒介化这一大背景的观照。

（一）媒介化社会的网络舆情生态

不同的媒介社会形态将催生与之相适应的网络舆情生态。在媒介化社会这一全新的社会形态下，网络舆情也表现出与社会发展相适应的新的生态表征，呈现出前所未有的多元性和复杂性。

首先，网络舆情生态与社会舆论生态并存。媒介化社会，网络舆情表现出比以往更强烈的传染力和颠覆性，其对传统社会舆论生态的影响前所未有。在互联网背景下，任何微小的网络舆情事件都可能在网民的狂欢和鼓动下发展蔓延，带来线上、线下舆论场之间的频繁互动，造成巨大的社会影响。

其次，官方与民间舆论场发生结构性调整。媒介化社会，网民的主人翁意识进一步觉醒，民间舆论场的狂欢化特征更为明显。在巴赫金著名的狂欢化理论中，“狂欢是祭祀酒神之后一种全民性的化装游行和滑稽表演活动，所有人都可以参与其中，日常生活中的法令、禁令和限制都被取消，人们摆脱一切禁令和束缚而获得自由和解放”。“狂欢”消解传统权威和社会等级结构，全体人民表现出颠覆性的平等关系。由于传统权威瓦解，导致舆论意见空间的空位，民众意见的发生热情超出以往，舆论的意见实体空前繁荣。官方舆论的主流地位、信任程度等均遭受冲击。

最后，国内外双重舆论风险与压力增大。随着中国的崛起，国际舆论场中的中国声音开始备受重视，但在“西强东弱”历史格局以及长期以来西方经济文化占据主导地位的背景下，国际舆论格局中的“中国音量”和“中国体量”仍然比较微弱。在媒介社会的背景下，越来越多鱼龙混杂的国际话题涌入国内舆论场，给中国的网络舆情生态带来新的风险与挑战。

（二）媒介化社会网络舆情的生成机制表征

媒介化社会，大数据、算法、机器学习等技术的快速发展重塑了传播格局，信息传播从“生产端”到“传播端”均发生了深刻的变化，深刻改变着网络舆情的生成模式和传播机制。

其一，网络舆情信息多模态化。信息传播的智能化、网络化和泛媒介化带来了网络舆情信息内容的多模态表征。其表现形式从单纯的语言文字拓展为图片、视频、音频、短视频等多元形态。以短视频为例，短视频的出现极大地拓展了网络舆情的话语空间。短视频的传播形式突破了传统的时间、空间限制，短视频与文字、图片的叠加与融合不断催生出新的传播模态，带来新的传播效果，而潜藏其中的网络舆情传播也因此有了更为丰富的表现形式。如在贵州“龙叫”事件中，多位网民为博得流量，将鸟类发出的叫声杜撰为“龙叫”“虎啸”，录成视频并配以“都不敢听了”等文字，在抖音等视频平台传播，相关舆情快速由线上蔓延到线下，引发大批群众前往，造成当地社会秩序混乱。①

其二，网络舆情表达情感化。媒介化社会，网络舆情的传播从强调语义逻辑的文字表达，向讲求沉浸式和感染力的情感传播转变，情感在网络舆情生成与传播中的作用越发凸显。基于大数据和智能算法，通过情感计算，可以感知、识别、模拟网络信息，从而使得网络信息得以“声情并茂”地渗透到受众群体，引发网络舆情。此外，VR、AR 等人工智能技术的普及，使得原本疏离的情感和关系得以重新链接。借助此类技术，网络信息得以以全景图片、视频直播以及 3D 影像的方式进行立体、具象的传播。如新冠肺炎疫情中，“火神山、雷神山监工”的全景直播，迅速凝聚民众情绪

① 荣婷、张爽：《人工智能时代网络舆情新特征与新治理》，《传媒》2022 年第 8 期。

共识，缓解舆情焦虑。[①]

其三，网络舆情传播圈子化。“网络舆情是社会发展脉络中公众社会态度、取向和评价结果在网络上的投影，是不同社会阶层利益和社会需求在网络上的话语表达”[②]，亦即多元利益群体产生多元意见，而恰好互联网又为其提供了表达的渠道，从而形成多元网络舆情。媒介化社会，阶层化或“圈子化”特征相当明显。从论坛、博客、微博到微信，平台不同决定了使用者、参与者不同，正如不同层面的舞台上自然是不同的表演者、不同的主角。新媒体技术成为重构网民圈层、形成新的多元社群的技术基础，为网络舆情的形成扫清了技术障碍。这一圈子化的传播最显著的表征便是网络社区的形成和发展，“网络社群”是一个具有时空规定性的概念，它因技术进步和社会发展而发生变化，但均包含着认同、结群、交往、表达、动员、抗争、冲突这些维度。而这些维度实际上暗含了网络舆情的一系列要素，如技术基础、社会背景、结构变迁、关系描绘、内容呈现、发展趋势等。[③] 因此，这在一定程度上也表明网络社群的形成为网络舆情的生发提供了空间与要素可能。

其四，网络舆情互动仪式化。媒介化社会，社会化媒体的大量涌现促成了“网络社群”的兴起。个体与个体之间从单纯的技术连接演化为深层次的情感共振，这种共振促成了传播的仪式化，从而使得网络舆情成为一场聚集相同身份群体的仪式。广大受众通过大众传播参与到某个共同的活动或事项中，形成一种象征性互动或象征性符号，从而产生媒介仪式。[④] 就网络舆情而言，当某一舆情事件爆发之后，与该事件具有相似或相通的情感共鸣的个体和群体便

① 荣婷、张爽：《人工智能时代网络舆情新特征与新治理》，《传媒》2022 年第 8 期。

② ［美］赫伯特·甘斯：《什么在决定新闻》，石琳、李洪涛译，北京大学出版社 2009 年版，第 48 页。

③ 张华：《网络社群：网络舆情研究的核心概念和分析框架》，《新闻界》2014 年第 15 期。

④ 荣婷、张爽：《人工智能时代网络舆情新特征与新治理》，《传媒》2022 年第 8 期。

会参与其中，形成围观效应，促成舆情的进一步蔓延和爆发。此外，通过媒介事件策划网络舆情的“数字媒介仪式”也成为网络舆情互动仪式化的重要表征。如利用重要的时间节点策划和传播网络舆情，形成某种线上仪式和情感聚集等。

二　圈子化动员机制下的舆情形成与传播

所谓“圈子”，是以“情感、利益、兴趣等维系的具有特定关系模式的人群集合”。这种稳定的人群结合是关系互动的产物，关系对于圈子研究具有重要意义。在国内，有关圈子的研究大体可以追溯到20世纪初期费孝通的“差序格局理论”。在对中国传统社会结构加以研究时，费孝通指出，传统社会中，人民基于血缘、地缘建构起一张张的社会关系网络，这一社会关系“好像把一块石头丢在水面上所发生的一圈圈推出去的波纹。每个人都是他社会影响所推出去的圈子的中心，被圈子的波纹所推及的就发生联系”。在基于关系而形成的“差序格局”中，每个个体都拥有以自我为中心的关系圈子，也处于多个由他人所建构的关系圈子之中。因此，一方面，依照在社会交往中的亲疏远近，圈子将一个个零散的个体连接在一起，形成或强或弱、或频繁或稀疏的互动与交流，共同形构了社会关系与社会范围边界；另一方面，各类信息依托于圈子得以获得传播的土壤，圈子成为传统社会中个体接收与传播信息、获取资讯的重要渠道，构成了传统社会信息流通的重要渠道单元。

互联网时代的到来，扩展了“差序格局理论”和“社会网络理论”研究的圈子范畴，但都不能绕开“个体中心”的客观存在。互联网圈子框定人的互动范围并将其分层与序列化，它是人类生活圈子的体现和延伸。[①] 与传统社会中的圈子不同，互联网圈子表现

---

① 周大勇、孙红昶：《互联网“圈子”传播：分层互动与关系的弥合》，《图书馆学研究》2018年第17期。

出独有的特征。从组成动因来看，除了血缘、地缘等传统因素之外，趣缘、业缘甚至学缘也成为影响圈子组成的重要因素。从传播模式来看，相较于传统社会中的圈子传播，互联网时代的圈子传播形式更为多元，既包括圈子内的内部传播，也包括圈子间的信息流动，以及线上及线下的网络互动传播。从传播力度来看，除了传统的关系与信任之外，圈子内外之间的协作也成为影响一则信息传播力度的关键因素。

关系是圈子化传播形成的基础。在媒介化社会，围绕关系这一核心内涵，网络舆情在生成、扩散与破解等多个方面呈现出圈子化的传播特征。

（一）网络舆情的生成：多元心理作用下的圈子内情绪动员

网络舆情的生成离不开情绪这一重要诱因，在网络空间中，情绪是以多维度而非离散状态存在，当围绕某一事件或对象的群体情绪聚集到一定程度，便会在网络空间中呈现出爆发状态，此时网络舆情便会产生。而就圈子化来说，一方面，网络舆情的爆发多集中于某一圈层群体，网络群体的圈子成员身份为进入圈子以及在圈子中传播信息、渲染舆情提供了便利条件。另一方面，受血缘、地缘、业缘等因素的影响，同一圈子成员在认知、文化、阶层等方面具有一定的共通性，在一定程度上加大了网络舆情在圈子内散播的可能性。在某种表达动机的驱使下，意见领袖在开放和无门槛的圈子内通过议题表达，传递高唤醒度情绪、消极情绪、高唤醒度消极情绪三种心理感受。这些心理触发圈子内其他成员的欲求动机和防御动机，带来情绪上的波动，从而达到成员动员的目的。在一个相对封闭的传播圈子中，当情绪酝酿到一定程度，便会完成质变，汇聚为具有冲击力的网络舆情。

在新冠肺炎疫情暴发前期，由于对疫情成因、源头、治疗与预防办法等信息的不清楚、不明朗，对早期感染病患处置方法的欠妥当，以及疫情来势汹汹所带来的恐慌心理，导致大量舆情事件的爆发。其中，微博、微信、抖音等圈子成为网络舆情爆发的主要场域。通过微博、微信等社交平台，个体在获取疫情相关信息的同时，也因为圈子中信息传播的鱼龙混杂，导致辨别能力的下降，从而盲目追随他人。圈子的相对封闭性为网络舆情从滋生到壮大提供了稳定的外部环境，舆情发起者与圈内成员之间或强或弱的关联性为舆情传播提供了足够的情感基础，圈子成员的随时在场性为网络谣言的接收与传播，以及舆情传播策略的调整提供了便利的客观条件，而圈子所依托的传播平台其本身所具有的对多元信息形式的包容性则为除文字之外的，如截图、视频等更加具有信任度的信息形式的传播提供了存在的可能性。正是在这一系列要素的作用下，网络舆情得以在圈子这一“培养皿”中生根、发芽、壮大，并最终走出圈子，获得进入其他圈子的传播能量。

（二）网络舆情的扩散：信任背书下的圈子间议程设置

圈子化的传播机制实际上是基于不同条件信源下的一种二次传播，或者说是 N 次传播。[①] 当网络舆情完成对圈内成员的情绪动员，圈子中的核心受众便将接收到的信息传播给较为活跃的受众，最后传播给其他人。信任在网络舆情的传播与扩散过程中起着至关重要的作用。如果说情绪是网络舆情生成的导火线，那么信任则是网络舆情传播的推动力。

从圈子内部的结构关系来看，部分圈子成员之间所存在的从属关系导致圈子成员向圈内权威信源的顺服，在客观上为网络舆情的传播提供了结构基础。网络舆情爆发之后，在一些具有从属关系特征的传播圈子中，一旦具有话语权的成员发布舆情相关信息，处于从属地位的圈子内成员极有可能成为舆情信息的追随者，充当信息

---

① 袁青、周蕊、陈响园：《传播学视阈下“圈子”文化的“价值观”聚合》，《编辑之友》2015 年第 10 期。

转发的角色。例如在2021年底某市新冠疫情中出现的“怀孕8个月孕妇由于未能提供核酸检测阴性证明报告被医院拒收从而导致流产”的网络舆情事件中，首先是由病患家属拍摄相关短视频上传到网络中，进而病患亲友及知情人士纷纷转发声讨，紧接着这一事件持续发酵，越来越多的网友参与其中，加入对医院及相关防疫人员的指责当中，从而逐渐发酵为一起网络舆情事件。在这一事件中，孕妇及其家属构成了舆情传播的核心圈层，亲友及知情人士构成了基于信任基础的二级传播圈层，网友构成了外围传播圈层，网络舆情正是在基于信任与事实的基础上完成了发酵与扩散的过程。

可以说，在信任因素的主导作用下，当舆情在不同圈子之间扩散，相似性质的圈子之间便会产生“议程设置”。而舆情所涉及的利益群体越大，其传播速度和覆盖面就越快、越广。当舆情关乎整个社会的个体切身利益时，便会在所有圈子之间形成大规模的“议程设置”。此时，若得不到及时有效的治理，舆情的持续发酵将会为社会带来不可估量的影响甚至损失。

（三）网络舆情的治理：多重主体合力打破圈子壁垒

在圈子化背景下，网络舆情的治理主要是依靠包括政府部门、媒体、个体等多元主体对圈子内及圈子间“后真相”壁垒的破除。“圈群化的嵌套传播结构是‘后真相’时代信息传播的技术基础。”[①] 互联网时代的到来促成了人类社会的重新部落化。圈子内信息传播内容的重复与同质，传播立场的倾斜与偏颇极易出现因情感与观点占据上风而导致的情绪极化，并促使“后真相”现象的出现。因此，从某种程度上而言，无论是网络舆情生成初期的情感动员还是扩散过程中的圈子间“议程设置”，存在于圈子内外的“后真相”壁垒始终存在。因此，当存在圈子内外的“后真相”壁垒

① 李彪、喻国明：《“后真相”时代网络谣言的话语空间与传播场域研究——基于微信朋友圈4160条谣言的分析》，《新闻大学》2018年第2期。

由于某种更具有可信性与权威性的信源的出现而被破除时，网络舆情便失去了在圈子内继续传播和扩散的动力。通常情况下，政府、主流媒体等充当了舆情治理的主体，通过大众媒体等渠道对公众进行情绪疏导与真相通报，从而起到遏止舆情的作用。当网络舆情治理信息在某个圈子中得以传播，再通过“节点”进行转发，信息很快便从一圈子蔓延到其他圈子，对网络舆情进行阻断。当充当信息传播节点的个体所在的传播圈子越多，信息转发越及时、转发面越广，网络舆情被快速遏止的可能性便越大。

无论从认识当前网络舆情传播特征与规律的层面出发，还是从对网络舆情的有效治理而言，圈子化视角无疑为我们进一步观照网络舆情提供了值得借鉴的有益路径。而对于包括圈子化传播在内的新的网络舆情传播形式的关注也应当成为未来网络舆情治理研究的重要视野之一。

三 情感化动员机制下的舆情形成与传播

在心理学研究中，情感被界定为“在神经或激素系统调节下、主客观因素相互作用形成的复杂集合，包括：唤醒愉快或不愉快感觉的情感体验；产生知觉、评估、贴标签等与情感相关的认知过程；激活对以上变化的生理调节；有可能导致表达性、目标导向性、适应性的行为出现”①。从本质上来说，情感是人对客观事物刺激的主观感受和心理反应，其产生源自人的社会性需求，如道德感、美感、信念感等，具有深刻性和稳定性。②

近些年来，哲学、心理学、神经科学、人类学等学科对情感的研究取得突破性进展，以至于一些学者提出“情感转向”。新情感

---

① Kleinginna, P. R. , Kleinginna, A. M. , “A Categorized List of Emotion Definitions with Suggestions for a Consensual Definition”, *Motivation and Emotion*, Vol. 5, No. 4, 1981, pp. 345 – 379.

② 卢毅刚：《认识、互动与趋同》，中国社会科学出版社 2013 年版。

理论学者将情感解释为一种个人的张力，认为情感既说明个人影响周边世界的能力，也说明个体被周边世界影响的能力以及这两种能力之间的关系。① 情感转向的要求不仅使研究关注点回归到人本身，更指出不同研究对象间潜在、内隐的影响。透过情感转向重新审视网络舆情及网络舆情事件，不难发现情感的波动起伏作用于网络舆情生发演化的始末。情感对网络舆情具有驱动作用，它涉及个体、群体乃至整个社会的深层心理，是生理性与社会性兼具的内核因素，在根本上促进网络舆论的聚集发展。进一步来说，情感线扮演着牵引索的关键角色，与网络舆情生发演化的脉络共生共进。

（一）网络舆情的生发：情感动员

网络事件的发生就是情感动员的过程。情感是推动网民发表意见的工具，能够使突发事件获得关注与讨论；而个体通过情感表达，唤起或激发其他个体对事件的认知、态度和评价，由此影响事件评价走向并获得大量的意见累积，舆情由此显现。因此，网络舆情的产生即网络用户的情感动员。

情感动员的方式主要体现在以共同情感为基础的叙事策略的运用中。有学者认为官方媒体在社会突发暴力事件风险传播的情感唤起机制中存在一定的叙事框架。② 郭小安指出情感能量的聚集和动员主要依靠“仇恨叙事、悲情叙事和恶搞叙事”三种叙事类型。③ 在“后真相”时代，个人的情感和立场比客观事实本身更能引起舆论场的波动。④ 公众使用情感化的叙事手段造势动员，产生舆情倒

---

① Clough, P. T., “The Affective Turn: Political Economy, Biomedia and Bodies”, *Theory, Culture & Society*, Vol. 25, No. 1, 2008, pp. 1 – 22.

② 李畅、陈华明：《社交媒体在社会突发暴力事件风险传播中的情感动员研究》，《新闻界》2016 年第 16 期。

③ 郭小安：《舆论引导中情感资源的利用及反思》，《新闻界》2019 年第 12 期。

④ 南塬飞雪、胡翼青：《后真相时代新闻专业主义的危机》，《青年记者》2017 年第 16 期。

逼真相的效应，其中以悲情、愤怒、恐惧等负性情感最容易被唤醒和引发共鸣。如2016年在朋友圈刷屏的爆文《罗一笑，你给我站住》，作者罗尔从父亲的视角记录一家人与白血病“战斗”的辛酸历程，为患白血病的女儿筹集医疗费。被文章打动的网民自发转文扩散、募集捐款，罗尔一家很快通过微信获得了超过百万元的打赏。在悲伤与同情为主导的舆论关注中，有网民发现，罗尔家境殷实，网络救助并非必要，悲情叙事所引发的情感共鸣换取的仅仅是“被利用的爱心”。转向质疑愤怒的情感继而引发网民讨伐、第二次掀起舆情热度，网络舆情事件由此形成。

情感动员的逻辑使得理性思辨受到干扰，相比于真相，公众更在乎身份与利益的关联、道德伦理的对错，这种舆情触发开关存在的深层原因与社会结构和历史背景有关。情感社会学家乔纳森·特纳提出情感嵌套在社会背景中发生。[①] 情感的生理属性关联个体对社会环境的体验与感知，而社会属性受到历史文化的影响与形塑。中国社会转型期不平衡的社会结构和潜在积累的社会矛盾导致了网络表达中以负面情绪为主的情感结构，人们存在着表达意见的情感诉求，所以当突发事件触碰到情感热点，共同的情感基础极易唤醒情感并引发共鸣，这也是目前网络舆情层出不穷的重要原因。

（二）网络舆情的演进：情感扩散

美国传播学者埃弗雷特·罗杰斯于20世纪60年代提出信息扩散理论，分析了新信息在媒介中传播人们主观接受的效果。在这一社会过程中，首先仅有一小部分人接受新信息；当扩散比例达到一定临界数量，扩散的速度旋即加快，直到达到一个相对饱和点，此时大部分人都接受了新信息。[②] 这也是网络舆情发展过程中情感扩

---

① ［美］乔纳森·H. 特纳：《人类情感：社会学的理论》，孙俊才等译，东方出版社2009年版。

② ［美］埃弗雷特·M. 罗杰斯：《创新的扩散》，辛欣译，中央编译出版社2002年版。

散的脉络：在网络舆情出现到爆发之间，包含事实的信息、附着情感的评论以互联网为渠道快速扩散，在大众或是人际媒体的作用下交叉感染，情感的不断累积促使更多的人关注事件、参与讨论——网络舆情的热度随着情感线的上升也呈现出攀上顶峰的趋势。情感扩散的核心环节是个体之间的互动。情感附着在人们表达的信息上，通过人际交往而相互流通、转让，具有相同情感基础的人产生情感共鸣，而情感基础相异的个体也获得了对方的感受和意向，其结果都是将个体情感传递给整个群体，为群体带来“情感能量”，形成“情感共同体”。在互联网环境下，保罗·莱文森所提出的新新媒介继承了新媒介用户可以自由选择、使用网上的内容等优势，并赋予用户“真正且充分的权利”，使用户构成“消费者—生产者共同体”。微博、微信等中国当下流行的新新媒介中不仅存在党政机关、专业新闻媒体等官方发布机构，更多的是草根阶层的意见领袖与普通网民。一方面，这些媒介渠道融合了人际传播和大众传播的功能，围绕着海量个体节点形成无限扩张的社交网络，在突发事件的信息来临之时实现一传十、十传百的裂变式传播；另一方面，普通网民既是情感的消费者又是生产者，情感通过信息传递不断加工、演进、升级，随着扩散的广度和深度发生改变。

以 2018 年 S 省水灾事件为例，8 月 19 日，当地官方媒体广播电视台发布微博提醒在河流的上游加大泄洪量，但并未引起网民关注。舆情初现始于 21 日某自媒体发布文章并受到热传，一些网民跟进水灾的现场情况并谴责记者的“欺骗性报道”。受到舆论关注后，W 市人民政府于 23—24 日先后召开两次抗灾减灾新闻发布会，但其回应内容受到质疑，舆情集中于批评官方隐瞒洪灾实情、泄洪决策不妥当、洪灾引起各地菜价上涨等。在这次网络舆情事件的演化过程中，舆情热度随着网民负性情感的高涨而迅速攀升，网民情感化的表达得到迅速扩散与广泛响应。在网络舆情中，情感扩散的效果之强尤以怨恨、愤怒、质疑等负性情感为甚。正如舍勒在《价值的颠覆》中所言："怨恨之气就像传染病一样使别人遭到感染，而且一旦中毒，可能就会让人格如幽灵附身。"①

（三）网络舆情的爆发：情感耦合

从安全科学的视角来看，网络舆情事件在系统性的生发演化过程当中，多个环节和节点都可能促使事态向正面或负面的趋势发展，埃里克·郝纳根的功能共振分析方法（Functional Resonance Analysis Method，FRAM）对帮助分析解释网络舆情负面结果的生成提供启发。功能共振是指在一个系统中，某一功能性能发生变化从而导致其他功能出现变化，变化功能之间相互作用、形成耦合，超出系统承受界限，最终造成不期望的结果。② 在网络舆情系统中，情感的耦合引发舆情热度提升，常常造成舆情的集中爆发与集群行为和群体性事件出现，从而对网络和现实社会秩序造成破坏性打击。而情感耦合的根源在于舆情系统中功能的失效，譬如谣言出现而政府和媒体并未及时回应，有些基层官员采取删帖禁言的方式阻止网民网络表达与情感宣泄，当情感扩散至相对饱和点，意味着网民情感诉求的强烈程度达到极值，而当诉求没有得到满足且没有其他途径疏通解决，情感耦合便发生了。早些年的典型案例以线上线下舆情与线下行为联动为主，如2008年的G省某县"6·28"事件，家属对女学生死因鉴定结果不满，经过新闻媒体报道和某些人的刻意煽动，群众愤怒的情感被点燃，进而引发谣言传播与群体性事件，超过200名群众打砸抢烧，导致县委、县政府等多个机构被烧毁，100余名民警被打伤。这一事件因其恶劣影响而成为中国舆情治理的典型案例。近些年来，随着国家社会治理能力的提升，舆

① ［德］马克斯·舍勒：《价值的颠覆》，罗悌伦等译，生活·读书·新知三联书店1997年版。

② ［丹］郝纳根：《功能共振分析方法——复杂社会—技术系统建模》，田瑾等译，国防工业出版社2015年版。

情引发的线下集群行为逐渐减少，但随着互联网技术的发展与自媒体的普及与赋权，网络舆情治理形势依然十分严峻。网络集群行为叠加人肉搜索、隐私侵犯等网络暴力，容易造成社会平衡的破坏与集体价值观的撕裂。

网络舆情的情感耦合经历了由心理情感触发实际行为的过程，这是情感线所具备的心理势能的转化结果。美国社会心理学家勒温的场动力理论指出，一个人的动机行为是由其“心理生活空间”决定的，个体与环境间的相互作用而产生的“心理紧张系统”是个体心理与行为的动力本质。[①] 面对突发事件时，个体情感稳定的状态被打破，情感暗示开始通过互动在个体之间不断蔓延扩散，相互感染形成了群体情感，促使行为动机和倾向性转为实际。特定的群体情感导致不同的集群行为倾向，在网络舆情中，愤怒导致对抗、进攻、暴力的行为，内疚导致道歉和赔偿的行为等。

研究网络舆情演化与治理，关键是清晰地把握舆情发展的脉络与症结所在。情感是人类行为和社会联结的心理基础，将情感视角引入网络舆情研究，可以看出网络舆情的形成究其本质是情感的作用。这种情感驱动的逻辑蕴含了个体情感到群体情感，最后引发集群行为的转化过程，网络舆情的生发、演化、爆发，正是情感动员、情感扩散、情感耦合的作用结果。在情感动员阶段，深层的社会结构与特定的历史背景共同奠定的情感基础，成为触发理性思考失灵、情感表达与意见累积的开关。把握着这种共同情感的叙事策略，唤醒了网民的情感并迅速引发共鸣，网络舆情由此开端。在情感扩散阶段，新媒体技术为公众话语的生产与扩散提供极大便利，情感以网络为渠道，通过不同个体或组织之间的信息互动而快速扩散、交叉感染。随着情感能量的聚集，群体情感出现，其规模不断

---

① ［德］库尔特·勒温：《拓扑心理学原理》，高觉敷译，商务印书馆2003年版。

升级，网络舆情的热度也随之陡然上升、不再受控，这为引爆网络舆情不可预知的风险埋下隐患。在情感耦合阶段，情感攀登上顶、趋近于饱和点时，常常转化为实际行动、造成破坏性结果，这也是网络舆情爆发带来的负面影响。情感耦合的根源在于整个舆情系统中某一环节或多个环节的失效，此时情感丧失平稳的调节状态，原本内隐的心理势能最终撼动网络和现实社会的正常秩序。概言之，情感线是贯穿网络舆情生发演化始末的牵引索。因此，要从根本上做好网络舆情的治理工作，就必须把握情感治理这一关键要素。

第四章

网络舆情治理的基本概念与理念演变

第一节 网络舆情治理提出的时代背景

党的十八届三中全会首次提出“社会治理”概念，要求“创新社会治理”，“加快形成科学有效的社会治理体制”。党的十九大报告指出“加强和创新社会治理”，“打造共建共治共享的现代社会治理格局”。党的十九届四中全会进一步明确要“坚持和完善共建共治共享的社会治理制度”。随着中央文件中从社会管理到社会治理的全面转变，国内各领域均开始广泛使用“治理”概念代替传统的“管理”“管控”等。习近平总书记指出：“网络和信息安全牵涉到国家安全和社会稳定，是我们面临的新的综合性挑战。”从实践看，面对互联网技术和应用飞速发展，现行管理体制存在明显弊端，主要是多头管理、职能交叉、权责不一、效率不高。同时，随着互联网媒介属性越来越强，网络媒体管理和产业管理远远跟不上形势发展变化。特别是面对传播快、影响大、覆盖广、社会动员能力强的微博、微信等社交网络和即时通信工具用户的快速增长，网络舆情随之增生，网络信息面临传播失序、失范的风险，对国家安全和社会稳定构成威胁。网络舆情治理作为国家治理、社会治理的重要组成部分，是提升国家治理能力和加强治理体系现代化建设的重要环节，已经成为摆在我们面前的突出问题。

一　社会化媒体语境下网络舆情格局重构

网络舆情由不同主体生产、分发与消费，在社会化媒体普及的背景下，普通网民在其中扮演了重要角色，甚至于颠覆传统的舆情格局。一方面，网络中传播者与受众的界限逐渐模糊，普通网民不再是被动的信息接收者与消费者，他们也有可能以某种方式（浏览、转发、评论、发布信息）参与到内容的生产与传播中。另一方面，传统媒体所面对的“不定量”“不知名”“大多数”的受众，开始演变为有个性化需求、为自己发声、凸显个性的个体。网络作为民众意见集散的场域，不仅是一个传播媒介，更是一种生存空间。在社会化媒体语境下，网络舆情格局出现如下两种态势。

一是网络信息生产与分发从“大众门户”转型为“个体门户”。Web 1.0 时代，互联网的媒体属性得到充分重视，从运营商到用户都关注“内容网络”，个体依然作为模糊的受众隐藏在各个节点背后，如图 4－1 所示。从早期的门户网站，到后来的博客论坛，其传播形式继承了传统媒体点对面的传播，是一种“大众门户”的传播模式。在此传播格局下，网络论坛成为公共信息的传播渠道，也成为民意生产、表达和记录的重要场所。论坛中的这些公共信息，可以集中展现某一个话题下人们的反应、评论。往往在此场域中，民意能够得到充分的聚合，最终形成较大的声势。而在 Web 2.0 和 Web 3.0 时代，各类社交应用如微信、微博、豆瓣、SNS 等的兴起，使网民的连接在结构上发生改变。网民作为一个个独立的节点没有了明显的边界，互动形式已跨越了同一话题或社群，出现了以个体为中心的、动态的、边界可调节的网络社交空间，如图 4－1 所示。在这种活动的社交空间中，当在某一热点事件发生后，信息会沿着个体的社交网络迅速生产与分发扩散，产生广泛的传播效应，许多个体之间相同的观点和意识可能在短时间内被激活，推动舆情事件走向高潮。

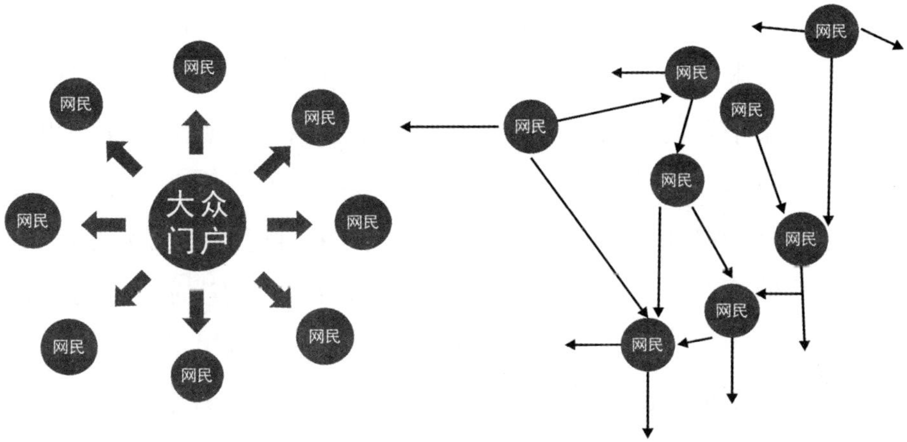

图4－1　左图为“大众门户”模式，右图为“个人门户”模式

二是网络信息消费从“圈式”结构转型为“链式”结构。社会化媒体使得网民完成互动与连接，形成丰富多元的社会网络。随着连接技术的不断发展，网民与网民之间的连接效率不断提升，连接维度不断丰富，连接的形式也更加多样，这使得对网络信息的消费从以往的“圈式”逐渐走向新媒体环境下的“链式”，如图4－2所示。

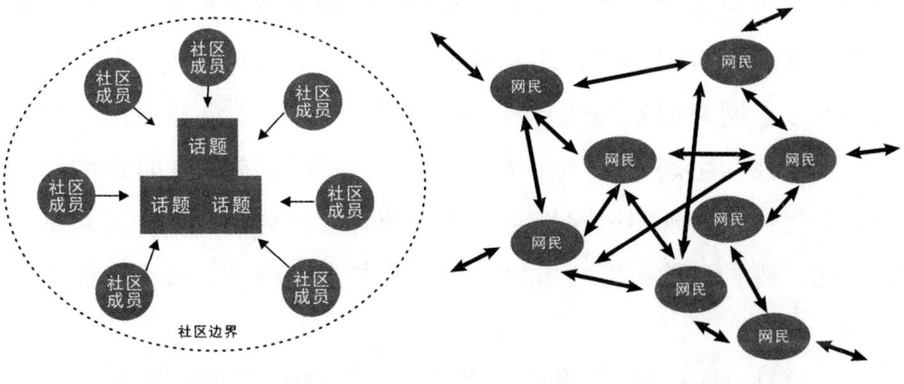

图4－2　左图为“圈式”结构，右图为“链式”结构

在社会化媒体出现之初，信息是网民消费、互动与连接的中心，在此模式下，人与人之间的交流虽然深入但个人的社交活动和社交表演有限，限制了个人的声音对公共事件的影响力，人们的注意力主要集中于内容而非个人。有时候基于内容和观点的互动也会出现话语权力斗争的状况，少数人从混战中胜出成为意见领袖，而多数人只是情绪化跟随或者保持沉默，网络舆情的形成条件较弱。而即时通信网络终端的出现满足了人们持续、稳定的信息消费需要，群体之间的互动开始以社交为中心。每一个网民都变成了社交中心，可以根据自己的需要来组织社交圈子。对于个体网民而言，在利用即时通信工具进行个体交流和信息共享的同时，也实现了自身社交圈的扩张。宏观上看，每一个网民都成为网络中的节点，舆情事件发生时，每一个节点都有可能成为关键节点，影响舆情的走向。在以点对点为基础的网络中，个体之间的社会联系加强，为网络中公共信息的消费和公共活动的进行提供了基础。

二　媒介化社会背景中网络舆情风险频现

“风险”一词最早出现在保险理论和法律定义里，指航海家在航行时遇到礁石、风暴等客观的危险，[①] 即“毁灭或丧失的危险和可能性”[②]。随着现代性的推进，早期与保险业和航海贸易有关的风险理论逐步扩展到人们的日常生活中，成为人们日常生活行为准则的一部分。网络舆情风险产生的根源在于现代社会即一个风险社会。在科技与生态、资源与人口、增长与发展等多重因素的作用下，现代社会的现实风险日益突出，随着自然环境、社会环境的急剧变化，各种自然灾害、事故灾难、公共卫生事件、社会安全事件

---

① 杨冬雪：《风险社会与秩序的重建》，社会科学文献出版社 2005 年版，第 11 页。

② 谢友倩：《风险社会中的风险关系与阶级关系——贝克〈风险社会〉批判》，《南京政治学院学报》2007 年第 2 期。

等重大突发公共事件不断发生，这直接导致网络舆情有生发演化的风险。

而媒介化社会是当代人类社会的又一重要特征，具体体现为：媒介影响力对社会的全方位渗透；媒介化环境中信息环境与物理环境交错融合越来越难以区分，“环境信息化”和“信息环境化”成为现实；个人对媒介的依赖程度加深，媒介对人的控制和影响程度也在加深。[①] 在媒介化社会状态中，媒介再造社会现实的能力更加强大，媒介是人们感知和认识物理距离以外的世界的重要载体，所以媒体对人们的风险感知有巨大影响。作为实体性风险存在，经过媒体的“中介化”再现，会存在误差或者扭曲，不管是媒体对风险的传播是出于故意还是无意，被“媒介化”的风险信息是影响人的风险感知的重要因素。[②] 因此，除了现实因素导致的网络舆情风险，媒介所带来的“感知性”风险是当下网络舆情风险的另一主要成分。

在媒介化社会背景的加持下，网络舆情风险出现以下新的特征。第一，风险的规模和范围都发生了重大变化。此前的社会是局部的、区域的风险占主导地位的社会，因而风险一般只对局部的或个别的主体产生影响。而媒介化社会中网络舆情风险的传播与扩散更为广泛，甚至产生全球性的风险与危机，对整个人类共同利益存在着威胁。

第二，风险的程度发生了根本性的转变。此前的社会中，风险一般只对局部的、个别的人们或者人们生活的某一方面产生影响。但媒介化社会中的网络舆情风险靠单个主体力量无法有效控制解决，一旦出现对精神与物理层面都会造成打击。

第三，网络舆情风险有可能是“被制造出来的风险”，公共风

---

① 汤景泰主编：《危机传播管理》，经济日报出版社 2015 年版，第 6 页。

② 张涛甫：《再论媒介化社会语境下的舆论风险》，《新闻大学》2011 年第 3 期。

险占主导地位。吉登斯区分了两种类型的风险：外部风险和被制造出来的风险。“外部风险”就是来自外部的、因为传统或者自然的不变性和固定性带来的风险，如地震、洪水、海啸；“被制造出来的风险”，指的是由我们不断发展的知识对这个世界所产生的风险，如生态、化学、基因、核风险等。传统的工业社会以及此前的社会，人们所担心的是外部风险；而在当代，由人类活动产生，尤其当活动转移至网络社会中的公共风险占主导地位。

第四，风险具有高度复合性与复杂性特征，对风险负责的主体更难界定。酿成危害的网络舆情风险发生发展的根源不再那么单一，多种因素错综复杂，因而责任主体比之前更难界定，即使界定也未必能真正负有意义的责任。

三　网络舆情治理面临的现实挑战

互联网和信息科技的发展进入移动互联网、大数据、云计算的新阶段，导致由网络舆情引发的诸多社会风险呈现出新特征，甚至是前所未有的新挑战。而有效应对网络舆情的发生和发展，传统的管理手段在网络舆情社会治理中难以适应。与此同时，中国治理体系和治理能力现代化的改革总目标，又对我们建立一套有效地应对网络舆情这个复杂系统的治理新机制提出了新的要求。归结起来，中国网络舆情治理面临的挑战主要有以下几个。

一是技术挑战。技术控制是传统社会控制中最基本的管理手段。然而，在网络社会中，技术不再掌握在个别部门或个别人的手中，而是变得更加分散，这种分散性使得控制力量削弱。因此，在网络技术日新月异的情况下，技术控制越来越力不从心。

二是法律挑战。法律是由国家制定和认可的一种行为规范，带有一定的权威性和强制性，是社会治理的根本手段。而从目前来看，中国网络社会的立法相对来说比较滞后，而现实社会中的一些法律条文在网络社会衍生的新问题和新现象面前解释力不足，甚至出现了一些盲区，这就使得法律控制效果弱化。同时，网络的匿名性也为法律在具体操作层面增加了难度。要通过立法程序去遏制信息空间的犯罪活动困难重重，法律控制的滞后性使得这一在现实社会行之有效的控制手段在网络社会中的效果大打折扣。

三是道德挑战。在传统社会治理中道德的作用是通过道德规范、信念和传统习惯等来调节人的思想和行为，维持一定的社会秩序。而在网络文化多元化的现实下，很难形成相对一致的网络行为规范和准则，虽然有互联网文明公约等一些网民自我约束的规则，但实际上约束力很有限。当以现实社会中的一些道德标准来治理网络社会时，在网民非理性的情绪下，往往无能为力。道德失范已经成为当前网络社会中一个突出的现象。

几项挑战的压力集合在一起，使得中国网络舆情治理存在两难困境：网民的困境在于，一方面，网民正当权益未得到清晰界定，权利得不到应有保障。权利受到侵犯，义务就无从谈起。另一方面，政府单方制定规则，加剧权利与义务的不对称。由于网民没有参与互联网管理规则制定，网民的权利没有得到充分的体现，网民普遍缺乏承担责任、自律自治的动力，放纵性地经常“出轨”。反过来，这更加伤害了网民自己的权益。政府的困境则在于，想有效治理，但由于全能式的管理，反而管出越来越多的网络“暴民”。网络舆情治理出现“一放就乱，一乱就管，一管就死，一死就放”的不良循环。

可见，传统的舆情管理方式已不能适应网络社会中舆情的健康发展的要求。而权力“是流动的、表演的以及不受限制的，这是它的强大之处，也是它的弱点之所在。企图通过强权使之有序化只会导致一系列预想不到的复杂性后果出现，并使这个系统远离平衡态”。因此，关于网络舆情，不能控制大众在网络的发言机会与态度，而要从当前的问题中找到进一步改善网络舆情环境的方法和路径，这就需要进行价值重构，实现从社会控制到社会治理的转向，并将网络舆情治理过程嵌入舆情本身的发生和发展规律之中。

第二节　网络舆情治理的基本概念

讨论“网络舆情治理”，必定离不开对基础性概念的阐释分析，前文已对“网络舆情”做了系统介绍，本节从梳理与阐释“治理”的内涵入手，讨论国家管理理念的转变和网络社会的治理转型与网络舆情治理的概念。

一　管理与治理

2013 年，党的十八届三中全会通过的《中共中央关于全面深化改革若干重大问题的决定》首次将“治理”置于国家文件并作为指导工作的重要方向，在“国家治理体系和治理能力”“社会治理”“政府治理”等概念中，将以往通常使用的“管理”“管制”改为“治理”。“治理”和“管理”“管制”虽然只有一字之差，但其内涵和外延已经发生了巨大变化。作为把握国家和社会发展的主体，政府需明确管理理念与角色定位。特别是从现实社会转向网络社会，政府要摆脱传统思维，重新定义自身与网络的关系，实现管理理念的转变以适应情境转向与现实问题。

政府传统管理观念侧重“管制”，其字面意思即“控制、规章和规则”。从西方学者对于管制理论研究的文献中可以看出，“管制”是指政府对企业市场活动的直接干预，具体体现为：管制主要由政府主导；管制需要立法，提供法律依据；管制过程中，企业和个人属于受管理群体等。由此可见，对于网络社会而言，“管制”是由政府通过制定一系列政策法律来对网络社会中的违法行为进行干预的活动。

“治理”是一个比“政府管制”更加宽泛的概念。英语中的“治理”一词（governance）源于拉丁文和古希腊语，原意为控制、引导和操纵。长期以来与“统治”（government）一词交叉使用，并且主要用于与国家的公共事务相关的管理活动和政治活动。20世纪90年代以来，西方的政治学家和经济学家赋予“治理”新的内涵，涵盖范围远远超出传统的经典意义，含义也与“统治”相去甚远。不再局限于政治学领域，而被广泛运用于社会经济领域。[①]美国学者詹姆斯·N. 罗西瑙在《没有政府的治理》一书中分析认为，“治理是由共同的目标所支持的，这个目标未必出自合法的以及正式规定的职责，而且它也不一定需要依靠强制力使别人服从”，“它既包括政府机制，同时也包含非正式、非政府的机制，随着治理范围的扩大，各色人等和各类组织得以借助这些机制满足各自的需要并实现各自的愿望”。[②] 中国学者俞可平指出，治理是指在一个既定的范围内运用权威维持秩序，满足公众的需要；治理的目的是指在各种不同的制度关系中运用权力去引导、控制和规范公民的各种活动，以最大限度地增进公共利益；治理是包括政治权威的规范基础、处理政治事务的方式和对公共资源的管理。它特别关注在一个限定的域内维持社会秩序所需要的政治权威的作用和对行政权力的运用。作为一种管理方式，治理有以下四个特征：治理不是一整套规则，也不是一种活动，而是一个过程；治理过程的基础不是控制，而是协调；治理既涉及公共部门，也包括私人部门；治理不是一种正式的制度，而是持续的互动。贺雪峰教授则认为，治理是指为获得公共秩序而进行的各种活动，包括协商、合作、自上而下的管理和自下而上的认同。总结来说，“治理”是指在一个既定的范

① 俞可平：《治理与善治》，社会科学文献出版社2000年版，第1—2页。

② 孙晓莉：《西方国家政府社会治理的理念及其启示》，《社会科学研究》2005年第2期。

围内运用权威维持秩序，满足公众的需要，其目的是在各种不同的制度关系中运用权力去引导、控制和规范公民的各种活动，以最大限度地增进公共利益。

对比“管制”和“治理”的概念内涵，有如下重要区别：（1）从管理主体来看，管制的主体是政府部门，企业或者个人只是命令的执行者；而治理的主体则是多元化的，包括行业协会、非营利组织，甚至是普通公民等，政府部门不再是唯一的权力中心，更多地强调彼此间的互动与协调合作。（2）从权力运行的方向看，管制是一种自上而下单向运作过程，是单纯的控制与统治，而治理则是一种上下互动、相互协商的多元关系。（3）从运作手段来看，治理的手段比管制更加多元化，不仅包括法律法规，也包括自律、教育等。互联网的特性决定了在网络社会中崇尚的是个人自由领域，采取治理的方式而不是管制，会更适用于网络社会。

治理的管理理念更为现代化、科学化和民主化，治理的核心在于人，着眼于人民的公共利益。治理的理想目标是达到“善治”，善治是指使公共利益最大化的社会管理过程。善治的本质特征，就在于它是政府与公民对公共生活的合作管理，是政治国家与市民社会的一种新型关系，是两者的最佳状态。综合各家在善治问题上的观点，俞可平认为善治的基本特征有以下十个。

一是合法（legitimacy）。它指的是社会秩序和权威被自觉认可和服从的性质和状态。它与法律规范没有直接的关系，从法律的角度看是合法的东西，并不必然具有合法性。只有那些被一定范围内的人们内心认可的权威和秩序，才具有政治学中所说的合法性。合法性越大，善治的程度便越高。取得和增强合法性的主要途径，是尽可能增加公民的共识和政治认同感。所以，善治要求有关的管理机构和管理者最大程度地协调公民之间以及公民与政府之间的利益矛盾，以便使公共管理活动取得公民最大限度的同意和认可。

二是法治（rule of law）。法治的基本意义是，法律是公共政治管理的最高准则，任何政府官员和公民都必须依法行事，在法律面前人人平等。法治的直接目标是规范公民的行为，管理社会事务，维持正常的社会生活秩序，但其最终目标在于保护公民的自由、平等及其他基本政治权利。从这个意义上说，法治与人治相对立，它既规范公民的行为，但更制约政府的行为，它是政治专制的死敌。法治是善治的基本要求，没有健全的法制，没有对法律的充分尊重，没有建立在法律之上的社会秩序，就没有善治。

三是透明（transparency）。它指的是政治信息的公开性。每一个公民都有权获得与自己的利益相关的政府政策的信息，包括立法活动、政策制定、法律条款、政策实施、行政预算、公共开支以及其他有关的政治信息。透明性要求上述这些政治信息能够及时通过各种传媒为公民所知，以便公民能够有效地参与公共决策过程，并且对公共管理过程实施有效的监督。透明程度愈高，善治的程度也愈高。

四是责任（accountability）。它指的是人们应当对其自己的行为负责。在公共管理中，它特别地指与某一特定职位或机构相连的职责及相应的义务。责任性意味着管理人员及管理机构由于其承担的职务而必须履行一定的职能和义务。没有履行或不适当地履行职能和义务，就是失职，或者说缺乏责任性。公众，尤其是公职人员和管理机构的责任性越强，表明善治的程度越高。在这方面，善治要求运用法律和道义的双重手段，增强个人及机构的责任性。

五是回应（responsiveness）。这一点与上述责任性密切相关，从某种意义上说是责任性的延伸。它的基本意义是，公共管理人员和管理机构必须对公民的要求做出及时的和负责的反应，不得无故拖延或没有下文。在必要时还应当定期地、主动地向公民征询意见、解释政策和回答问题。回应性越大，善治的程度也就越高。

六是有效（effectiveness）。这主要指管理的效率。它有两方面的基本意义：一是管理机构设置合理，管理程序科学，管理活动灵活；二是最大限度地降低管理成本。善治概念与无效的或低效的管理活动格格不入。善治程度越高，管理的有效性也就越高。

七是参与（civic participation/engagement）。这里的参与首先是指公民的政治参与，参与社会政治生活，但不仅仅是政治参与，还包括公民对其他社会生活的参与，后者可能会越来越重要。善治实际上是国家的权力向社会的回归，善治的过程就是一个还政于民的过程。善治表示国家与社会或者说政府与公民之间的良好合作，从全社会的范围看，善治离不开政府，但更离不开公民。善治有赖于公民自愿的合作和对权威的自觉认同，没有公民的积极参与和合作，至多只有善政，而不会有善治。

八是稳定（stability）。稳定意味着国内的和平、生活的有序、居民的安全、公民的团结、公共政策的连贯等。社会的稳定对于公民的基本人权、民主政治和经济发展都具有至关重要的意义。没有一个稳定的社会政治环境，很难有经济的高速发展和民主政治的有效推进。对于发展中国家来说，社会稳定更具有特别重要的意义。因为发展中国家相对于发达国家来说，经济比较落后，制度化程度低，社会的不稳定因素尤其突出。所以，社会政治的稳定程度也是衡量善治的重要指标。

九是廉洁（cleanness）。主要是指政府官员奉公守法，清明廉洁，不以权谋私，公职人员不以自己的职权寻租。严重的腐败不仅会增加交易成本，增加公共支出，打击投资者的信心，而且会破坏法治，腐蚀社会风气，损害社会的公正，削弱公共权威的合法性。所以，公职人员的廉洁直接关系到治理的状况。

十是公正（justice）。公正指不同性别、阶层、种族、文化程度、宗教和政治信仰的公民在政治权利和经济权利上的平等。在当代，作为善治要素的公正特别要求有效消除或降低富人与穷人、富国与穷国之间的两极分化，维护妇女、少数群体、穷人等弱势人群的基本权利。

二　网络社会治理

近年来，随着互联网应用技术的不断普及，网络社会治理已成为互联网时代国家治理的有机组成部分，并且越来越得到政府和学界的广泛关注。美国著名的未来学家阿尔文·托夫勒（Alvin Toffler）在《再造新文明》一书中谈道，人类文明的发展过程，经历了三次浪潮的冲击；每一次浪潮的冲击，都会带来社会生产力的大幅度提高，生产关系的急遽转型，进而引发社会结构的重新构建。人们的生产、生活方式，甚至价值观念，也会随之改变，形成一种新的文明。第一次浪潮发生在公元前 8000 年，是以锄头为表征的农业；第二次浪潮始于公元 1650—1750 年，是以生产装配线为表征的工厂和大众工业化，形成了所谓的工业社会文明；第三次浪潮产生于 20 世纪 50 年代以后，以信息技术为表征的信息社会文明。①

新兴信息社会的形成与发展，是由技术进步所推动的，其核心乃是 20 世纪 90 年代掀起的计算机技术革命和基于网络技术所构建的互联网络。它们的产生、演变以及社会软件的持续开发，为现代意义上"网络社会"的崛起奠定了坚实的物质基础。在信息社会里，整个社会结构都发生改变。同质社会将被多样性社会取代；生产经营上的大众营销将被市场细分取代；家庭结构开始分崩离析；大众媒体分众化；人民生活形态与价值观趋于多元化。同时，旧有的权力结构和管控方式已不适应社会的要求，政治分类不再有原来的意义，世界将不会再回到工业社会时的服从领导、统一意志、官

---

① ［美］阿尔文·托夫勒：《第三次浪潮》，黄明坚译，中信出版社 2018 年版，第 4 页。

僚主义、霸道经济的时代。

网络社会治理，是针对网络社会共同体生活而实施的一种社会性治理，研究者对其具体内涵的阐释有诸多观点。第一种观点认为网络社会治理是指以互联网络和网络社会为主要指涉对象，在借鉴并适当沿用现代社会治理的价值理念、制度设计、体制建构和手段方式等的基础上，由政府、企业、社会组织以及个人等多方主体和多种社会力量参与其中，彼此通过协同努力来实施的一种社会治理的实践类型，目的在于形成网络社会生活的正常运行状态和群体生活秩序，促进网络社会文明的健康持续发展。[①] 第二种观点认为二元或多中心治理模式已经难以适应网络社会治理的需要。网络治理更适应网络社会多元、去中心、互联的特点，在各个层次上向着更交互、更自反以及更善于沟通的掌舵与协同治理转型，并且参与主体间的相互依存关系也得到了加强。[②] 第三种观点认为网络社会的治理最终需要建立起“引导—协商—立法—自治”四位一体的综合治理体系。[③]

综上，网络社会从组织结构、社会关联度等方面都不同于现实社会，它呈现了一种个体互联、异质、单元间高度关联、低密度、多元社群、横向结构以及媒介交流等特征。[④] 因此，网络社会治理是一种多主体协同参与、扁平式关系、灵活的沟通方式的共治过程。

三　网络舆情治理

网络社会以网民为主体，在开放的、匿名的网络社会中，网民

---

① 李一：《网络社会治理的目标取向和行动原则》，《浙江社会科学》2014 年第 12 期。

② 方兴东：《中国互联网治理模式的演进与创新》，《学术前沿》2016 年第 3 期。

③ 何哲：《网络社会治理的若干关键理论问题及治理策略》，《理论与改革》2013 年第 3 期。

④ 王芳：《论政府主导下的网络社会治理》，《学术前沿》2017 年第 7 期。

广泛参与国家政治、经济、文化生活，进行自由而平等的交流，互联网成为各阶层利益表达、情感宣泄、思想碰撞的主要场域。所以在某种程度上，网络社会的出现促使单一的国家管理模式向公共治理模式转变。随着中央从管理管制到治理的理念转变，国内各领域均开始广泛使用“治理”概念代替传统的“管理”“管制”“管控”等。将治理概念迁移到网络社会和舆情领域，网络舆情治理便拥有了理论支撑。网络社会中，舆情已经高度影响社会生活的方方面面。基于舆情与社会一体两面的相互关系，网络舆情已然成为社会治理的重要内容，网络舆情治理作为国家治理、社会治理的重要组成部分，需被纳入提升国家治理能力、加强治理体系现代化建设的框架之中。

网络舆情治理，是指政府、社会力量、民间组织、用户等多方参与，根据各自的作用制定和实施旨在规范网络舆情发展和使用的共同原则、准则、规则、决策程序和方案，从而解决呈现在网络上的社会问题，协调社会关系，化解社会矛盾，促进社会公正和谐的活动。当前中国的网络舆情治理主要从两个方面展开：一是内容治理。主要是舆情的内容，如谣言治理、有害信息清理，同时加强网络文化建设，弘扬社会主义核心价值观，但要包容尊重多样性，善于倾听网络中各种不同声音，尊重思想文化的多样性，容纳“和而不同”。二是技术治理。主要是采用有效的技术措施和设施对网络舆情全过程进行监测、预警、评估、引导等。

这些措施有效地打击了网络谣言、隐私侵犯、网络犯罪等行为。但我们也看到，网络舆情中的偏激、戾气等负能量依然很强，引发的谣言、炒作、语言暴力、突发事件等社会风险依然突出。究其原因，既与当前中国社会处于转型期的风险高发的大环境有关，又与我们管理对策的机械生硬有关。因此，在网络舆情格局重构和风险频现的背景下，为了更好地应对网络舆情治理面临的挑战与不足，系统性地厘清网络舆情治理理论与应用体系具有重要价值。

第三节　网络舆情治理的理念演变

网络舆情治理理念的演变与现代信息传播技术尤其是互联网的出现及发展紧密相关。互联网的出现为网络舆情提供了生成的土壤，影响着网络舆情的基本特征与表现形式，同时也深刻作用于网络舆情治理的方式与手段。因此，讨论网络舆情治理理念的演变是解答当前情境下，为何以及如何进行网络舆情治理的重要切口。在对既往网络舆情进行研究和归纳总结的基础上，本书将网络舆情治理的理念转变大致分为三条线索：从漠视到重视、从“治”到治理、从治理到善治。需要指出的是，尽管这三条线索之间存在一定的先后演变关系，但并没有严格的时间界限，甚至在某种程度上存在一种重叠共存的关系。

一　从忽视到重视：网络舆情治理理念的缓慢萌芽

1987 年 9 月 20 日，伴随着北京计算机应用技术研究所钱天白教授发出中国第一封电子邮件：“越过长城，走向世界”，中国人使用互联网的序幕正式揭开。而后的近四十年，互联网作为中国经济社会发展最大的变量深刻嵌入社会运行的方方面面。

互联网技术的应用，颠覆了人类的信息传播活动。信息平台的接近性大大增强，打破了一直以来仅依靠大众传媒所进行的信息传播活动限制；信息渠道的畅通性导致个体信息接收的过载，除了生存发展基本需求之外的信息供给为人们关心和了解社会事件提供了可能。然而，尽管早在 1987 年党的十三大就正式提出“舆论监督”的概念，指出“要提高领导机关的开放程度，重大情况让人民知道，重大问题经人民讨论；要通过各种现代化宣传工具，增进对政务和党务活动的报道，发挥舆论监督的作用，支持群众批评工作中的缺点错误，反对官僚主义，同各类不正之风作斗争”，但在互联网诞生的最初十几年间，网络舆情以及网络舆情治理并未真正进入人们的视野。这是由于，这一阶段，互联网的整体普及率不高，传统媒体依然占据着信息生产与发布的核心位置，尽管具有了一定的网民准入机制，但精英群体居多，而普通群众的互联网使用率仍然较低。这就导致一方面，网络舆情事件发生的频率相对较低；另一方面，即使发生了网络舆情，网民在其中的围观和推动作用也相对有限。这也在客观上影响了各网络舆情治理主体对网络舆情治理的重视程度，在某种程度上导致网络舆情治理处于被忽视的状态。

步入 21 世纪，从信息量到观点数量，互联网都无可争议地压倒了传统媒体，已经成为社会舆论最重要的发源地。政府也开始正视这一事实。伴随着一系列网络舆情事件的爆发，如 SARS 疫情、孙志刚案、刘涌案、苏秀文案乃至 2004 年初的南方都市报事件等，网络舆情环境更为复杂，对社会的影响力和破坏力更为凸显。在整个传媒环境的倒逼之下，网络舆情治理被作为重要的政治任务逐渐进入各治理主体的视野。2008 年是网络舆情治理理念转型的关键年。在深入学习、实践科学发展观活动的带动下，各地大兴“开门纳谏、问计于民”之风，就公共事务通过互联网等途径广泛征集意见，鼓励各界人士建言献策。“知屋漏者在宇下，知政失者在草野。”例如人民网开设网民《对书记省长说》栏目，湖南、山西、安徽等省的领导人都很重视网友给自己的留言，批示解决网友反映的一些实际问题。2008 年 6 月 20 日，中共中央总书记胡锦涛同志在人民日报社考察工作时，提出要正视舆论“新格局”，即在传统的党报、国家电视台之外，关注都市报纸和网络新媒体的兴起。在人民网，领导人与“强国论坛”网友聊天二十多分钟。党和国家最高领导人与网民在线对话，在中国还是第一次。足以看出，网络舆情治理理念已经完成从被漠视到被重视的基本转变。

二 从“治”到治理：网络舆情治理理念的时代转变

平台的普及与技术准入门槛的降低使得“人人都有麦克风，人人都是自媒体”的时代被开启。

在最初的网络舆情治理过程中，由于理念与认知的局限，导致出现了各种各样的治理问题，对舆情治理成效乃至国家政府形象造成了一定的负面影响。如一味回避导致的被动局面。这一方面是由于在传统“治”的理念下，政府等治理主体在网络舆情治理过程中仍然采取自上而下的垂直管理方式，信息的传递仍然是单一渠道进行的。在网络舆论爆发时，公众迫切需要得到权威的信息，传统的管理方式不能形成一致行动的协调机制，在处理跨地区、跨部门的舆情事件时显得反应迟钝、行动缓慢。过去那种过于强调社会稳定和方便事件真相调查，从而先封锁消息或进行“冷处理”的办法，事实证明效果适得其反。这样的处理手法不仅漠视了公众的知情权，而且更严重的是在突发事件发生后，由于政府的声音缺失或滞后，给流言甚至谣言的传播留下足够的空间。另一方面，由于网络本身是分散在各个部门进行管理的，加上中国网络传播方面的人才、技术、法规都存在诸多不足，也使得处理网络舆情突发事件经验水平比较低。当前许多事件的处理过程都是一种非流程化的决策过程，头痛医头、脚痛医脚，事件的处理具有一定的盲目性和偶然性。如发生在2003年的苏秀文驾宝马车撞人事件中，网友的反应强烈，仅新浪网上对此事的评论就达23万条，突破了开站以来发帖评论之最。而不少网友不满这一案件的审判结果，强大的舆论压力促使各当事方不得不多次出面澄清说明，并推动了中央指示对案情的复查。尽管案件维持了原判，但在某种程度上也体现了治理主体在网络舆情应对过程中的被动。

再如信息的过度控制所导致的舆情泛滥问题。传统观念下，在一些社会热点问题的处理中，常常采用回避、封堵的办法，淡化处理突发事件报道，避免信息扩散后增加工作的难度，引发社会的震荡，影响政府的形象。而对信息的过度控制导致了信息短缺，进而催生了网络谣言、虚假信息的传播，在网络传播的放大作用下，信息的混乱、错误、拖延会给公众造成非常不利的影响，极易引发公众的恐慌，并对政府形象和新闻媒体公信力形成巨大的破坏。

步入21世纪的第二个十年，尤其是党的十八大以后，以习近平同志为核心的党中央高度重视网络管理与舆情治理，在多个场合对网络舆情治理问题做了指示。2016年习近平总书记在党的新闻舆论工作座谈会上指出，“做好网上舆论工作是一项长期任务，要创新改进网上宣传，运用网络传播规律，弘扬主旋律，激发正能量”“把握好网上舆论引导的时、度、效，使网络空间清朗起来”。[①] 2019年1月，在全国宣传思想工作会议上，习近平总书记又强调，“要正确引导网络舆论发展，在建立正确舆论导向的基础上加强网络舆情监测、进行舆论引导和舆情处置，有效疏导和控制负面舆情，为主流意识形态网络话语的传播营造清朗的网络舆论环境”[②]。在一系列思想的指导下，国内网络舆情治理理念呈现出从“治”到“治理”的转变。

在治理理念中，政府不再是唯一的权威主体，权威的性质由强制服从向多元对话协商转变，权威的来源从单纯依赖国家立法向融入非强制性的社会契约与认同转变，同时，权力也从自上而下的单

① 张效廉：《强化网络舆论治理 打造清朗网络空间》，《人民日报》2016年4月7日第7版。

② 郑洁：《牢牢把握网络舆论引导权》，《山东干部函授大学学报》（理论学习）2019年第2期。

向管控向多向度、多走向运行转变。[①] 在治理理念的引领下，网络舆情治理一改以往一味封堵、回避、自上而下的强制式治理模式，开始向公开、透明、探寻根源、发挥网民协同治理能力的多元协商对话模式转变。发展到目前，治理理念已经成为应对网络舆情的主导核心理念。

三 从治理到善治：网络舆情治理理念的终极探寻

善治指的是国家和政府具有好的管理和统治手段，[②] 体现了国家与社会的和谐关系状态，是克服政府与市场的局限性，提升治理成效的有效手段，也是治理的终极目标。早在古代中国，有关善治的理念便已经萌芽，董仲舒在《对贤良策》中所写的“当更化而不更化，虽有大贤不能善治也”，这其中的善治便是善政思想的表达。

网络舆情治理作为国家社会治理的关键一环，其最终目的是通过治理优化国家和政府的管理手段，从而更好地服务于经济社会发展与人民切实需求。因此，其与善治的思想一脉相承。尤其是步入新时代以来，一方面，中国的经济结构战略性调整加速，经济发展从高速增长转变为高质量发展，社会建设加速推进，脱贫攻坚取得阶段性胜利，人民物质生活水平不断提升，国家发展呈现出蓬勃向上的新面貌。另一方面，国际局势依然紧张，西方政治势力干预的威胁依然存在。经济社会加速发展所导致的社会矛盾依然突出。伴随着互联网技术的发展，普通群众的话语权也在不断放大，极小的矛盾都可能激发大的网络舆情，造成不利的社会影响。网络舆情治理任重道远。

---

① 俞可平：《中国的治理改革（1978—2018）》，《武汉大学学报》（哲学社会科学版）2018年第3期。

② 俞可平：《走向善治——国家治理现代化的中国方案》，中国文史出版社2016年版。

“新时代社会治理的一个重要特征就是着力保障和改善民生水平，加强和创新社会治理，更加重视人民群众的切身利益和获得感，不仅重视人民物质文化需要，而且也重视人民在民主、法治、公平、正义、安全、环境等方面的全方位要求，使社会治理更加科学化、民主化。”[①] 这一切都呼吁网络舆情治理向善治治理理念的转变。在“善治”理念的导向下，在充分掌握网络舆情规律的基础上，以人民的根本利益为宗旨，本着公开、透明、科学的治理态度，充分调动各方治理主体，对网络舆情加以合理的引导，并通过网络舆情的治理推动国家治理体系和治理能力现代化的进程。

第四节　网络舆情治理的理论基础

本节将介绍四个适用于网络舆情治理的理论，分别为媒介化治理、风险传播治理、多元协同治理和功能共振治理。

一　媒介化治理

作为与全球化、个人化和商业化并列的“元过程”（meta - processes），[②] 媒介化已经成为当下人类社会发展演进的重要表征。推动媒介化治理深入嵌入国家治理体系和治理能力现代化进程之中，以媒介逻辑助推政治逻辑和社会逻辑的全面拓展与融合不仅是媒介化社会新的媒介技术与社会发展相互形塑与交往的客观要求，同时也是积极应对信息化、平台化、技术化时代到来之际，系统性的政治理念升级、政治话语创新，以及战略性的政治制度调试和政

---

① 胡永嘉：《正确认识理解新时代的新特征》，《党建》2019 年第 3 期。

② Krotz, F. , “The Meta - process of ‘Mediatization’ as a Conceptual Frame”, *Global Media and Communication*, Vol. 3, No. 3, 2007, pp. 256 - 260.

治能力的提升的关键举措。[①] 对于坚持和完善新时代背景下中国特色社会主义治理制度、路径和方略意义重大。

媒介治理（Media Governance）脱胎于西方的治理理论，曼纽尔·卡斯特最早洞察了媒介逻辑的理论穿透性，他在《网络社会的崛起》（*The Rising of Network Society*）一书序言中，开宗明义地指出社会的形态正围绕着信息技术的渗透而重新形塑——形成一种依托信息逻辑而展现的社会景观。[②] 信息生产、分发与消费的功能逻辑成为托举社会运转的底层逻辑，关注媒介与社会发展的逻辑从此渐露端倪。2002 年，爱尔兰学者肖恩和吉拉德出版的《全球媒介治理：初级指南》（*Global Media Governance：A Beginner's Guidie*）围绕“媒介的善治”的命题对媒介与治理二者进行综合论述，从公民社会、国家权力、跨文化治理三个层面勾画了早期媒介化治理的图谱。直至中国提出“国家治理体系与治理体系现代化”之后，媒介治理成为中国学术话语的高频词，产生诸如媒介化治理、治理媒介化、传媒治理等多种表达。“媒介化治理”强调媒介在治理活动中主动性功能的发挥，即以媒介化的方式进行社会治理。这种路径是在互联网快速发展的时代背景下，通过公众广泛借助互联网渠道参与社会议题的协商与讨论，从而借助媒介手段不断完善国家治理体系的过程。[③]

媒介化治理作为一个系统的理论体系可以被广泛应用于网络舆情治理的过程之中。从媒介化治理这一对象出发，媒介逻辑与治理逻辑的有效对接便是媒介化治理效能发挥的关键所在。具体而言，

---

① 姬德强：《平台化治理：传播政治经济学视域下的国家治理新范式》，《新闻与写作》2021 年第 4 期。

② 戴宇辰：《媒介化研究：一种新的传播研究范式》，《安徽大学学报》（哲学社会科学版）2018 年第 2 期。

③ 李良荣、张盛：《互联网与大众政治的勃兴——“新传播革命”研究之一》，《现代传播》（中国传媒大学学报）2012 年第 3 期。

平台建构、信息适配以及技术赋能构成了媒介化手段运用于网络舆情治理的基本路径。

媒介平台：通过某一空间或场所的资源聚合和关系转换为经济提供意义服务并实现产业价值的媒介组织形态。通过聚焦媒介平台与网络舆情事件媒介化治理的分析，系统梳理和把握媒介平台的本质和特征、网络舆情事件在媒介平台中的生发演化规律，将媒介平台作为媒介化治理的重要抓手，以“建”“管”“抓”的新理念实现网络舆情应对中平台功能的“信”与“效”，可以为网络舆情治理提供平台的支撑与保障。

信息适配：在现代国家应急管理框架中，政府、媒介、公众是由信息连接在一起的动态系统，媒介承担着信息发布、社会沟通、知识传播、风险预警、舆论引导等重要功能。公开、及时的信息发布以及透明、健康的信息流动既是网络舆情治理过程中公共部门决策并获得反馈的稀缺资源，有助于削减纵向层级间的信息不对称和水平部门间的信息碎片化；又能够有效满足居于信息弱势地位和强风险感知情景下公众的信息需求，有助于消除恐慌情绪，改善舆情风险感知，减少社会风险。可以说，媒介信息的供需适配，是网络舆情事件中媒介信息治理的关键的环节之一，也是主要着力点之一。

技术赋能：近年来，人工智能、大数据、5G 等新技术迅猛发展，技术的治理手段越加丰富，治理对策越加多元，加强媒介技术赋能网络舆情事件治理效能提升的思考已经成为应对网络舆情的重要路径。在技术运用上，人工智能、大数据、5G 等新技术的综合运用，聚海量、多维、异质、动态的数据信息，经过人工智能算法和云计算处理，提升了对网络舆情事件的预测、预警和响应能力，也以技术维度优化了舆情治理结构、降低治理成本。在管理规范上，更高水平的网络空间治理要求社会应具备更高的网络舆情治理精准化水平。完善网络舆情事件预警和应急响应联动机制，信息技术赋能网络舆情事件应急能力建设，韧性社会建设，探索“媒介技术赋能网络舆情事件治理效能”的高水平规划之路、高标准建设之路、高要求管理之路、高质量发展之路。在技术伦理上，大数据、智能化应用不仅涉及科学性、技术性、高效性等工具理性，还事关公众权利、社会价值和伦理道德等价值理性，深入探讨网络舆情事件的挑战应对，交流分享防住舆情风险的“中国智慧”，守住网络空间秩序的“中国方案”，从技术哲学、人机伦理等层面共同探讨网络舆情的防范和应对，提升治理成效。这些都构成了媒介化手段嵌入网络舆情治理的另一个维度。

二 风险传播治理

风险的“治理性”理论是以法国哲学家米歇尔·福柯（Michel Foucault）的规训理论为核心基础对风险问题的说明，在政治理论和管理学领域中应用广泛。1977 年，福柯出版《规训与惩罚：监狱的诞生》一书，对国家权力和统治进行历史性分析，认为现代国家通过新的手段管理国家达到治理国家的目标。而风险又是权力和统治的核心因素，因此也是治理社会的一种策略。[①] 在风险治理范式中，风险本身并不是问题，现实中不存在风险，问题只在于专家知识借助于权力的制度化和大众对这些制度的认同而有效控制被认为是风险的事物。[②] 风险治理理论坚持启蒙现代性的理性立场，认为现代性知识与政治权力的同构和共谋能够实现对风险的有效管理，糅合了个体、社会、政府的多元化主体治理行为。在一个规训化的社会，那些严重脱离社会规范的人和群体往往被视为是具有风

① ［英］彼得·泰勒顾柏、［德］詹斯·金：《社会科学中的风险研究》，黄觉译，中国社会劳动保障出版社 2010 年版。

② 韩宗生：《风险社会理论范式的批判性阐释》，《华东理工大学学报》（社会科学版）2018 年第 2 期。

险性的，政府有责任和义务对这些有风险性的人体和群体进行控制，个人对自我的调控也是如此。

前文提到，网络舆情风险兼具客观实在性风险和社会建构性风险。客观实在性风险是人类社会和网络社会结构本身所自然存在的，是风险出现的最初形态；随着传播技术的不断发展、多样文化的交织演进，风险又是在被重塑和建构的。这种社会建构性风险是风险发展后的更高形态，也是传播媒体发达的现代社会最突出、最需警惕的特征。网络为现实风险的映现提供了新的技术形式，这种映现又是对现实风险新的传衍，两种形态的风险在网络社会得以相互交融。透过网络舆情风险的形成逻辑，可知在网络社会中风险舆情信息的传递与流动是一切风险形成的关键。要对网络舆情风险实现有效治理，从根源上就是思考如何使风险舆情信息在网络这一传播媒介或说是传播场域中得到协调和平衡，从而使风险文化得到合理化的建构和演变。因此，“风险传播”是网络舆情风险治理研究的必然焦点。

在“风险传播”（risk communication）一词提出以前，就有了“风险沟通”研究，换言之，具备社会沟通意义的风险传播研究始于 Starr 在 1969 年的研究。[①] 而“风险传播”的正式提出是在 1984 年，此后逐渐进入传播学研究领域。[②] 它的初衷是针对新技术的推广，即如何进行有效的传播和沟通使最大范围的公众接受具有重大社会效益但存在着潜在危害的新技术。随后，在实证主义、建构主义和对话协商理念的影响下，风险传播大致经历了三个发展阶段：（1）风险评估的科学表达；（2）风险传播的劝服效果；（3）风险

---

① Starr, C., "Social Benefit Versus Technological Risk", *Science*, Vol. 165, 1969, pp. 1232 - 1238.

② William Leiss, "Three Phases in the Evolution of Risk Communication Practice", *The Annals of the American Academy of Political and Social Science*, Vol. 545, No. 1, 1996, p. 86.

传播的多方参与。[①] 其传播方式相应地从"武断的灌输"发展到"单向的劝服"再到"双向的对话"。基于对话沟通实践所形成的"风险传播"显然与"风险治理"的理念相一致。

在国内外现有的"风险传播"研究中，一些文献对其概念进行了界定，这里仅选取两种较有代表性的描述：第一种是美国国家研究委员会（National Research Council）界定的，风险传播是"在个人、团体、机构间交换信息和意见的互动过程。它不只与风险相关，还包括风险性质的多重信息和其他信息，这些信息表达了对风险信息或风险管理合法的、机构的安排的关注、意见和反映"[②]。该定义强调了"风险传播"的信息交换功能，但交流的不仅仅是信息，还有意见的互动。第二种定义来自中国传播学者郭小平的《风险社会的媒体传播研究》，他从社会建构论的视角出发，在大众传播的层面上界定"风险传播"，并将它与组织内部的"风险沟通"和日常交往中人际传播层面的"风险传播"区分开来，即风险传播是指大众传媒在一定的社会、文化、政治语境下，通过公共风险信息以及风险观点而进行的社会互动。媒体将可能的风险或危机（如生态环境、健康、科技与决策等）的信息与观点呈献给受众，使公众与机构在获得充分、必要信息的情况下，对关乎健康、安全与环境的风险做出独立的判断；同时，为各风险沟通主体（个人、团体、机构）之间的信息互动与风险论证提供平台，参与并推动社会的风险沟通，从而促进社会的风险认知以及科学、民主的风险决策。[③]

---

① Baruch Fischhoff, " Risk Perception and Communication Unplugged: Twenty Years of Process", *Risk Analysis*, Vol. 15, No. 2, 1995, pp. 137 - 145.

② National Research Council, *Improving Risk Communication*, Washington, D. C.: National Academy Press, 1989, pp. 4 - 8.

③ 郭小平：《风险社会的媒体传播研究——社会建构论的视角》，学习出版社 2013 年版，第 29 页。

基于以上两种概念，可以做出总结，不管基于何种传播类型，风险传播都应具有如下关键要素：第一，风险传播蕴含风险信息流动与观点互动的过程；第二，风险传播针对的“风险”，主要是指吉登斯所说的现代“人造/内部风险”而不是传统的“外部风险”，社会建构性风险才是关注重点；第三，风险传播的宗旨包括促进公众认知风险、参与风险论证与决策，从而实现风险决策的科学与民主、完成对风险的有效治理。对于网络舆情治理来说，风险传播的治理应至少具备以下几种目的。第一，在信息传递方面，建立社会信息交流系统，实现信息双向甚至多向的顺利流通。第二，在文化发展和传承方面，构建合理的风险文化，特别注意尊重边缘群体及其亚文化的存在。第三，在传递人文关怀方面，做好社会心理疏导工作，关注公众的风险感知与情绪释放。第四，在维护秩序方面，实现社会管理和控制，及时进行风险预警和风险应对。总之，风险传播的根本目的是促进风险沟通的民主，达成传播主体的良性互动，塑造信任的文化范式与网络社会关系，从而维持正常的政府管理和社会运转。

三　多元协同治理

20 世纪 80 年代，在后工业化进程的推动下，人们进入一个社会整体流动性加剧的时代，后工业化最大的特点就是高度复杂性和不确定性。信息的快速传播、民主进程的加速以及个体意识的觉醒迫使工业社会所建构的社会治理模式面临着结构化危机，无论是新公共管理运动还是公众参与运动，都致力于寻找变革的出路，力图挽回社会失序的局面。协同治理所倡导的多元主体共同治理模式逐渐在实践领域兴起，也因此得到了学术界的青睐。目前来看，协同治理主要呈现以下形态：以治理主体为研究基点的多中心治理理论，以政府部门整合与协作为研究重点的整体性治理以及与多中心治理有着相同取向的网络治理。从协同治理的内涵来看，目前联合国全球治理委员会对“协同治理”所下的定义被学界普遍接受，即协同治理是个人、各种公共或私人机构管理其共同事务的诸多方式的总和，它不仅是调节各类利益主体的冲突和矛盾的过程，更是治理主体采取持续性联合行动的过程。[①] 也就是说，协同治理不仅是主体行为方式的总和，更是其采取行动的过程。[②] 协同治理具有三个鲜明的特征，即治理主体的多元化、治理行为的主动性、治理过程的动态持续性。当前，在网络舆情治理的过程中，协同治理理论发挥着重要的指导作用。

首先，协同治理理念促进网络舆情治理过程中公共价值目标共同体的建构。首先，建立网络舆情各治理主体之间的信任关系，信任具有重要的协同价值，包括规范主体行为，消减交往环境的不确定性，节约治理交易成本，并提高治理联合体的内部驱动力。[③] 协同治理理论要求各治理主体之间建立相互信任的机制，这将为网络舆情治理提供重要的基础与前提。其次，优化公共价值认知，强化公共价值导向。根据马克·莫尔的公共价值理论，对公共价值进行判断的路径有：确定该行为是否包括公共价值；确定该行为在政治和法律背景下的合法性；确定该行为在管理实践上的可行性。网络舆情治理离不开对公共价值的正确认知与科学践行，唯有以公共价值为导向，网络舆情治理才能真正实现善治的目的。最后，要求利益相关者之间建立良好的协商和沟通机制。公共价值不仅是个人偏好的总和，而且是由经过选举和任命的政府官员以及主要利益相关

---

① 俞可平等：《治理与善治》，社会科学文献出版社 2000 年版。

② 姚怡帆、叶中华：《社会治理创新的逻辑转向——基于协同治理理论》，《领导科学论坛》2020 年第 23 期。

③ 映雪：《走出治理之协同困境的信任逻辑理路探析》，《山东社会科学》2015 年第 10 期。

者仔细考虑后共同决定的。[①] 经过协同治理主体的协商和沟通，找出价值和目标“最大公约数”，减少价值和目标冲突，从而生成协同治理的意愿和初始动力。

其次，协同治理理念倒逼治理机制的顶层设计，从而有效减少体制机制障碍。与国家治理现代化一样，协同治理的实现根本上要靠制度设计和安排，制度和治理体系的协同是实现协同治理必不可少的内容。在治理活动中，各类治理主体的协同合作从根本上看，取决于各类制度的协同性、系统性和整体性。如果治理体系中，制度不协同，甚至存在冲突，治理主体就很难达成协同治理行为。回到网络舆情治理中来看，协同治理的理念必然要求一整套治理制度的制定和建立，无论是成文制度还是不成文制度，无论实体性制度还是程序性制度，都将对网络舆情治理起到重要的参照和指引作用。

最后，协同治理将促进治理主体协同体系和能力的转化。在治理体系之中，要使制度体系发挥作用，还要关注人的行为（主要是公共管理者的行为）。协同治理在微观上也要取决于个体协同合作行为的生成和实现。一方面，协同治理的个体要积极作为。治理体系内部，有协同治理相关制度保障，不一定能产生协同治理行为，还有一个前提是协同治理的个体要积极作为。如果个体在协同治理活动中不作为、慢作为，协同治理效果必然受到影响。在网络舆情治理实践中，存在不少协同治理问题不完全是协同合作制度和渠道的原因，也有个体不作为的因素。另一方面，协同治理的个体要有效参与合作。在积极作为的基础上，协同治理个体要具备协同合作的素质和能力，减少和避免协同治理过程中产生的各类行为冲突。这也在客观上要求治理主体协同治理能力的提升，并进而提升网络

---

① Stoker, G.,“Public Value Management: A New Narrative for Networked Governance?”, *The American Review of Public Administration*, Vol. 36, No. 1, 2006, pp. 41 - 57.

舆情治理的成效。不同于西方语境下的协同治理，推进国家治理现代化场景下的协同治理行为具有内在特色，是治理体系上下、左右、内外各类主体协同的治理活动。这对于作为国家治理重要组成部分的网络舆情治理而言无疑同样适用。

四 功能共振治理

共振现象是十分普遍的自然现象。在工程技术的各个领域，物理现象或物理学的各个分支和许多交叉学科中可以观察到它，例如机器设备、桥梁、码头的设计、制造和使用，理论物理学与其他交叉科学若干前沿问题中的解释和运用。在桥梁学中，共振现象被称为“涡振”；声学中的共振现象被称为“共鸣”；在电学中，振荡电路的共振现象被称为“谐振”，共振的概念可推广到光学、无线电、核物理、原子物理、政策研究、高校教育等其他领域。

共振现象具有特定的危害性与破坏性。历史上常出现因共振效应导致的共振问题。如 18 世纪的法国昂热市有一座大桥，一队士兵以威武雄壮的步伐通过此桥时，大队人马齐步走产生的频率正好与大桥的固有频率一致，当桥的振幅达到最大化且超过其抗压能力时，桥最终倒塌并造成二百余名士兵丧生的惨剧。2000 年英国一座名为“千禧桥”的 V 形悬索桥在开放日首日最多有 2000 多人同时在桥面上行走造成共振效应，产生了危险侧倾。在工程领域也存在类似情况，如高速列车通过桥梁时会因为与桥梁产生耦合效应而产生振动造成事故隐患，机械共振造成的涵洞建筑形成一定的破坏机制造成坍塌的安全事故等。共振现象的破坏作用可能就在我们身边。

共振是复杂性寓于系统中的现象，描述的是系统复杂性。共振效应造成的共振现象是由诸多诱发因素耦合、复杂交互导致的结果。该理论旨在解决的也是复杂系统中的要素作用、系统运转等基本问题。而就网络舆情而言，其本身便具有极强的复杂性特征。网络舆情的功能共振解释起来，是指诱发网络舆情的所有要素有一个或多个出现异常后，引起其他要素产生因果或相关变化，最终造成网络舆情的彻底爆发。网络舆情基于复杂的社会人际关系网络，信息具有交互性，观点动态变化、系统自组织、自适应等特点，尤其在 Web 2.0 的环境下，网民观点传播和演化更加复杂多变，所以网络舆情演化是典型的"复杂巨系统"，具有复杂系统的特征。[①] 因此可以说，功能共振理论同网络舆情之间存在某些相似、相通，甚至相同的内在特征与规律。

具体而言，通过构建功能共振模型，可以预测舆情发生后具体哪些功能单位和功能会发挥共振作用；通过耦合、交互、共振功能的识别，确定关键功能和非关键功能，针对关键功能制定核心引导机制，针对非关键功能制定相应的预防机制，可以为及时有效地控制舆情爆发提供决策依据。此外，运用功能共振理论来分析网络舆情的演化机制，可以克服传统舆情研究从单纯组件失效引发的事故或相对简单的系统不足，通过识别导致舆情从生发、传播到集聚爆发的功能共振及其影响因素，解释舆情爆发的原因和过程，提出科学降低舆情风险的治理机制。

① 任立肖、张亮、杜子平、李杨等：《复杂网络上的网络舆情演化模型研究述评》，《情报科学》2014 年第 8 期。

下　　编

第五章

网络舆情的政府治理与媒体治理

第一节　网络舆情治理工作概述

互联网进入中国仅20多年，却对社会产生了比任何技术手段都更为深刻的影响。事实上，当代社会已经进入网络化社会与全媒体时代，网络空间与现实空间并存，其影响力特别是舆论影响力与日俱增，网上信息左右网下行为的现象日益明显。网络舆论影响着整个社会舆论的集体议题设置、认识框架形成、行为选择引导，网络舆情治理成为当代国家治理能力现代化的重要内容。

习近平总书记指出“我们必须科学认识网络传播规律，提高用网治网水平，使互联网这个最大变量变成事业发展的最大增量”，应对网络时代的新挑战，我们更应明晰网络舆情治理的内涵与外延、掌握网络舆情治理的工作方法与技术，推动互联网成为中国进步发展的最大增量。

一　网络舆情治理工作的内涵

网络舆情治理的概念与内涵，本书上编相关章节已清晰讲述，这里不再赘述。网络舆情治理是政府、社会、网民、技术等多个行动者所共同协同参与的一个过程，具体到网络舆情治理工作，网络舆情治理工作是伴随着互联网的发展和舆情阵地的转移而出现的一项新的重要的治理工作，也是一项社会治理的重要新任务。作为一项社会工作，其概念将更加具体、更具有明确的指向性。网络舆情治理工作的概念可以从广义和狭义两个角度来理解。

（一）网络舆情治理工作的概念

广义的网络舆情治理工作是指政府、社会组织、社会机构为维护社会和谐稳定，保障社会公众和组织的合法权益，在舆情的潜伏、发展、顶峰、衰落等不同阶段采取不同的治理措施，引导网络舆情向积极方向转化，解决网络舆情所反映的社会问题，化解社会矛盾，净化网络空间，打造和谐健康的网络生态环境的行为。也就是说，广义的网络舆情治理工作泛指政府、社会组织和机构针对网络舆情所做的系列治理工作，包含网络舆情监测、网络舆情分析、网络舆情研判、网络舆情应对与管理、网络舆情工作体系管理等多个方面。这其中，政府、社会组织和机构是网络舆情治理的直接参与者。

狭义的网络舆情治理工作，是指政府、社会组织和机构的舆情工作人员在工作时所进行的具体操作的集合，即网络舆情工作人员搜集、整理、分析和报送网络舆情信息，为政府、社会组织和机构掌握社情民意、做出科学决策、引导及平息网络舆情提供支持的一项基础性工作。狭义上看，网络舆情工作主要是指政府、社会组织和机构对互联网舆情的监测、分析与管理工作。

（二）网络舆情治理工作的目的和性质

在当下移动互联网时代，政府和社会组织、机构只有对网络舆情展开有效的治理工作，才能减少网络舆情危机对政府公信力的损害，才能保证网络社会的绿色、健康、和谐。网络舆情治理工作的目的就是为政府、社会组织和机构掌握社情民意、做出科学决策、引导及平息网络舆情提供有力的支持，最终实现社会矛盾的化解、社会关系的和谐以及网络空间的风清气朗。网络舆情治理工作，往往会成为互联网时代中民众与政府、社会组织进行良性沟通的桥梁。

随着网络空间的发展，网络舆情治理已经是中国应对网络时代治理新挑战的重要方面，网络舆情治理工作成为一项基础性的社会治理工作，关系着社会的公正和谐、国家的安全稳定、人民的生活幸福，是新时代国家治理体系与治理能力现代化建设的重要内容。

二　网络舆情治理工作的要素

要充分理解网络舆情治理工作是什么，就要明晰网络舆情治理工作的各要素。网络舆情治理工作的各要素的具体意涵共同建构了网络舆情治理工作的内涵与外延。

（一）网络舆情治理工作的主体

网络舆情治理工作的主体，不同于网络舆情的主体，也不同于网络舆情治理的主体，这三个概念需要得到区分。网络舆情的主体是网络媒体、网络意见领袖以及广大网民等；网络舆情治理的主体是政府、社会力量、民间组织、网络媒体、意见领袖及广大网民等，因为网络舆情的治理是全网舆情参与的各方力量所共同的任务。网络舆情治理工作的主体范围较网络舆情治理主体而言更小，只涵盖了其中作为能够发挥社会管理的各方，也就是政府、社会组织和机构。

落实到网络舆情治理的日常工作中，网络舆情治理的主体往往是网络舆情工作者。目前，对于网络舆情工作者这一群体，社会上尚无统一的称呼，比如根据中宣部舆情信息局对于舆情信息员的定义，网络舆情工作者可以被称为网络舆情信息员；[①] 也有一些舆情工作机构将网络舆情工作者称为网络舆情分析员，或者网络舆情管

---

① 中共中央宣传部舆情信息局：《舆情信息工作概论》，学习出版社 2006 年版。

理员[①]。通常来说，网络舆情工作者被归属为政府和企业内参工作序列。

网络舆情工作者的工作职责就是从互联网的海量信息中发现舆情、采集舆情、监管舆情、分析舆情，通过网络舆情还原社会真实矛盾和冲突的构成，从而支持政府和社会机构了解社情民意、做出科学应对决策。由此，网络舆情工作者往往需要具备四个层面的知识与能力，一是掌握一定的理论基础，新闻传播学、社会学、逻辑学、情报学、统计学等理论知识的掌握是必要的，有助于理解网络传播的规律与社会发展的动向；二是掌握一定的计算机网络技术，如计算机应用技术、通信技术、数据库技术、信息安全技术等；三是具备一定的法律法规和政策常识，熟悉中国在互联网管理、信息安全等方面的政策法规；四是具备分析问题、解决问题的能力，能够及时、有序地处理发现的网络舆情问题，使其向良性发展。

（二）网络舆情治理工作的客体

网络舆情治理工作的客体是网络舆情信息，也是网络舆情治理工作的工作对象。网络舆情治理工作面向网络舆情信息而展开具体的行动，主要有监测和引导两大工作行动。其中监测包含收集、整理、报送网络舆情信息等工作行为，引导包含分析、研判、应对网络舆情信息等工作行为。

当然，从不同的视角看，网络舆情信息的含义存在着差异。比如，从传播的角度看，网络舆情信息的要素包括传者、受者、内容、传播渠道、传播效果等；从政治研究的角度看，网络舆情的属性主要是其背后隐含在互联网舆论场和现实舆论场中的权力角逐。对于网络舆情治理工作的实际而言，网络舆情信息的多重属性让网络舆情工作者在工作时要充分考虑其具体舆情工作的具体母体，继

---

① 人民网舆情检测室：《如何应对网络舆情》，新华出版社 2011 年版。

而明确具体的工作方式。

三 网络舆情治理工作的操作流程

网络舆情治理工作，从流程上来说大致分为网络舆情监测与预警、网络舆情分析与研判、网络舆情引导与应对三个大的环节。当然，每个大的环节中还有各自的更具体细致的工作环节，此内容我们后文详细介绍，这里先简要介绍网络舆情监测与预警、网络舆情分析与研判、网络舆情引导与应对这三个环节的工作内涵。

（一）网络舆情监测与预警

网络舆情监测就是通过人工方式和自动方式对网络舆情的现状、原因、趋势等进行观察、梳理和判断，形成不同形式的报告、图表等信息产品，满足舆情治理方掌握网络舆情这一信息需求的活动。

网络舆情监测的人工方式，主要是网络舆情的工作人员利用搜索引擎对信息来源浏览选择或者人工监测，人为对网络舆情信息进行搜集、分析和报告。这种方式可以充分发挥网络舆情工作专业人员的主观能动性和工作经验价值。但是，面对浩瀚而快速更新的网络舆情信息，单纯依靠人工来开展工作往往存在监测效率低，分析处理慢，对突发舆情事件反应不及时的弊端。

网络舆情监测的自动方式，主要是整合互联网舆情信息采集及信息智能处理技术，以关键词对互联网的海量信息进行机器自动识别、抓取、分类聚合、话题识别与跟踪、情感分析、话语分析等多种监测与分析的操作。这种方式能够极大提高网络舆情监测的广泛性、全面性、及时性，降低网络舆情监测的成本，提高网络舆情监测的效率。但是，网络技术水平是这一方式的限制因素之一，比如有时监测结果会包含大量干扰信息或无效信息，或者分析比较浅显不够深入等。

网络舆情预警是根据网络舆情监测结果对舆情信息的风险进行评估，对舆情是否需要采取有效的引导措施做出判断，及时向有关部门进行报送、警示的工作行为。

网络舆情预警也分为人工预警和机器预警。网络人工预警是网络舆情工作人员在对网络舆情进行分析研判后，判断出具有风险的网络舆情，从而进行的提醒、警示活动。网络机器预警一般是通过网络舆情监测技术软件来进行。网络舆情监测软件会设定一些预警指标参数，如信息热度、信息态度、信息活跃度等，当软件监测到的网络舆情信息的某个指标达到设定的预警标准，便会以预警消息、预警报告等形式向相关舆情治理工作人员发出预警，提示网络舆情风险。

（二）网络舆情分析与研判

经过网络舆情信息判别的工作环节后，就进入了网络舆情信息的分析与研判环节。网络舆情的分析与研判，就是在网络监测的基础上，运用科学的舆情分析方法，对网络舆情的特点、规律、风险等方面进行分析，并对舆情的趋势和走向进行预判，对风险进行预估，为舆情的应对和引导提出建设性意见和建议的工作。

对网络舆情信息的分析和研判，是网络舆情工作中的重要组成部分，是做好网络舆情引导工作的重要前提和保障。网络舆情分析工作要注重系统性原则、科学性原则和综合性原则三大原则。系统性原则是指网络舆情的分析是一项系统性工程，除了舆情分析这一环节外，也贯穿于舆情的收集、处理、判别、引导等环节中，同时，舆情事件的各方要素，如参与者、媒体、网名等都要被看作相互联系的系统性整体来进行分析，如此才能够让网络舆情分析具备实际性和科学性。科学性原则是指在进行舆情的分析时，在分析对象的选择、分析方法的使用、分析技术和工具的选用、分析结果的呈现上都要具备科学性与合理性，不能主观臆断，要符合实际、符合事件规律。综合性原则是指在分析网络舆情的时候，不能简单地就事论事，要明白网络舆情是一个系统性的议题，需要综合各方因素进行统筹考虑，开拓分析问题的方法与思路，提升分析结果的全面性和科学性。

（三）网络舆情引导与应对

网络舆情引导与应对是指网络舆情爆发后，或者重大突发事件后，网络舆情工作者对网络舆情的性质、趋势和走向做出预判，相关部门或单位为了化解冲突矛盾、避免事态扩大化，针对网络舆情所采取的措施和策略，如信息公开、澄清事实、辟谣、查处网络舆情所反映的社会问题等。

在进行网络舆情引导与应对工作时，应坚持正确的指导思想和原则。网络舆情引导与应对应坚持四项基本原则，以党的方针、政策为指导，遵循党的思想宣传的舆论工作方针。首先，要遵循以人为本、生命第一原则。以人为本是科学发展观的基本要求，坚持以人为本就是要尊重人的特性和本质，把人民的利益作为一切工作的出发点和归宿；把人作为经济社会发展和现代化建设的动力和目的，一切为了人，一切依靠人，不断满足人民多方面的现实需要和实现人的全面发展。比如在新闻报道中把人的生命健康放在首位，在信息发布过程中及时播报事故、伤亡及救援情况等。其次要遵循依法引导、合情合理原则。在舆情引导过程中要坚持以国家相关法律法规为准绳和依据，符合宪法、法律、法规和其他规章制度的要求，注重保护公民的言论自由、隐私权、名誉权等。信息发布要合情合理，经得起推敲和验证。第三，要遵循及时引导、积极面对原则。网络舆情的最大特点就是传播迅速且广泛，不受时空限制。网络舆情治理有“黄金一小时”的原则，当网络舆情发生后，相关部门应第一时间做出反应、及时应对，不能坐等上级过问，或者消极对待，在网络和信息时代，这样的做法是不当的。第四，要遵循把握时机、抢占先机的原则。网络舆情一旦发生，相关部门应通过新闻媒体、政务媒体主动宣传、营造有利的主流舆论态势和社会氛围，比如主动进行事件调查，准备新闻通告，联系媒体发布信息等。只有努力抢占了发言先机，掌握了话语权，才能在网络舆情治理中赢得主动权，取得网络舆情的治理效果。最后，要遵循公开透明、互动沟通的原则。信息公开、透明是应对网络舆情的基本原则。当网络舆情发生、发展后，网民对于信息的需求是非常巨大的，这也给了谣言以生成、生存的空间，只有保持信息的公开透明，官民的积极沟通，才能够消灭谣言、赢得信任，最后有效引导网络舆情，妥善处置舆情事件。

四 网络舆情治理工作的类型

随着互联网技术飞速发展而带来的互联网舆论空间的复杂化转进，近年来，中国网络舆情治理工作经历了从无到有、从小到大、从粗放到细分、从单一到多元的过程。目前根据工作开展主体机构的不同，网络舆情治理可从横向上划分为三大类：政府力量治理、社会力量治理和技术力量治理。

（一）政府力量治理

网络舆情的政府治理的本质是政府干预网络舆情，也就是政府以约束的方式进行的一种管理、监督、引导，其目的是维护和确保舆情秩序的形成和延续。

所以，政府舆情治理的工作机构是由政府部门所成立的，主要针对民众对本国、本地区、本部门的工作的各种意见和态度进行监测、反馈、引导的工作机构。

此类机构依托于党政宣传思想工作系统，下设职能部门或者企事业舆情服务机构。此类机构开展网络舆情信息的汇集、分析、上报工作，汲取网络中的社情民意，并向上为决策提供参考，发挥着政府与群众的纽带作用，具有很强的政策性和现实意义。2004 年，中共中央宣传部成立了舆情信息局，依托各级宣传思想工作系统开展全国性舆情信息的汇集、分析和报送等工作。舆情信息局下设网络舆情处、社会舆情处、舆情分析处等机构。部分省市级宣传部门也陆续成立了舆情信息处、科、室或者中心等。一些市县也相继成立了专门的舆情管理机构。随着对网络舆情工作重要性认识的不断提高，各级政府部门逐步建立和完善网络舆情管理工作体系，成立了专门的网络舆情领导小组，由部门领导直接负责网络舆情管理工作。

对于网络舆情的政府治理，社会上一直都有反对之声。反对之声往往认为，政府对网络舆情的干预不可避免会降低互联网现行的运营效率，抑制相关技术的应用创新；也有观点认为网络舆情本身就有自净功能，在完全开放的环境中，谣言、网络语言暴力等不良信息能在所有网民的自行选择中优胜劣汰，因为网民最终是理性的。但是，随着网络时代的发展，支持政府参与网络舆情治理的呼声日益高涨。支持的观点认为，民间力量在实现互联网治理的有效性方面越来越力不从心，网络犯罪、垃圾信息、公民权利保护、信息权威性等方面，都出现了不少问题。目前，互联网已经成为全球最重要的基础设施，其体量的庞大、影响的巨大，都让民间治理难以适应互联网时代的要求，只有政府介入，才能确保互联网空间的安全稳定。当然，政府干预公共舆论的合理性，是以承认公众的舆情权为前提的。政府干预公众舆论领域是必要的，但同时也需要是适度的。

（二）社会力量治理

网络舆情是社会心态、思想、观点的反映，其主体是社会中的各方力量。社会力量对网络舆情的治理是网络舆情治理的重要方面，也是“政府主导、社会协同、个人参与”的网络舆情治理协同治理体系的组成部分。网络舆情的社会治理主要依靠社会组织、机构的力量，如网络新闻媒体、网络平台机构、网络意见领袖等。其中最重要的社会治理力量，就是网络主流媒体，以及高校和学术机构。

主流网络媒体，以其广泛的消息来源和新闻实操经验，对网民心理和当下时事热点有着高度的敏感性，对舆情信息的搜集、分析有广泛的渠道和熟悉的经验。同时，主流网络媒体对网络舆情也有着巨大的影响力，是发布权威信息、引导网络舆情的重要力量。

主流网络媒体作为网络舆情社会治理的主要力量，近年来设立了不少专业的舆情研究机构，如新华网网络舆情分析中心、人民网舆情监测室等，涌现了大量的舆情研究成果。与此同时，主流网络媒体也在新闻宣传战线上积极发挥舆论引导作用，通过自身的权威性、专业性为网络舆情治理做出贡献。

高校和学术机构也是网络舆情社会治理的重要力量之一，它们善于在较为深厚的学术背景基础上，对网络舆情进行研究，挖掘网络舆情的一般规律，形成具有系统性的、方向性的治理指南。中国不少高校都成立了网络舆情研究机构，如中国传媒大学舆情研究所、中国人民大学舆情研究所等。

（三）技术力量治理

网络舆情治理离不开网络技术，不管是了解舆情，还是引导舆情的工作环节，都离不开网络技术的参与。利用网络技术和计算机技术来充分了解、分析网络舆情，以及为引导网络舆情发挥力量，就是网络舆情的技术治理。特别是在了解网络舆情的环节中，快速、有效、准确地获知浩瀚网络上的相关舆情信息，是网络舆情治理的前提条件，此环节中的网络舆情信息监测与分析技术非常重要。

高质量的网络舆情监测分析技术能够提升治理者对网络舆情把

握的精准度和科学性，避免方向性的错误。互联网的海量数据特征和数据的超海量储存特性能够让治理者对舆情的追寻和把握被客观数据支持，而不是主观地对舆情进行判断，网络舆情监测分析技术使得网络舆情的生成、发展、演化、熄灭的全过程都能以客观冷静的数据方式被快速搜集、展现、分析，从效率和准确性、科学性上提升网络舆情治理的质量，为网络舆情的治理提供理性的建议。

当前用的网络舆情分析方法主要有网络调查方法、基于统计规划的模式识别方法、基于内容挖掘的主题监测方法等。网络舆情分析技术一般由有较强技术实力的软件公司或者市场调查技术公司研发，这些技术型公司近年来逐渐成为网络舆情工作行业内重要技术型方阵。

第二节 网络舆情的政府治理

一 政府舆情治理工作的变迁

面对网络舆情环境日新月异的新变化，网络公共空间呈现出纷繁复杂的新情况。政府由过去相互隔离的管理者角色、引导者角色、参与者角色向“管理—引导—参与”的复合角色转变，工作机制也发生了新变化，逐渐形成新的联动治理机制。对此问题，我们可以从政府的顶层设计理念、中观管理规范和底层治理手段三个方面进行回溯，在“历时 + 共时”的功能共振视角中锚定政府在网络舆情治理中的角色定位和潜在转向。

（一）“运动式管理”向“整体性治理”转化

2003 年，是中国的“网络舆论元年”，从那时起网络舆论作为一种公众话语表达开始影响中国的政治话语和社会结构发展。政府作为网络舆情治理政策的制定者、舆情演化的管理者、舆论监督的对象，自 2004 年起，在网络舆情的管控和引导方面形成了自上而下的顶层设计理念。党的十八大以来，网络舆情管理也出现了从“重管控”向“管控+引导”的新变化，原来侧重于主题的“专项整治”活动，逐渐变成更加强调体系联动、多元参与的善治格局。

从2004年起，党中央密集出台了一系列互联网管理制度，明确了互联网监管要求。党的十六届四中全会提出：“加快建立法律规范、行政监管、行业自律、技术保障相结合的互联网管理体制”，“建立健全党委领导、政府负责、社会协同、公众参与的社会管理体制”。[①] 党的十七届六中全会提出“要加快建立法律规范、行政监管、行业自律、技术保障、公众监督、社会教育相结合的互联网管理体制”。党的十八大以来，由“无序”参与到“规范”参与的网络文化建设成为中央和各级政府工作的重中之重，这也成为网络舆情演变的第三个时间节点。[②] 党的十九大又明确提出构建良好的社会舆论生态，是推动网络安全和信息化事业新发展的关键所在。

与此同时，习近平总书记高度重视网信事业发展，在宣传工作和网络强国的系列重要论述中都强调了网络空间治理的重要性。2013年他在全国宣传思想工作会议上指出：“互联网已经成为舆论斗争的主战场”“在互联网这个战场上，我们能否顶得住、打得赢，直接关系我国意识形态安全和政权安全。”2014年中央网络安全和信息化领导小组第一次会议上，他提出“做好网上舆论工作是一项长期任务，要创新改进网上宣传，运用网络传播规律，弘扬主旋律，激发正能量，大力培育和践行社会主义核心价值观，把握好网上舆论引导的时、度、效，使网络空间清朗起来”的指导思想。2016年党的新闻舆论工作座谈会上，他指出“随着形势发展，党

---

① 参见《中共中央关于加强党的执政能力建设的决定》，2008年8月20日，http：//www. gov. cn/ test/2008 -08/20 /content_ 1075279. htm。

② 孙卫华：《中共十八大以来网络舆情与治理的结构转型》，《天津师范大学学报》2017年第2期。

的新闻舆论工作必须创新理念、内容、体裁、形式、方法、手段、业态、体制、机制，增强针对性和实效性。要适应分众化、差异化传播趋势，加快构建舆论引导新格局”和“过不了互联网这一关，就过不了长期执政这一关”。2018 年，在全国网络安全和信息化工作会议上，他指出“要提高网络综合治理能力，形成党委领导、政府管理、企业履责、社会监督、网民自律等多主体参与，经济、法律、技术等多种手段相结合的综合治网格局”。2018 年 8 月 21 日，在全国宣传思想工作会议上，习近平总书记发表重要讲话，指出“要把握正确舆论导向，提高新闻舆论传播力、引导力、影响力、公信力，巩固壮大主流思想舆论。要加强传播手段和话语方式创新，让党的创新理论‘飞入寻常百姓家’”。正如中国现代国际关系研究院信息所副所长李艳为所言，“十八大以来，习近平总书记高度重视网信事业发展，进行了一系列重要的顶层设计与战略布局”。由此看来，党中央及国家领导人始终坚持以防范网络风险、维护网络安全为目标，从顶层设计和战略布局层面看待网络舆论引导和舆情治理工作，这对提高政府应对危机的处置能力和行为规范提出了总要求。

尽管如此，在很长一段时间里，中国的网络舆情治理还是以自上而下的行政管理为主，其中以主题性的“专项整治”为代表。[①] 网络舆情的影响备受关注，但治理资源受社会资源总量的制约。[②] 舆论的管理工作一开始主要以专项整治活动形式开展，如“打击网络淫秽色情专项行动”（2007 年）、“全国整治互联网低俗专项行动”（2009）、“网络淫秽色情信息专项治理‘净网’行动”（2013 年）、“净网 2016 专项行动”（2016）、“净网 2017 专项行动”（2017）等。首先，这些专项整治活动很有针对性地对网络违法违

① 邹军：《中国网络舆情综合治理体系的构建与运作》，《南京师大学报》2020 年第 2 期。
② 邹军：《中国网络舆情综合治理体系的构建与运作》，《南京师大学报》2020 年第 2 期。

规现象进行制止，行动迅速且效果良好，但也暴露出公权力粗暴介入的现象，诸如每次行动都有公安部门参与，有时甚至由公安部门主导，体现出一种“压制性的秩序逻辑”。[①] 其次，“头痛医头，脚痛医脚”式的专项整治只能解决单一类型问题，惩戒性的整治方式通常未能达到预期目标。最后，专项整治行动具有临时性，未能从全局和长远建立有效常态化机制，对整治问题的思考不足，也难以实现整治效果持久。

国家治理体系和治理能力现代化成为时代课题，更加考验党和政府在纷繁复杂网络环境中的舆情治理能力。舆情治理目标升级、舆情治理认知提升、舆情治理技术优化的工作摆在治理者面前，在如此情况的驱动下出现了逐渐放权和向社会授权，政府减少威权干涉，以制度化和体系化手段强化舆情治理工作的“一体多元”新形式，并提出“善治”的理念。善治是政府与公民对公共生活的协同管理，是国家政治生活与公民社会协调的最佳状态，实质上是国家权利向社会回归的过程，最终实现国家与社会或者说政府与公民之间的良好合作。[②] 这种“善治”思想深度契合十九届四中全会提出的建设国家治理体系和治理能力现代化的时代要求。出现了由“简单管控”向“统筹协调”转变，由“政府主导”向“多元共治”转变，由“简单干涉”向“科学引导”转变的新变化，网络舆情应对走向网络舆情善治的新局面逐渐形成。

（二）中观管理规范：从“松散管控”向“集中管控”转变

“日益完善的网络基础设施，稳步提升的国民素质和价格低廉的智能终端为互联网和移动互联网的普及应用创造了积极的社会环

---

① 曹龙虎：《中国网络的运动式治理》，《二十一世纪》（香港）2013 年第 6 期。

② 李礼：《网络舆情的生成机理与政府善治》，《首都师范大学学报》（社会科学版）2016 年第 3 期。

境。”[①] 也会在不经意间为爆发网络和信息安全问题提供传播的“温床”。中国在网络监管方面也出现从“松散管控”向“集中管控”的转变，逐渐出台先进的网络监管法治理念、规范的立法程序、完善的相关配套立法。

中国自1994年进入世界互联网大家庭，对网络监管的立法工作便同步开展，但过去较长一段时间里，中国对网络管理和网络安全的立法工作都没有充分重视。[②] 网络监管的立法工作一直处于滞后状态，尤其是在2016年出台《中华人民共和国网络安全法》之前，中国除少许人大立法，有关网络管控和信息发布的依据与规定，大多数是由行政规范、部门规章、司法解释、规范性文件、政策文件组成，也有部分地方政府根据实际情况制定的关于网络信息内容管制的地方性法规，如《山西省计算机信息系统安全保护条例》《宁夏回族自治区计算机信息系统安全保护条例》《杭州市计算机信息网络安全保护管理条例》等。可以说，有关治理防范和处理网络舆情的条款被笼统地纳入“互联网信息安全”和“信息管理”的法律范畴内。但以上提到的立法都存在两个问题：一是立法时间跨度大而分散，监管效应后置；二是立法层级较专门法层级低且缺乏针对性配套法律解释，与监管现实脱节，可操作性不强。相比其他国家制定的一些法律，我国还是存在空白和漏洞的，[③] 尚未出台网络舆情管控方面的专门性法律。

2016年11月7日中国通过《中华人民共和国网络安全法》，

---

① 左蒙、李昌祖：《网络舆情研究综述：从理论研究到实践应用》，《情报杂志》2017年第10期。

② 刘洁睿：《大数据时代我国网络舆情监管法治化研究》，硕士学位论文，宁夏大学，2018年，第23页。

③ 张译文：《网络舆情监管存在的问题及法律应对机制研究》，硕士学位论文，吉林大学，2020年，第18页。

“这是我国首部网络安全和管理领域的基本法”①，“网络安全法的出台标志着我国网络管理立法的全面审计，也表明我国网络管理和安全立法建设才开始体系化”②。《网安法》的出台为网络强国战略提供法制保障，也在现实层面中拓展和强化了网络空间法律价值的新内涵，“从此我国网络安全工作有了基础性法律框架，有了网络安全的‘基本法’”③，这部法“涵盖了网络安全各个领域的内容，规定了网络安全的主要任务和相关制度”④，提出维护网络空间主权，保障网络产品和服务的安全，明确网络运营者的基本义务、强化个人信息保护、严格防范打击网络诈骗，强化网络舆论、舆情的预警和应急措施等基本要求。围绕这一部网络“基本法”同时形成了系列配套制度，据统计，自《网安法》出台以来，截至 2020 年 11 月，国家互联网信息办公室官网政策法规频道中刊发的网络与信息化监管工作的法律、行政规范、部门规章、司法解释、规范性文件、政策文件多达 45 部。这些政策法规围绕《网安法》形成了网络监管和开展工作的重要依据，也为立足于现有法律构建网络立法的框架，构建形成原则性和可操作性兼备、针对性与实效性结合的网络舆情监管法律体系奠定了制度化基础。随着建立网络舆情管理专门法律的呼声越来越大，以《网安法》为基础形成针对性更强、治理边界清晰、舆情预警及时、处置方式规范的法律体系将指日可待。

（三）底层治理手段：从“单一路径”向“多元方式”转变

网络舆情的引导和治理是一项复杂环境下的系统性工作。政府

---

① 黄道丽、梁思雨、原浩：《〈中华人民共和国网络安全法〉视域下的网络安全人才培养》，《信息安全研究》2019 年第 5 期。

② 刘洁睿：《大数据时代我国网络舆情监管法治化研究》，硕士学位论文，宁夏大学，2018 年，第 23 页。

③ 杨淇靓、张朝：《新形势下的医院网络安全建设探讨》，《网络安全技术与应用》2020 年第 4 期。

④ 孙佑海：《网络安全法：保障网络安全的根本举措——学习贯彻〈中华人民共和国网络安全法〉》，《中国信息安全》2016 年第 12 期。

作为舆情治理主体在长年累月的应对和处置工作中积累了教训和经验，意识到过去网络舆情事件中的“简单意见表达”已经出现向“深度话题对话”的变化，需要形成更加多元化、协同化、融合化的治理新方式。

近年来，网络空间不时出现民意汹涌、泛滥的情况，其溢出效应对社会稳定构成了一定威胁，[①]“蝴蝶效应”下的舆情频发、二次或多次舆情爆发、线上线下影响叠加、舆情反转现象频现等新情况成为常态。互联网因而被视作国家治理的重镇，网络舆情更是成为国家治理的重点对象。[②]政府在网络舆情监管中取得了一些成绩，但还存在诸多问题，如缺乏与时俱进的治理理念、舆情治理重视不足、刚性管理缺乏柔性、法律体系不健全，缺乏科学有效的网络舆情应对体系等，[③]尤其在处理手段上，多以行政性手段对网络舆情采取“删、封、堵、滞”等强硬方式干预，这种方式对相关违法言论应予以管制和删除，防止蔓延扩散。[④]但这些强势行为也造成对公民言论权、知情权的限制，带来行政执法的失范，引起政府与社会的对立困境。

目前，政府治理出现了由单向度向多元协同治理转变的新局面。机制方面，在依法保障政府主导合法性的基础上，逐渐形成了健全网络舆情应急处置相关机制如动态监测机制、预警机制、处突机制、善后恢复机制；保障方面，通过完善网络舆情治理的法律法规体系，促进网络舆情治理人才队伍建设，提升法理框架下治理部门的协作能力，形成了网络舆情尤其是突发性网络舆情治理保障机

---

① 陈云松：《互联网使用是否扩大非制度化政治参与：基于 CGSS2006 的工具变量分析》，《社会》2013 年第 5 期。

② 张权、燕继荣：《中国网络舆情治理的系统分析与善治路径》，《中国行政管理》2018 年第 9 期。

③ 沪盼：《“互联网 +”视角下政府网络舆情治理研究》，《宿州学院学报》2016 年第 5 期。

④ 项颐：《公安机关网络舆情监管法律规制研究》，硕士学位论文，内蒙古大学，2020 年。

制；在舆情治理模式方面，政府转变服务理念，强化与媒体在政务信息公开和突发事件处理情况通报方面的配合，媒体将公众的意愿和诉求传递给政府，强化政府与网民在公共事件上沟通和互动。政府接受群众意见和监督，通过建设公平开放的沟通平台鼓励网民依法有序参与，营造积极健康的网络环境，最终构建起政府、媒体、网民三方协同参与的舆情治理模式。

总而言之，网络舆情环境的变化，推动了政府重新思考网络舆情治理和网络监管工作的新变化。科学预防与有效应对的法理治理、机制治理、技术治理、社会治理的新模式与协同治理的新局面正在成型。

二　政府舆情治理工作的组织架构

党的十八大以来，以习近平同志为核心的党中央将网络治理上升到国家安全的高度，并要求地方政府充分践行网络群众路线，进一步增强政务公开，提高网络综合治理能力，营造清朗的网络空间。当前，舆论场中危机事件的发生地域以及空间发生了深刻变化，“西移”“下沉”的特征有所显现，这些趋势意味着任何地区和层级都不是“舆外之地”。另外，根据调研和访谈发现，地方政府的危机事件网络舆情引导机制和水平参差不齐，尽管有些发达地区以及舆情高发地域引导水平较高，但大家同样都存在迫切的需求，希望有一个危机事件的网络舆情引导流程图，充分融合舆情技巧和政府工作流程，呈现一个立体化的方案，帮助它们在危机事件中有规可依、有图可用，提升网络舆情引导时、度、效。与此同时，通过舆情的词源考究以及大量的应对经验发现，地方政府危机事件的网络舆情引导和应对遵循一般流程，且特色鲜明。

基于此，中共中央网络安全和信息化委员办公室通过线上线下调研，融合舆情技巧和政府工作具体流程，适应舆情发展的3.0特征（常态化、大数据监测分析引导）以是否正面回应为切入点，形成一个地方政府危机事件网络舆情应对引导流程，供地方政府部门参考借鉴（见图5－1）。①

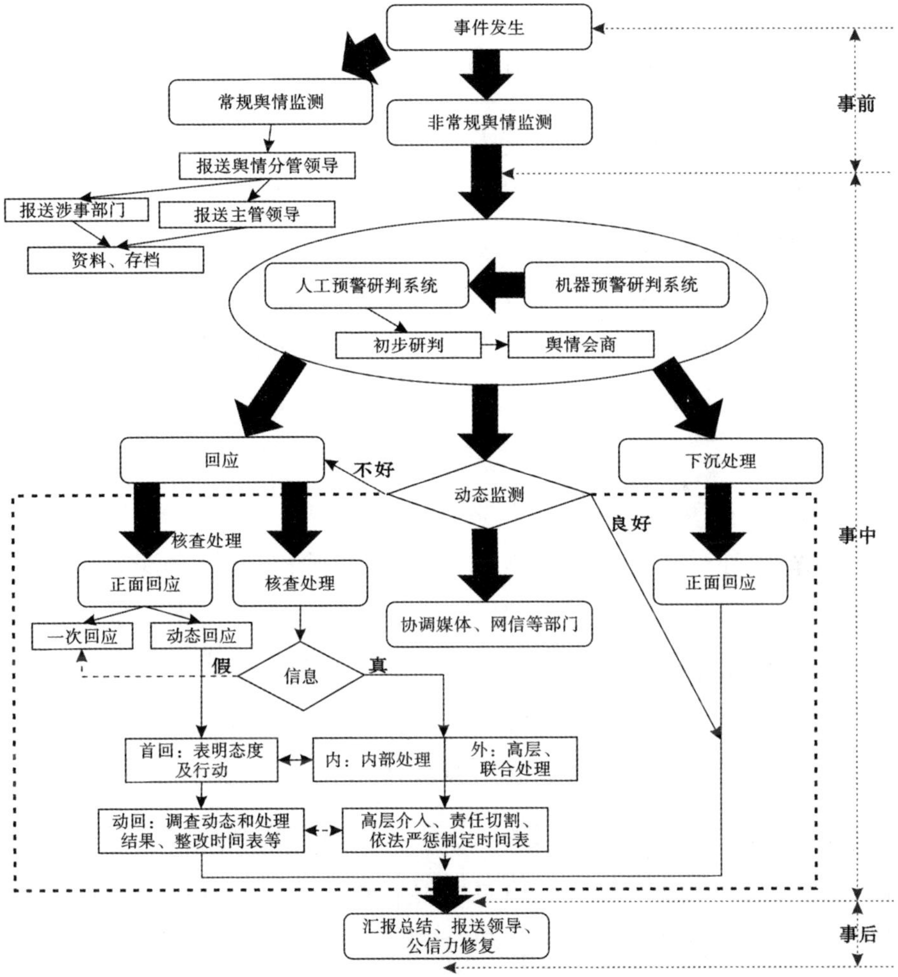

图5－1　政府舆情治理工作的组织架构

① 《立体流程提升网络舆情引导时度效——地方政府危机事件网络舆情引导流程研究》，http：//www. cac. gov. cn/2018－12/26/c_ 1123905777. htm。

（一）提要钩玄：舆情引导流程解析

该流程分为两部分：主体思路图和具体流程图。主体思路图帮助相关政府领导和部门快速了解基本思路，做到心中有沟壑；具体流程图融合政府流程以及舆情技巧，以期提供立体化的引导应对举措。

1. 主体思路图贯彻舆情引导主脉络

主体思路图立足舆情引导主脉络，包括三个阶段：事前阶段主要包括信息收集以及相关机制的建设；事中阶段主要包括信息研判以及舆情引导应对，其中是否回应是引导和应对的关键，也是决定舆情走势的重要岔口；事后阶段主要包括公信力修复以及汇报领导等。舆情引导作为一个系统工程，这三个阶段是舆情引导的骨架，熟练掌握各阶段，推动它们有机运转，将会在舆情引导中达到事半功倍的效果。

2. 具体流程图突出实用与融合

舆情引导是一个系统工程，不能仅仅停留在关键思路上，更不能简单地局限于我们看到的回应，而要落地到每个细节。通过研究发现，它们基本都会经历如下流程：第一阶段信息收集；第二阶段信息研判；第三阶段舆情引导与应对；第四阶段公信力修复。

第一阶段的信息收集流程主要包括两方面内容。一是常规信息监测，信息多为正面或客观报道，主要了解宣传和传播效果。该流程的主要步骤是事件发生、信息抓取、简单研判、报送分管领导和涉事单位、酌情进行讨论、留档资料。出现该流程，主要是因为当前的舆情引导和应对工作不仅是针对负面舆情，还要满足新时代对舆情引导工作提出的更高要求——对舆论场的全面了解，趋利避害，践行网上群众路线。二是非常规信息监测，主要是对负面、易引起舆情风险信息的监测。此类信息包括意识形态类、社会民生类、政务服务类等。此类信息需要快速反应，进入下一阶段。

第二阶段的信息研判主要是采用人机系统进行研判。考虑当前的负面高风险信息较多，人机系统研判可以充分发挥人的灵活综合性以及机器的客观量化性，让研判更科学、更具针对性，快速化解危机。该流程具体操作如下：首先进入机器研判系统，系统主要给出四个重要信息，分别为各媒介传播量、舆情热度趋势、舆情传播路径以及敏感热词，在此基础上可以出具一个红橙黄蓝综合风险研判结果，给人工系统做出充分的研判和风险评估提供数据支撑和依据。在机器研判的基础上，监测结果和依据进入人工预警研判流程，该流程主要包括初步人工研判群，该群主要由宣传系统人员组成，给予简单风险信息应对处置建议，如相关信息较复杂，事态影响力覆盖全国，进入舆情会商总群，该群不仅包括宣传系统人员，还包括主管领导、涉事单位负责人、舆情专家等，通过综合会商得出初步应对预案，并报送相关领导，得到领导同意确认后，随即进入第三阶段。

从目前国家的大政方针以及地方政府部门的意愿来看，它们愿意去应对舆情，然而并不是所有的舆情引导工作都需要去积极正面回应和发声。如果在是否发声的问题上处理不当，反而会引发次生舆情。因此，第三阶段的舆情引导主要分成两种情形：一是采取下沉处理，线上问题线下解决，最终线上舆情逐渐消退；二是回应舆论关切，线上正面回应，同时结合线下问题的解决，双管齐下，消解舆情热度。基于这两种思路，舆情引导和应对也会对应两种流程。首先下沉处理，采用该流程主要是舆论反映的问题复杂程度较低，影响力较小，而且是个别事件，不会引发系统性的危机，另外，此类问题能够迅速解决，程序相对简单。该流程具体措施主要是快速处理舆论反映的问题，并辅之以适度控制，积极与网信和媒体等部门建立良好的沟通和协同关系，除此之外，也需要动态观察相关事态发展趋势，如果该事态进入平稳状态，且未出现新的风险点，则进入公信力修复流程；如果事态进一步恶化，则进入线上线下共同处理的模式。其次线上线下处理流程需要坚持三管齐下，分别为动态监测、正面回应、核查处理。动态监测流程是需要贯穿于其他两个方面工作的始终，既给它们提供参考和依据，也能够检验它们的效果。

正面回应流程分为一次回应、动态回应，其中一次回应在涉事部门单一、事情处理起来较简单、一次就可以解决类事件中运用较多，它往往处于核查处理以及解决问题之后，是对整个过程的说明和总结。对于那些复杂、持续时间长、地域广泛、涉事部门多、影响力大的事件需要采取多次回应，其中首次回应主要表明知晓，并严肃查明和处理的态度，内容由事实组成，此时慎报原因、结论以及猜测，特别需要谨防一些逃责和违背常识的言语，向舆论传达诚恳的态度以及处理的决心。后期多次的回应需要积极配合舆论关切以及相关处理举措产生的效果。

在回应过程中，需要注意两个问题。一是如何处理传统媒体和新兴媒体的关系。传统媒体往往更具权威性，在一些重大事件回应中传统媒体是首选，但传统媒体不具备新兴媒体的时效性，所以在具体的回应选取上，需要充分发挥新兴媒体的灵活性和及时性，保证回应的时效，从而取得良好的回应效果。二是回应媒体层级选取上，往往坚持同等同级原则，即什么平台爆料，就在类似或同级平台回应，以期同频共振，正面对冲，起到良好的效果。个别事件如果已经产生全国性负面影响，而且与民生等话题密切相关，就需要借《人民日报》、新华社、央视等中央级媒体回应，从而实现最大范围的传播，消解负面影响。

核查处理流程首先要判断信息真假，了解问题原委，如果信息为假，快速进入二次回应流程，及时向公众澄清事实，相应流程随即进入第四阶段。遇到影响较恶劣的，需协调网信、公安等部门进行查处，维护自身荣誉和公信力。如果信息真实，则需要快速查找涉事部门。在涉事部门单一的情况下，使用责任切割、转危为机等技巧，将风险控制在可控范围内，随后进入问题解决流程，制定时间表。在涉事部门较多、情况复杂的情况下，需要在主管领导的牵头下，多个部门召开联席会议，查明事件原委。此时采用高层介入、统一口径等举措，不仅能够为舆情引导和应对赢得时间，还能获得舆论好感，提高解决问题的效率，防范次生舆情。在联席会议以及多举措的实施下，进入问题解决流程。

进入问题解决流程后，同样需要对问题的复杂性和难易程度做好预判，如果问题相对简单，单个和多个涉事部门快速行动，解决问题，并通过权威平台进行回应即可进入第四阶段。如果事件相对复杂，涉事部门较多，需要在主管领导统一指挥下，制定明确的推进时间表，同时设置监督组，动态向外界传递推进信息，保证按时按质解决问题，从根本上消解舆情热度，推动该事件进入公信力修复阶段。

公信力修复阶段需要做好两方面工作。一是在事件问题解决后，形成有针对性的预防机制和措施，如定期检查制度、常规专项检查行动、出台政策法规、设定纪念日等，通过隐患排查，建立长效机制。二是形成经验总结报告，报送相关领导，将应对亮点进行发扬传承，形成自己的应对经验和风格；将应对中存在的问题认真反思，趋利避害，筑牢危机事件网络舆情的防火墙。

（二）流程运用过程中需要树立的科学认识

1. 信息采集是基础

该流程能否得到良好运用，信息采集将会发挥基础性作用。一方面因为信息采集是舆情引导和应对基础，所有的工作都是建立在信息采集之上；二是信息采集能力反映了相关部门舆情机制建设是否成熟和健全。基于此，要想使用好该流程，需要做好信息采集机制的建设，如此才能在舆情事件发生时，抢占先机，掌握主动权。

2. 舆情研判是前提

舆情研判是舆情引导和应对的前提，虽然多为幕后工作，但却显现于具体举措的方方面面。一方面它能够为舆情引导指明方向，就如人的大脑一般发布指令，提供具体举措；另一方面它是相关人才队伍建设、舆情研判机制的建设状况的集中反映。因此，舆情引导中需要抓住人才队伍和研判机制建设这一前提，充分发挥大脑的中枢作用，让整个流程“活”起来。

3. 引导配合是关键

舆情引导流程复杂，每一个小的细节都有可能影响全局，因此各部分的配合和协调显得尤为关键。在具体流程运行过程中，动态监测、正面回应和核查处理三个流程需要做好充分的协调配合，互相辅助，互相制约，才能发挥综合影响力。此外，在具体操作时，也往往会涉及不同部门，这就需要各方齐心协力，互相配合，方能高效引导。

4. 解决问题是目的

在舆情引导中，最终目标是解决问题。但由于问题的复杂性以及客观条件，需要将问题分为短期问题和长远问题、简单问题和复杂问题、线上问题和线下问题等多种类型。而解决的思路往往是由浅入深、由简到繁、由表及里。因此，在具体引导时，先解决急切需要解决的，然后形成长效解决和修复机制，从根源上消除舆情热源因子，推动政府善治。

三　政府舆情工作的现有机制

在技术因素和社会因素的共同影响下，相互交织、相互影响的多重舆论场域互构关系已经形成，这包括境内舆论与境外舆论、线上舆论与线下舆论、主流媒体舆论与民间舆论、商业媒体舆论与党政媒体舆论。当前，我们正处于世界政治经济格局转变和国内社会转型的矛盾多发期，舆情工作的开展面临着更加复杂的国际和国内环境，传统的舆情工作方式已无法适应信息化时代舆情发展的速度和特征，舆情处置也远远超出单一政府部门的能力和权限，有必要建立起与新技术和新时代背景相适应的中国政府舆情应对机制建设。唯此，才能更好地完成习近平总书记提出的“深入开展理想信念教育，深化新时代中国特色社会主义和中国梦宣传教育，积极培育和践行社会主义核心价值观，推进网上宣传理念、内容、形式、方法、手段等创新，把握好时度效，构建网上网下同心圆，更好凝聚社会共识，巩固全党全国人民团结奋斗的共同思想基础”要求。

（一）突发公共事件网络舆情的管理机制①

现代政府作为公共管理主体必须正视网络的客观存在，充分认识网络媒体在现代社会管理中的重要作用，主动融入互联网“虚拟社会”中去，研究网民的思维方式，用网民能够接受的形式建设、管理和利用好互联网资源，不断完善应对网络舆情的机制，强化政府与网络社会的互动和与网民的共鸣，这样才能最大限度地发挥网络舆情对于政府管理的积极效应，克服其消极影响。

1. 建立政府各职能部门网络舆情工作机制

网络宣传和网络舆情处置是一个面广量大的工作，仅仅依靠网络管理人员是不够的，需要各级政府的统筹考虑，需要政府各部门与广大民众的通力协作，全方位了解社情民意，建立群众、网民意见受理、转办、督办、反馈机制，接受民众和新闻媒体的监督。

2. 建立网络舆情引导机制

政府及网络媒体应充分发挥网络舆论导向作用，围绕网络热点问题，及时披露信息，组织有深度、有说服力的文章在网上刊发，

① 温淑春：《网络舆情对政府管理的影响及其应对机制探讨》，《理论与现代化》2009 年第 5 期。

解疑释惑，维护网络正确舆论导向，逐步形成健康的网络氛围。网络舆情引导机制一般需要满足以下要求。首先，是保持信息的公开通畅。其次，加强互联网宣传队伍建设和宣传阵地建设，这样，通过为社会公众提供全面、透明、迅捷的信息服务，就能使流言谣言迅速被戳穿，使社会正气得到弘扬，民族凝聚力得到提升。最后，强化网络"把关人"意识。网络把关人包括网站编辑、网管等，在信息选择、引导舆情方面的作用至关重要。设置好有关的话题或者议题，吸引终端上的个人参与到公共话语空间，通过自由热烈的网络交互，及时的新闻报道，再加上详尽的事实背景材料，对不同空间的话语进行整合，在交流中引导大众舆论，促成正确舆论的形成。

3. 建立政府网络舆情预判预警机制

这一机制包括网络舆情信息收集机制、网络舆情信息分析机制、网络舆情发展方向的预测机制和网络舆情发展的干预机制。通过建立预判预警机制，政府可以有计划、有目的地对网络舆情进行干预，如在收集和分析舆情信息时发现了负面信息，则可以通过报道正面消息冲淡负面信息的影响。

4. 建立政府网络舆情危机处理机制

中国的公共管理危机处理机制尚处起步阶段，与公共管理发达国家有一定的差距，网络舆情危机也时有发生，政府在应对时尚缺乏有效的机制，往往处于被动的局面。可以通过设立综合性决策协调机构和常设的办事机构，加强政府部门间的协调以提高应对重大突发事件能力，是许多发达国家的共同做法。针对网络舆情问题，可以建立由宣传部门直接领导，各部门参加的舆情监管机构，平时负责网络舆情的监测工作，遇上突发事件时，可兼为网络舆情突发事件指挥中心。这样，可以将舆情突发事件的处理从一种非流程化的决策过程，转变为一种程序化的决策过程，可以提高有关部门的响应时间，采取有计划的步骤，沉稳地面对事件，消除影响，减轻危害，保障网络的安全运行和信息安全，同时形成网上正面舆论的强势。

5. 建立政府部门间协作交流机制

政府部门之间要互通信息，政府部门和非政府组织，甚至与社会群体包括网络虚拟社团之间都应该建立沟通的渠道，加强信息的交流，发挥信息的社会价值，减少由于信息闭塞和沟通困难造成的误会。部门之间缺乏有效的信息交流和沟通，无法形成合力。现在需要的是将各级党政部门具有网络信息管理、收集、分析、引导、处置相关职能的部门通过一定的方式串联起来，加强各职能部门之间的信息交流与沟通，统一政府对外宣传的口径，协调一致，打破部门藩篱，通过联席会议等形式最大限度地进行信息沟通和资源共享，保证政府在公共管理中准确掌握网络动态，及时做出反应并反馈。

（二）信息公开制度

在新媒体高度发达的今天，政府创新网络治理方式、依法推进政府信息公开，是建设现代政府、提高政府公信力的必然要求，也是政府密切联系群众、转变政风的内在驱动。政府信息公开制度不断完善，不仅促进了政府治理能力的全面提高，也为公众更好地行使知情权、参与权、表达权、监督权提供了制度保障。

中国于2008年颁布实施了《中华人民共和国政府信息公开条例》，标志着中国政府信息公开走向法制化、正规化，法治政府建设迈出重要一步。2008年《条例》实施以来，公开透明成为法治政府建设和依法行政的基本准则。政府信息公开制度不断完善，不仅促进了政府治理能力的全面提高，也为公众更好地行使知情权、参与权、表达权、监督权提供了制度保障。

2013年10月，国务院办公厅下发了《关于进一步加强政府信息公开回应社会关切提升政府公信力的意见》，对增强政府网站的互动性提出了更明确的要求。

2019 年 5 月 15 日，新修订的《中华人民共和国政府信息公开条例》开始实施，进一步扩大了政府信息主动公开的范围和深度，明确了政府信息公开与否的界限，完善了依法申请公开的程序规定。

当下，政府网站、政务微博、政务微信、移动客户端、政务短视频平台都是中国各级政府建设信息公开制度的主要平台，经过 10 余年的建设，政务新媒体平台建设取得一定成效，成为各级政府信息公开的主要窗口。但不同区域、不同行政级别、不同平台的信息公开制度建设存在明显差异，存在的问题也较为突出。由于媒体平台特质各异，不同的政务媒体平台应该取长补短，政府信息公开应构建跨媒体平台连通机制，政府网站、政务微博、政务微信、移动客户端、政务短视频平台之间可以形成互动连通机制，相互配合进行信息公开、舆情收集、民意调查等，共同构成立体化的政府信息公开体系。

除了信息公开平台的建设以外，还应该注重建设网络新闻发言人制度，多位一体建设立体化信息公开体系。政府网络新闻发言人是传统新闻发言人制度在网络信息社会的拓展和延伸。网络新闻发言人制度体现了政府主动面对社会公众的开放态度，旨在通过网络及时、主动、准确地发布权威信息，尽快澄清虚假、不完整信息，消除误解，化解矛盾，正确引导网络舆论。[①] 2009 年 9 月 1 日，贵州省贵阳市政府在官方网站开设“网络新闻发言人”板块，这是中国第一个以政府名义建立的网络新闻发言人。新闻发言人触网的实质是政府信息公开的进一步深化。网络发言工作不应仅仅是网络发

---

① 彭铁元：《网络舆情管理学》，湖北教育出版社 2015 年版。

言人个人的孤军奋战，还包括支持其工作、从事信息管理工作的信息管理人员，网络发言人是这个群体的协调者。

（三）网络谣言治理

新的传播环境下，网络谣言具备了众多新特点：传播主体匿名性、传播内容的随意性、传播速度的即时性、传播范围的广泛性。网络谣言也因而更具破坏性，网络谣言的社会危害日益加剧。提升网络空间治理能力是推进国家治理体系和治理能力现代化的必然要求，谣言治理是清朗网络空间的重要一环，面对网络谣言，政府部门拿出切实可行的应对措施和进行有效的舆情引导尤为重要。

在新媒体环境下，对待网络谣言需采取“软硬兼施”的策略——所谓“软”，是对舆情的主体，即民众而言，应正确引导，“从理性、知识性和情感等方面对参与网络舆情的网民的认识和情感进行潜移默化的影响，将不正确或非理性的舆论引导到正确的方向”；所谓“硬”，是指对舆情的客体，即国家组织机构和管理者，通过国家意志、技术手段等方法阻止网络谣言的传播。具体方法如下。

1. 预防形成：构建网络信息公开平台

一些公众最为关注的热点事件信息若缺乏来自正规媒介渠道的信息发布，他们往往转而寻求谣言、流言等小道消息，此时信息公开成为澄清网络谣言、控制传播范围的关键。1953 年美国的传播学者克罗斯（Chorus）提出“$R = I \times A/C$”谣言公式来表达谣言的扩散程度。从公式中可以看出，谣言（Rumor）与事件的重要性（Important）、事件的模糊性（Ambiguous）密切相关，当事件重要性和事件的模糊性其中一个为零或低到可以忽略时，则谣言就没有存在的可能性，公众批判能力（Critical）此时不发挥作用；相反，如果一件事情极重要而表达得又模糊，那谣言就会快速扩散。公众最终信任的依然是政府，当政府将真相摆在大家面前，网络谣言便不攻自破。因此，增强信息的透明度，填平公众与社会、国家之间的信息鸿沟是防治网络谣言的重要举措。政府相关部门应该构建网络信息公开平台，及时公开重大社会事件通报和网络谣言辟谣信息等相关的信息内容，公众能通过统一、权威的信息公开平台及时检索了解重点关注事件的相关信息，避免信息不一致，减少网络谣言的制造传播空间。公众可以将谣言信息反馈到网络信息公开平台，政府相关部门根据网络谣言的反馈信息及时进行调查取证和公布最终结果，起到澄清事实的作用，有效控制网络谣言的传播。尤其是在网络谣言的酝酿期，此时谣言信息刚刚酝酿成型，并未在网络上大面积传播，真实信息的公布使公众及时查询到不确定信息的事实情况，扼制住“以讹传讹”的造谣现象。网络信息公开平台的建立保证了信息传播的一致性，保障公众的知情权和监督权，有效控制网络谣言传播的形成到终结的四个机制体系，实现网络谣言的阻断和辟谣。

2. 追责处罚：完善网络谣言法律规制[①]

有法可依是实现依法治国的必要条件，但是中国在网络谣言治理方面仍然缺乏具体匹配的法律，存在立法与现实情况脱节的现象。相关立法机关应及时根据网络谣言的危害类型和程度设立不同的法律责任处罚标准，在一定程度上针对利用社会热点新闻扰乱社会秩序和国家安全的网络谣言犯罪加大处罚力度，明确追责处罚的方式以达到震慑造谣、传谣等不法分子的效果。从长远治理角度来看，相关立法机关应根据实际情况，以网络谣言的行为认定、量责标准等问题建立与《刑法》《民法》《治安管理处罚法》等法律的互相衔接和有效补充的专门的法律法规，做到网络谣言责任主体的行为追责有法可依，加强法律追责实施的可操作性。在立法过程中

① 徐萍、付兵：《网络谣言的传播机理与治理途径研究》，《哈尔滨工业大学学报》（社会科学版）2020 年第 5 期。

立法者应认识网络谣言从某种程度上来说也是表达公众意愿和言论自由的一种方式，应结合谣言的危害性和传播范围对网络谣言进行明确的法律界定，不能狭隘地认为网络谣言有害无益而予以全面打击，对无危害性的网络谣言不能纳入法律规制范围。由于“谁主张，谁取证”的传统法律思想，网络谣言的追责抬高了自诉标准的门槛，受害者往往因举证困难而放弃维护自身权益，使得造谣者有恃无恐。对既成事实又造成危害性影响的网络谣言治理的根本手段是依法追究相关责任人的法律责任，并且在法律规制过程中，需要同步加强对网络传播平台审查责任认定，采取网络传播平台负有协助举证责任的原则，切实维护受害者的相关权益。

3. 控制传播：强化网络传播平台监管

追究造谣、传谣者法律责任的司法手段能有效矫正网络谣言的产生和传播，但司法具有被动、事后处理的滞后特点，不利于网络谣言的预防和消解，不能达到将谣言的影响消于无形的目的。在自媒体时代，人人手握网络传播的利器，网络信息传播呈现无序、碎片化等特征。较之司法手段，网络平台作为网络谣言传播的载体，能通过对网络谣言的审查管理，发挥“截谣”第一人的功能。中国现行的法律法规明确规定网络平台应当做好对平台发布信息的审查，并对虚假、色情和暴力等具有危害性的信息及时做出处理。随着移动互联网应用的普及，网络传播平台更应加大对谣言信息的审查力度，根据网络谣言的作用机制切实厘清网络谣言的危害性，切断传播路径，阻止谣言的大面积爆发。为监督网络传播平台对谣言的审查义务，司法部门应该对网络传播平台发布、传播谣言立法追责。通过追责机制强化网络传播平台对第三方信息发布的审查，在传播途径的源头遏制网络谣言的传播。同时政府主管部门应搭建与网络传播平台的信息共享与核对机制，以双方信息的无缝衔接与交流做到使网络平台发现疑似谣言信息能及时查证并寻求处理的指导意见，降低谣言审查和治理的难度，相关部门也能及时反馈信息并公布。只有网络传播平台切实发挥源头遏止网络谣言传播的作用，才能将谣言切断于无形，有效做到网络谣言的预防和消除，保证网络舆情的稳定。

4. 真相播报：推进网络辟谣信息快速披露

在线社交网络成为人们沟通交流的重要方式，网络谣言中夹杂的情感和立场成为其传播的驱动力，从而导致政府对辟谣的有效性下降。政府部门应主动获取公众对热点社会信息的诉求，及时通过主流新闻媒体披露热点事件相关的重要信息，减少谣言滋生的空间，将谣言真相公之于众。同时政府相关部门应针对已出现的谣言信息及时调查取证，发挥新闻媒体“谣言粉碎机”的作用，推进辟谣信息的快速披露，缩小谣言的传播范围。网络谣言的最终结局是走向消亡，但由于网络传播平台的管制，网络谣言“产生—传播—消失”的过程可能会在短时间内完成，但以终结机制来看，虽然谣言形式上不存在了，网络谣言带来的无形影响却会持续很长时间，甚至在遇到合适的机遇则会变异及重新出现。政府相关部门应该充分发挥主流新闻媒体专业性和权威性的优势，通过主流媒体渠道对社会热点事件问题及时、准确、客观地发表观点，降低公众对事件判断的模糊性，在切断网络谣言传播空间的同时引导舆论向健康方向发展，做好网络谣言思想上的辟谣工作。此外，政府要避免各部门在信息发布工作中各自为战的情况，确保对外发布的信息应保持一致，防止信息前后表述不一致引发次生网络谣言。

第三节　网络舆情的媒体治理

网络社会是在技术不断更新的时代背景下产生的，它是现实社会的延伸，需要行政和法律力量的治理。然而，政府管理手段并不是网络治理的唯一选项，网络舆情治理需要刚柔并济的“生态治理”。网络舆情的社会治理即是对政府治理结构的创新，核心是建构多元社会主体良性互动的网络舆情治理体系。社会治理丰富和完善了网络社会的治理方式，与政府治理刚柔并济的舆情治理局面，为网络社会的治理提供了一张一弛的治理模式。意味着网络舆情治理不再完全指望国家强制，不再单纯依靠行政命令，而是充分利用社会、经济、文化、道德、信仰等调节和杠杆作用，寻求更具弹性的治理方式，强制性与非强制性并行不悖，网络管理与网络自律相辅相成。本节主要介绍媒体力量主导的社会治理。

随着媒介技术的演进和媒介生态的变化，中国媒体整体上经历了从传统媒体向新媒体的转变。从网络空间话语权的掌握来看，主流媒体与大众媒体的博弈决定了舆论场秩序的维护。在网络舆情生发演化的过程中，媒体在主流话语引导和社会共识建构方面发挥着重要作用，搭建起政府与网民沟通的桥梁。

一　媒体形态与传播环境变迁

截至2022年6月统计数据，我国已有10.51亿网民，互联网的普及使中国进入“媒体聚光灯和大众麦克风”时代，中国的媒体和传播形态发生了重要变化。移动端使用的增强使网络成为舆论主阵地，媒介融合不断加强，与此同时，受众接受信息的方式更加多样化，发声方式也正在发生改变。2019年1月25日，中共中央政治局就全媒体时代和媒体融合发展举行第十二次集体学习。习近平总书记指出，推动媒体融合发展，要统筹处理好传统媒体和新兴媒体、中央媒体和地方媒体、主流媒体和商业平台、大众化媒体和专业性媒体的关系。[①] 可见，历经长久的社会结构和媒介技术变迁中，

---

① 宋建武：《推动媒体深度融合　做大做强主流舆论》，2019年2月20日，人民网（http://media.people.com.cn/n1/2019/0220/c40606-30807497.html）。

中国媒体形态也发生了丰富的改变，形成了多主体交错、传播网络复杂的媒介格局。

（一）媒体格局演变：传统媒体与新媒体

从技术影响下的时代背景来看，中国的媒体格局经历了以传统媒体为主流，到现在新媒体占据大半壁江山、举足轻重的演变过程。其中传统媒体包括报纸、广播、电视等媒体，新媒体又称网络媒体，包括固定终端和移动终端的媒体。

互联网技术的出现引发了第五次传播革命的到来，不仅信息、新闻、舆论生产方式的全面变革从根本上改变了传统的传播关系，同时也改变了整个信息传播的格局和媒体发展的格局。当前，报刊和广电媒体已经快速趋弱、新媒体快速发展，形成了新媒体快速赶超传统媒体的新格局。① 蒋宏和徐剑认为，新媒体是指20世纪后期在世界科学技术发生巨大进步的背景下，在社会信息传播领域出现的建立在数字技术基础上的能使传播信息扩展、传播速度加快、传播方式丰富的新型媒体。与传统媒体相比，新媒体具有如下特征：即时性、开放性、个性化、分众性、信息的海量性、低成本全球传播、检索便捷、融合性等，新媒体的本质特征是技术上的数字化、传播上的互动性。②

新媒体的出现与普及，使得中国传播环境中的话语表达主体发生颠覆性变化。童兵曾指出，在传统媒体时代，公民的表达权往往受到传媒组织的掌控，传媒组织代表的官方与商业力量主导着舆论表达。然而媒体被少数人掌控或垄断，大多数普通人处于一种“失声”的状态，这是一种不对等的单向一元表达结构。但是在新媒体时代，普通公民得到一种“技术赋权”，也拥有了利用网络渠道发声的机会，公共领域的意见与情绪表达更为直接和多元：一方面，

① 郭全中、郭凤娟：《传媒产业新格局》，《青年记者》2011年第31期。

② 匡文波：《“新媒体”概念辨析》，《国际新闻界》2008年第6期。

普通大众参与表达的门槛降低了，受众既是媒体内容的消费者，也是其创造者。UGC（User Generated Content，用户生成内容）使得新媒体的内涵和外延得到大大的扩展，这很大程度上颠覆了过去从传者到受者这种单一被动的信息传播模式。传者和受者出现交替和交互，受众也可以制造和传播信息，传播方式发生极大改变。另一方面，海量网民具备多样化的身份，面对同一个事物时呈现多元且极化的意见，新媒体时代下的信息纷繁复杂，造成传播环境和舆论环境的复杂性与风险性。

郑保卫等认为，中国已经初步形成一个报纸、广播、电视、互联网、手机等多媒体并存的新的媒体格局，“并存”“互补”“融合”“创新”，是新的媒体格局下媒体发展的主流与趋势。① 虽然在新媒体的冲击下，传统媒体的势头有所减弱，但并不能否认传统媒体依旧具备着信息内容更为深刻、权威等优势。唯有发挥二者各自的特色，取长补短，寻求一种平衡发展的模式，才能营造出一个健康向上的媒体生态环境。

（二）信息传播多主体共存：官方媒体、商业媒体与自媒体

新媒体新兴之时，平台媒体与自媒体随之出现，中国媒体在初期分化出三个舆论场：以党报党刊、国家电视台、通讯社、重点新闻网站等为主体的官方舆论场，以市场化的都市媒体、商业网站组成的市场化媒体舆论场，以微博等社会化媒体为主渠道传播的民间舆论场。② 综合来看，现阶段在中国的信息传播生态中，存在着多主体共存的局面，根据形态和性质的不同，大致可以归为三类，即官方媒体、商业媒体与自媒体。

从形态来看，官方媒体和商业媒体属于组织机构类的专业性媒

---

① 郑保卫、李洋、郭平：《试论当前我国媒体格局变化的现状及特点》，《国际新闻界》2008 年第 3 期。

② 周廷勇：《从“威权舆论”到“权威舆论”——“微时代”主流舆论的解构与重振》，《重庆工商大学学报》（社会科学版）2012 年第 6 期。

体，自媒体则是依托于平台媒体形成的个体发声账号，与意见领袖相类似，代表个体的观点和态度。不过，随着新媒体不断发展，不少曾以个体为中心的自媒体逐渐壮大，形成以营利为目标的团队、群体或组织，因此，自媒体与商业媒体的概念又有所重合。从性质来看，官方媒体、商业媒体和自媒体的区别主要在于代表立场和信息传播目标的不同。官方媒体代表政府、企业、组织机构的利益和立场，为特定的政治目标或企业发展目标、形象塑造目标等公关目的而发布信息；商业媒体则以追求盈利为终极目的，参与市场化竞争，需迎合受众需求；自媒体的属性则更为复杂，出于个体目标和习惯的不同，在信息传播生态中具有更多的不确定性。

在中国的信息传播环境中，多主体并存的局面增加了网络舆情的复杂性和治理难度。祝华新认为，“经过网络空间治理、新型主流媒体打造、政务机构媒体大规模运营，官方与民间‘两个舆论场’的交集和共识度有显著增强”[①]，原本活跃的市场化媒体舆论场也逐渐与党媒的官方舆论场趋同。但是，不可否认的是，在市场机制的作用下，媒体的新闻生产、观点表达和信息传播不可避免地存在很多乱象，例如2019年底《人民日报》刊文批评总结传媒行业存在的15个问题，包括明星人设、弹窗广告、粉丝文化、算法推荐、开机广告、未成年人节目、文艺批评、现实主义作品、版权保护、小视频 、政务新媒体、信息安全、网红经济、网络游戏和看新闻赚钱App。在多元媒体形态并存的传播环境中，稳固官方媒体进行正确价值观引导的主导地位、规避商业媒体和自媒体在信息传播环境和网络舆情生态塑造中存在的弊端与风险，是亟待解决的困境和问题。

---

① 祝华新：《2014：“两个舆论场”共识度增强》，2014年12月25日，人民网（http://yuqing.people.com.cn/n/2014/1225/c209043-26277634.html）。

（三）网络空间话语权博弈：主流媒体与大众媒体

从政治属性和功能以及社会影响力来看，可以将媒体分为主流媒体和大众媒体两大类。2019 年在中共中央政治局第十二次集体学习上，习近平总书记提出主流媒体包括党报、党刊、党台、党网等。[①] 新华社“舆论引导有效性和影响力研究”课题组的研究认为，判断一个媒体是否是主流媒体有六条标准：（1）具有党、政府和人民的“喉舌”功能，被国际社会、国内社会各界视为党、政府和广大人民群众意志、声音、主张的权威代表；（2）体现并传播社会主义意识形态和与之相适应的价值观，坚持并引导社会发展主流和前进方向，具有较强影响力；（3）具有较强公信力，报道和评论被社会大多数人群广泛关注并引以为思想和行动的依据，较多地被国内外媒体转载、引用、分析和评判；（4）着力于报道国内外政治、经济、社会、文化等领域的重要动向，是历史发展主要脉络的记录者；（5）基本受众是社会各阶层的代表人群；（6）具有较大发行量或较高收听、收视率，影响较广泛受众群。[②] 根据这些标准，中国的主流媒体主要有：（1）以《人民日报》、新华社、中央电视台等为代表的中央级新闻媒体；（2）以各省、自治区、直辖市党报、电台和电视台的新闻综合频道为代表的区域性媒体；（3）以各大中城市党报、电台和电视台的新闻综合频道为代表的城市媒体；（4）以新华网、人民网等为代表的国家重点扶持大型新闻网站。有学者指出，主流媒体应该在应然和实然上都是合理且合法的。在中国现实语境下，一个媒体要成为主流媒体的必备要素有二：一是传播内容应彰显和传扬主流文化及价值观；二是传播对象即受众为主流人群。

---

① 习近平：《推动媒体融合向纵深发展　巩固全党全国人民共同思想基础》，2019 年 1 月 25 日，新华网（http：//www. xinhuanet. com/politics/2019 －01/25/c_ 1124044208. htm）。

② 李春华、冯霞、吴勇等：《坚持正确舆论导向的体制机制研究》，中国社会科学出版社 2018 年版。

但也有学者认为，主流媒体并不是自封的，也不是一成不变的，而是在动态竞争中进行确定的，并不时地调整变化。只有那些能将政府的方针、政策有效地传达给受众，并拥有广大受众的媒体才能被称为主流媒体，这是不正确的。主流媒体的“主流”，指的是国家与主流意识形态。因此，主流媒体是由其地位决定的，从某种意义上来说，主流媒体与党和国家的导向有紧密关联，只要党和国家的性质不变，其地位也不会改变。中国的主流媒体肩负着传播党和政府的路线、方针、政策的职责，肩负传播先进文化、建设社会主义精神文明的任务。因而，这些主流媒体多被称为党和人民的喉舌。在舆情导向上，主流媒体的“主流”作用在于其所进行的舆情引导具有很强的价值导向性，能有效引导社会论走向；其所关注的问题还能为其他媒体设置议程，进而进一步影响社会舆论。

当然，这并不是说大众媒体就是与主流意识形态不一致，在舆论导向上就可以不坚持正确的导向。习近平总书记指出，一切媒体都要坚持正确的导向。“大众媒介的产生是近代大众舆论产生的技术前提，近现代意义上的大众舆论是伴随着近代传播媒介的发达而日益成长的。”[①] 大众媒体在宣传党的路线、方针政策和政府工作情况的同时，更多的是播发社会新闻、财经新闻、娱乐新闻、体育新闻、广告以及电视剧、电影等，以满足人们的精神生活和信息需求，服务人民群众的日常生活。大众媒体多是商业性的媒体，追求经济利益是其重要的目的，其主要靠发行量、点击率、广告等带来的收入来生存发展。在现代社会中，大众媒体是舆论形成的重要公共平台，也是引导舆论的重要力量。

---

① 金军俐：《社会转型背景下的报纸舆论引导研究》，浙江大学出版社 2013 年版。

二　媒体在网络舆情治理中的功能定位

根据划分标准的不同，中国媒体具备多种形态，放眼整个舆情环境，可以看到媒体作为信息传导与意见导向的枢纽之一，发挥着不可替代的重要作用。因此，媒体是网络舆情治理环节的重要功能主体，不同类型的媒体在网络舆情治理的各个环节也发挥着不同的功能。

（一）媒体协同治理主体的再分类

为了更加清晰地分析媒体在网络舆情演化与治理中的角色、功能和意义，本书将中国媒体界定为专业媒体和大众媒体两大类。其中，专业媒体包括“党媒和市场化媒体”，重在彰显公共属性和公共价值，突出信息和新闻生产的意义，如人民日报、澎湃新闻、新京报等。在媒体融合的当下，其也发展出相应的新媒体形式或平台。大众媒体包括“平台媒体和自媒体”，平台媒体指微博、微信等社交型的平台媒体与今日头条等聚合型的资讯平台等，自媒体则是基于平台媒体产生的具有一定影响力的、以个体为核心的账号。表5－1展示了媒体作为功能主体的分类情况，并列举了典型媒体代表。

表5－1　专业媒体和大众媒体的分类及举例

一级分类	二级分类	典型代表
专业媒体	党媒	（1）党报：《人民日报》、各省自治区直辖市、新疆生产建设兵团党委机关报、各副省级城市和地级市市委机关报等。 （2）党刊：按党刊的内容性质，可分为党建类、理论类、党史类和时政类四种类型。如《求是》《党建》《党建研究》《人民论坛》等。 （3）党台：例如中央广播电视总台、中国教育电视台、各省自治区直辖市广播电视台等。 （4）党网：例如人民网、央广网、各省自治区直辖市新闻网等。
	市场化媒体	新京报、澎湃新闻、南方都市报、界面、第一财经、21世纪经济报道、每日经济新闻、经济观察报、财新、财经、北京青年报、中国青年报等。

续表

一级分类	二级分类	典型代表
大众媒体	平台媒体	（1）社交媒体：新浪微博、微信、抖音、豆瓣、知乎等。 （2）资讯媒体：今日头条、天天快报、一点资讯、腾讯新闻、搜狐新闻等。
	自媒体	（1）个人自媒体：papi 酱、罗振宇“罗辑思维”、六神磊磊“六神磊磊读金庸”等。 （2）MCN 机构新媒体：Papitube、洋葱集团、二更、蜂群文化传播等。

1. 专业媒体

专业媒体主要分为党媒和市场化媒体两类。党媒是党和政府主办的媒体，是党和政府的宣传阵地，主要包括党报、党刊、党台和党网。在新媒体环境下，一些党报和党刊进行媒体融合的转型，发展出传统媒体和新媒体兼具的形式。2016 年 2 月 19 日，习近平总书记在北京主持召开党的新闻舆论工作座谈会，强调党的新闻舆论工作坚持党性原则，最根本的是坚持党对新闻舆论工作的领导。可见，党媒的成立与属性皆服务于政治需求；党媒一般在中央、直属机关以及各级党委的领导和指导下创办，以党性的原则来指导工作的方向，同时又是宣传党的路线方针政策的主要阵地，是党的新闻事业的重要组成部分。

党报和党刊是以报纸和杂志为主的媒介形态，随着大众传播和网络传播的依次兴起，党台和党网开始在党媒的舞台上崭露头角。党台即以广播电视台为主的媒介形态，在党领导与管理下，承担新闻宣传、广播影视内容生产、户外电视制作播出等职责的广播电视台，按照行政区划大致分为中央和地方两类。例如中央广播电视总台、中国教育电视台及各省自治区直辖市的广播电视台等。党网则是在新媒体全面发展的背景下大量涌现，不少党报党刊走上了媒介融合道路，创办与母体报刊相类似的新闻网站，仍然承担着传递主流声音、引导舆论方向、反映群众呼声等责任，依旧坚持党性原则。例如人民网、央广网、河北新闻网、广西新闻网等。

20 世纪 80 年代末至 90 年代中后期，市场化媒体开始兴起，经历了“周末报热”“晚报热”“都市报热”以及传媒集团化发展等发展阶段。最初市场化媒体为一种“事业单位”模式，依靠行政地位获得发行优势，主要承担新闻宣传使命，逐渐转变为一种“企业经营”模式，基于受众需求的满足而达成宣传效果与实现经济效益。在中国，影响力较大的市场化媒体有新京报、澎湃新闻、南方都市报、界面、第一财经、21 世纪经济报道、每日经济新闻、经济观察报、财新、财经、北京青年报、中国青年报等。值得注意的是，不存在“唯经营”的完全“市场化”媒体。在党的新闻舆论工作座谈会上，习近平总书记强调：“都市类报刊、新媒体也要讲导向。”[①] 媒体进行市场化转型的同时，不能为了创收、吸引受众眼球，就偏离正确报道党和政府中心工作的路线，而只注重社会新闻、娱乐新闻、花边新闻。不论是处于哪种发展阶段的媒体，都应认识到，媒体生产的新闻和信息产品，其导向会对受众产生深刻影响。因此，用正确的导向引导、培养和塑造受众，是媒介的重要特性与责任。市场化媒体遵循着党和政府的指导，同样代表主流价值观和主流话语的立场。

2. 大众媒体

本书的大众媒体指依托于互联网这一媒介形式，代表主流媒体话语之外的平台媒体和自媒体。其中平台媒体大致分为社交媒体和资讯媒体两种，自媒体分为个体自媒体和 MCN 机构新媒体。

社交媒体（Social Media）指互联网上基于用户关系的内容生产与交换平台，也是基于互联网特别是 Web2.0 技术的互动社区，

---

① 刘明洋：《不存在“唯经营”的完全“市场化”媒体》，2016 年 3 月 17 日，东方网（http：//news. eastday. com/eastday/13news/auto/ news/china/ 20160317/u7ai5420472. html）。

最大的特点是赋予了每个用户生产与传播信息内容的能力，是通过无处不在的社会互动实现社会交往的工具。现阶段，中国常见的社交媒体包括新浪微博、微信、抖音、豆瓣、知乎等。资讯一般指用户因为及时地获得它并利用它而能够在相对短的时间内给自己带来价值的信息，而资讯平台作为提供资讯信息的网络平台，往往以聚合新闻客户端的形式呈现。聚合新闻客户端是指网络媒体机构聚合传统媒体新闻信息以及自媒体平台热点信息源，结合受众兴趣爱好及浏览历史，对全平台新闻信息展开精准推送的互联网产品。典型的聚合新闻客户端和资讯媒体有今日头条、天天快报、腾讯新闻等。

个人自媒体主要指以个人为核心进行内容创作生产的账号，大多出现在平台媒体上。个人自媒体通常展现出个体的形象和价值观，因此内容常常带有情感性叙述、片面化表达的特点，吸引特定受众群体的关注，并极易在公共性突发事件中产生重要影响力。比较经典的个人自媒体主要有 papi 酱、罗振宇“罗辑思维”、六神磊磊“六神磊磊读金庸”等。MCN 机构新媒体即依靠 MCN 为中介打造的账户。所谓 MCN，英文全称“Multi - Channel Network”，即“多频道网络”，作为内容生产者、平台方、广告方等之间的中介组织，通过将众多能力相对薄弱的内容生产者聚合起来建立频道，并帮助内容生产者更好地实现分发和商业价值变现。MCN 机构新媒体与个人自媒体的区别主要在于，MCN 机构新媒体的账号运营主体是专业团队，因此内容分发上更具有专业性、规划性和系统性。MCN 机构的代表有 Papitube、洋葱集团、二更、蜂群文化传播等。

（二）媒体协同治理的角色与功能

不同类型的媒体具有不同的传播形式、传播功能、传播特点，这决定了它们在传播生态中能够取长补短，发挥各自独特的作用和优势。不同类型的媒体对自身的定位、价值取向、目标受众也有所区别，所以在网络舆情治理中，专业媒体和网络媒体也扮演着不同角色。

1. 专业媒体：话语掌舵者

在舆情监测阶段，专业媒体对舆情的发现，从最开始主要是为体制服务的“内参”形式转变为为社会服务，逐步市场化、社会化。早期的专业媒体本身承担着调查社会舆情、进行社情民意等内部汇报工作，新闻报道和内参工作相辅相成，有些还具备独立的内参部门或调查部门。2008 年以前的媒体舆情产品，一方面来自媒体为了给传统报道提供网络线索而成立专门的机构对网络舆情进行搜集，另一方面来自中央媒体及网站将网民提供的有价值情况和重要观点进行报送，供政府做决策参考。2008 年后，在政策支持和互联网快速发展的背景下，媒体舆情行业开始兴起，专业网络舆情监测机构的各类产品开始出现。这不仅提供了决策保障，也发挥着预警指导、提升公民媒介素养的重要作用。①

在舆情引导阶段，专业媒体对新闻价值选择、舆论的议题设置产生重要的导向性影响。在传统媒体较为鼎盛的时期，信息传播主体以专业媒体的报纸、广播、电视等形态为主，专业媒体具备主导性的话语权：专业媒体按照新闻价值标准来对新闻信息把关、进行议程设置，通过时效、时段、版面等报道方式和手段对每天发生的大量事件进行有选择的报道；同时通过相关言论引导调整受众的关注重点，引发受众思考背后的意义。但是随着新媒体和社交媒体时代的到来，多数舆论转而在新媒体平台上形成，在技术赋权特征的影响下，人们通过网络进行意见自由表达，而一些事件经过公开和大范围的讨论后，多数人在短时间内形成较为一致的观点，舆论导向自然生发。此时的专业媒体的议程设置和网民在新媒体平台上形

① 刘鹏飞：《中国网络舆情研究发展历程回顾与思考——基于 1994—2019 年的行情与发展情况分析》，《汕头大学学报》（人文社会科学版）2019 年第 12 期。

成的议程设置相互碰撞，交锋后形成最后的舆论导向。虽然专业媒体在平台媒体和自媒体的影响下，对议题的导向能力受到一定冲击，但仍在主流话语的把控中发挥重要作用。

在舆情熄灭阶段，专业媒体对价值观的引领和共识的建构仍在不断探索中。以“孙志刚事件”为标志，2003 年被称为中国网络舆情的元年。这时的大众媒体还未达到高度发展之际，专业媒体在舆论处置工作中占主导地位，没有外来势力或其他形式对其构成挑战，而互联网时代，形成和反映舆情的唯一渠道不再是传统专业媒体，社交媒体、自媒体等大众媒体下的新形态媒体也有机会成为舆情反映渠道。传统专业媒体对舆情的发现、报道与引导从主动、唯一的“霸权”者变为被动跟随者，大众媒体在舆论引导中占主导地位。为了扭转这一被动局面，传统专业媒体进行了媒介融合的尝试，在舆情的处置工作中才逐渐扭转了被“围观”的局面。但在未来，如何依据事实真相理性地达成社会价值共识，使社会主义核心价值观内化为社会大众的精神理想和追求，引领正确的舆论导向，预防网络舆情不可控的爆发，是专业媒体需要继续探索的重要内容。

有学者将主流媒体对舆论的引导工作变化概括为四个时期。[①]（1）1949 年至 1978 年是总体性社会中以政治宣传为主的舆论控制，新中国成立到改革开放之前的这一段时间，新闻媒体环境较为封闭，新闻主要被用来进行政治观念的宣传。（2）1978 年至 2003 年是社会转型期的舆论调控与引导，随着新的城市大众媒介出现，新闻宣传也由原来的舆论控制向舆论调控、引导转变。这一时期的舆论引导主要是围绕坚持典型报道的主导作用、关注民生的热点新闻引导以及政府公共事务信息公开的舆论监督而展开的。（3）2003

① 王灿发、张哲瑜：《新中国 70 年媒体格局的变化及舆论引导策略的创新》，《新闻爱好者》2019 年第 8 期。

年至 2013 年是数字媒体环境下的网络舆论引导，主流媒体由最初在传统媒体舆论场进行引导，逐渐转向网络舆论场话语权的争夺，特别是 2011 年之后大量政务新媒体进入网络舆论场，主流媒体重新夺回舆论引导中的话语优势。（4）2013 年至今是媒介融合中的舆论引导，主流媒体为了扩大自身影响力，在媒介融合的道路上不断尝试、突破仍然存在的网络舆情治理困境。总的来说，以党媒和市场化媒体为代表的专业媒体在网络舆情治理中，最核心的功能在于主流话语的掌握。相比于平台媒体和自媒体，专业媒体与政府的联系更加紧密，更能代表国家话语与意识形态；同时在历史发展中，专业媒体具有公信力和权威性的优势。因此，专业媒体作为媒体功能主体的重要一环，是话语的掌舵者，承担着议程设置与共识建构的重要使命。

2. 大众媒体：舆论助推者

在舆情出现阶段，平台媒体和自媒体为网络舆情的形成和扩散提供了推动条件。从传播主体来看，公民个体有了在网络发声的权力，最初发布的点星、零碎的信息，经由网民个体以及媒体平台的推动后，快速扩散并产生影响，最终汇聚成舆情，甚至酿成严重的网络舆情事件。在平台媒体和自媒体的技术赋权下，公众主体地位得到提升，成为重大舆论事件的引爆者、社会舆论的积极参与者。平台媒体和自媒体提供的媒介空间，既是社会舆论的发源地，也是集散地。从传播方式来看，平台媒体和自媒体对突发公共事件的报道打破了以往传统媒体的直线单向型结构，改变了自上而下的信息流通方式，转变为多节点、多元性、互动性的传播结构，传播者与受传者的界限逐渐模糊。公众通过平台媒体和自媒体与政府和其他社会组织互动，在突发公共事件中有时是亲历者，即内幕消息的始发源，同时也成为舆情的推动者。

在舆情引导阶段，大众媒体中的意见、观点和谈论话题多样，内容具有碎片化特征。公众常用的平台媒体包括微博、微信公众号、抖音等，他们以个体为单位，基于平台媒体开放性、公共性的特点，用发布文字、图片、视频、音频、表情包等多样化的方式披露信息和发表意见。相对于新闻传媒以专业机构的身份披露信息和发表意见，这种通过自媒体反映和表达出来的民间舆论，主题更为多样化，话语呈现出碎片化的趋势，其中体现的是公众的利益诉求和公众对社会生活中负面内容的抨击。

在舆情熄灭阶段，大众媒体为舆情引导提供了新的改革条件，舆情引导呈现出以下新特征。一是双向性。在大众媒体上，内容信息量大、形式丰富，通过与网民的双向互动，极大扩大与提升了传播的规模和效果，同时也增强了相关媒体、平台、用户的影响力和认同感。二是平等性。网络传播的变革使原本由专业媒体掌握的信息发布渠道向社会公众敞开，网民在技术赋权的作用下，拥有了内容接收者与创造者的双重身份，由此个体获得了与官方更为平等且便利的互动条件。

总的来说，以平台媒体和自媒体为代表的大众媒体一方面为网络舆情的形成提供了新阵地，“众声喧哗”有了新的场所和空间；另一方面，数量庞大、范围分散的网民使得网络媒体中的观点态度更为多元丰富，意见极易极化，加剧了网络舆情的爆发，这增加了网络舆情治理的难度。但反向思考，网络媒体既然是网络舆情形成演化的主体，那么如果引导得当，也能成为网络舆情治理的中坚力量。充分发挥这种驱动力的正向作用，能有效规范网络空间的话语秩序。

3. 专业媒体与大众媒体在舆情治理中的关系变化

在网络舆情治理中，专业媒体和大众媒体经历了从各自为政到相互合作的发展阶段：2003 年以来，主要基于网络这一媒介而生的大众媒体刚刚出现，专业媒体大多处于传统媒体的形态，此时大众媒体常常与专业媒体议题相互背离，形成两个彼此独立的舆论场。2007 年以来，面对一系列舆论风波造成的不良影响，大众媒体和专业媒体的意见开始重合，有形成同一种强势意见的趋势。专业媒体给予了大众媒体中公众的意见更多的反映，自身由传统媒体向新媒体的转型更加成熟，同时大众媒体也加强了与专业媒体的合作，两类媒体发挥各自优点、取长补短。

不过，自媒体本身建设意识缺位，发展存在着滞后性。它们往往只负责将事件推向高潮，引发舆论风暴，并没有健全的应对机制去解决舆情衍生的问题。这种自媒体本身的劣势，为专业媒体在舆论场上抢占主导先机提供了突破点。在新闻传播环境下，以新闻真实性为原则的专业媒体是权威的代表，在各类新闻事件中，能与事件中的官方、个人及群体进行良性沟通，为大众带来可靠有效的信息。在突发舆论事件中，更能迅速建立起专业的报道运行机制。因此，在日趋复杂多样化的舆论环境下，专业媒体需充分发挥主动性，不断加强舆论引导能力建设，在与自媒体的博弈中，再度抢夺主导权。

综上所述，专业媒体在舆情中应该扮演的角色是引导者、规范者，占主导地位，引领着主流价值观建设；随着大众媒体的兴起，这一角色和地位有所消解；但又随着专业媒体同样向新媒体转型，这一角色和地位再度回归甚至有所加强。而网络大众媒体在舆情中的角色应该是推动者、动力源，随着专业媒体转型，新型的“网络媒体”成了新的“主流阵地”，其角色和地位渐渐和传统媒体时代下的专业媒体相重叠。

三　媒体在网络舆情中的伦理问题

一些舆情不仅可以引发人们思考，而且会产生更广泛的影响，最终形成一种媒介现象。所谓“媒介现象”，是指与媒介有关的社会文化现象。它既包括媒介本身的一些发展现象，比如电视频道专业化现象、制播分离现象等；也包括媒介文化辐射产生的社会影响，比如媒介中暴力文化、色情文化引发的青少年犯罪等。与其他各种社会文化现象一样，“媒介现象”也能够反映出社会文化发展过程中的某种状态和联系，具有个别、具体、可直接观察和经验性等特点。这些现象也是社会文化发展中带有典型和标志作用的事情，是人们在共同需要、共同心理的基础上所形成的和不断给予陶冶的结果。在媒体舆情工作实践中，有几类媒介现象经常被人提及，相关舆情较为多见，下面尝试列举一二。

（一）媒体中的“群体歧视”现象

在媒介伦理研究中，“群体歧视”现象是一个重要课题，特别是媒体对于弱势群体的歧视，既包含对性别、健康等方面的生理因素歧视，也包含对身份、职业、地域等社会因素的歧视，而随着社会文明进步，这些歧视现象越受到公众的关注，往往也越容易引发相关的负面舆情。

例如有主持人在节目中表示好女人能让家庭幸福三代，女人应该少抱怨等言论引发热议。有评论称这是性别歧视言论，诸如此类的还有很多关于女运动员、女司机、女记者、女教师、男护士、女博士的媒体报道，这些性别标签一贴上就很难撕下来。再比如针对一些晚会小品，也曾出现过质疑是否歧视残疾人等弱势群体的舆情。

这些媒体舆情也从一定程度上反映出我们社会在媒介歧视上的“群体无意识”。“群体无意识”是某个时期社会群体所具有的但又很少或丝毫未曾被他们意识到的意识。“群体无意识”具有自发性、社会性、盲从性、潜移默化性，甚至会有冲动性和狂热性。可以说几乎所有显现的社会群体性心理和行为都有着群体无意识的心理基础。无论是群体性的恐惧还是群体性的攻击，都能找到其群体无意识的本能及原型。不过值得欣慰的是，随着社会整体认识水平的提高，人们越来越多地反思到这些问题，并已经开始着手进行改正。

（二）媒体中的泛娱乐化现象

关于媒介的泛娱乐化现象，已经有很多论述，主要的批判观点集中在媒介的内容空洞肤浅，品位媚俗低俗，降低了大众的审美水平，弱化了社会的批判精神等。在批判媒介娱乐化的著作中，美国尼尔·波曼在《娱乐至死》一书中的表述被广为引用："我们的政治、宗教、新闻、体育和商业都心甘情愿地成为娱乐的附庸，毫无怨言，甚至无声无息，其结果是我们成了一个娱乐至死的物种。"

反映在媒体舆情方面，关于泛娱乐化的话题也往往很容易引发舆论热议。例如曾经有某部电视剧中女演员穿着低胸服饰，并以此为话题进行炒作，引发舆论热议。随后制作方紧急进行修改，复播后剧中一众女演员胸部镜头全部被剪，画面仅呈现远景和肩膀以上的近景，其结果是引发了更多讨论。

关于媒介的泛娱乐化现象，其实在网络新媒体的内容产品中表现得更为明显，因为新媒体的内容产品是伴随着新生代的年轻人产生和成长起来，本身在娱乐方面就更为贴近年轻人。而且在监管方面，尽管方向已经明确，那就是对新媒体内容与传统媒体内容要用"同一把尺子"来衡量，但是在实际落实过程中，很难直接套用传统媒体的管理方式。不过总体来看，"网生内容"正在逐步由野蛮生长向规范有序发展。

（三）媒介暴力现象

有人认为，从构成形式及其影响效果来看，现代社会中的媒介暴力基本包含三大内容：一是大众传媒所传播的暴力内容，可简称为"媒介化的暴力"；二是大众传媒作为实施者所施加的暴力行为，可简称为"暴力化的媒介"；三是高科技条件下的现代传媒所搭建的虚拟世界中的游戏化暴力可简称为“虚拟化暴力”。[①]

在媒体舆情的实际工作中，涉及媒介暴力现象的舆情更主要集中在前两类。对于第一类“媒介化的暴力”而言，主要即媒体传播的内容含有暴力内容。事实上，对于暴力内容的认识，也是随着社会文明的进步而不断变化的。例如《猫和老鼠》过去给我们带来很多欢乐，但是现在人们会质疑其中潜在的暴力因素。特别是对于少儿节目来说，人们要求更加严格，因此《熊出没》《喜羊羊》等动画片在热播的同时，也伴随着质疑节目含有暴力元素的舆情。

而对于第二类“暴力化的媒介”，核心还是对于传媒越权的质疑，例如有学者提出的“媒介逼视”概念，即媒体对私人领域过度公开会给处在媒体“逼视”下的被报道的个体带来莫大的压力。媒体报道及受媒体报道所影响的大众对媒介报道事件的行为，包括媒介报道过程中对被报道对象的身份、家庭背景等情况的过度曝光，造成对被报道对象的隐私权的伤害，以及这种行为造成的大众逼视，对事件的各种评论、深挖等行为，对被报道人造成舆论压力等二次伤害。例如在一起新闻事件中，媒体强迫式采访某强奸案受害人，导致女受害人多次轻生，这被舆论质疑为“最残忍的采访”，斥之为“媒体暴力”，很多网友抨击相关媒体道德底线低下。

（四）媒介审判现象

关于媒介审判现象，许多学者进行过探讨，主要是指媒体在报道具有争议性的司法案件时，超越司法程序抢先做出判断，对涉案人员做出定性、定罪、定量刑以及胜诉或败诉等结论。[②]

媒介审判涉及的事件，经常是社会关注的热点事件。有学者归纳，媒介审判案件中的当事人往往身份特殊，是舆论关注的焦点人物。例如“胡斌案”就引发了社会上对富二代的质疑，而

① 郝雨、王祁：《媒介暴力：类型、效应及控制》，《新闻记者》2009 年第 6 期。

② 诸葛宏：《媒介审判的特点及传播学分析》，《青年记者》2011 年第 35 期。

“李启铭案”则激起了社会对“官二代”的讨论。通过分析涉及“媒体审判”现象的相关舆情可以发现有人认为在当前的社会环境下，媒介审判为弱势群体提供了话语权，媒介审判是新闻媒体监督司法的有效手段；但也有人认为媒介审判是对司法独立性的亵渎，不仅会导致媒体公信力的下降，还会影响司法审判的公正性，从而侵犯当事人的正当权利。总体来看，随着人们对于“媒介审判”现象的认识不断深入，相关舆情中的争议将逐步减少，共识将越来越多。

第 六 章

网络舆情的监测与预警

第一节　网络舆情信息的搜集

网络舆情信息的搜集是网络监测的第一步。作为网络舆情治理工作的首要环节，舆情信息搜集工作主要涉及：从哪里搜寻、怎么搜寻以及如何汇总三大问题。上述问题的把握与解决在很大程度上决定了后续网络舆情分析工作与应对工作的展开路径和实施效果。

一　网络舆情信息搜集的内涵与外延

（一）网络舆情信息搜集的概念

网络舆情信息的搜集是以网络监测选题为中心，通过各种渠道广泛查找、获取、存储、梳理舆情信息的过程。这其中，网络舆情监测选题是网络舆情信息搜集的核心和依据，各种网络信息渠道是网络舆情信息搜集的途径，获取、储存、梳理网络舆情也需要一定的方法和技术手段。

（二）网络舆情信息搜集的方式

网络舆情信息有人工搜集和机器收集两种方式。人工收集的方式包括人工浏览、利用搜索引擎收集、利用网络平台和工具收集等方式。机器收集就是利用网络舆情监测系统进行网络舆情信息的收集。一般而言，网络舆情信息的收集都是两种方式结合完成的。

不管是哪种信息收集方式，其信息收集的渠道几乎是一致的，都针对的是网民活跃的互联网信息平台，比如社交媒体、新闻媒体、平台媒体等。根据网络舆情分析工作对信息源的要求，参考在实践中积累的经验，目前网络舆情信息收集最主要的几类平台是网站、论坛、微博（博客）、社交媒体、视频媒体等。网站可以包括新闻网站和主题网站两类；论坛可分为境内和境外论坛，还可以分为主题论坛、新闻论坛、综合论坛、组织论坛等；微博（博客）和社交媒体也有境内和境外之分。随着互联网的发展和民众对于互联网媒体使用偏好的发展，目前在网络舆情的信息收集工作中，网站和论坛的比重逐渐下降，新闻客户端、微博、微信、QQ 等社交媒体，优酷、腾讯、抖音、B 站等视频媒体的比重逐渐上升，移动社交媒体成为网络舆情信息收集的主要渠道。

（三）网络舆情信息搜集的内容

网络舆情信息搜集的内容有两个方面。

一方面是在日常状态下重要的网络社情民意。什么是重要的网络社情民意？这需要回到网络舆情治理工作的主要任务中去理解。网络舆情治理工作的主要任务是“监测舆情动态，反映社情民意，为各级领导做出决策提供信息支撑和参考”。那么，在浩如烟海的互联网信息中，哪些信息才是有价值的？需要管理部门去关注的？这无疑主要是那些涉及国家政治、经济安全和社会稳定的信息，涉及党和政府形象及公信力的信息，关系群众切身利益问题的信息等。

另一方面是舆情事件发生后的事件舆情监测。舆情事件是指重大的社会突发事件或者自然灾害，对国家政治、经济安全和社会稳定造成重大影响，对党和政府的形象及公信力造成重大影响，对群众的切身利益造成重大影响的事件。面对舆情事件，网络舆情信息的收集就要围绕舆情事件的关键词来展开，进行有针对性的全网信息搜索和收集。

（四）网络舆情信息搜集的原则

网络舆情的信息搜集工作需要遵循准确性、时效性、重要性、全面性四个原则。准确性是网络舆情信息选题的最重要原则，是网络舆情后续分析工作的基础。网络舆情信息搜集的准确性包括事情真实、内容准确两个方面。网络舆情工作者要通过仔细研读内容，多方面信息验证的方式来增强搜集信息的准确性。时效性是指信息的新鲜程度，它往往决定了信息价值的大小。重要性是指舆情信息与党和政府工作的相关程度，对政治、经济、社会的影响程度，相关程度越高、影响程度越大，舆情信息的重要性越强。全面性是指网络舆情信息的搜集要注重全方位、多角度，做到视野宽广、选题宽泛，声音多样、意见多方，这样才能使后期的信息分析更加全面客观。

二　网络舆情信息搜集的工具

（一）搜索引擎汇集

我们如何才能尽快搜集到尽可能多、尽可能全的与选题相关的信息呢？这就需要使用各种搜索引擎工具。根据搜集范围的不同，在人工网络舆情信息采集中常用到的搜索工具主要包括综合搜索、站内搜索与元搜索。

1. 综合搜索

综合搜索所搜集的信息来自各种渠道，包含各种类别。这类搜索引擎通过网络爬虫等程序对一定 IP 地址范围内的互联网网站进行信息爬取（主要是文字信息），并通过建立索引的方式将这些信息存入数据库中。一旦发现新的网站，这类搜索引擎将会自动提取新网站的信息和网址加入链接库中，以保障信息的不断更新和拓展。当用户输入查询条件时，系统会通过一定的算法找出与之相关的信息，并以一定的排序返回结果。这种广泛、全文式的搜索，能在更大程度上保障舆情信息汇集的全面性，因此也受到舆情工作者的青睐。

（1）百度搜索

百度搜索是当前使用频率最高的中文搜索引擎，也是中文网络舆情信息搜集运用最多的大众搜索工具。百度搜索引擎使用了将超链接分析与内容相关度评价相结合的技术，即通过分析链接网站的多少来评价被链接网站的质量，这保证了用户在百度搜索时，越受用户欢迎的内容排名越靠前，因此其在检索效果和效率方面具有自己独到的优势。

（2）谷歌搜索

谷歌的优势在于其掌握的信息量以及检索模型和检索速度。它可为世界各地的用户提供适需的搜索结果，而且搜索时间通常不到半秒。谷歌采用全文标引方式，提供每日更新。现在谷歌可以查询的网页达 40 多亿个，搜索速度快、结果命中率高，搜索结果摘录查询网页的部分具体内容，而不仅仅是网站简介。同时，它还支持多国语言搜索，从而满足了对外文信息的搜索需求，是境外网络舆情信息搜集的重要渠道。谷歌搜索提供的产品种类多样，包括新闻、视频、图片、论坛、博客等。对于用户输入的关键词“秦火火”，既支持在任意论坛中搜索，也支持搜索任意名为“秦火火”的论坛。以从任意论坛中搜索关键词“秦火火”为例，其输出结果不仅可以显示相关信息来源于哪个论坛，还可以看到该帖文的发布、回帖等情况。此外，对于微博的兴起，谷歌推出了实时搜索，这为微博言论样本的抽取提供了便捷的“关键词”搜索工具。

（3）其他综合搜索

除百度和谷歌外，360 搜索、中国搜索、搜狗也是独具特色的搜索工具。360 搜索（又称奇虎搜索）是国内较强的论坛和博客的大众搜索工具，在舆情监测中使用较多。奇虎高级搜索具有时间选择灵活、定点搜索方便、论坛博客搜索功能可靠等优点。其中，关键词设置包括“任何位置”“只在标题中”和“在文章内容中”等文字选项框；在数据搜索的时间范围上，又分为“全部”“一天内”“一周内”“一月内”“半年内”“最近一年”等搜索选框，基本满足舆情日报、舆情周报、舆情年报等要求。中国搜索（也叫即刻搜索）是由人民搜索网络股份公司于2011年6月20日推出的通用搜索引擎平台，其最大的特点即页面简洁，无广告和垃圾信息插入，检索结果也较少受到商业利益的左右，遵循自然排序的模式，因而是一个比较客观公正的搜索平台，也是一个比较综合、全面的信息搜索平台。搜狗搜索的一个突出特点在于它提供微信搜索，例如输入搜索条件“福建PX项目”，则可获得微信公众平台的信息反馈结果。

2. 站内搜索

所谓站内搜索，顾名思义，指的是仅对本站信息进行检索。中国现有的各大门户网站、论坛、视频网站等均提供站内搜索，通过这些站内搜索，我们可以迅速在一些重要网站和论坛锁定急需的舆情信息和言论样本。如新浪搜索（见图6－1），它提供新浪网全站的新闻、博客、微博、图片、视频、专题、专栏等搜索服务，同时也支持类似于百度搜索的个性化设置。

对于这种搜索方式，除掌握一定的搜索技巧外，更重要的工作是挖掘一些有价值的网站或论坛平台。这既需要舆情工作者本身对各大网络媒体平台的特点、特色有较全面的了解，更需要他们在舆情监测实践中不断积累经验。对于境外网络媒体舆情信息的监测，则需要舆情工作者对对象国互联网状况、重点网站、重要信息源有较好的了解，挖掘一些可供长期跟踪的有价值的网站等。以新闻网站为例，国外主流网络媒体分布情况如表6－1所示。

图 6－1　新浪搜索页面

表 6－1　　国外主流网络媒体

国家	信息源（名称＋网址）
美国	《星条旗报》网（www. stripes. com）、《华盛顿邮报》网（www. washingtonpost. com）、《华尔街日报》网（www. wsj. com）、《防务新闻》周刊网（www. defensenews. com）、《纽约时报》网（www. nytimes. com）、《洛杉矶时报》网（www. latimes. com）、《芝加哥论坛报》网（www. chicagotribune. com）、美国战略之页网（www. strategypage com）、《外交政策》双月刊网（www. foreignaffairs. com）、《国家利益》双月刊网（www. nationalinterest. org）、CNN 网（www. cnn. com）、VOA 网（www. voa. com）、商业内幕网（www. businessinsider. com）等

续表

国家	信息源（名称 + 网址）
日本	《朝日新闻》网（www. asahi. com）、《读卖新闻》网（www. yomiuri. co. jp）、《每日新闻》网（www. mainchi. co. jp）、《东京新闻》网（www. tokyo - np. co. jp）、《日本经济新闻》网（www. nikkei. com）、外交学者网（www. thedip-lomat. com）、共同社网（www. china. kyodo. co. jp）等
俄罗斯	卫星网（www. sputniknews. com）、新闻网（www. rusnews. com）、《莫斯科时报》网（www. moscowtimes. ru）、《独立报》网（www. ng. ru）、《生意人报》网（www. kommersant. ru）、塔斯社网（www. tass. com）等
英国	《金融时报》网（www. ftchinese. com）、《卫报》网（www. dieguardian. com）、《简氏防务周刊》网（www. janes. com）、《每日邮报》网（www. dailymail. co. uk）《每日电讯报》网（www. telegraph. co. uk）、BBC 网（news. bbc. co. uk）等

3. 元搜索

元搜索引擎又称多搜索引擎，通过一个统一的用户界面帮助用户在多个搜索引擎中选择和利用合适的（甚至是同时利用若干个）搜索引擎来实现检索操作，是对分布于网络的多种检索工具的全局控制机制。著名的国外元搜索引擎有 InfoSpace、Dogpile、Vivisimo 等，中文元搜索引擎中具代表性的有 Jopee 搜索，它综合了百度、谷歌、雅虎、必应、有道、搜搜、Ask 等多家搜索引擎的结果，提供网页、图片、音乐、影视、游戏、知识等各种信息查询。最重要的是，它允许用户自行确定信息来源，也就是通过该元搜索可对特定信息源实施信息搜索。这是目前唯一一个以 . cn 为域名结尾的尚在运行的元搜索引擎。

（二）数据挖掘技术

虽然上文介绍的这些搜索引擎能够帮助舆情工作者查找到相关的舆情信息，但每一次查询都需要重复“输入—点击—浏览—选择—存储”这一过程，且对于查询结果的反馈还要受到搜索引擎本身的影响，例如各种广告信息、搜索引擎所有者因商业化利益需求而进行的结果排序等。显然，由于时间和精力有限，这样的人工模式既费时费力，又难免会有所遗漏。尤其是随着大数据时代的到来，数据量的指数级增长和海量信息的存储对信息处理工作提出了更新更高的要求。一方面，它极大地丰富了舆情工作可利用的信息资源；另一方面，空前的计算机存储能力、空前的传播信息速度和计算机自动化处理信息的能力，使得利用更加自动化、智能化的信息技术手段成为一种必然，也更是一种必需。就网络舆情监测工作而言，纯人工的模式已逐渐被摒弃，"人工＋机器"的方式已占据主流，且随着技术研究与开发的不断进步，机器占据的比重将逐步提高，从而可以不必将大量人力投入到深度的舆情分析当中。因此，本部分将集中介绍网络舆情信息自动采集的关键技术及现有的各类工具、平台。

1. 舆情信息自动采集关键技术

网络舆情信息自动采集的核心技术主要包括三方面：网络信息抓取、网络信息去噪和网络信息更新检测。抓取就是如何全面、准确地采集舆情信息；去噪就是如何去除一些无关的干扰信息；而更新检测则是对更新的内容及时获取，对相同的内容避免重复采集。

（1）网络信息抓取

目前，对于网络信息的抓取主要通过各种网络爬虫软件。网络爬虫（又称为网络蜘蛛、网络机器人、网页追逐者等）主要指通过 Web 页面之间的链接关系，从 Web 上自动获取页面信息，并且随着链接不断向更多 Web 页面扩展的过程。网络爬虫的工作过程如图 6－2 所示，大致可以描述为：从一个初始的 URL 集出发，将这些 URL 全部放入一个有序的待采集队列里，然后依次从该队列中取出 URL 地址并通过 HTTP 等 Web 协议获取该 URL 所指向的页面，再将页面上的信息抓取下来以特定的格式储存。与此同时，从这些已获取的页面提取出新的URL，将它们充实到待采集队列中。不断重复上面的过程，直到Web信息采集器根据自己的策略停止采集。最终，这些被抓取到的信息内容将被存储到关系数据库中，或以平面文件形式存储起来，以备分析、过滤、查询、检索等。一般而言，网络爬虫软件可抓取的网页包括各种格式，如Html、图片、DOC、PDF、多媒体、动态网页等。

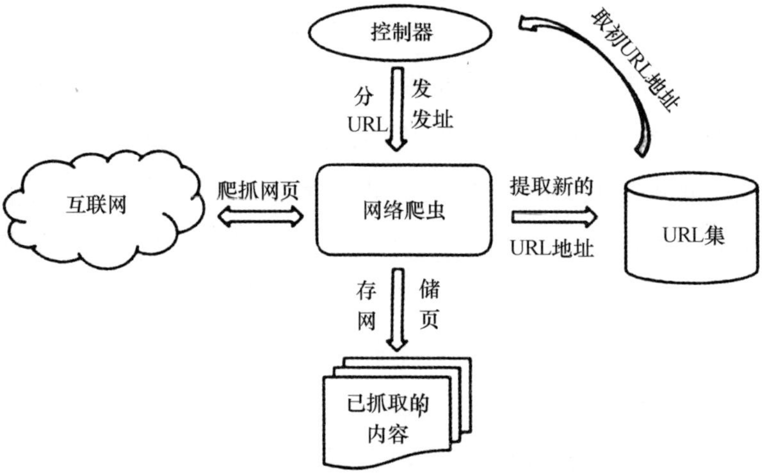

图6－2　网络爬虫工作流程

网络爬虫通常是按照一定的抓取策略对网页进行信息抓取的，这些策略可分为深度优先策略、广度优先策略和最佳优先策略三种。

深度优先策略的目的是要达到被搜索结构的叶节点（即那些不包含任何超链接的HTML文件）。在深度优先策略中，当某HTML文件的一个超链接被选择后，被链接的HTML文件将执行深度优先采集，而在采集其余的超链接结果之前必须先完整地搜索单独的一条链，也就是沿着一个超链接方向爬行直到不能再深入为止，然后返回到另一个HTML文件，再继续选择其他超链接。当不再有其他超链接可选择时，就说明爬行结束。但显然，深度优先策略在很多情况下会导致网络爬虫的陷入问题，即机械地全深度遍历的盲目搜索。

广度优先采集策略是指在抓取过程中，在完成当前层次的爬行后，才进行下一层次的抓取。该算法的设计和实现相对简单。就目前的应用情况来看，一般使用广度优先方法以覆盖尽可能多的网页。也有很多研究将广度优先搜索策略应用于聚焦爬虫中，其基本思想是认为与初始 URL 在一定链接距离内的网页具有主题相关性的概率很大。另外一种方法是将广度优先搜索与网页过滤技术结合使用，先用广度优先策略抓取网页，再将其中无关的网页过滤掉。这些方法的缺点在于，随着抓取网页的增多，大量的无关网页将被下载并过滤，算法的效率将降低。

最佳优先采集策略，指按照一定的网页分析算法，预测候选 URL 与目标网页的相似度，或与主题的相关性，并选取评价最好的一个或几个 URL 进行抓取。它只访问经过网页分析算法预测为"有用"的网页。显然，它一个很大的缺点就是，在爬虫抓取路径上的很多相关网页可能被忽略掉。

由上可知，无论是深度优先、广度优先还是最佳优先，都难以应对大规模的网页信息采集，既不能保证采集到的网页质量，采集的效率也有待提升，因而在满足自动化网络舆情监测的需求上还有很大的改进空间。目前的一些自动化网络舆情信息采集系统多专注于通过对这些已有策略方法的改进，来自主研发网络信息采集系统。

（2）网络信息去噪

网络信息去噪主要指对采集到的 HTML 格式网页进行一系列无关内容剔除、编码转换等操作处理，并转换成文档格式以备后续的舆情分析所用。由于网页通常包含广告、版权信息和页面导航等大量噪声，我们首先要对下载到的网页进行噪声清除。就网络舆情信息而言，它们通常采自新闻网站、博客、论坛和社交网站平台。从这些渠道采集到的 HTML 网页的结构不同，相应的预处理方法也有所不同。下面将分别以新闻网站、博客网页、论坛网页为例，介绍一些网页去噪应用实例。

新闻和博客网页去噪。对于网络舆情信息采集来说，我们需要提取的内容主要涵盖：文本信息，主要是指一些文字类的正文信息等；链接提取，用于自动给页面的链接文本加上链接的标签；资源提取，主要是指一些图片、声音等资源。一般而言，在该网页页面上点击右键可查看该网页的源文件或源代码。在源文件中，我们能看到大量标签、注释等，在这些标签中穿插着我们所需要的信息。

论坛网页去噪。与新闻和博客网页不同，论坛网页通常由信息块组成，具有高度结构化的特征。基于这一特点，可以利用创建各种模板来进行结构化信息的提取。由于不同的论坛站点在结构上有较大的不同，所以对不同的论坛类别需设定不同的配置来满足通用性需求。首先，我们需要获取论坛主题页的结构。一般来说，不同的论坛列表页信息分布的位置、顺序不同。以天涯论坛为例，红框内的部分是舆情监测所需，其内容按照标题（即谈论的主题）、作者、点击量（即传播扩散程度）、回复量（即反馈影响情况）、回复时间（即更新情况）分栏显示。这种结构布局方便了我们根据不同的需求（主题监测、热敏点探知、特定人物追踪等）进行有针对性的舆情信息采集。

网络信息更新检测。网络信息内容更新频繁，为了保证网络舆情监测的实时性，使舆情用户能及时、准确地获得最新的舆情信息，采集系统应具备更快的更新速度。对于网络舆情信息的采集而言，更新检测即排重。采集系统若不具备排重功能，则会导致对已采集且未有任何更新的信息进行重复采集，从而降低系统的运行效率，更新检测正是为了避免这一反复操作的发生。

2. 舆情信息自动采集平台与系统

由于网络舆情的需求不断提升，无论是舆情工作者还是普通网民，均希望能更高效地获取感兴趣的信息。这种需求也催生了各种网络信息自动采集平台和系统的开发，它们均以如何高效地、个性化地向用户提供网络信息为宗旨和推广热点。这类平台和系统主要分为两大类：一类是网络舆情信息采集系统；另一类是 RSS 信息聚合推送平台。

（1）舆情信息自动采集类型

通常，网络舆情信息自动采集的类型主要包括以下内容。

①定题采集

就是指按照用户输入的信息主题内容，通过对应算法处理，在网络上搜索与主题相关的 Web 信息。此处所提到的主题，并不局限于用户所指定的关键词，也可能是与该主题密切相关的其他代表性文本。不同的网络舆情信息采集系统会采用不同的策略来解决主题相关性、同义词等问题。例如，对于主题“两会”热点，其对应的关键词列表可能包括“全国人民代表大会、中国人民政治协商会议、人大、政协会议、社会保障、环境保护、贪污腐败”等。可以说，定题采集提高了资源的利用率，节约了采集费用，有利于为用户提供内容更具有针对性的个性化服务，因而也更能够准确地满足用户需求。

②定向采集

就是可以针对用户指定的站点来源进行信息采集。它强调的是来源划分，甚至包括地理区间划分，因而它实现了将采集范围进一步缩小的功能，适合于针对特定信息源的网络舆情监测工作。

③境外采集

由于部分站点我们通过正常的方式无法访问和获取信息，一些网络信息采集系统就内嵌了网络隧道等技术插件，以实现对这些屏蔽站点的实时访问。这就进一步满足了网络舆情监测对信息的全面采集需求，尤其是对境外舆情工作而言，这一点十分重要。当然，在这一过程中，安全问题是应该始终注重的。

（2）RSS 信息自动推送平台

RSS 是英文 Rich Site Summary（丰富站点摘要）、Really Simple Syndication（真正简单的整合）或是 RDF Site Summary（RDF 站点摘要，RDF 是一种语义网技术）的首字母缩写。之所以会出现多个缩写源头版本，是因为其在技术上有多个不同的源头，因而不同的技术团体对其做出了不同的解释。无论 RSS 如何定义，其内涵基本是一致的，也就是一种用于共享新闻标题和其他 Web 内容的简单 XML 格式，是一种能按照使用者的要求将其预定的信息摘要推送到使用者桌面的信息推送技术。更准确地说，RSS 是一种“轻量级、多用途、可扩展的元数据描述及联合推广格式”，它为信息迅速、选择性的自动式获取搭建了一个平台，能够用于共享各种各样的信息，包括新闻、博客、Wiki、Web 站点更新、特色内容集合、电子商务等。RSS 技术诞生于 1999 年的网景公司（Netscape），并随着 XML 技术的发展和博客群体的快速增长，逐渐被人们广泛接受，现在已经成为新闻传媒、电子商务、企业知识管理等众多领域不可缺少的新技术，同时也可以为网络舆情监测提供很好的服务。

目前，网络上有三种常用免费的 RSS 阅读器，用户可以依据每种阅读器的特点、自己的使用环境和使用偏好进行选择。

在线阅读器。对于这类 RSS 阅读器，用户不需要另外安装软件，在线直接申请注册账号就可以登录和阅读，因而它不需要消耗客户端的资源，运行的速度较快，且满足了用户在任何地方都可以通过登录账号阅读信息的需求。

桌面阅读器。国外的桌面阅读器主要有 FeedDemon、SharpReader 和 RSSReader，国内主要有看天下、新浪点点通、周博通等。

用户将这类软件下载并安装在指定的计算机上使用，定制的信息也只能在本机上阅读，可以离线阅读最近一次更新的信息。用户可利用对这类阅读器拥有较高的控制权管理所定制的信息。

插件式阅读器。Opera Web Browser、Firefox、Internet Explorer 等浏览器安装插件后支持 RSS 阅读管理功能。这种 RSS 阅读管理功能比较简单，节省系统资源，在浏览网页的同时可收集 RSSFeed，但不能对 RSS 订制的信息进行复杂的管理。

尽管原来红极一时的 Google Reader、抓虾、鲜果等先后关闭了 RSS 功能，但这并不是因为 RSS 无法满足网络信息聚合的需求，而仅是出于商业利益的考虑，是运营公司成本利益衡量的结果。因此，RSS 技术及平台依旧可应用到网络舆情信息的采集中来。

3. 舆情信息采集系统

网络信息呈急速膨胀态势，对其的充分、有效利用面临挑战。一方面，信息数量巨大；另一方面，信息的动态性、多构性、广域性也严重阻碍了人们对信息的管理和使用。传统的搜索引擎等方法所返回的信息命中率不高，而且数据太多，难于维护，故而难以满足用户的信息需求。RSS 阅读器在自主性和个性化上还有很大局限性。因此，为了迎接海量网络信息给人们提出的巨大挑战，优化网络信息服务，提高信息利用率，国内外学者开始通过研发一项新的技术——Web 信息抓取技术来开发各种自动化的网络舆情信息采集系统。这些系统通常可以对互联网上某些或某类站点进行内容分析和分类整理，从网页中提取有效数据加工，得到所需要的该领域绝大部分的数据。因为这种信息抓取技术往往针对某一具体的主题抓取信息，从而能达到缩小信息采集范围、降低信息容量、减少系统开销和提高数据更新率的目的。这种信息抓取系统，可以为用户提供一步到位的信息再整理过程，实现海量信息从无序化到有序化的转变，因而可广泛用于情报搜集、信息监测、行情跟踪、动态信息实时抓取更新等。因此，该技术是当前各种网络舆情监测软件或平台开发团队重点攻破的课题，也是它们的一个主打宣传点。因为Web信息抓取的效率如何，将直接影响到自动化舆情监测、分析的效果。

目前，中国国内典型的网络舆情信息自动采集系统包括：谷尼国际互联网舆情监控系统、中科军犬网络舆情监测系统、中科天玑网络舆情监测系统、北京红麦聚信红麦网络舆情监测系统、北京西盈网络舆情监测分析系统、北大方正智思网络舆情监控系统、北京拓尔思网络舆情监控系统等。对于这些系统来说，网络舆情信息采集系统是其不可缺少的一个子部分。

（1）谷尼网络舆情信息采集系统

谷尼网络舆情监控系统（www. goonie. cn）以信息采集技术为核心，可实现互联网信息实时监测、采集、内容提取及排重。其采集系统结构一方面支持通过主题、关键词设定等的定题采集，另一方面也支持通过特定站点进行URL爬行和信息抓取的定点采集。谷尼信息采集系统的操作界面的任务名称也就是监控主题名称，最终也将作为生成的舆情报告的名称，如钓鱼岛事件、北京敏感舆情等。在信息来源一栏，用户可根据需要勾选新闻、论坛、博客、贴吧、网页、微博等。搜索条件则类似于使用百度搜索时输入的搜索条件，该软件可同时设置多个搜索条件，各条件使用“#”隔开，如对于主题“北京敏感舆情”可搜索“北京拆迁#北京警察#北京事件”等多个相关关键词。正文匹配词用于匹配搜索结果，通常选取一个最具代表性的词填入，如搜索“北京拆迁#北京警察#北京事件”，正文匹配词应为“北京”，以保证更高的准确性。对于指定站点采集，用户可通过点击网址库进行修改，可增加也可删减指定的多个站点。默认情况下是中央媒体、重点商业网站、主流社区、主流视频网站等。设置完成后，用户点击“启动”便可开始采集，通常一次采集任务在几分钟内即可完成。

（2）天玑网络舆情信息采集系统

天玑网络舆情监控系统（www. golaxy. cn）的网络舆情信息采集子系统也可实现实时、定向采集互联网新闻、论坛、博客、微博等通道的信息。同谷尼系统一样，任务名称一栏即监控主题，对于该主题还可以通过主题规则窗口进行进一步的设置，包括采集源范围的设定。对于采集源，系统提供媒体分类、舆情分类、通道分类等分类方式，用户也可以自行设定，或选默认值（即全部采集源）进行全网全源采集。而对于主题对应的关键词，该系统支持多重设定，并通过逻辑语法实现组间关系。另外，因为是自动化采集系统，因而用户可以通过监控周期来限定自动采集的时间，在监控周期内系统将不间断自动采集相关信息，一旦超过监控周期的截止时间则会停止自动采集工作。

三　网络舆情信息的预处理

无论是人工的网络舆情信息搜集还是自动化的网络舆情信息采集，所搜集到的信息最终均应经过一定的预处理才能应用于后续的分析和研判。这些预处理工作主要包括整理、判别和汇总。

（一）网络舆情信息的整理

收集好网络舆情信息后，就要对收集到的网络舆情信息进行整理，为下一步的评价做好准备。网络舆情信息的整理包括舆情信息筛选、分类和汇总三个环节。

网络舆情信息筛选。网络舆情信息的筛选工作，一方面要遵循舆情信息收集的原则进行再度筛查，把不符合原则的信息进行筛除；另一方面要考虑收集过程中出现的文不对题、重复采集、歧义采集等无关信息，要对这些内容进行剔除处理。

网络舆情信息分类。通常，如果是针对多个舆情选题开展的信息采集，那么需要对搜集到的舆情信息按照主题进行分类，以便后期开展专题分析。如果是针对单个舆情选题开展的信息采集，就需要根据后期的舆情分析需求对收集到的舆情信息进行各种层次的分类整理，如按照信息源分类、按照时间段分类、按照地域分类、按照情绪色彩分类、按照正负面影响分类等，以便后期进行统计分析。

（二）网络舆情信息的判别

网络舆情信息的判别是网络舆情信息进入下一步工作的前提，主要是由网络舆情工作人员对收集、整理后的网络舆情信息进行互补的鉴别、判断和选择，并决定下一步如何处置。包括相关性判别、真伪判别、分类判别，经过判别后所获得的网络舆情信息就是有用、可靠、有序的信息。

相关性判别是分析所接触到的信息是否属于舆情信息，是否具有决策参考价值。是否属于舆情信息，主要考察其是否蕴含着某种看法、意见或动向。比如一些只是对客观事物进行描述和介绍的信息显然就不属于舆情信息，而一些富含丰富主观评价或者情感表达的信息，就属于舆情信息范畴；是否具有决策参考价值，主要考察其是否与特定的舆情监测任务直接相关，能否为管理部门或者领导做出决策提供支持和依据。

真伪判别是指分析所接触的信息的真实性和代表性。判别所接触的信息的真实性，就是要分析信息中所涉及的事物是否可客观存在以及信息中各要素的关联是否真实客观；判别所接触的信息的代表性，就是要分析信息是否代表网民的普遍意见。对信息真假的辨别，是舆情信息初步判别中难度最大的一项，要求舆情工作者不断提高政治鉴别能力和对社会情况的深入了解，还要掌握一些专门的知识和技巧，比如来源检验法、背景检验法、查重检验法、专业检验法等。

分类判别是指对接触的舆情信息应归为哪一个类别的分析。根据分类依据的不同，网络舆情可以有五种分类方法：按内容分、按生产过程分、按表露方式分、按地域分、按层次分。按内容分，网络舆情可分为政治类舆情、经济类舆情、文化类舆情、社会类舆情、综合类舆情等。按生产过程分，根据舆情是网民的主动表达，还是受到他人引诱而生成的不同，可分为自发性舆情和引发性舆情。按表露方式分，可以根据网民态度、意见、想法表达的含蓄与明显分为显性舆情和隐性舆情。按地域分，可根据舆情涉及的地点的不同，分为境内舆情和境外舆情。按层次分，可根据参与者相互之间连接的紧密与松散，分为整体舆情和个体舆情。

（三）网络舆情信息的汇总

网络舆情信息汇总即把经过初步筛选和分类的信息进行存储和归档。根据后续舆情分析的需求，这些舆情信息通常以 txt 的格式储存，此外，还包括对所存储的信息进行适当的标签设置，所设置的标签越细致具体，越方便检索和归档管理。

第二节　网络舆情监测

一　网络舆情监测的内涵与外延

（一）网络舆情监测的概念及特征

网络舆情监测是以网络环境下的舆情作为监视和检测对象，借助专业的网络数据挖掘平台，以科学的方法采集舆情信息，搜集舆情数据，作为分析研判舆情的依据，进而及时发现网络上相关舆情的发生、发展、变化情况，服务于各类舆情需求主体的一种网络舆情治理行为。

舆情监测则是在舆情危机还未发生之前进行的实时监控、提前预警工作，使得舆情管理者及时掌握舆情风向并采取有效的应对措施。随着互联网的兴起与发展，其具备的反映、表达、互动、聚合等功能让民众表达自身想法、观点、意见、诉求的空间和渠道增加。与此同时，民众的主体意识苏醒并不断发展，自我话语表达能力不断提升，他们越来越需要并且愿意通过网络虚拟空间来表达自身，与他人进行直接沟通，这就导致网络舆情呈爆发式增长之势，那么对网络舆情进行监测当在情理之中。

网络舆情监测具有三个特点。一是信息的存续性较强。这是由网络舆情自身特征决定的。不同于传统舆情，网络舆情的载体为线上平台，人们在网上发布的文字、图片和视频信息能够较长时间保存在服务器上。而网络舆情监测一方面能够实时发现舆情动向，另一方面也可以对网络舆情事件的信息进行长时间的保存，以供舆情应对参考。二是信息可检索性强。借助专业的网络信息采集、分析平台，可以准确地检测到专题网络舆情信息，并进行以大数据为基础的分析研究，这大大方便了后续治理中对网络舆情的精准研判和检索分析。三是信息的可信度较高。网络舆情监测的信息量较大，可以直接作为分析的数据基础，舆情分析的科学性更强、准确度更高，能够有效解决点状式舆情信息抓取所带来的数据量局限问题。

（二）网络舆情监测的优势

与传统的舆情监测方式相比，网络舆情监测显示了更多的优势。一是监测手段先进。传统的舆情监测手段技术落后，效率较低，而网络时代的舆情监测则基于新媒体技术，依托信息挖掘和数据库工具，能够高效率地获取舆情信息。二是监测范围广。传统的舆情监测由于技术手段落后，只能在局部采取抽样方式和访谈方式进行，这导致监测范围十分有限。而网络时代的舆情监测得益于监测手段的进步，可以对整个网络进行大数据采样监测，不受时空范围的约束。三是监测效率高。网络时代的舆情监测能在很短的时间内迅速采集到数据，并迅速对采集到的数据进行分析梳理，这都得益于新媒体时代数据处理技术的飞速发展。

（三）网络舆情监测的原则

网络舆情监测工作必须坚持如下几个基本原则。

客观真实原则。网络舆情监测和网络信息宣传有本质区别。其是为了了解外部信息传播和公众舆论的情况，要求做到紧贴实情，符合实际。客观真实是舆情监测工作的生命。舆情监测服务机构一切工作的核心都是为了帮助服务对象了解到真实、客观的舆情状况和趋势。舆情监测所获得的信息越客观、越真实，就越有利于服务对象准确把握舆情态势，制定正确的应对策略。

需求导向原则。舆情监测服务应当以舆情治理需求为导向，监测哪些内容、采集什么样的信息都必须符合舆情治理的实际要求。脱离舆情治理需求的舆情监测便失去了存在的意义。

服务至上原则。舆情监测是为各舆情治理主体提供舆情信息的一种服务，作为舆情监测机构，必须坚持服务至上的原则，要切实满足舆情治理主体的信息需求。只有做到了技术、产品和服务兼具，才能实现优质的舆情监测服务，形成稳定的合作关系。

（四）新时代舆情监测的走向

人工智能背景下，伴随着新的监测技术的应用，网络舆情监测工作呈现新的发展走向，谢耘耕、李丹珉将其归纳为以下十个方面。[①]

1. 网络舆情监测广度和深度的拓展

一方面，随着技术的发展，能够承载舆情信息的网络通道数量不断增加，网民不仅同时使用多个社交媒体平台，还会在不同的社交媒体平台上发布不同的信息。过去单通道分散化的舆情监测分析已经不能满足当前需要，要全面把握用户动态、绘制完整用户画像

① 谢耘耕、李丹珉：《网络舆情监测分析的十大趋势》，《新闻记者》2020 年第 12 期。

就要整合不同媒介平台上的用户数据。另一方面，互联网的发展让舆情流动不再受国界的限制，现在不但国外热点舆情事件能引发国内民众关注，国内舆情事件被国外媒体报道后，反馈回国内的情况也屡见不鲜。在世界各国互联互通的背景下，要全面监测分析网络舆情，研究者就要同时了解国内外网民的态度倾向，如此才能准确把握舆情事件走向。在此过程中，将舆情监测分析范围从表层网络扩展到深层网络是实现舆情全面监测分析的重要保障。

2. 从内容到“内容+关系”

过去，网络舆情分析主要关注民众针对舆情事件在网络平台中发表的言论，研究重点集中在舆情的内容层面上，例如，什么类型的舆情事件更容易引发网民关注、什么样的舆情信息表达方式更容易吸引受众眼球、通过参与舆情事件讨论网民表达了怎样的诉求。舆情分析从单一内容转向“内容+关系”标志着人们意识到节点和网络在信息传播过程中同等重要。数据节点记录了网民“说过什么”，通过分析这些节点，研究者可以发现当前主要的社会矛盾和公民的内在诉求。复杂社会网络记录了网民“为什么这么说”，对于相同的社会问题，起初不同个体有不同的理解，舆论的最终形成反映了多数人有了趋于一致的意见，这是舆论场中不同主体、不同信息非线性互动的结果。新技术的出现不仅为分析节点信息提供了便利，还为描绘测量不同节点之间关系提供了有力工具。

3. 从舆情监测到社会情绪监测

随着社交媒体的普及，网民有了更多渠道表达自己对舆情事件的意见，用户的评价反馈中蕴含了大量情感信息。在基于舆情事件关键词建立的模型中，自然语言处理技术下的语义核函数可以通过比对目标类别向量与文本语义特征向量之间的相似度，判别文本极性。情感分析技术可以实现对网民情感持有率、情感强度以及舆情事件属性等的分析，计算出不同阶段网络舆论整体的情感倾向，完成对网民观点极性、观点强度以及观点属性的深入挖掘，实时追踪网民情绪变化态势。

4. 从数据库到数据仓库

在网络舆情研究中，全面系统收集并存储数据是进行舆情监测分析的基础。传统的舆情信息存储方式已经不能再满足大数据时代的需要，想要将传统舆论研究方法获取的数据和大数据方法采集的数据融合起来，引入数据仓库技术势在必行。数据仓库是数据库概念的升级，数据仓库技术的引入实现了舆情分析的四大变革：第一，数据仓库实现了对不同数据库信息的集成；第二，数据仓库延长了信息存储的时间；第三，具有面向主题特征的数据仓库将提升舆情分析效率；第四，数据仓库更加重视数据清洗工作。这些都为网络舆情监测工作提供了便利。

5. 从数据层融合到知识融合和服务层融合

就数据融合而言，社会调查数据、社交媒体数据、传感数据、地理信息数据等信息的汇集仅仅实现了数据层融合的工作，此时数据库中存储的数据是笼统、待加工的，要想真正发挥数据价值，还要实现数据的知识融合与服务层融合。经过知识融合，信息的可阅读性、可理解性会大幅提升，人们获得的信息和实际需求将更加匹配。实现知识融合需要经过以下步骤：第一，对知识进行抽象和建模；第二，利用关系推演获取显式深度知识；第三，利用推理归纳方法获取隐式深度知识；第四，普遍规律的总结和提炼。利用数据仓库中的舆情数据，可以建立包括业务模型、逻辑模型、物理模型在内的各种模型，并利用历史知识推断两个实体之间的关系、预测对应实体的发展趋势。就服务层融合而言，在舆论研究中，数据融合的最终目的是为相关人员提供服务。对很多人来说，经过数据层融合和知识融合后的信息依然难以理解。服务层融合以服务决策主体为目的，通过为决策主体提供地图、报表等易于阅读的可视化信息，优化舆情信息呈现方式。

6. 从个人信息档案到动态用户画像

随着社交媒体的快速发展，网络空间中积累的用户个人信息日益丰富；移动通信设备和传感设备的普及，让用户行为数据的实时采集成为可能；大数据技术的进步让人们可以从海量数据中抽取能够反映用户特征的个性化标签。如今研究者可以利用用户画像技术，准确分析网民的兴趣爱好、消费习惯、政治倾向等。在 2016 年美国总统大选中，剑桥分析公司利用 Facebook 泄露的个人数据为几千万美国选民绘制了用户画像，在个人性格分析和政治立场判断的基础上，特朗普竞选团队根据不同选民特点采取了针对性宣传措施。

7. 从舆情监测到舆情预测

舆情预测本质上是一个信息处理的过程，是利用已有的监测数据推测未来舆情发展态势的方法。在经历数十年的发展后，现在互联网中已经蕴藏了丰富的舆情数据信息，在大数据技术和人工智能技术的帮助下，研究者可以从案例推理的角度出发，通过对大量舆情案例的研究和对历史数据的统计分析，预测舆情事件的未来发展趋势。具体来说，要想实现较为准确的舆情预测，就要进行以下两项工作：第一，要建立完善的案例库。第二，要建立完整的舆情预测指标体系。

8. 从经验性预测到实证性预测

从经验性预测到实证性预测是大数据时代舆情预测的重大变化。经验性预测是人类通过对社会现象的长期观察，从重复出现的事物中总结经验性知识的过程。在智能化工具出现前，相关机构会专门邀请舆情研究专家，让他们根据多年的实践经验，对重大舆情事件的发展走向做出判断。这种舆情预测方式有着原始、直观、感性的特点，个人好恶和情绪状态会对舆情预测结果产生影响。在信息流动速度和社会变迁速度同时加快的今天，用笼统抽象的方式进行舆情预测已经无法很好地指导社会实践，利用现代科技高效系统地进行舆情预测是未来的发展趋势，将定性研究和定量研究结合起来的实证性舆情预测将成为主流。

9. 从经验性决策到数据驱动的决策

在大数据时代来临前，人们进行决策的依据多数基于个体经验以及专家学者的主观判断。大数据时代来临后，人们面对的数据量急速膨胀，仅靠人工难以满足舆情决策的需要，专家主观判断出现错误的概率提高。与此同时，机器学习、情感分析、自然语言处理等人工智能技术的发展，也为舆情决策提供了新契机。在技术的帮助下，舆情决策将从经验主导走向数据驱动，利用数据驱动的辅助决策系统进行舆情决策已经成为未来的发展趋势。

10. 从舆情决策方案的经验性选择到运用模拟仿真技术进行预判

在进行舆情决策时，决策者往往面对多个决策方案。过去，人们需要依靠经验从中选择出最佳方案；如今，随着模拟仿真技术的发展，人们可以利用该技术测试不同决策方案实施效果，从而选择出最佳决策方案。人们可以模拟舆情事件传播过程中网民意见、情绪、态度的聚类过程；可以模拟舆情事件发生后线上线下不同社会群体的相互作用机制；还可以构建舆论的群体极化与网络动员模型，模拟群体极化过程，探究影响群体极化的因素。模拟仿真技术的飞速发展，为模拟决策方案效果奠定了基础。

以上十个走向不仅为我们更好地认识网络舆情监测提供了指导，同时也为更好地服务于网络舆情治理提供了有益的参考。

二　网络舆情监测体系与指标的建立

网络舆情监测是指整合互联网信息采集技术及信息智能处理技

术，通过对互联网海量信息的自动抓取、自动分类聚类主题检测、专题聚焦，实现用户的网络舆情监测和新闻专题追踪等信息需求，形成简报、报告、图表等分析结果，为客户全面掌握群众思想动态，做出正确舆论引导，提供分析依据。

网络舆情监测从类型上可以分为日常监测和突发事件监测。前者的意义在于能够随时掌握网络舆情的动态与走向，一旦发现有危害社会和群众利益的舆情出现，能够及时反馈给相关部门，从而采取恰当的措施防止危机发生。后者的意义在于对变化因素多、趋势难以预测的突发事件进行及时预警，全面搜集突发事件的舆情信息，帮助管理机构做出正确的决策以及时避免更大危机的出现。

可以看出，不论是日常监测还是突发事件监测，其本质都是对网络舆情进行监视与评判，为决策者提供支持，避免危机的发生。因此建立科学、合理、适用性强的网络舆情监测系统或体系应该成为其共性要求，一个合理高效的监测体系能够使得舆情信息的收集、分析更加客观、准确，为网络舆情预警提供客观的数据，帮助管理机构明确监控方向的重点，准确把握受众的群体倾向，从而及时、准确、有效地对舆情发展进行预判、控制与引导。

（一）网络舆情监测的常态化体系

网络舆情监测具有连续性、不间断性的特点。网络舆情的发生是随时的，在时间上没有固定的规律。舆情监测工作为了适应网络时代及时、迅速的要求，就一定要建立常态化的体系与指标，将网络舆情监测纳入本部门日常工作中的一部分，随时掌握网络舆情的导向、特点和趋势，那么设计一个完善的网络舆情监测体系就显得尤为重要。

1. 常态化网络舆情监测的工作原则

（1）实时反馈，及时处理

网络舆情是随时随地都会发生变化的，因此相关负责人不仅要对其密切关注，实时反映和传达舆情变化的最新情况，还要定期审查、监测和报告舆情信息，及时甄别危机舆情，建立完备的应急预案，减少危机舆情发生所造成的危害。除了及时反馈之外，监测人员还应就已发生的舆情给出相应的解决方案，在规定的时间内撰写舆情研究报告，保证舆情能够被及时发现与处理。就突发性公共事件而言，也应建立 24 小时报告制度，保证相关部门与机构能准确快速地解决舆情问题。

（2）技术优先，数据实时更新

网络舆情监测工作面对的是浩如烟海的互联网信息与数据，想要在这片信息汪洋中挖掘出有效的网络舆情信息，一定离不开优良、高效的技术手段与工具。因此，网络舆情监测工作要建立在先进的信息挖掘和数据处理技术之上，随着新的形势变化，不断提升技术手段，促进监测系统迭代，保证后台数据库及时更新，对其实施高效管理，提高监测系统的安全性，保证数据的准确、全面与客观，在准确、稳定的前提下，舆情监测人员能提升其工作效率。

（3）上通下达，积极沟通

舆情监测不是一个个体就能完成的工作，它需要不同人员、不同部门之间的配合，遵循分工协作、归口处置、集中面对等原则，听从相关负责人的指令，各部门积极展开工作，保证信息能被完整传输。各部门及工作人员要多进行沟通，统一分工协调，一起解决舆情报告中提出的相关问题。在舆情报告提交以后，应该将其抄送给其他相关机构，并且相关机构要选出一个负责人对报告内容进行定期回复，其所用材料还需要部门领导签字和加盖公章。若出现特殊情况，不能在相应的时间里完成这项工作，其应该及时向舆情监测机构反馈表态性回复。

（4）完善责任制度，加大监察力度

网络舆情所关注的事件来源于现实社会，网络舆情中公众的态度与心理也有着现实社会的根源，公众的言论和情感倾向基于现实存在的社会矛盾与冲突。公众在网络空间中宣泄的情感与情绪，最终指向都是希望相关部门与机构能够解决他们的矛盾与对抗，他们在反映问题后，看重的就是责任人能否解决这个问题。因此，就必须完善责任制度，确认各机构、部门、人员的职责，要有人专门负责监控子板块的舆情动态，特别是对其问题受理和回复要严格进行监督。遵循“谁主管、谁负责”原则，构建成熟的责任追究制度。如果出现漏报、瞒报、误报等情况，那么与其有关的部门都要承担相应的责任，以法律政策为基础，对相关部门及其负责人进行合理的惩罚。

2. 常态化网络舆情监测的工作职责

网络舆情监测工作需要安排好负责网络发言和网络信息传输的工作人员，他们的主要职责就是通过收集、整理网上舆论信息并及时向网站舆论监测部门传输和反馈，使得政府、企业、高校等需要舆情信息的组织能够更好地促进自身发展，为大众服务。具体而言，他们所需要承担的职责有以下几项。

（1）收集并统计分析数据

舆论监测人员的首要工作是要做好网络舆情信息的收集整理，数据归纳与统计。根据各个季度所反映的数据统计出网民提出较多问题的建议、意见或情绪，统计相关话题的发言数据等，从而方便政府、高校、企业等需要舆情信息的组织能够更好地了解公众的诉求，知晓网民敏感的热点话题。

（2）总结并编写舆情报告

通过数据收集、整理、分析后，舆情监测人员要把涉及网民利益的问题以及民众急切想要解决的问题反馈给机构与部门的负责人与发言人，做好网络发言人的回帖记录。在这之后就应该形成书面形式的分析报告，即网络舆情报告，以简洁明晰的形式呈现纷繁复杂的舆情，帮助我们认识舆情并在需要时确定着手实施舆论引导的策略。不管是对已发生的舆情还是对后面类似舆情处理来说，一份详细、科学的舆情报告都十分重要。

（3）及时沟通并传达信息

最后舆情监测人员要将报告中出现的问题上传下达有关部门。让相关机构与部门能够更好地对舆情监测和舆情发言两个部门的工作进行监督。同时，舆情监测人员在与舆情发言人沟通交流中，应该及时指出发言人工作中的问题和失误，提高舆情处理的效率和工作质量。

3. 常态化网络舆情监测的工作要求

网络舆情监测工作分为网情评析、每月舆情分析报告、年终舆情报告以及舆情处理反馈四个板块。定期发布、总结舆情分析报告，不仅能让决策者更好地掌握舆情发展态势，了解网民心理，也能够让大众了解舆情发展情况，尊重其发言与反馈的权利。

首先，定期发布舆情述评，时间可为半个月发布一次。舆情监测部门要充分利用互联网的优势，跨地区、跨平台收集民众意见建议，涉及与本部门相关的舆情及时做出分析判断与公布。

其次，舆情分析报告要以一个月为一周期进行，并于报告提交后一日进行第二个月的舆情信息收集和数据统计。例如：将每月 11 日定为信息收集与数据汇总分析的最低期限，并在 13 日之前完成舆情分析报告撰写 14 日开始下个月的舆情信息收集和数据统计。舆情分析报告最终须经过有关部门负责人的评估审核，若通过则可以在第二个月中旬之前上交到上级负责部门。

再次，年终舆情分析报告至少每年进行一次。年终舆情报告与每月舆情分析报告相比更具有整体性和全面性。通过各月的舆情分析报告分析总结网络舆情监测部门对舆情处理的效率趋势以及网民的情绪情感变化，以便更好地引导相关部门工作，提高本部门处理舆情的效率。

最后，舆情反馈应该是双线交流的环节。一方面，舆论监测部门要每月定期提供舆情分析报告，向相关部门认真反馈网民对涉及自身利益的事件及问题的咨询，建立与舆论发言部门的有效沟通，使得其部门能够更好地了解民意，做好发言准备工作，提高网络发言人的回复效率。另一方面，网络舆情发言人在收到舆情分析报告之后应该及时做出回应答复，对舆论监测部门在工作中所凸显的问题也要及时反馈给舆论监测人员，从而为后续的舆情监测与处理工作提供借鉴与建议。

（二）网络舆情突发事件监测

当发生突发事件时，如自然灾害、事故灾难、公共卫生事件、社会安全事件等，常态化监测体系也将出现一定的变化，监测人员的工作也必须有相应的调整。突发事件的变化因素多，内部关系较为复杂，发展趋势难以预测，相关信息纷繁复杂。同时，由于突发事件中的矛盾双方往往处于对立状态，影响或阻碍了原有信息沟通渠道的正常功能，也就给了各种流言蜚语可趁之机。

能否在突发事件衍生发展的初期，做到快速高效地收集、分析、掌握与该事件密切相关的各种信息，将是能否及时做出正确决策的关键所在。那么，如何判断突发事件网络舆情的特点、趋势以及导向呢？这就需要建立起一套科学合理的网络舆情监测机制与指标体系，及时预防和矫正不良舆情及其演化扩散以达到网络舆情的健康发展，避免危机的发生。

1. 突发事件网络舆情监测指标设计的原则

舆情监测指标体系是以网络数据分析为手段，充分收集挖掘舆情的信息特征、传播媒介和舆情受众的反应，为网络舆情的实时监测和及时响应提供具有指导意义的评价指标集，旨在实现对非物化社会舆情现象的定量、定性分析。在网络舆情指标体系的构建分析过程中需严格执行以下几个原则。

（1）目标明确

网络舆情具有多种多样的形成因素与表现方式，反映网络舆情的指标也多种多样，但按照充分性原则，罗列的指标相互间存在可替代性，如果建立多个指标模型，那么指标分析难度过大，实际可操作性不强，难以广泛应用。因此在设计指标时，在舆情信息的收集、分析、整理过程中，要不断协调各个指标，使其逐步收敛并与整体目标保持统一，避免因指标的相对独立导致指标信息重叠，要使其能深刻揭示网络舆情的本质，并具有广泛的代表性，为网络舆情的应对管理提供正确指导。

（2）科学合理

指标体系的构建分析方法应该兼顾客观性和合理性，以定量分析与定性分析相结合为前提，降低指标筛选的主观性的同时，也可以参考借鉴突发事件网络舆情监测相关文献，从宏观上保证指标体系的合理性。在指标量化数据的挖掘过程中，务必保证挖掘方法、途径的准确性和代表性。尽量避免由错误、片面的评估指标所引起的舆情数据分析结果不科学、不准确。

（3）系统完整

突发事件网络舆情的监测预警极其复杂，涉及社会的方方面面，指标体系内各指标间既相互独立又紧密关联，系统构成严谨且完整。一个系统完整的突发事件网络舆情监测指标体系应具有如下特点。①独立性。各指标间应相互独立，不可替代，彼此间呈现一定的正交性。②相关性。各指标间应呈现一定的相关性，保证整个指标体系的构成紧密而完整。③层次性。遵循层次化设计原理，整个指标体系的层次划分合理、清晰，且结构分明。④完整性。从宏观上看，整个指标体系的构成应具有紧密的内在关联，同时应拥有一个相同且完整的目标。

（4）易于操作

指标体系应是为了解决实际问题而存在的，这正是指标体系构建的意义所在。一个易于操作的指标体系应满足构成简洁、指标容易量化、数据易于收集等几个特点。一个极其精练的评价指标体系，能在不牺牲评价准确度的前提下，最大可能地简化评价工作，提升评价工作的整体效率。

2. 突发事件网络舆情监测评价指标

网络舆情的产生始于舆情发布者，并通过媒体传播，对舆情受众产生影响，而对舆情受众产生的影响力大小又与舆情要素的内容及区域的和谐程度有关。因此，基于以上内容，我们可以初步将监测指标分为舆情发布者指标、舆情要素指标、舆情受众指标、舆情传播指标以及区域和谐度指标五个一级指标，如表 6－2 所示。每个一级指标下有若干二级指标，每个二级指标又由若干三级指标组成，三级指标由叶节点指标构成，叶节点指标是指标体系中的颗粒度最小的指标单位，是三级指标的计算依据。

表 6－2　网络舆情监测指标

二级指标	三级指标	叶节点指标
A. 舆情发布者指标	舆情发布者影响力 A1	浏览次数
		发帖数
		回复数
		转载率
	活跃度 A2	发帖数
		回帖数
	价值观 A3	舆情发布语义信息
B. 舆情要素指标	信息主题类别 B1	生存危机
		公共安全
		分配差距
		腐败现象
		时政
		法治
	关注度 B2	页面浏览数
	信息主题危害度 B3	舆情主题语义信息

续表

<table>
<tr><th>二级指标</th><th>三级指标</th><th>叶节点指标</th></tr>
<tr><td rowspan="7">C. 舆情受众指标</td><td rowspan="3">负面指数 C1</td><td>回帖总数</td></tr>
<tr><td>负面回帖总数</td></tr>
<tr><td>中性回帖总数</td></tr>
<tr><td>受众影响力 C2</td><td>舆情回复语义信息</td></tr>
<tr><td rowspan="2">参与频度 C3</td><td>点击、评论、回复</td></tr>
<tr><td>某一舆情的总次数</td></tr>
<tr><td>网络分布度 C4</td><td>点击者 IP</td></tr>
<tr><td rowspan="8">D. 舆情传播指标</td><td rowspan="3">媒体影响力 D1</td><td>总流量</td></tr>
<tr><td>日流量</td></tr>
<tr><td>点击率</td></tr>
<tr><td rowspan="4">传播方式 D2</td><td>门户网站</td></tr>
<tr><td>网络论坛/BBS</td></tr>
<tr><td>博客/个人空间</td></tr>
<tr><td>短信、邮件</td></tr>
<tr><td>舆情扩散度 D3</td><td>报道次数</td></tr>
<tr><td rowspan="12">E. 区域和谐度指标</td><td rowspan="3">贫富差距 E1</td><td>基尼系数</td></tr>
<tr><td>农村城镇居民收入比</td></tr>
<tr><td>财富集中度</td></tr>
<tr><td rowspan="3">信息沟通 E2</td><td>电视覆盖率</td></tr>
<tr><td>网络覆盖率</td></tr>
<tr><td>广播综合人口覆盖率</td></tr>
<tr><td rowspan="4">社会保障 E3</td><td>社会治安</td></tr>
<tr><td>医疗保险覆盖率</td></tr>
<tr><td>养老保险覆盖率</td></tr>
<tr><td>工伤保险覆盖率</td></tr>
<tr><td rowspan="2">宗教信仰 E4</td><td>邪教</td></tr>
<tr><td>宗教冲突与民族矛盾</td></tr>
</table>

（1）舆情发布者指标

舆情发布者指标 A 旨在衡量发布者引起网络舆情分析者的注意的程度，监测具有号召力的网民，如“论坛领袖”。其中，活跃度

A2 是根据发帖和回帖的频率来衡量的；价值观 A3 指的是在网络世界中，从舆情发布者发布的信息中反映出来的对事物的评价和态度取向。

（2）舆情要素指标

舆情要素指标 B 强调观测舆情的发展过程及生命周期，特别是网民发表意见次数最频繁、最活跃的时期，这也是网民情绪急速积聚的时期。信息主题危害度 B3，指通过文本挖掘技术的智能分析，按照一定的标准，得出一个数值表示其危害程度的大小。

（3）舆情受众指标

舆情受众指标 C 包含四个三级指标：负面指数 C1，描述的是舆情对网民思想冲击而产生的负面情绪的程度；受众影响力 C2，衡量的是网民的回帖引发的共鸣的程度；参与频度 C3，指某一网民浏览或点击、评论某一舆情的次数，监测少数可能企图通过网络传播来制造事端的网民；网络分布度 C4，指网民的分布范围和密集程度，若某一城市的密集度明显高于其他地区，那么政府以及相关工作人员要对该舆情信息给予足够重视。

（4）舆情传播指标

舆情传播指标旨在确定其传播渠道和环节，着重分析网络舆情所处的传播和扩散阶段。其中，舆情扩散度指舆情信息在不同的传播方式中的传播速度。

（5）区域和谐度指标

区域和谐度指标 E 是从区域差异的视角来考察潜在的社会矛盾，该地区社会矛盾越突出，越容易刺激网民的情绪，它包括贫富差距、信息沟通、社会保障和宗教信仰。信息沟通 E2 指的是社会信息传播交流系统，是人与人、人与社会了解彼此的观点、态度、决策的重要渠道。宗教信仰 E4 考察的是邪教、民族矛盾与宗教信仰。宗教问题形成后，往往带有一定的倾向性，加大了各级政府行政管理的难度，危害到当地的社会稳定与经济发展。

三　网络舆情监测平台及重点

近10年来，随着互联网技术以及社交平台的不断发展，人们的知情权、参与权、表达权、监督权通过网络得以更多体现，网络舆论成为大众进行社会监督的重要形式之一。在这一背景之下，网络舆情监测逐渐进入人们的视野，有观点认为，1999年天津市社会科学院舆情研究所成立，中国网络舆情监测开始起步。在这二十多年的发展之中，网络舆情监测及其相关产业渐成气候。总的来说，国内的网络舆情监测服务机构大致可以分为四类。

第一类是软件公司和传统的市场调查公司联合成立的舆情监测软件企业，比如方正电子、拓尔思、军犬舆情监测系统等，这些机构的技术实力较为雄厚，抓取网络舆情数据能力较强。第二类是依托人民网、新华网等主流媒体建立的舆情监测平台，如人民网舆情监测室、新华网“舆情在线”。作为舆情监测行业的媒体派，它们针对社情民意进行监测，对时事热点和受众心理变化的敏感度较高。第三类是由高校或学术机构创办的舆情研究所。如中国传媒大学网络舆情（口碑）研究所、中国人民大学舆论研究所等。因为依托新闻传播学科，这类机构善于捕捉网络舆情的变化，并将其归纳、梳理，总结规律并且上升到理论研究的高度。第四类是由舆情监测软件机构和高校新闻与传播研究所合作成立的舆情实验室，如南京大学—谷尼网络舆情监测与分析实验室、清华—优讯舆情实验室。这一类机构将高校多学科团队的学术优势与先进互联网监控软件的技术优势、市场经验相结合，实现优势互补。

虽然依托不同的机构或组织，但是这四类舆情监测平台在不断成长中都形成了一套较为完善的网络舆情监测理论体系与实践模式，能够对网络中的信息进行全天候监测并进行专业的统计和分析。就网络舆情监测的重点来看，目前各类监测平台就集中于以下层面。

（一）网络舆情动态监测

“生命周期”（Life Cycle）是生物学领域的重要概念，描述的是生命体演化过程中所呈现的阶段性特征及其形态和功能所发生的一系列变化。生命周期理论主要是利用生物生命周期的思想，将对象从其形成到最后消亡看成一个完整的生命过程（运动整体性）；而对象的整个生命过程中因其先后表现出不同的价值形态可划分为几个不同的运动阶段（运动阶段性）；在不同的运动阶段中，应根据对象的不同特点，采用各自适宜的管理方式和应对措施（运动阶段内各要素间的内在联系的特点）。网络舆情作为一个个事件的集合，也有着生命周期，一个网络事件所产生的网络舆情像生命一样，会经历一个从开始到衰退的变化过程。根据舆情潜伏、成长、成熟、衰退等不同阶段的传播特点，舆情监测平台可以开展有针对性、有侧重的监测、分析和研判，把握网络舆情的发展趋势与动态。

1. 潜伏期

在这一阶段，引发网络事件的因素已经存在，但因为舆情力量累积不够或缺乏强力触发点而使得网络舆情没能从“隐性”转变为“显性”。网络中所出现的热点舆情在现实社会都是有所指向的——长期的社会矛盾或者公共问题。在某一段时间内，众多网民和公众都在不断地关注、谈论这些矛盾或问题，但是大部分人聚焦的问题各不相同或者在各个网络平台表达后得不到其他人群的回应，从而萌生的个人意见只是散落于网络的各个角落。

在舆情潜伏期，网络舆情监测工作需要及时发现捕捉具有苗头性、敏感性的舆情信息，了解舆情事件的初步情况、爆料者的主要诉求，整理网民参与讨论跟帖的主要观点和倾向性意见，确定统计传播数据的时间节点，启动舆情信息动态追踪机制并第一时间通知有关职能部门共同做好应对舆情危机的准备。

2. 发酵期

随着时间发展，各种各样的个人意见会不断地交流，在讨论中某些意见逐渐靠拢，从而形成一类意见群体，传播范围不断扩大，经媒体或网站论坛报道反映后，一般都会引起网民强烈关注与热烈讨论，并广泛传播开来。

在此阶段，各大媒体积极参与传播，易出现信息源较多、事件发展多元化、舆论导向转变概率增加等情况，舆情监测的重要工作集中在全面搜集舆情的最新发展动态，对舆情传播细节进行地毯式收集、汇总。同时，重点了解舆情事件发酵后的总体情况，全力做好舆情反馈分析工作。观察有无重点媒体介入报道、意见领袖或活跃网民的积极推动，及时快速展开舆论场各方观点的搜集整理工作，并进行理性客观、相对科学的分析，特别要收集参与评论者的发声平台、身份特征、粉丝量、地理分布等方面特征，绘制舆情事件参与群体的画像。

3. 成熟期

在这一阶段，意见领袖和大众媒体大幅度卷入舆论的旋涡，关注人数相对稳定，热度处于平衡。意见领袖和大众媒体会集中网友的智慧，客观分析、评价问题，唤醒人们的思考和理性，纠正网友中某些错误和极端的观念，把各类舆论圈的差异逐步消除，促进主流意见的汇合，使网络舆情主导意见被网友广泛地接受和认同。

而舆情监测则需要聚焦舆情事件主体与客体的回应内容和方式，全面展开涉事各方回应效果评估，重点关注舆情事件本身的传播焦点是否发生转移、促成转移焦点的原因以及各方所持观点有无倾向变化、是否存在新的关联话题，多维度、多视角挖掘影响舆情走势的关键推动因素，回顾舆情事件的演变过程，深入探究其出现的历史、政治、经济、文化和社会等各方面原因。

4. 回落期

随着主要矛盾与问题的曝光与解决，人们会降低对该事件的关注度。同时，随着其他焦点事件的发生，在一段关注热潮之后，旧的网络事件会逐渐被新事件替代，旧的网络舆情开始淡出人们的视线和讨论的范围。但是依照舆情自身的变动规律来说，那些影响深远、关系重大的事件对网民的刺激和引发的舆情可能只是“阶段性沉寂”，一旦有新的诱因或相关联的事件发生，极有可能被网民旧事重提，再度成为热点。

因此，在网络舆情回落期，监测工作需要重点关注有无引发次生舆情的可能，对涉事各方存在的潜在风险进行辨别评估。

(二) 网络舆情定点监测

随着多媒体技术和互联网技术的快速发展，传统大众传播方式（如报纸、广播、电视等）逐渐被网络新兴媒介（如博客、论坛、微信等）超越。凭借着多样的传播形式、高速的传播速率、跨时空的传播方式等优点，网络新兴媒介能够满足互联网时代个体充分表达自己及与他人交流的欲望。网民通过对微信、BBS 论坛、社交网站、微博、网络新闻、通信工具、其他网络社交工具等的使用能快捷地进行文字、图片、符号、链接、音频、视频等舆情信息的发布，使网络舆情的传播速度进一步加快。当人们表达的负面情绪和反动意见在网络中迅速传播形成一定规模时，将可能激发网络舆情危机。互联网上的网站、论坛、博客和微博数量众多，形式多样，网民在这些渠道、媒介、平台表达的意见、情绪繁杂多样。随着互联网特别是移动互联网的迅速发展，论坛、博客的重要性逐渐下降，微博、微信等社交媒体平台这些新的信息源的重要性逐步上升。因此，在网络舆情监测工作中，监测平台也要有意识地建立和搜集常用网站、微博、微信的言论信息，积极拓展和不断更新信息源，重点监控信息量大且信息重要性强的媒介渠道。

1. 新闻网站

新闻网站指的是以传播新闻为主要功能的网站。主要分为两大类，一类是由通讯社、报纸、广播电视台等传统新闻媒体主办的新闻网站，例如新华网、人民网、中国新闻网、中国广播网、央视网等，这些网站能够依托自身的新闻资源，刊登本媒体采集制作的新闻，因此，这些网站上常常会出现独家新闻，其中部分网站同时也会转载其他媒体的新闻。另一类则是以新浪网、搜狐网、网易、腾讯网、和讯网为代表的商业门户类、财经类网站，这类商业网站自己采集制作的新闻较少，往往大量地转载、整理其他媒体的新闻。

新闻媒体是反映社情民意的主要渠道。反馈公众的意见与情绪，传达政府政策法规是新闻媒体本身就应该承担的责任，新闻媒体是舆情信息传播的主要媒介与载体。第 50 次《中国互联网络发展状况统计报告》显示，截至 2022 年 6 月，中国网络新闻用户规模达 7.88 亿，较 2021 年 12 月增长 1698 万，占网民整体的 75.0%。由此可以看出，新闻网站可以说是网民获取资讯的重要渠道之一。

在舆情监测工作中，一定要关注新闻网站刊登的新闻，一则权威新闻的发出极有可能成为舆情生长的转折点。除了刊登的新闻外，舆情监测平台还应该关注新闻网站发布的每条新闻后附设的网民跟帖评论。网络新闻跟帖评论是网民自行发布在网络媒体上，虽然是只言片语，但评论本身具有很强的个体性和随意性，属于一种大众化的意见表达。另外，网络新闻跟帖评论的互动性是“多对多”“群发性”模式。在这种“多对多”的模式里，新闻网站为网民提供的是一个“话题”和互动平台，由网民们自行展开“多对多”的群发性互动。网民跟帖评论常常能反映出网民对某一新闻的关注程度和具体意见。特别是在重大网络舆情事件或突发事件中，网络新闻后面的跟帖评论一般都很火爆，舆情监测工作就要在火爆中去总结分类，抓住舆情风向以规避风险。

2. 微博

微博，微型博客（Micro Blog）的简称，是一种通过关注机制分享简短实时信息的广播式的社交网络平台。用户可以利用微博向公共空间发布信息，并获得自己关注对象发布的信息。2009 年 8 月，门户网站新浪网推出“新浪微博”内测版，成为第一家提供微博服务的门户网站，微博正式进入人们的视野。随着微博在网民中的日益火热，其日益成为信息时代的主要传播渠道之一，成为舆情的始发地和引爆点，在公共事务中扮演着越来越重要的角色，发挥的作用也越来越大。据人民网舆情数据中心《2020 年中国互联网舆论场分析报告》，在 2020 年 600 件热点事件中，排除由媒体首发曝光外，其余热点事件 61% 的来自微博，微博依旧是舆情事件重要的“发酵池”。

微博信息传播是由分散的网民自发进行的一种信息传播活动，微博平台的传播不是类似于传统网站那样的自上而下、点对面的发布平台，人们更多的是在某些网络的“节点”中发布信息，而这些“节点”对应的就是微博用户。对一个具体的信息传播来说，作为舆情受众的微博用户对信息的扩散效果起着决定性的作用。这些用户通过选择“转载”或“评论”，对信息进行筛选，从而影响到信息传播的广度。对于用户而言，“使用便捷性”是影响信息扩散程度的重要因素之一，微博对于字数和文笔都没有限制，也没有网络媒体编辑、论坛版主等对内容进行层层把关审核，用户还可以通过电脑、手机等进行操作，还可以将信息外部链接至其他渠道，这就使得信息传播的广度与速度都大大提高。可以说，在未来的相当时间内，微博依然是众多重大事件、突发事件和热点事件的最早信息源头和主要传播途径，也依然是网络舆情监测的重要信息源。

3. 微信

微信是腾讯公司于 2011 年 1 月 21 日推出的一个为智能终端提供即时通信服务的免费应用程序，它支持跨通信运营商、跨操作系统平台通过网络快速发送免费语音短信、视频、图片和文字。微信提供公众平台、朋友圈、消息推送等功能，用户可以通过“摇一摇”、“搜索号码”、“附近的人”、扫二维码等方式添加好友和关注公众平台，同时将内容分享给好友以及将用户看到的精彩内容分享到微信朋友圈。

随着微信的普及，微信对网络舆情的影响也日渐增强。在微信中的信息传播，不仅仅有好友与好友之间的“点对点”传播，还有微信群、朋友圈的“点对面”传播，更有微信公众号进行的更大程度的“点对面”传播。同时，微信目前已经实现了与微博、新闻客户端、各类型 App 间通过分享链接的方式的互联互通，使得舆情传播方式愈加开放，不同舆论场间也不断互动共振。虽然微信与微博相比，表面上还缺少微博用户粉丝众多的鲜明媒体属性，而更多地表现出人际私密交往的特征，每一个用户在微信上表面都是平等的，很难分清哪一个是大 V、中 V 和小 V，但是，微信庞大的用户量和依托手机等移动媒体与用户的紧密黏合性，以及其事实上已经形成，只不过被技术手段隐藏了的媒体属性，使得其潜在影响力不容忽视。不仅如此，微信在舆论上的影响有更加深入的特点，其舆论影响更多表现为潜舆论和深层次情感层面，微信舆情多基于熟人间传播，微信群多建立于“强关系人群”基础上，因此传播者之间信任度较高，现实生活交集较多，针对某一突发事件的共识度较高，信息转发率较高，强化了舆情扩散的渗透力和深度，因而其舆论影响力不容小视。被视为“信息传递私密，但社会动员功能更强”，用户数量也更为庞大的微信，将成为舆论引导和舆情监测的新“阵地”。

互联网信息的内容极其丰富，信息的来源也是多种多样的，包括新闻网站、论坛、贴吧、博客、微博、微信、社交网站等各种互联网应用，在海量的信息中如何甄选出有价值的舆情信息，就要有的放矢，重点关注对舆情影响力较大的媒介、渠道、平台。

（三）网络舆情重点人群监测

在当今的网络环境中，网络舆情的主体是网民，网民不仅借助网络获取信息，并且以网络为媒介进行交流和表达意见。2022 年 8 月 31 日，中国互联网络信息中心（CNNIC）在京发布第 50 次《中国互联网络发展状况统计报告》（以下简称《报告》）。《报告》显示，截至 2022 年 6 月，我国网民规模达 10.51 亿，较 2021 年 12 月增长 1919 万，互联网普及率达 74.4%。网民在网络虚拟世界中，通过网络平台交流信息、发表言论，参与到社会生活的方方面面，已然形成一股强大的舆论力量。而在这些发表言论、交流信息、发泄情感与情绪的网民中，有一些特殊人群是舆情监测不可忽视的对象，如意见领袖、维权人士、网络水军、媒体记者、娱乐圈名人、知识分子、新闻线人、政府官员、异见分子和敌对势力等。这些人群常因其角色的特殊性在信息交流与扩散中拥有着强大的号召力、引导力、影响力，因此必须对其监测。

1. 意见领袖

“意见领袖”这一概念由传播学者拉扎斯菲尔德于 20 世纪 40 年代首次提出。活跃在人际传播网络中，经常为他人提供信息、观点或建议并对他人施加个人影响的人物，称为“意见领袖”。拉扎斯菲尔德认为信息的传播模式是按照“媒介—意见领袖—受众”的方式进行，即信息总是通过大众传播媒介流向意见领袖，然后意见领袖将信息传达给那些人群中不太活跃的人。

网络传播中的意见领袖有可能原本就是现实社会中的意见领袖，比如说娱乐圈名人、政府官员等，因其具有极高的辨识度则更易成为意见领袖。此外，在网上获得影响力的网民也有可能成为意见领袖，因其在某些领域具备专业性或较高的事件关联性，则会在某一事件、某一时段内成为意见领袖。不论是哪种意见领袖，不可否认的是一旦他们介入某个话题，就可以加快话题扩散速度并扩大影响。

例如，2021 年 3 月，一则“BCI 抵制新疆棉花”的消息引起中国舆论场的轰动，随后，某集团在官网发表声明宣布抵制使用新疆棉花，称“不与位于新疆的任何服装制造工厂合作，也不从该地区采购产品/原材料”。这一回应引爆了话题，社交平台相继掀起“抵制该集团商品”“支持新疆棉花”的热潮。3 月 24 日，该品牌的中国代言人均发表声明停止与其的一切合作。他们的声明“霸屏”微博热搜并得到网友赞许，使得更多网友更加深入了解“新疆棉事件”，大大地推动了这件事情的传播，扩大了其影响力。

2. 维权者

网络舆论平台的搭建维护了公众发表意见、表达诉求的权利，一些公共事件的当事人可以通过舆论平台获得关注，为争取合法权益、维护公正寻求舆论支持。维权者主要是指在中国现行法律允许的范围内，要求法定权利得到保障，反抗权利被侵犯，并无明显政治性要求的群体，如法律维权者、公益维权者和商业维权者。他们的行动方式主要是法律诉讼、媒体曝光、上访、游行示威等，在网络媒体上非常活跃。这些用户不一定是公众人物，但其所诉求的权益能够与广大网民产生共鸣，也就是权益的相关度较高。人们对事物的认知带有个人主观意识，他们会根据个人喜好在阅读事件中检索关键词，当热点事件与个人联系较大则会引起网民的关注。同时，维权者常常以第一视角引领公众知晓事件的来龙去脉，能够增强事件的真实性与权威性，从而引发更多网民的关注。

例如，2019 年 4 月 11 日，一则“西安女车主坐奔驰引擎盖维权”的视频在网络平台热传。在视频中，女车主坐在一辆红色轿车前引擎盖上，带着哭腔控诉西安某汽车有限公司，称距离自己签单提车才5分钟，都没开出门发动机就漏油。《新京报》、澎湃新闻、环球网等媒体对该事件进行了梳理报道，引发了一场关于消费者维权问题的热烈讨论。“消费者维权难”这一话题本身就与公众联系密切，是公众的“痛点”与“敏感点”，事件发生后，多名奔驰车主在网上发表观点，称自己也遇到类似问题，激起了广大车主的维权意识。在车主维权意识的影响下，又激起其他领域消费者的维权意识。可以说，正是“奔驰女车主”的维权，才引发全民关于奔驰维权的讨论，形成社会舆情事件。

3. 网络水军

网络水军即受雇于明确的组织或个人，利用网络进行炒作的网络人员，这一定义既包括网络公关公司又包括发帖回帖的不固定人群，网络水军区别于其他网络行为的根本特征是付费，即网络水军将自己在网络上的传播权利让渡给受雇者，是一种商业行为。网络水军以注水发帖或在网络上发表言论来获取报酬，有专职和兼职之分，他们除了利用网络进行炒作外，还有部分网络水军使用了诽谤、诬陷、抹黑等手段，攻击竞争对手、编造轰动事件、混淆公众视听等。在某些极端事件中，网络水军扮演着“为虎作伥”的角色，制作网络垃圾意见，对相关话题进行炒作与引导以产生作用。

就现状而言，网络水军更多受雇于网络公关或营销公司，即网络黑公关通过雇用大量水军制造虚假评论，操纵网络舆论。例如，2010年8月初，题为“女婴因食用配方奶粉致性早熟”的网帖在各大论坛疯狂转载，称H省三名女婴因食用某品牌奶粉而乳房增大，其回帖建起“高楼”，点击率超过万余次，网民纷纷惊呼“太可怕”“太恐怖”，“早熟门”事件爆发。2010年8月15日，卫生部公布对该品牌奶粉的调查结果，称其雌激素和内源性孕激素值符合国内外文献报道的含量范围，H 省 3 例婴幼儿单纯性乳房早发育与食用该品牌婴幼乳粉没有关联，至此“早熟门”事件宣告结束。该品牌营养食品有限公司总经理分析认为，“早熟门”是“网络水军”精心策划的一起恶意网络公关事件。从最初网帖爆料的“性激素”这一点来看，首先，这个词扎眼，容易受公众关注；其次，国内奶粉质量检测项目包括理化指标、污染物限量、微生物限量和食品添加剂等，恰好不包括性激素，而网帖的爆料点就落在这一空白处。在这一事件中，网络媒体是主战场。“幕后黑手”雇用的“网络打手”大肆地发布虚假信息，使受众不知不觉地进入其中，最终达到了影响网络舆情的目的。

总的来说，上述人群都能够在舆情发展过程中起到推动与扩散舆情的作用，而这种“放大效应”无法预料其最终结果的好坏，因此为了避免危机的发生，就一定要重视对这些特殊人群的监测。

四　网络舆情监测应用途径

随着互联网的发展壮大，网络舆情对现实社会的影响也日益突出，中国党政机关和企事业单位都非常重视网络舆情的监测以及引导，中国网络舆情监测及其相关产业也在长久发展中不断成熟。在整个网络舆情管理系统中，网络舆情监测是出发点，也是基础。监测的目的就在于及时感知舆情的变化与特点，使得舆情危机可预测、可分析、可掌握，从而防范危机的发生，将网络舆情可能产生的危害把控在最小的影响范围之内。

网络舆情是民意的表达，是网民通过网络事件来表达观点、意见的一种渠道，能反映网民互动情况及事件传播趋势，网络舆情要素的变化时刻影响着网络舆情整体态势的发展。发现网络舆情要素的变化就需要进行舆情监测工作。网络舆情监测系统本身就可以利用搜索引擎技术和网络信息挖掘技术，对网页内容进行自动采集、敏感词过滤、智能聚类分类、主题检测、专题聚焦、统计分析等工作。与传统舆情监测相比，网络舆情监测具有信息存续性相对稳定、信息可检索性强、可信度强等特点。基于这些特点，网络舆情监测能够高效地实时收集、挖掘、分析、研判与政府及企业相关的各种舆情信息，通过实时监测、舆情预警等方式提供给政府和企业领导做决策参考。就现状来看，网络舆情监测系统主要在以下两个方面发挥作用。

（一）网络舆情态势分析

网络舆情态势是指一个事件在开始、发展、爆发、回落的过程中，所形成的网络舆情所处于的某种状态和发展趋势。而要对网络舆情态势形成感知与理智，则需要进行以下工作。

1. 网络舆情态势要素提取

不同的舆论场会形成不同的舆情信息，要想舆情态势更加全面，就要抓取更全面客观的数据，全面的数据来源是网络舆情态势要素的提取基础。数据来源包括：新闻、博客、论坛、贴吧、微博、微信、新闻客户端等全网数据。在这一阶段，主要是利用数据采集和抽取等技术从海量数据中提取出舆情态势要素，为态势的理解做好准备。

2. 网络舆情态势理解

抓取数据之后，首先，监测系统会对信息的阐述的观点、主旨进行倾向性分析，以提供参考分析依据。可根据信息的转载量、评论的回复信息时间密集度，来判别信息的发展倾向。其次，按时间维度的热点趋势、信息传播载体维度的传播链等分析舆情走势，通过图表展示监控词汇和时间的分布关系以及趋势分析，包括地域信息分布，以提供阶段性的分析。如：信息传播的区域分布、转载量与转载网站类型等。最后，在倾向性分析和趋势分析的基础上，进行主题跟踪，即针对热点话题进行信息跟踪，并对其进行倾向性与趋势分析。跟踪的具体内容包括信息来源、转载量、转载地址、地域分布、信息发布者等相关信息元素。对舆情各态势要素进行关联分析，为舆情态势的研判和预测提供依据。

3. 网络舆情态势预测

网络舆情态势预测是舆情态势感知的最终目标，基于舆情态势要素的提取和态势理解两个阶段的数据特征，建立相关的推理模型，并根据网络事件发展脉络，利用态势预测技术来定量或者定性判断舆情态势的变化趋势。换言之，网络舆情态势预测是通过整合舆情历史资料和数据，结合时间序列的发展情况，使用科学方法来总结舆情发展规律和特点，从而对未来的状态进行预测的过程。对于舆情事件走势预测，常见的有两种方法，一种是定性法，即专家根据经验和传播学的专业知识，综合事件性质、领域、特点，结合当下政治经济形势及公众心态等多种因素预测舆情事件走势。不过，这种方法需综合考虑多元因素，对专家关于行业舆情的熟悉度要求很高。另一种方法即定量法，通过不同理论和方法建模进行预测。这种方法有一定的初始条件和抽象假设，按照一定的方法建模，然后把相关的变量输入模型，就能快速得到舆情事件走势预测图。

（二）网络舆情风险预测

风险指的是影响未来事件发生的可能性及后果的某种不确定性。风险的本质是不确定性，只要具有不确定性就会存在风险，那么网络舆情风险则是指在网络舆情萌生、发展、成熟、消退过程中出现的一种可能性或不确定性。风险和危机往往是相伴相随的，监测的目的之一就在于规避危机的发生或将不良影响范围与程度降至最低。那么在监测过程中，就必须根据舆情发展趋势预测危机发生可能性，这也是为什么在舆情态势分析时会出现预测部分。相比于舆情态势预测的全局性，风险预测更为具体而有针对性，可以从以下角度来预测与评估风险程度。

1. 舆情话题的性质

舆情话题的性质在较大程度上决定和影响了舆情传播的广度和爆发的强度。在进行监测时，可以从舆情的敏感度出发，分析话题热度和意识形态关联度。

（1）话题热度：同类舆情事件热度的聚合，舆情事件触及当前热点或过往热点，都容易引发“关联效应”，或是受到当前同类热点舆情影响，或是引发对过往热点话题的“翻炒”，导致舆情迅速“升温”。决定话题热度的因素主要有两个：话题领域和指涉对象。就前者来说，可以是社会民生、公共安全、学校教育、医疗卫生、房产土地、金融经济、交通出行、环境保护、建设规划、涉官涉政等，而后者则是指涉及人群的身份，比如社会弱势群体、医护人员、教师学生、业主租客、金融投资利益受损人群、政府官员等。

（2）话题敏感度：关联意识形态领域的程度。意识形态是网络舆情表现出或蕴含的思想观念“内核”，是网络舆情具有高度敏感性和危害性的深层次原因。舆情话题一旦关联意识形态领域话题，其性质就发生了敏感变化，不一定需要相当程度传播量的积累，就能产生较大的舆论影响，甚至是舆论危害，比如国际形势、国家政策等话题就极易引起广泛关注与对立。

2. 舆情内容的传播势能

一个舆情事件爆发的能量从根本上讲是它在社会中长期酝酿的、累计的冲突势能，要判断一个事件会发展成为多大的舆情风险，也就是实现舆情的风险预测，最关键的是要能够判断它已经在社会中酝酿了多大的冲突势能。舆情内容传播势能可以通过舆情发布频次、内容原创度、信息确定性等来表示。

（1）舆情发布频次

发布频次即单位时间里，对于同一内容或同一舆情事件的网络登转量。发布频次既意味着舆情成长为体量巨大的全国性热点的潜力，也预示着舆情走热背后存在人为操纵的可能（灌水刷屏、买热搜刷榜等），需要时刻关注。

（2）内容原创度

一般认为，在网上信息过载且同质化程度高的当下，网络传播内容的原创度与其传播力、影响力也呈正相关。由于网络媒介文化和网络传播生态部分具备“崇低”“向下”的舆论偏好，具有敏感性、独家性、冲突性、新奇性特质，甚至是低俗性特质的原创内容往往具有较强传播势能，在舆情风险预测的实际操作中应予以高度重视。

（3）信息确定性

真实性存疑的模糊内容反倒吸引大量好奇围观和转发，形成大量的“求证式传播”，产生较强的传播势能。如果事件重要却又模糊不清，在网民媒介素养、信息辨别能力不高的情况下，就容易导致谣言的产生和大量传播。换言之，不确定的信息传播力强、敏感度高、危害性高，需要高度关注。

3. 舆情传播载体的效能

网络舆情是依托网络媒介所生发的，我们必须对网络传播载体的效能有清晰的认识，可以从融合传播程度、首发载体性质、舆情载体传播力、舆情载体影响力等属性来研究舆情传播载体的效能量级。

（1）融合传播程度

融合传播程度是对舆情传播形态丰富性的测量，舆情是经由单一的文字发布，还是图文并茂地呈现，又或是图、文、视频、音频、弹幕、表情包等应有尽有。一般认为，当下网上内容的传播力和影响力，与其传播形态的丰富性呈正相关。一经融媒体、全媒体传播，成为热点舆情的可能性就大为提高，后续的影响力就有可能更高。

（2）首发载体性质

根据信息平台的特征和信息的性质，可以将平台舆论场划分为新闻舆论场和互动社交舆论场。新闻舆论场的主要传播载体类型可以分为新闻网站、商业门户、客户端三大类，信息源于机构媒体发布的新闻，信息来源、权威性、公信力相对有保障。互动社交舆论场的主要传播载体类型可以分为微博、微信、论坛、平台号四大类，信息大多数源于 UGC，权威性和公信力相对较弱，但是互动性和传播力较新闻舆论场更强。

（3）舆情载体传播力

舆情传播载体平台的传播力往往由量催生，一定程度上说就是接触率和到达率，即媒介载体能否将信息最大范围传递并到达目标受众。这可以通过到达率（独立 IP 数）、访问量（PV）、独立访客（UV）三个关注点来作为衡量平台传播力的指数。

（4）舆情载体影响力

一般而言，媒体影响力 = 媒体影响受众的能力 + 受众影响社会的能力，反映出媒体首先作用于受众实现了一次传播，受众中的关键人物或者意见领袖接受影响后又进行了二次传播，二者共同建构了媒体影响力，从而影响社会舆论。

4. 舆情受众的传播势能

互联网时代的受众同时也是信息的生产者和传播者，其权利不断扩大，地位也不断上升。因此在舆情监测中，比如关注与分析舆情受众，他们的多种参与行为及情感态度的表达传播，对网络舆情的后续发展与演化起着重要作用。

（1）受众参与度

受众在参与度上分为被动参与和主动参与两种。需要密切关注那些主动通过各种渠道和方式参与话题的讨论，表达自己的观点并通过二次转发影响更多人群的受众，因为这类受众已经由受者向传者身份转换，参与度高，对网络舆情作用力强。

（2）受众情感倾向

舆情监测要重点关注受众情感倾向的三个指标：负面、中立、正面。如果负面情绪比例占据近半乃至大部分，就意味着舆情形势处于极度危险边缘或已爆发。受众情感出现负面倾向一般有主观焦虑、信任缺失、群体极化、情绪感染、表达失语等原因，如能正确研判出受众的情感负面倾向原因，有效展开事前沟通引导工作，疏散情绪聚焦，可以有效化解潜在的危机。

（3）受众地域分布

受众所在区域与舆情事件关联度越高，那么受众关注度和作用力就会越强。就受众和舆情事件的关联性来说，空间接近性起到基础性、决定性的作用。空间上的接近，往往也意味着利益的接近、身份的接近和情感的接近等，决定了公众对舆情的关注度和代入感的强弱。

五　典型网络舆情监测系统

舆情监测系统指集舆情信息自动采集、舆情自动分析与呈现为一体的软件平台。目前，已进入市场推广的网络舆情监测系统（有的也称为网络舆情监控系统）不下 100 种，以下对部分典型系统的性能等情况进行介绍和对比。

（一）国内网络舆情监测系统综合实力对比

总体而言，判断一个舆情监测系统是否优质，主要从以下三点出发：一是数据抓取质量是否高，是否能全面地抓取信息，准确地提取分析信息；二是反应速度是否快，处理舆情最重要的就是时间，谁能最先掌握情况，谁就能占据更多主动；三是后续服务是否好，舆情服务也不只是一个系统而已，毕竟使用系统的不是开发系统的人，其不可能完全掌握系统的用法，就需要厂商为用户提供更全面完善的服务体系，舆情监测的衍生服务有很多，很多用户不可能在收到舆情预警后再去找公关公司做危机公关的处理，而此时先机就会流失，如果舆情监测厂商为用户提供危机公关的处理，就能在第一时间了解用户的需求，并满足用户的需求。

1. 红麦网络舆情监控系统

红麦软件依托互联网信息智能抓取技术和搜索引擎相关技术，自主研发拥有独立知识产权的网络舆情信息监测产品，是国内权威的舆论情报信息监控平台。它为传统企业、互联网企业和政府部门提供专业的舆情数据监测、数据分析及咨询服务，协助企业准确掌握产品和市场情况，监控竞争对手和行业动态，了解网民口碑，为企业市场、行销决策提供支持支撑服务，帮助政府部门快速发现突发事件、重大事件，快速应对，提高政府和企业的形象。

其自主研发的搜索引擎技术和文本挖掘技术，可实施网页内容的自动采集处理、敏感词过滤、智能聚类分类、主题检测、专题聚焦、统计分析，最终形成舆情简报、舆情专报、分析报告、移动快报，为决策层全面掌握舆情动态做出正确舆论引导并提供分析依据。它支持多种网页格式、多种字符集编码、整个互联网采集以及内容抽取识别技术，具有热点话题和敏感话题识别、舆情主题跟踪、自动摘要、舆情趋势分析、突发事件分析、舆情报警系统、舆情统计报告等多种功能。同时，用户可以设定采集的栏目、URL、更新时间、扫描间隔等。系统的扫描间隔最小可以设置成 1 分钟，即每隔 1 分钟系统将自动扫描目标信息源，以便及时发现目标信息源的最新变化，并以最快的速度采集到本地。

2. 军犬网络舆情监控系统

军犬网络舆情监控系统是中科点击公司开发的一个体系结构先进、功能强大的面向政府和企业提供网络舆情监测和决策参考的应用系统，广泛地运用于舆情监控监测、竞争情报以及风险预警等领域。

它是一套综合运用搜索引擎技术、文本处理技术、知识管理方法、自然语言处理、手机短信的平台，通过对互联网海量信息自动获取、提取、分类、聚类、主题监测、专题聚焦，以满足用户对网络舆情监测和热点事件专题追踪等需求的舆情监控平台。它采用B/S与C/S结构相结合的系统架构，利用先进的系统架构，实现了基于浏览器的客户端或者普通客户端、服务器模式。该系统的优势主要还是集中在采集部分，可实现三大采集，即针对指定站点的定向采集、针对特定关键词的非定向采集和针对国内不能访问的境外站点采集。同时据称，该系统支持多国语种（包括中、英、法、西、俄、朝、日等）和各种少数民族语言（包括藏文、维文、蒙文、彝文、朝鲜文等）的网络信息舆情监测。

3. TRS 互联网舆情管理系统

TRS 互联网舆情系列产品由北京拓尔思信息技术股份有限公司开发。它通过互联网信息采集和文本挖掘技术，帮助用户快速发现和搜集所需的网络舆情信息，通过自动采集、自动分类、智能过滤、自动聚类、主题检测和统计分析，实现热点话题、突发事件、重大案情的快速识别和定向追踪，帮助用户及时掌握舆情动向，快速发现、处理有较大影响的重要事件，从而正面引导舆论和宣传，构建积极向上的主流舆论，并为用户决策提供信息依据。

TRS 互联网舆情管理系统的整体架构由网络舆情采集系统、网络舆情加工系统、网络舆情分析系统、网络舆情检索系统构成，其技术特点主要包括：A. 提供近义词、同音词、文本相似性检索，拼音检索，相关短语检索等多种智能舆情信息检索手段；B. 提供基于学习和基于规则的信息自动分类；C. 提供基于自动聚类技术的热点信息、热点词的自动生成；D. 提供舆情信息的自动摘要；

E. 可自动抽取关键信息并完成自动关联。

4. Golaxy 天玑舆情监测服务平台

该系统由中国科学院计算研究所开发。该平台通过获取多通道发布的舆情信息，面向多通道、大规模网络舆情信息的需求，设计可扩展的系统架构，对特定信息进行实时监测及追踪，并根据设定的关键词及其组合，能够将其转化为各大搜索引擎支持的语法结构；能够自动采集各大搜索引擎的查询结构，并对采集结果进行去噪、去重，提取标题、摘要等元信息；建立多通道统一数据平台，定义通用的数据结构以及开放可扩展的数据存储、管理和交换接口，实现不同舆情信息通道的融合；结合舆情指标体系对网络舆情进行全方位的分析和预警，为用户提供实时、精准的舆情信息服务。

该系统以国内最完善的汉语分词系统 ICTCLAS 作为支撑，构建有自然语言处理所需的多种知识体系，为相似性、观点倾向性等语义分析奠定了坚实的基础。因而，该系统在文本舆情分析能力上具有优势，但在互联网数据获取能力（准确率和召回率）上尚有欠缺。

5. 帕拉斯网络舆情监控系统

中国舆情网的帕拉斯（PALAS）网络舆情监控系统是由上海态格信息技术有限公司联合复旦大学舆情研究实验室共同创办的国内最大的专业化舆情研究与舆情监测数据平台，它涵盖日常舆情监测、舆情专题、地方舆情、舆情研究频道、舆情报告免费下载、舆情搜索等多个栏目。其首推的中国地方舆情排行榜，是国内唯一一个按照地方来进行的专业舆情排行榜，在业内形成了广泛的影响力。

它提供覆盖全网的舆情监测分析服务，包括实时舆情监控系统 PALAS 和舆情分析报告。前者主要面向政府机构和企业，包括政府宣传部门、政府信息中心、网络舆情监督部门、公安机关、网络安全部门及上市公司、集团企业、信息咨询公司等，并为它们提供量身定制的网络舆情监控、重点事件追踪以及舆情数据分析；后者涵盖日报、周报、预警简报、事件专报、专题研究报告五种。中国舆情网运用 PALAS 舆情监控系统对平面媒体、广播电视和网络媒体（包括新闻网站、博客、论坛等）进行全面监测，按照新闻价值高低和政治敏感度两大标准进行人工筛选，特别是关注突发热点事件、影响社会稳定的风险议题、网民热议的民生话题等，最后筛选出“关注舆情”（包括“重点舆情”等）篇目，再按照媒体分类和新闻议题类别进行人工聚焦检索、分类分析、概括分析，最终形成其旗下的品牌栏目——《舆情报告》。

6. 麦知讯

麦知讯是一家致力于向国内外行业用户提供互联网信息监测整体解决方案、业务发展信息咨询的高科技公司。它在资本运作以及整合国内多家互联网信息专业公司、行业研究咨询公司的过程中不断成长，并通过合理选择和应用成熟的互联网信息技术，使公司在原有业务的优势得到巩固的同时，也在新的业务领域取得了优异的成绩。

它的舆情监控内容包括口碑信息监测，企业、产品、品牌正负面口碑监测，竞品间的口碑对比监测，网络营销监测等。针对营销主题，提供点击数、回复数、回复时间、回复人、回复内容、回复语气、回复人感情倾向、正反向关注度、主题删帖率等监测服务以及在此基础上的网络营销效果监测、搜索引擎呈现率、产品品牌知名度、用户关注度、好评率变化统计分析、网络营销咨询服务，为企业或公关公司提供网络营销方案或决策意见及建议等。

7. 鹰隼

在透析互联网特点、网民习惯和偏好基础上，该公司充分运用自身搜索引擎技术、全文检索技术、相似性排重技术、自然语言智能处理技术、内容管理、互联网技术以及电子政务和电子商务软件开发优势，成功研发了鹰隼网络舆情监控系统。

它对舆情的处理按照信息采集、舆情过滤、自动分类、相似性排重、舆情分析、舆情展示的流程推进，整个系统由三部分组成，分别是信息采集子系统、舆情处理分析子系统和舆情管理子系统。它能够有效地搜索互联网上各层次、各角落、各形式的信息，深层次地挖掘网络舆情价值，全天候并及时地提供最新网络舆情资讯、丰富翔实的信息、形象直观的图表、自动化的舆情预警，并递送网络舆情、舆情分析、统计数据、舆情报告。

（二）国内主要的在线网络舆情监测平台

1. 清博大数据（http：//yuqing. gsdata. cn/site/home）

清博大数据拥有清博智库学术团队，服务项目涵盖舆情阶段性报告、热点事件综合分析、新媒体传播报告、粉丝画像分析、行业研究报告、政企刊物、政策执行效果评估等多种定制报告，长期为多家部委、大型企业提供包括舆情分析、危机公关、企业传播、新媒体策划等在内的舆情事件应对和新媒体传播策略报告。清博舆情致力于为客户提供领先的舆情报告服务。舆情事件发生后，清博团队以清博大数据平台为支撑。根据客户需求，对某一阶段的舆情事件热度排行、传播路径、观点呈现进行特点总结和风险预测，并提出相关对策和趋势建议。清博的阶段舆情性报告包含舆情周报、舆情月报、舆情季报、舆情年报等。

2. 知微（http：//www. weiboreach. com/）

知微的舆情监测与分析比较深入、全面，其主要功能包括：传播分析，即通过对微博传播路径的跟踪与分析，为企业、政府和运营机构舆情评测提供全方位的数据支持；事件博物馆，对互联网社会热点进行全面的聚合，并对事件进行深度解读（包括事件传播渠道的定位、影响力指数评估、同类型事件对比、事件发展脉络呈现、高频热词分析、正负面情绪及高频热词分析、基于全网的事件舆论聚合、参与事件讨论的人群画像等）；社会化媒体大数据实验室，旨在基于百亿量级的微博、微信数据，为数据分析教学与实验等提供软硬件成套的定制化解决方案。

3. 北大 PKUVIS 微博可视化分析工具（http：//vis. pku. edu. cn/weibova/weiboevents/index，html）

这是由北京大学可视化与可视分析研究组开发的，其功能在于通过直观的视图来清晰地呈现一个事件中微博转发的过程，使用户能够迅速地发现事件中的关键人物、关键微博、重要观点，同时通过可视化的方式帮助用户更好地分析新浪微博中事件的发生和发展过程。

第三节　网络舆情预警

一　网络舆情预警的内涵与外延

（一）网络舆情预警的概念

预警，是在事情还未发生之前预先发出的警告。预警，究其实质是一种特殊的预测，预测是预警的基础和条件，预警是选择实施预案的前提和准备。在前面提到，网络舆情监测会将舆情信息分为超过阈值和不超过阈值两类。当舆情的监测指标超过阈值，将会引起质变，则有可能会出现舆情危机，这个时候就需要网络舆情预警。

网络舆情预警，就是发现对网络舆情出现、发展和消亡具有重要影响的因素，并连续不间断地动态监测、度量及采集它们的信息，根据预警体系内容，运用综合分析技术，对当前网络舆情做出评价分析并预测其发展趋势，及时做出等级预报的活动。网络舆情预警一方面是针对网络舆情中的重要因素进行监测和分析的过程，另一方面是在分析基础上发出等级预警的过程。

（二）网络舆情预警的意义

在社会媒介化日益加深的今天，网络和网络信息成为人们生活中不可或缺的重要方面，现实社会情境在虚拟网络空间的映射为网络舆情的发生提供了可能，这意味着网络舆情在一定程度上是社会信息在网络上的复杂综合体。在此层面上，网络舆情是社会的“晴雨表”，通过网络舆情预警可以准确了解和把握社会发展动态、社情民意，了解社会中的不稳定因素，从而为有效引导网络舆情出谋划策，为促进社会和谐稳定与健康发展做出贡献。其次，网络作为各种意见的广泛聚集地和尖锐对立点，通过网络舆情预警能够最大限度呈现社会各方观点，并预测总体意见发展趋势。制定舆情对策是以科学的事实分析为基础，网络舆情中的合理观点和意见是对策制定的重要思想来源与事实参照，采纳这些观点能使舆情引导对策更加科学，更加符合人们的合理诉求，从而实现意见的上传下达。

此外，网络舆情连接了现实世界与网络世界两个异质空间，一方面，现实社会事件助推了网络舆情的发展；另一方面，网络舆情也能反向牵引现实事件走向。这样的走向可能是良好的，也可能偏向极端，最终造成不可逆的损失。因而通过网络舆情预警能够及时根据舆情发展状况制定合理对策，避免网络舆情升级，引导现实事件良性发展。这既有利于社会稳定，亦有利于网络舆情解决。更为重要的是，网络空间安全作为国家安全的重要领域，通过网络舆情监测与预警能够有效防范境外有害信息、反动信息渗入，并对恐怖主义信息、分裂主义信息与极端主义信息形成严格监控，为网络空间安全与现实社会安全构筑坚实屏障。

总而言之，进行有效的舆情预警能够增强网络舆情工作主动性，在网络舆情发生变化时极大缩短反应时间，从而为舆情引导策略的制定提供参照与宝贵的准备时间，有利于适应互联网时代的扁平化管理。网络舆情预警立足于网络治理，根本目的在于推动舆情事件的解决，尤其对于政府，良好的预警功能和体系能够做到预防在先，未雨绸缪，有效提高决策的质量，提高网络舆情引导与治理行为的合理性与科学性。同时也能增进部门间协同合作，有效应对动态变化、复杂多样的网络舆情危机，促进和谐稳定社会的构建。

二 预警等级与指数设立

（一）网络舆情预警等级

根据网络舆情发展的程度，网络舆情预警可以被分为由低到高的不同等级，被称为警级。警级的确定需要设立相关的预警指数，当网络舆情发展到特定的指数阈值便会触发预警系统。

目前国内并没有关于舆情等级的明确规定，根据中国《突发公共卫生事件应急条例》，按照事件的性质、危害程度、涉及范围的不同，突发公共卫生事件被划分为特别重大（一级）、重大（二级）、较大（三级）和一般（四级）响应，不同响应层级的决策层次和紧急程度皆不一样。社会突发事件特别是与民生福祉相关的重大事件在极短时间内会形成极高的舆论关注，从而使得网络舆情迅速发展，给社会稳定和政府管理带来极大的压力。因而确定网络舆情等级，根据等级制定相关对策、回应民意关切和纾解舆论压力就显得尤为重要。一般而言，根据突发事件的舆情性质、影响程度、影响范围，网络舆情预警等级通常被划分为特大舆情（一级）、重大舆情（二级）、敏感舆情（三级）、轻微舆情（四级）四个预警等级，根据不同等级制定并实施对应方案。特大舆情需要相关部门快速做出反应，迅速启动应急管理预案，对重点地区、重点事件和重点人群进行管理；重大舆情则需采取严密的防控措施，依法依规进行监测、追踪；敏感舆情需要明确事件敏感源，对症下药推动事件解决，合理发挥舆论引导；轻微舆情则需纳入常规监测，及时公开信息，回应社会关切。

（二）网络舆情预警指标设立

网络舆情预警等级的确定依靠预警指数，预警指数的形成依赖于预警指标体系的确立，根据指标的赋值得分设立预警指数阈值。预警指标体系一般分为一级指标、二级指标和三级指标等不同的指标层级，层级之间属于隶属关系，且指标权重不同。所得数值最终汇总到一级指标中，所有一级指标所得数值相加便是舆情指数，在舆情指数中可选取特定数值作为预警指数阈值。

根据网络舆情的特点，一级指标的构建可以从舆情主体、舆情客体、舆情本体、舆情媒介和舆情环境等层面构建。舆情主体包括网民、政府、媒体、专家等不同主体，其所代表的一级指标可以划分为影响力、参与度、倾向性等二级指标；舆情客体指舆情事件，可以划分为关注度、价值度、主题类型等二级指标；舆情本体指舆情信息本身，可以划分为信息内容、内容形式、信息变化程度等二级指标；舆情媒介指传播舆情事件信息的各种媒介，可以划分为关注度、权威度、传播速度等二级指标；舆情环境指舆情的整体发展态势，可以划分为扩散度、发展程度、干预度等二级指标；等等。

除了从舆情不同层面构建指标，还可从突发性事件涉及的主体出发，如把政府、媒体、网民、当事人、事件本身作为一级指标，政府对应反应速度、处理效率、引导能力等二级指标；媒体对应发文量、传播率、情感倾向等二级指标；网民对应评论数、转发数、点赞数、情感倾向等二级指标；事件本身对应时间、人数、损失等二级指标；当事人对应情感立场、心理变化、个人情绪等二级指标。

二级指标之下根据监测和分析需要可以再划分为多个三级指标，但指标体系的构建不宜过于繁杂以免导致测量困难，应用性不高。舆情预警指标体系的确立应遵循指标可测量、指标完整性、指标可靠性和参数易获取等原则，同时也应参考国内外具有较高信度和效度的指标体系，根据实际情况和专家建议予以完善，使得预警指标体系具有良好的应用性、科学性与客观性。

一旦网络舆情警告指标体系建立，指标之间的权重便应确定。指标权重应遵循一定的科学方法，一般有专家调查法、问卷调查法、主成分分析法、层次分析法等方法。专家调查法亦指德尔菲法，指围绕某一问题向相关专家和权威人士咨询和搜集意见，在第一次搜集后进行归纳整理并再次反馈专家，在此过程中意见和想法的来源是匿名的。重复此收集和反馈的步骤，使得意见在专家之间得到多轮交流，进而逐轮搜集意见直至网络预警指标权重标准在专家之间达成一致。问卷调查法既可对专家、学者等专业人士发放，也可向普通大众发放，以获得关于指标重要程度的认知，进而根据重要程度制定指标权重标准。基于相关性分析的主成分分析方法不同于专家调查法的定性分析，而采用定量分析充分利用数据，具有更加客观、中立的特点，避免了专家定性的主观片面性。其原理一是通过剔除相关系数大的指标，达到降低指标信息的重复率的目的；二是剔除因子负载贡献小的指标，达到筛选出的指标能对评价结果有更大影响的目的。层次分析法是将一个指标分解成多个指标层级，并按支配关系形成层次结构，运用两两比较的方式确定层次中诸指标的相对重要性，并给予定量表示，具有有效性、简洁性、系统性及实用性等优点，且能直观准确地给出权重的定量值，因此层次分析法是确定权重值的一种优良方法。运用层次分析法首先需要确定预警指标体系中各个指标的关系，建立系统的递进层次结构；其次对同一层级的两两指标进行比较，构造判断矩阵；最后由判断矩阵计算各指标的相对权重。层次分析法可以通过 SPSS、Yaahp、Matlab 等软件实现，具有较强的应用性与可操作性。

网络预警指标权重确定后，网络舆情监测系统抓取到的各类数据便可根据指标权重赋值，最终形成总体的网络预警指数。一旦网络舆情发展达到特定指数阈值，舆情监测系统便会及时发出相应的预警等级，为网络舆情引导对策的制定提供信息参照。

三 网络舆情预警技术介绍

网络舆情预警的意义在于尽早提前判断网络舆情的发展趋势，为相关部门制定对策提供时间准备和信息参考，防止网络舆情严重化、极端化。网络舆情预警是否及时、是否高效和是否可靠是预警能力高低的体现，关系到决策质量的高低和舆情事态的发展。高效准确的网络舆情预警需要依靠过硬的预警技术，因此采用什么样的技术和如何发展创新技术就显得尤为重要。网络舆情预警技术的应用一般以自然语言技术、数据搜集技术和处理技术为技术支撑，以信息学、传播学和管理学等为理论支撑，是多学科多技术的综合体。目前主要的网络舆情预警技术有情感倾向性分析技术、Web 数据挖掘技术、网络舆情晴雨表预警技术、基于模糊推理的预警技术等。

（一）情感倾向性分析技术

网络舆情预警质量的高低，取决于能否从海量的网络信息中抓取关键的舆情信息点，从而预测网络舆情发展态势甚至事件危机苗头。情感倾向性分析技术又被称为情感分析、情感分类、观点挖掘和文本意见挖掘等，能够在所搜集的大量信息中分析出各主体的情绪变化和情感倾向。情感倾向主要包括赞成、中立、反对三种立场，也包括不同主体对某一事物的态度强度，甚至包括主体对该事物的具体看法和情绪、态度等细节方面。情感倾向性方法的第一步是依靠信息检索技术、数据挖掘技术和自然语言处理等技术从海量的网络信息中进行数据采集，第二步是对数据进行结构化处理，第三步进行情感倾向性分析以获取各主体的情绪、意见和观点，判断民众持赞成、中立和反对观点的比例与强度，最终根据正、反面观点的情感色彩强烈程度决定是否发出网络舆情预警以及预警等级。也有部分学者认为传统的三级观点划分不够精细，提出采用赞成、偏赞成、中立、偏反对、反对五级划分方法，具有一定的合理性，是对前者的合理补充。持偏反对和偏赞成的两类人群立场容易摇摆不定，应重点予以合理引导。此外，基于观点树的网络舆情预警方法是情感倾向性分析技术的进一步延伸，该方法从观点极性判定、观点强度判定、观点属性挖掘三个层面出发构建观点节点。观点极性判定是分析正向、中立、负向观点的持有率，构建出粗粒度观点节点；观点强度判定分别分析高强度负向观点、中强度负向观点、低强度负向观点的持有率，构建出中粒度观点节点；观点属性挖掘是分析主体关注的对象以及对其所持的态度，分别分析高强度负向观点属性、中强度负向观点属性、低强度负向观点属性，构建出细粒度观点节点。三个节点汇聚共同形成了观点树，也就是情感分析的最终结果，若结果数值达到设定的预警阈值则会触发预警，报告预警等级。

（二）Web 数据挖掘技术

Web 数据挖掘技术是指从各种网页中提取目标信息并进行处理、分析的技术，其主要流程包括数据采集、数据预处理、模式发现、模式分析和预警。数据采集层面，网络舆情监测系统从所监测的舆情中挖掘与舆情事件相关的各类数据，数据来源于各类网页，通过数据汇总形成目标数据集；数据预处理层面，通过处理技术过滤重复和杂质信息形成结构化数据，并将纯净数据统一储存以便于数据挖掘；模式发现层面，通常利用路径分析、关联规则挖掘、时序模式发现、聚类和分类等技术挖掘出有效的、新颖的、潜在的有用信息和知识，所得信息和知识将被用于最后的分析；模式分析和预警层面，利用相关的工具和技术对挖掘出来的模式进行分析、解释，并能够根据分析结果对网络舆情进行等级预警。

（三）网络舆情晴雨表预警技术

“晴雨表”是气象学的用词，其一般含义是气压计，是用来测量大气气压的科学仪器，能够预测短期内的天气变化。同理，网络舆情晴雨表能够用来预测网络舆情发生的可能性，其根据网络舆情危机的预期影响和发生概率将危机预警分为四个颜色等级，分别是红、橙、蓝、黄，如图 6 – 3 所示。

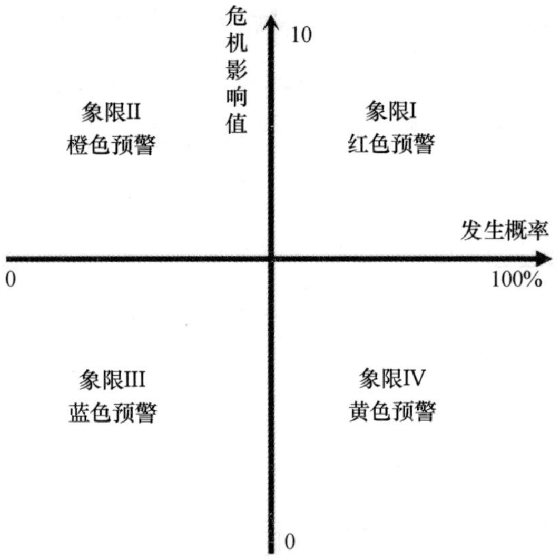

图 6 – 3　网络舆情预期

网络舆情晴雨表由横纵坐标划分的四个象限构成，其中横坐标代表舆情发生概率，纵坐标代表舆情影响值。第一象限表示网络舆情危机具有高发生率和高影响值，被划分为红色预警区域，危险等级最高；第二象限表示网络舆情危机发生概率较低，但一旦发生便会造成很大影响，被划分为橙色区域，危险等级较高；第三象限表示网络舆情危机均具有较低的发生率和影响值，被划分为蓝色区域，危险等级最低；第四象限表示网络舆情危机虽具有较低影响值但发生概率很高，被划分为黄色区域，危险等级处于中级。根据相关技术计算出网络舆情发生概率和影响值后，相关部门需要根据网络舆情所处的不同颜色等级对症下药，制定不同的应对策略和应急方案。

（四）基于模糊推理的预警技术

基于模糊推理的预警技术是把军事领域中的战场态势分析和威胁估计的思想引入网络舆情分析和预警中，因此可以从“战场威胁估计”的理论角度出发理解模糊推理。战场上的每一个因素如目标类型、距离、速度等都会对综合的威胁程度数值产生影响，而敌目标威胁程度的大小是由多种因素属性共同决定的。因此，网络舆情中的不同因素如事件重要性、公众关注度、公众态度、传播速度及其影响权重皆会影响最后的预警等级。网络舆情和战场的对应关系是相似的，舆情中的话题或事件对应于战场的目标，舆情中的公众对应于战场的环境。网络舆情预警就是根据网络舆情事件、公众及其关联因素，利用威胁估计技术对网络舆情的威胁程度进行定量估计，从而做出网络舆情的预警等级预报。

四　撰写网络舆情分析预警报告

（一）什么是网络舆情分析预警报告

网络舆情分析预警报告是针对某一热点事件，在一定的时间内，通过定性和定量的方法分析网站、论坛、微博等多通道传播的媒体、专家、意见领袖和网民的意见，判断网络舆情的发展趋势，预测发生社会集体事件的可能性和时间节点，同时向相关部门提出相关处置应对的建议。

网络舆情分析预警报告的质量不仅决定着主管部门对舆情事件的关注程度，还影响着相关部门的决策效果。因此，优秀的舆情分析预警报告，从内容上来看，要客观准确、重点突出；从语言上来看，要精巧连贯，生动活泼；从形式上来看，要数据鲜明准确，形象直观。

（二）网络舆情分析预警报告的要素

舆情报告的要素包括舆情综述、传播情况、舆论观点、舆情点评、宣传效果评估、舆情建议等。

1. 舆情综述

所谓舆情综述，指对报告主题及其正文内容的总结概括，即用最短的篇幅提炼出最核心的看点。其一般要求做到凝练精华，做出与后文相比更能高度概括报告中心的评述，进而起到提纲挈领，成为报告内容的“入门指南”的作用，而完全引用每一部分的原文或长篇大论、简单复制后文的概述则不可取。

2. 传播情况

该部分内容为目标事件的舆情在各传播渠道上的分布状况、演绎路径、传播节点、事件热度等。在传播情况这个环节，舆情报告既要厘清舆情传播路径，又要通过图表、数据等形式对舆情烈度进行直观呈现，便于有关方面感知目标舆情事件的热度值和情感值。

3. 舆论观点

舆论观点主要是对媒体、专家、网民等多个群体就某一舆情事件或舆情话题所持态度、意见，进行聚类分析和归纳总结。这部分是报告最核心的主体，条理清晰、舆情逻辑鲜明、观点总结准确、信息来源真实，都是最基本的要求。需要注意的是，商业门户网站因没有新闻采访权，因此开设的一些栏目报道或评论，原则上不能视为媒体观点。

4. 舆情点评及建议

这部分可以说是一份舆情报告最闪亮的“黄金点”，具体可分为两个层面：一是舆情点评或宣传效果评估，二是风险研判及改进建议。舆情点评、宣传效果评估在思路上有所不同：舆情点评偏向为舆情危机全方位“诊疗”后，从时效性角度对舆情应对的利弊进行剖析；宣传效果评估则倾向于对正面宣传效果进行评估，对融媒体传播的现状进行分析。

五　网络舆情预警经典案例剖析

（一）女网红进入某航空驾驶舱事件

2019 年 11 月 3 日晚间，微博认证为“知名航空博主”的网友“确认信号”发布微博称，有无关旅客在商业航班中进入驾驶舱，并在驾驶座就座拍照，并认为驾驶舱周边一切状况显示并不是模拟机环境。照片中，一名未身着制服的女子坐在驾驶座上，面前的仪表盘前摆放着茶具，女子摆出剪刀手的动作。照片还配文：“超级感谢机长，实在是太开心了。”不过该博文引发关注较小，传播范围不大。舆情首次大规模爆发是 11 月 3 日 23 时，有一位博主根据当事女网红发布在朋友圈的图片，发文称航空机长给一个网红脸升到驾驶舱还泡茶喝。该事情当晚引起网友大规模转发，截至 4 日主流媒体正式关注此事时，该博文已经在网络上被转发 7000 + 以上，最多转发达 12 级层次，前后拥有 30 个以上分级关键传播节点转发。

11 月 4 日上午，又有两名博主陆续转发该事件，称通过网友分析仪表盘，表明航路是激活的，该图片拍摄时飞机处于飞行状态中。此外，根据网友挖出女网红的消息，得出该照片拍摄时间是 2019 年 1 月份，拍摄地点位于 G 城区域，背景公司是某航空公司标志。随着事件在网络上广泛传播，环球网、财经网、头条新闻等主流媒体纷纷进入该事件的调查中，女网红进入飞机驾驶舱一事被网民广泛得知。事件的影响力指数达 75. 3，高于 86% 的社会事件。

人们愤怒于女网红的扬扬得意、机组人员的无作为，并愤怒于该航空公司毫不知情。对于女网红进入飞机驾驶舱一事，大部分网友对该航空公司也表达了失望之意，负面评价占据主流。

4 日 13 点 45 分，该航空在网络上发布官方通知，称针对网友举报“一名乘客进入飞机驾驶舱”一事，高度重视。对机长做出终身停飞的处罚，对涉事的其他机组成员无限期停飞并进一步接受公司进一步调查，并表示会按照航空条例做内部自审。截至 4 日 17 时，网友对于该航空公司的正面评价回升，达到 40%，31% 的网友继续保持负面情绪，认为该航空公司内部管理失灵，假若不是女网红无知炫耀，该事情永不会被曝出，归根结底是公司行政失误引起的。29% 的网友与媒体认可桂林航空做法，但认为该航空公司此次失责需要继续完善内部管理。人民日报微博在 4 日 16 时针对该事情发布微评，指出该事件还暴露出现行制度被架空，内部管理失灵，惩处涉事机组人员固然重要，举一反三查缺失更重要。总体舆论对于该航空公司的态度趋于理性与缓和，更多的是提出针对性意见。11 月 5 日，该航空公司高层集体受罚在次日排到了微博热搜第三，此后各平台对于该事件的报道趋势逐渐减少，于 11 月 10 日趋近于零。

针对网红进入航空驾驶舱引发的网络舆情，航空公司的及时回应和针对性措施的提出说明其在舆情预警上做了充分准备，能在舆情发生的第一时间内拿出应对方案，有效避免了社会各界对自身的评价走向极端，最大限度挽回了正面形象。网络舆情预警的及时性与有效性能够为当事者提供明确的问题解决思路与舆情引导对策，掌握事件处理主动权。在驾驶舱事件引爆舆情的当日，该航空公司的及时跟进说明了该公司在现有舆论基础上预判到了该事件可能会带来的严重后果与不利影响，虽未能在舆情发生之时即照片于 3 日被曝光时便启动应急程序，但舆情发生后及时地正面应对也是有效预警的体现。面对开始时的不利舆论处境，该航空公司抓住重点做出对机长终身停飞，机组其他人员无限制停飞的决定，符合法理也顺应了人心，这使得网友在后期对于该航空公司的口碑评价逐渐上升，该航空公司赢得了事件处理的主动权。决策依据背后立足于有效的网络舆情预警，根据各方反馈的舆情数据敏锐分析自身需求与网民议论重心，重点回应处罚的核心问题，进行自我反思并接受网友批评，消解了网友怒气。同时在公告声明中不提及女网红，将公司与网红行为分离，尽最大可能降低了自身的负面形象。在舆情发展的初期，网络舆情预警能为涉事主体争取足够的反应时间并制定相应对策，迅速做出反应从而能有效引导舆情事件，该航空公司的及时反应和有效对策印证了网络舆情预警的重要性与积极作用。

（二）B 市地铁打人案

2017 年 3 月 4 日，一段在 B 市地铁十号线上男子辱骂两名女子并抢夺手机的视频在网络引起热议。视频中，一年轻男子与两名女子因微信扫码问题发生口角，女子一方不断质问“你是不是爷们儿”等，在言语上“步步紧逼”。男子多次提及对方“外地人”身份，并不断用脏话辱骂两名女子，还在女子报警之时抢夺手机，并在地铁关门时强行推人下车。其间，并未见其他乘客上前阻拦。据报道，视频拍摄者称事发于 3 月 4 日 11 点，两名女子为地铁“扫码创业”者，自称做营养早餐，事发前正在车厢内推广微信公众号。当推广至该男子时，其因玩游戏被打扰，故“出口成脏”。在男子对一名女子展开辱骂后，女子的同伴上前帮腔。两名女子下车后，男子从自己所在车厢离开。

骂人视频一出，网上众说纷纭，有人说此事是炒作、摆拍，引发了各种撕裂和交锋。3 月 4 日 22 时 49 分，@平安 B 市在微博评论中表示已关注，正在核实相关情况。5 日 2 时 25 分，@平安 B 市发布消息强调，维护公民人身权利和公共秩序是公安机关的法定职责，并表示已开展调查，对违法行为会依法予以坚决打击。5 日 6 时 42 分，@平安 B 市发布情况通报，已将 17 岁嫌疑人张某查获，目前案件正在审理中。

5 日上午，事件关注度迅速走高，部分大 V 及运营号的介入使得舆情事件热度在 9 点左右达到事件最高峰值，某大 V 单条微博转发量 30 万余条，评论 32 万余条，点赞近 110 万，负面认知占主流。

3 月 6 日 20 点，@平安 B 市向社会公布了案情经过：已将视频中的男子张某（17 岁）查获，经调查，因蒲某某和胡某某请求张某扫手机二维码推销产品遭拒，引发争吵，后张某对二人实施了辱骂、抢手机、推搡等行为；二人未受伤，手机等财物未损坏，张某对自己的违法行为深感后悔，并向二人真诚道歉且获得谅解；因张某悔过态度好，系未成年在校学生，且初次违反治安管理，警方依法对张某决定行政拘留 5 日，并依法不执行行政拘留；对二人在地铁车厢要求他人扫码推销产品等涉嫌违反地铁运行管理的行为，警方已通报相关主责单位，并对二人进行了教育。警情通报发布后微博舆论呈现了一边倒态势，纷纷赞赏 B 市公安的处理速度之快与处理方式的有理有据，网络上的争议趋于平息。

可以看到，在网络舆情苗头刚开始出现时，B 市警方便通过网络舆情预警预测到了事件可能引发的争议与后果，并及时介入，在 4 日当天 22 时 49 分便察觉到了事件在微博造成的舆论影响并表示关注。在 5 日 0 时 41 分某网络大 V 转发该事件的仅两个小时后，警方于 2 时 25 分在微博上再度回应，可见其回应之迅速和及时。此后抓获男子的通报与次日的警情通报皆体现了警方较高的媒介沟通和法律素养，针对网络舆情和案件本身都做出了合法、合理、合情的应对与处理，有效化解了事件可能造成的严重后果，维护了城市的良好形象。

在网络舆情的初始生成阶段，相关的事件报道和舆论初见端倪但并未引起广泛关注，网民对于具体事件和舆情内容了解程度不高，意见尚未统一，此阶段是进行有效预警和进行舆情干预的最佳时期。但由于事件影响力较小，这样的网络舆情可能处在相关部门的监测盲区，因此建立起完善的预警机制就显得尤为重要。B市地铁男子打人事件在视频刚流出阶段引起网友各类观点激烈交锋，属于网络舆情生成期，若缺少有效预警和介入，事件极易引起网络群体极化甚至对现实社会产生不利影响。B市警方的及时预警和介入调查一方面释放出的信号是官方具有较高的服务意识与行政效率，另一方面是真相有待调查，不能盲目下定结论。这对于意见分裂的网友是一针镇静剂，通过透明的信息发布能够在初期防止网络舆情向负面发展。网络舆情预警机制的建立主要用于网络舆情初始阶段的预警，为相关部门和机构提供及时有效的预警信息，从而争取到舆情治理的主动权，有效引导舆论并化解网络舆情产生的不利影响。

第四节　网络谣言识别与应对

一　网络谣言识别机制

网络谣言是发生在网络空间中的一种没有事实根据的信息，网络谣言的传播不仅会造成虚假信息的扩散误导广大民众，甚至会引起社会情绪的不安与恐慌，破坏社会稳定秩序，对社会治理形成阻碍。目前国内外学界对于谣言有不同的定义，如郭庆光认为，“谣言是一种信源不明、无法得到确认的消息或言论，有自发产生的，有人为制造的，但大多数与一定的事实背景相联系”[①]；沙莲香认

① 郭庆光：《大众传播、信息环境与社会控制——从“沉默的螺旋”假说谈起》，《新闻与传播研究》1995年第3期。

为，“谣言是某些人或团体、组织、国家，根据特定的动机和意愿，散布一种内容没有得到确认的，缺乏事实基本根据的，通过自然发生的，在非组织的连锁型传播通路中所流传的信息”①；周裕琼认为，“它是未经证实却广为流传的对现实世界的假想，本质上是舆论的畸形变态”②。可以看出，国内学界对于谣言的定义具有明显的否定和贬义情感。而在国外学界中，谣言定义更具中性色彩，认为“谣言是在人们之间私下流传的、对公众感兴趣的事物、事件或问题的未经证实的阐述或阐释”③；或如《韦伯斯特英文大字典》认为是一种缺乏真实依据，或未经证实，公众一时难以辨别真伪的闲话、传闻或舆论。网络谣言作为谣言的一种，其本质属性与谣言相同，但也同时具有传播速度迅速、传播媒介载体多样、传播交互性强和传播成本低等新特点。在网络的复杂信息环境下，网络谣言的识别需要依靠契合互联网信息传播特征的有效识别机制。

（一）基于灰色关联分析的识别方法

网络谣言事件的产生是多因素的共同作用，每个网络谣言事件在相同的因素作用下通常具有关联性，灰色关联分析的方法是通过将具有网络谣言倾向的事件与谣言识别系统中的参数进行比较，进而得出事件和参数的关联度的大小从而确定该事件是否是谣言。这个比较过程可以视为特殊与一般的对比，网络谣言识别系统中的参数值是通过计算代表性的网络谣言事件各因素的权重和得分而得来，具有参考价值。一旦有网络谣言倾向的事件发生，谣言识别系统能够立刻抓取该事件中的各种因素进行分析，得出相应数值。若数值与系统中的参数符合，则能确定谣言的严重程度。因此，谣言

---

① 沙莲香：《危机心理的预警功能》，《河南社会科学》2004 年第 1 期。

② 周裕琼：《谣言一定是洪水猛兽吗？——基于文献综述和实证研究的反思》，《国际新闻界》2009 年第 8 期。

③ Katz E, Shibutani T. , “Improvised News: A Sociological Study of Rumor”, *American Sociological Review*, Vol. 34, No. 5, 1969, p. 781.

识别系统选取什么类型的谣言事件因素作为参数计算的原始数据就显得尤为重要。部分研究者尝试以信息来源、信息量、互文性、攻击性、模糊性、暗示性、破坏性 7 个因素作为影响网络谣言事件关联性的指标因素，确定了参数计算的基础。但事件因素的选择不是唯一和固定的，谣言事件的层出不穷决定了其具有多样性的特征，因此和谣言事件关联的新因素也会产生，网络谣言识别系统需要及时更新以筛选和纳入更多因素。

（二）基于文本特征分析的识别方法

文本特征是指消息文本内容以语法为主的显性特征，以语义、情感为主的隐性特征以及随着时间变化表现出的新特征。以语法为主的显性特征分析主要包括消息文本内容的词语特征、符号特征、简单的情感特征等，词语特征、符号特征可以通过人工或计算机进行统计，如表情符号、词汇频数等；情感特征分析则是比较文本信息中积极情感词汇和消极情感词汇的数量，从而最终确定文本的情感倾向，网络谣言的情感一般具有极端和异常的特点，通过计算网络事件的情感特征可以区别谣言和非谣言在情感倾向上的差别，从而界定网络事件是否是谣言。基于语义为主的隐性特征分析主要针对消息文本在深层次的语义层面进行特征提取或抽象表示，从而获取消息文本的潜在语义特征、消息间相互关联特征以及其他文本特征。谣言与非谣言的文本特征一般具有较大的差异，分析其差异程度可以识别出是否是谣言以及谣言的严重程度。此外，网络谣言传播过程中，多媒体内容如图片、音频和视频等往往比单独的文字信息更具有吸引力、感染力和说服力。因此，通过识别图文内容是否符合以及追溯图片、音视频的来源、视觉特征可以较好识别出具体的传播事件是否是谣言。

（三）基于内容对比的识别方法

基于内容对比的识别方法是通过选取一个可信度已知的对象作

为疑似谣言事件的对比对象，从而达到对原始信息进行识别的目的，具体对比方法包括与已知的谣言信息进行对比或与已知的正常信息进行对比。与已知谣言信息进行对比的方法需选取与待对比文本话题相关的已知谣言信息，一般包括根据官方辟谣机构发布的谣言案例或日常事件中已知的谣言，并根据谣言事件的模式和特征作为参照对象进行对比。与已知的正常信息进行对比需选取与待检测文本话题相关或包含该话题的已证实的信息，这类信息是真实的事件。通过比较两者的相似程度可以判断出关联的大小，若被检测的事件与已知谣言特征拟合度高，则该事件有很大概率是谣言；若被检测事件与正常事件特征拟合度高，则该事件有很大概率是正常事件。

二 网络谣言应对策略

网络谣言的传播是造成社会不稳定的重要因素，在网络谣言识别的基础上对其进行治理与应对是促进社会稳定、维护公共利益的根本需要。在互联网情境下，网络谣言具有传播迅速、涉及范围广泛和关联主体多样等特点，这意味着对于网络谣言的治理应是多主体协同共治的过程，以现有法律为根本立足点，充分发挥各主体的积极作用。

（一）行政机关依法治理

依法治理网络谣言是构建法治社会，推动文明网络空间发展的必然要求，有法可依，有律可循。《中华人民共和国治安管理处罚法》第 25 条规定，“散布谣言，谎报险情、疫情、警情或者以其他方法故意扰乱公共秩序的”，“处 5 日以上 10 日以下拘留，可以并处 500 元以下罚款；情节较轻的，处 5 日以下拘留或者 500 元以下罚款”；《中华人民共和国刑法》第 291 条规定，“编造虚假的险情、疫情、灾情、警情，在信息网络或者其他媒体上传播，或者明知是上述虚假信息，故意在信息网络或者其他媒体上传播，严重扰乱社会秩序的，处三年以下有期徒刑、拘役或者管制；造成严重后果的，处三年以上七年以下有期徒刑”；《互联网信息服务管理办法》第20条规定，“散布谣言，扰乱社会秩序，破坏社会稳定”“构成犯罪的，依法追究刑事责任；尚不构成犯罪的，由公安机关、国家安全机关依照《中华人民共和国治安管理处罚法》、《计算机信息网络国际联网安全保护管理办法》等有关法律、行政法规的规定予以处罚”；等等。据此，行政机关可依据相关法律法规对散布网络谣言的违法行为进行治理，采取封号、删帖、罚款、传唤等具体行政行为对有关主体进行规制。在具体执行过程中，行政机关的管理行为也必须做到严格遵守法律，有法必依，不可越法而为。如此才能发挥法律治理的最大效益，有力防止网络谣言带来的危害。但可以看到的是，中国现有关于谣言的法律法规还存在不足之处，法律体系不够完善、覆盖面不够广、针对性不强以及惩罚力度不大等问题较为突出，给谣言治理带来了一定的困难。因此，在现有法律基础上健全法律法规，与时俱进推动网络谣言治理向精细化、明确化、灵活化和常态化发展是当务之急。此外，行政机关除了具备通过法律治理网络谣言的能力，还具备以官方身份发布权威信息的功能。在网络谣言发生后，政府应及时发布权威信息，并依据公众信息需求心理有针对性地发布相关信息做到有的放矢。在此过程中，信息发布也应做到实事求是，面对网络谣言宜疏不宜堵，增强信息的有效性和透明性。

（二）专业媒体及时辟谣

网络谣言的传播离不开多样的媒介载体，专业媒体作为权威性的代表在信息生产和传播的过程中必须把好关以承担好社会责任。专业媒体具有公信力高、信息求证能力强、信源广以及发布渠道多元等先天优势，在传播真实信息和遏制网络谣言上具备强大能力。

因此，专业媒体一方面要防止自身生产谣言，另一方面也要对谣言及相关不实信息的传播及时遏制，切断其传播渠道。在网络谣言的影响下，公众情绪容易走向极端，非理性因素的影响使得其态度和情感呈现出极大的不稳定性。专业媒体在辟谣的过程中更需注重信息发布的合理性与真实性，以严肃的形式表达观点，合理引导舆论，把公众情绪拉回正确轨道。这要求媒体工作者既要保证信息的真度，主动核实信息的准确性；也要兼顾真实信息的温度，要求信息发布具有灵活性，通过较浅显的语言将内容表述清楚，使得民众能够接受正确、准确的信息。网络谣言具有传播迅速的特点，专业媒体辟谣除了传播真实信息还应注重时效性，通过明显的话题标签等帮助用户迅速定位相关问题以及谣言来源，最大限度地通过凸显核心内容及时地传递辟谣信息和进行舆论引导。在社交媒介环境下，专业媒体可以通过多平台多渠道进行辟谣信息发布以扩大信息的覆盖面和影响力，形成综合的传播矩阵。融媒体技术的发展创新了发布的内容和形式，能够为多维传播矩阵的打造提供支持。此外，依靠平台力量，专业媒体还可根据不同新媒体平台的受众特点区别制作相关辟谣内容，使其属性与传播形式符合不同平台的传播模式，符合用户的信息接收习惯，从而达到最大化的辟谣效果。

（三）发挥辟谣平台作用

辟谣平台是指在技术应用创新的推动下，为改善网络谣言治理现状而建立的平台。辟谣平台一方面能够及时澄清错误信息，传播、科普正确信息；另一方面也能提升公民信息鉴别素养，在全社会形成认知合力，有效治理网络谣言。目前国内的辟谣平台主要分为政府主办和社会组织主办，政府主办的网络辟谣平台包括各级网信办和媒体机构主办或合办的辟谣平台，如中国互联网联合辟谣平台、北京地区网站联合辟谣平台、山西互联网联合辟谣平台、中国食品辟谣网等；社会组织机构主办的网络辟谣平台主要为百度辟谣平台、丁香医生辟谣平台、新浪微博辟谣平台等互联网相关企业创办的平台，总体呈现出多方力量协同参与辟谣和多元媒体渠道参与辟谣的局面。因此，发挥好多方力量协同辟谣以及全媒体参与辟谣的共同作用对于网络谣言治理具有重要意义。辟谣活动是一个动态过程，包括前期的搜集谣言信息、中期的研究判断信息真伪、后期发布传播辟谣信息以及最终的反馈辟谣信息传播效果，在此过程中，全媒体具有很强的实践应用价值，辟谣平台上的全媒体具备传统媒体和新媒体的融合形态，对于网络谣言的搜集、研判以及治理具有较强的优势；同时，全媒体综合了声、画、音、视频等多样的信息形态，有利于发布的信息通过多元渠道传播，被广大民众理解和接受。而在多方力量协同辟谣层面，则要联合好包括官方主体、社会组织以及公众个人在内的多方主体，发动传统媒体、网络平台、专业科技人员、营利性组织和非营利性组织以及普通网民进行社会化协同辟谣。在辟谣平台治理谣言的过程中，全媒体参与和多方力量协同应共同发挥作用而不应彼此分离，力促全媒体成为多方主体主要的信息发布渠道和形式。然而，当下的网络辟谣平台虽综合了多元的媒介形态，但其重心仍在于门户网站，相关的公众号在内容和形式上相较于网站呈现出单一特点，在社交媒体情境下影响力不足，当网络谣言产生时发挥的作用较为有限。因此，在发挥网站辟谣平台作用的基础上，拓展更多传播渠道尤其是拓展社交媒体渠道应是往后发展的主要方向。

（四）提高公众媒介素养

“谣言止于智者”，网络谣言的传播很大程度上依赖于公众的转发扩散行为，若民众能够有效识别谣言信息则有利于在广泛层面上阻断网络谣言传播链条。但由于部分公众缺乏信息鉴别能力和理性思考能力，媒介素养不足，当网络谣言发生时，部分公众会盲目参与到谣言的转发中，给网络信息环境造成了不良影响。因而，提高公众媒介素养和网络谣言识别能力就显得尤为重要。一方面，政府、学校、媒体组织和相关社会组织要通过各种形式加强公众的媒介素养教育，提高公众的网络谣言鉴别力和知识教育水平，有效避免网络谣言通过公众扩散传播。而在义务教育全面普及的当下，充分发挥学校的媒介素养教育功能是提高民众媒介素养的重要手段。中国媒介素养教育起步较晚，体系相对不完善，在结合国情的基础上，可以借鉴国际成熟的理念与经验。英国是世界上最早开展媒介教育的国家，20 世纪 30 年代初便有学者提出了媒介素养教育的概念，80 年代由于英国政府的介入媒介教育得到了迅猛的发展，到了 90 年代中期网络媒介教育开始形成规模。截至 1997 年，英国就有近 2/3 的学校开设了媒介研究课程，直到现在许多学院和大学都设有媒介素养教育的教师培训项目。美国、日本、加拿大等国也将媒介素养教育纳入国民教育体系之中，形成了完备的媒介素养教育网络，这些国家的媒介素养教育经验可以为中国提供良好参考。另一方面，要重视培育公众的道德修养，倡导公众不做网络谣言的推手，自觉抵制网络谣言的绑架和腐蚀，提高对各类网络信息的警惕性和察觉能力。而针对不同性质的公众群体，媒介素养教育应有重点，对于易受网络谣言影响的老年群体、低教育程度群体应重点予以关照。此外，在进行媒介素养教育的过程中，还应注重奖惩结合的宣传，一方面强调造谣传谣的法律后果，使得公众明确法律边界，从而增强其在信息传播过程中的自我约束意识，从根源上解决网络谣言治理难题；另一方面则鼓励公众发挥自身力量参与到网络谣言治理中，对于有效举报谣言线索的行为予以适当奖励。

三　网络谣言经典案例剖析

（一）王某某事件

2017 年 9 月，H 省 T 县两岁半的王某某被诊断出患有视网膜母细胞瘤，确诊后，其母亲在多个平台上展开众筹，呼吁网友为女儿捐款。11 月，Z 市大学第一附属医院的多位眼科专家对王某某进行会诊，判断当时王某某的病情处于中晚期。随后家属在水滴筹发起筹款，筹到 12373 元。12 月，有自媒体爆出其家属赴北京给儿子看病并晒出医院照片，称医院的照片和位置与治疗唇腭裂的北京某儿童医院都十分相像。2018 年 3 月，王某某家属发起第二次筹款，筹到金额 38638 元。王某某的爷爷向有关媒体表示筹到 3 万多元后，有联系上海、北京的医院、专家，但此时王某某的病情已加重无法继续治疗，家属只好继续采取保守治疗。4 月 6 日，重庆志愿者、王家爷爷、王母和王某某一起到了北京该儿童医院，回来之后王某某病情加重，家属咨询专家后，认为治愈机会不大，决定让王某某继续在当地卫生所采取保守治疗。

2018 年 4 月 9 日开始，部分网友开始质疑王某某家长，认为他们收到了善款却不把王某某送到大医院治疗，还疑似把善款挪用来给儿子治唇裂，重男轻女，并涉嫌诈捐。某网络大 V 发布微博实名举报："3 岁的王某某疑似被亲生父母虐待致死。"2018 年 5 月 4 日，确诊仅 8 个月后，不到 3 岁的王某某离开了人世。

5 月 24 日，某自媒体发布文章称，H 省 T 县一对夫妻疑利用重病幼女，骗取网友 15 万元捐款后，不带女儿去治疗，反而带唇腭裂的儿子去北京治疗，致女儿死亡。该文章一出，此事件热度迅速攀升并引发了广泛热议，媒体也进行了相关报道和跟进。

随后有网友根据女童母亲朋友圈内容，质疑"女童去年 11 月确诊患癌后，其母去年 12 月带儿子前往北京治疗唇腭裂"，怀疑其母将治疗女儿的善款用于儿子的医疗费用。但在这些事实确证之前，网上掀起的对王某某家人的道德批判愈演愈烈。有网络大 V 直言："王某某疑似被亲生父母虐待致死"；有人说，"地狱空荡荡，王某某的父母在人间"；还有自媒体以漫画形式，脑补王某某被弟弟欺负、被爷爷奶奶嫌弃、因为和弟弟吵架而被妈妈“暴打”的场景。

2018 年 5 月 25 日，在当地警方、媒体等相关机构的介入下，该事件出现反转。王某某家人回应媒体称，真实募集的善款只有 3.8 万元，其中水滴筹募集的善款为 3.5 万元，治病后剩下 1301 元，15 万元只是目标筹款。此外，北京该儿童医院已证实王某某弟弟到北京治疗唇腭裂的费用由某基金会所支付，不涉及此次募捐善款。当地公安局调查后称，“目前我们掌握的情况是，筹来的款大部分都用在孩子的治疗上了”，并表示这一事件不构成诈骗，也非刑事案件。

当地村主任表示，据他所知王某某的家人并不像网友说的那样虐待小孩。至此，网友情绪发生了变化，纷纷转发致歉。5 月 26 日，王某某家人公开善款收据并将余下的 1301 元捐给政府。26 日晚，央视新闻也发表评论称：“真相已浮出水面，谁该反思？”至此事件趋于平息。

综观整个谣言事件发展，自媒体在生产和传播谣言过程中起关键作用，尤其是在事实不明晰的情况下质疑王某某母亲重男轻女，将筹款用于儿子唇腭裂治疗。在此过程中自媒体利用公众情感痛点进行造谣以博取关注，而公众媒介素养的不足也使其盲目相信自媒体谣言内容，参与到谣言的转发当中，从而使得虚假信息传播范围不断扩大，造成不良影响。在事件末尾，专业媒体、公安局、医院以及镇政府的澄清使得真相浮出了水面，谣言才得以制止。这表明行政机关和专业媒体因其专业性和权威性在辟谣过程中作用是显著的，但辟谣缺乏时效性，相关主体没有对谣言进行及时澄清以及发布相关事实使得王某某事件愈演愈烈，最终导致了谣言的广泛传播，公众负面情绪集体爆发。这表明，网络谣言的治理一方面不仅要依靠各专业、权威主体的及时反应与跟进，也需要公众在接触网络信息的过程中增强辨别能力，提高媒介素养，不能被谣言和情绪左右。网络谣言的广泛扩散很大程度上依赖于公众的嵌入式传播，不同的个体联结起了广阔的社会关系，网络谣言借此得以打破不同圈层，引起整体的振动与变化。据此，网络谣言的制止根本上需要依靠公众的能动性，“谣言止于智者”，具有较高媒介素养的公众皆能成为“智者”。基于强连接的社会关系，公众自觉识别谣言并辟谣能够中断网络谣言传播链条，使其在根本上失去生存的土壤。

（二）2011 年抢盐事件

2011 年 3 月 11 日，日本东海岸发生 9.0 级地震，地震造成日本福岛第一核电站 1—4 号机组发生核泄漏事故。3 月 15 日中午，Z 省H 市某数码市场的一位员工在 QQ 群上发出消息：“据有价值信息，日本核电站爆炸对山东海域有影响，并不断地污染，请转告周边的家人朋友储备些盐、干海带，一年内不要吃海产品。”随后，这条消息在微博、微信等多个网络平台上被广泛转发。从 3 月 16 日开始，中国部分地区开始疯狂抢购食盐，许多地区的食盐在一天之内被抢光，其间更有商家趁机抬价，市场秩序一片混乱。引起抢购的是两条消息：食盐中的碘可以防核辐射；受日本核辐射影响，国内盐产量将出现短缺。16 日，北京、广东、浙江、江苏等地发生抢购食盐的现象，产生了一场全国范围内的辐射恐慌和抢盐风波。

3 月 17 日午间，国家发改委发出紧急通知强调，中国食用盐等日用消费品库存充裕，供应完全有保障，希望广大消费者理性消费，合理购买，不信谣、不传谣、不抢购。并协调各部门多方组织货源，保障食用盐等商品的市场供应。18 日，各地盐价逐渐恢复正常，谣言告破。3 月 21 日，H 市公安局发布消息称，已查到谣言信息源头，并对始作俑者做出行政拘留 10 天、罚款 500 元的处罚。

根据谣言发展的时间线可知，2011 年的抢盐事件持续时间短、发展态势快、波及范围广，在短短两天时间内便引起了一场全国性的抢盐风波，而谣言的来源仅是一条未经证实的 QQ 消息。奥尔波特和波斯曼曾提出了著名的谣言传播基本法则：$R = i \times a$，认为谣言流通量 = 事件重要性 × 事件模糊性，传播学者克罗斯修正为谣言流通量 = 事件重要性 × 事件模糊性/公众批判能力。但在谣言的产生和传播的过程中，其关联事件的重要性与模糊性始终是核心，其中任意一个为零谣言都不可能产生。抢盐事件中的碘盐被认为可以防核辐射，也与饮食密切相关，健康与饮食皆是民众生活的重要方面，因而谣言具有了相当的重要性。但事实未经证实，因而事件模糊性程度高，二者因素综合造成了谣言的迅速、广泛传播。加之民众科学素养与媒介素养不足，在惧怕核辐射的心理作用下，纷纷参与到谣言的传播当中，构成了谣言扩散的主要载体。而面对民众的非理性行为与极端情绪，政府部门、主流媒体与专家辟谣信息的及时发布使得谣言在不到两天的时间内被遏制，有效发挥了权威机构与专业机构的信息影响力，避免了事态进一步恶化。民众科学素养的缺失为网络谣言滋生提供了有利条件，就事论事与对症下药的辟谣方式能够在短期内打破谣言，但不具有普遍性，具体谣言环境的变化依旧能使民众陷入圈套之中，近年来屡次发生的抢盐事件便足以证明。建立长期的辟谣机制与科学素养教育模式能够有效弥补网络谣言治理中“头痛医头，脚痛医脚”的局限，最大限度发挥特殊治理与一般治理的综合作用。此外，针对造谣者的处罚相较于谣言造成的影响则显得力度不足，一方面，治理造谣行为应遵循相应法律法规；另一方面，也要加大造谣违法成本，形成法律震慑，使得想造谣者不敢造谣，敢造谣者必被重罚。

第七章

网络舆情分析与研判

面对互联网中的海量信息，网络舆情治理的工作者不仅在数量上难以逐一浏览，而且由于文本观点、文本情感的复杂性，工作人员也无法仅凭肉眼判断人们对某一事件的观点、情感和立场。由此，网络舆情分析和研判已超出了以往的个人经验分析框架，必须在大数据分析的思维下有所创新。

第一节　网络舆情分析与研判的意义与流程

网络舆情分析和研判是在网络舆情信息监测与预警的基础上，运用科学的舆情分析、研判方法，通过对网络舆情特点、规律进行分析，对网络舆情走向进行预测，从而为舆情引导和应对提供意见和建议的过程。网络舆情分析与研判是网络舆情治理工作中至关重要的组成部分。

一　网络舆情分析与研判的意义

对网络舆情进行分析和研判可以有效帮助治理主体深入了解舆情信息传播的特点、规律和趋势，掌握舆情萌芽、生发、演化的全过程，有助于网络舆情治理工作的顺利开展。

（一）可以尽早掌握网络舆情趋势，从而制定有力措施，进行有效治理

对于萌芽期的网络舆情而言，对检测到的网络舆情信息进行分析研判可以掌握舆情发展的基本情况，参考既往舆情治理经验，采取有效措施，将网络舆情控制在萌芽状态，防止其进一步扩散。对于已经处于扩散期的网络舆情而言，科学的分析与研判也可以掌握舆情演变的关键节点，舆情扩散的动力，治理的难点，从而为治理主体提供可以借鉴的行动支撑。

（二）有助于及时了解社情民意，引导网络舆情治理走向善治

网络舆情分析研判的目的是实现科学、民主决策，干预社会不公、保障社会稳定，准确识别社会的各种变化，及时发现各种社会矛盾。正如前文所言，网络舆情在很大程度上是社情民意、社会矛盾、利益冲突的外在表征。因此，网络舆情治理过程中对社情民意的了解和把握至关重要。通过分析与研判，治理主体可以充分体察民情、了解民生、倾听民意，把握网络舆情爆发背后的深层次社会问题，从而及时全面地了解网络舆情的态势和动向，达到指导全局的作用。

二　网络舆情分析与研判的基本流程

（一）科学甄别信息

对网络舆情信息进行分析与鉴别。互联网空间的虚拟性与复杂性导致网络舆情信息鱼龙混杂，某些网络水军、喷子、大V等利用网络平台，披着正义的外衣随意发布虚假、不实信息，试图煽动网络舆情、左右舆论走向，这些都为网络舆情分析与研判工作带来极大困扰。因此，在开展网络舆情信息的分析与研判工作前，首先要对各类信息进行细致的甄别。一方面，要学会区分网络舆论与网络谣言。由于二者都具有传播迅速、内容广泛且迷惑性强的特征，在

网络舆情分析研判过程中极易导致二者的混淆。实际上，谣言是没有事实凭空捏造的话，例如“未经证实”与“不实之事”准确地揭示了谣言中意见的本质特征。而舆论是人们产生的意见无法统一的现象。网络舆论推动着网络舆情的发展，而网络谣言很可能是网络舆情的早期阶段，在分析研判中，应当将谣言从舆情信息中识别与区分开来，避免谣言发展成为大规模的舆情事件。另一方面，要区分虚假信息与真实信息。在网络谣言研判过程中，也必对虚假信息与真实信息进行区分，大量虚假信息的存在会极大地干扰网络舆情分析与研判的科学性，唯有正确区分，才能避免舆情分析与研判的失误。

（二）对所掌握的信息进行汇总与分类

在网络舆情研判中，必须对所搜集到的信息进行预处理。如格式转换、数据清理、数据统计等。要针对不同信息的表现形式、格式特征等筛选出核心信息点，从而充分过滤掉无用信息，保存有效信息。此外，不同类型的网络舆情具有不同的应对方法与技巧，因此，必须对其加以区分，以增强分析与研判的科学性。

（三）对网络舆情的发展趋势与走向进行科学判断

对舆情趋势的预测和判断是网络舆情研判分析的核心内容。舆情研判除了总结归纳当下的舆情现状外，更重要的是能够对突发事件的舆情走向做出科学的预测和判断，然后提出相关的建议。这就要求网络舆情分析人员做到准确把握网络舆情发展与演变的阶段性特征。网络舆情在不同阶段会表现出其鲜明的阶段性特征，呈现出不同的发展趋势。因此，应当对网络舆情所处阶段进行深入分析，掌握其在不同阶段表现出的情绪、意见和诉求。在此基础上，还应对网络舆情背后所反映的思想与意识形态进行把握。网络舆情是社会矛盾、网民情绪、态度、意见以及立场的表征，这些都对准确研判网络舆情发展趋势与走向有着至关重要的作用，也是网络舆情治理的根本指向。

（四）总结规律

网络舆情分析与研判的又一重要环节便是总结网络舆情的经验与教训。通过对同类舆情事件的分析可以找到相应类别网络舆情事件发生发展的规律，通过对一段时期内发生的网络舆情事件或某一类舆情事件的分析可以找到舆情事件发生发展的时间及空间规律。通过总结规律，可以更为科学地探寻规律背后的深层原因，从而把握网络舆情这一对象。

（五）合理的纠错与矫正

网络舆情分析与研判是一项具有主观性特征的工作，受各类因素的影响，难免出现误判，因此，需要及时予以纠正，这对于网络舆情的应对和引导至关重要。通过对大量网络舆情信息的搜集、整理与分析，可以不断加深对网络舆情的认知和研判，发现既往网络舆情应对中的问题与不足，从而进行有效纠错与修正，进而更好地服务于未来的网络舆情分析研判工作。

三 网络舆情分析与研判的注意事项

网络舆情分析与研判需要结合网络舆情特点，找出根本问题；需要精准把握网络舆情发展趋势，加强深度分析；需要对舆情信息进行全方位的把握，提出科学应对策略。

（一）做好舆情分析的基础性工作，确保舆情分析的全面与准确

一方面，要合理划分网络舆情分析研判的信息范围，明确舆情信息分析的重点与难点，以确保所分析的舆情信息符合舆情治理的客观要求；另一方面，要加强对网络舆情信息的鉴别、梳理与筛选。当前，互联网信息泥沙俱下，大量虚假、冗余信息充斥其中，唯有做好信息的筛查，才能确保舆情分析研判的科学性。

（二）对网络舆情信息进行全方位的把握

网络舆情分析与研判是一项系统性工程，任何一个环节信息分析与研判的失误都可能对最终的舆情处置造成严重影响。因此，在分析研判过程中要善于反思、举一反三，能够将不同环节的信息有效整合起来，找出具有普遍性、规律性、苗头性的内容。同时，点与面结合，表层与深层结合，做到对舆情信息全方位的描述，从而呈现事件全貌，提出解决问题的有效对策。

（三）对趋势进行科学预测，体现网络舆情分析研判的核心价值

网络舆情分析与研判的最终目的是对舆情事件进行科学推测，然而，由于相关部门分析研判能力的不足，导致网络舆情分析停留在数据报送阶段的现象明显，而缺乏有质量的分析研判报告。因此，在网络舆情分析研判时，要着重对舆情走向的科学预测，而不应陷入数据迷雾之中无法自拔。

第二节　网络舆情分析技术及应用

一　网络舆情分析方法及其实践现状

网络舆情分析工作有两个工作重点：一是还原舆情发展过程，找到舆情产生的根源；二是预测，分析出网络舆情的未来走向，再根据预测结果提出应对方案。梳理现有研究后发现，不同学科的研究者依托各自的学科背景对网络舆情的各个方面进行了较为全面的研究，但这些研究主要集中在学理的讨论和政策的分析上，就使用的方法或技术而言，当前的网络舆情研究较为常用的网络舆情分析方法主要有网络调查分析方法、基于统计规则的模式识别方法、基于内容挖掘的主题监测方法三种。

（一）网络调查方法

网络调查方法是将社会调查法移植到网络上，即在网上进行问

卷调查。这种方法通过设计问卷、抽样调查、统计分析等一整套科学程序，能够客观地推论社情民意。这种方法应用广泛，许多网站在新闻网页下方设置新闻评论功能和读者态度倾向调查，新华网、人民网等网站在近年全国“两会”期间专门进行关于民众关注热点的网络舆情问卷调查，一些网站还针对国家重大事件和社会热点进行网络调查。

网络调查方法主要是进行采样分析，其结果的精确性随着采样随机性的增加而提高，与样本数量的关系不大。也就是说，样本的随机性比样本的数量更重要，但实现这样的随机性非常困难，以至于如果抽样对象是互联网用户这样的复杂和海量对象时，就很难找到一个“最优抽样”的标准，更不可能奢求抽样得到的小样本能够精确反映整体的所有特征。

（二）基于统计规则的模式识别方法

统计模式识别的基本原理是：有相似性的样本在模式空间中互相接近，并形成“集团”，即“物以类聚”。其分析方法是根据模式所测得的特征向量 $Xi =（xi1, xi2, \cdots, xid）T（i=1, 2, \cdots, N）$，将一个给定的模式归入 C 个类 ω1，ω2，…，ω*c* 中，然后根据模式之间的距离函数来判别分类。其中，T 表示转置；N 为样本点数；d 为样本特征数。统计模式识别的主要方法有判别函数法、k 近邻分类法、非线性映射法、特征分析法、主因子分析法等。

在基于统计规则的模式识别方面，有学者通过统计分析某段时间内用户所关注信息点的记录，构建了互联网内容与舆情的热点/热度、重点/重度、焦点/焦度、敏点/敏度、频点/频度、拐点/拐度、难点/难度、疑点/疑度、黏点/黏度、散点/散度十个分析模式和判据。

基于统计规则的模式识别方法具有有效性，但由于不同信息源的信息产生方式有较大差异，该方法只适用于对特定对象进行定点监测，有一定的局限性。

（三）基于内容挖掘的主题监测方法

基于内容挖掘的主题监测方法主要利用吉布斯采样、变分推断、非负矩阵分解等机器学习算法从高纬稀疏的文本特征空间中推断出潜在的主题信息。在基于内容挖掘的主题监测方面，流程主要有信息提取（包括信息采集、结构化数据存储），信息预处理（包括信息过滤、词法分析、句法分析、概念分析），舆情分析（包括文本标示、主题发现、意见挖掘、倾向分析），话题识别。近年来的一些研究开始关注网络舆情的情感倾向。这种方法的核心技术包括搜索引擎技术、信息组织技术、自然语言处理技术等。

基于内容挖掘的主题监测方法主要针对显性网络舆情大数据，从现有的实践来看，由于受限于当前语义分析技术的精确度和速率，语义支持的缺失仍然是普遍存在的问题，一些工具难以有效地处理复杂的人类语言和不断变化的网络语言，而且对大规模数据分析的支持也较弱，仍然需要大量采用抽样分析和人工分析。而人工分析又具有很强的定性化色彩，所以不少舆情分析报告经常使用“普遍表示赞成”“不少网民认为”“少数网民持反对态度”等定性化的语言，舆情分析的准确性难以进一步提高。

这三种网络舆情分析方法在传统数据时代的实践中的应用都较为广泛，且各有优势和劣势。但在其应用过程中，大规模的数据采集都是其共有的分析基础，通过内容可视化分析、观点聚合性分析、信息扩散性分析来呈现网络舆情的分析结果已经成为一种共同的发展趋势。

二　网络舆情内容可视化分析

网络舆情本质上是关于特定议题信息的集合，这些信息存在于无限延展的网络空间中，并随时间的推进而呈现出动态的变化。大数据时代的网络舆情，具有大数据“4V”的特点，即巨大的数据量（Volume）、多结构化数据（Variety）、增长速度快（Velocity）和价值密度低（Value）。网络舆情不受时空限制，可以在短时间内获得极广泛的讨论，需要极大的信息储存量；网络舆情信息既可以是传统的文字，也可以是视频、图片、地理位置信息等半结构化和非结构化的信息；网络舆情有发生、发展的生命周期，且总是处于快速的动态演变中；网络舆情信息中存在较多无价值甚至扰乱视听的噪声，需要进行甄别和“提纯”。面对海量、多样、动态增长和低价值密度的网络舆情信息，传统的信息处理技术必然招架不住、有心无力。

因此，网络舆情信息的分析和处理方式必须有所创新，而可视化就是一个可以处理海量数据的可行工具。可视化分析是利用计算机交互式地显示抽象数据，从而使人们增强对抽象信息的认知的方法或技术。严格来说，可视化是一种信息分析框架，将原始信息、数据表格、可视化结构和最终呈现视图有机链接在一起。它能使科研人员发现数据内部隐藏的信息，从而进一步找出信息所反映的规律，提高对海量数据的认识。在网络舆情研究过程中，使用可视化分析技术能够克服传统数据收集、分析与呈现方法上存在的效率低下以及难以发现其中的关键信息与潜在特征的不足，通过化繁为简、化抽象为具体，能够使用易于理解的图形图像揭示网络舆情的分布、发展和演化规律，因而在网络舆情研究中具有非常显著的应用价值，比如，知微事见（https：//ef. zhiweidata. com/）就是一个可视化的热点聚合平台，每天对时事热点进行追踪和记录。

网络舆情一般是以文本或符号的形式表现出来，通过挖掘网络舆情文本信息，与此相关的一系列可视化技术能够在短时间内准确呈现网络舆情的核心内容以及彼此之间的关系结构。一般来说，比较常用的可视化技术主要有基于关键词的可视化技术、基于时序的可视化技术、基于关系的可视化技术。

（一）基于关键词的可视化

网络舆情文本中的关键词对网络舆情研究有重要价值，它能反映网络空间中的社会公众对特定社会问题的聚焦点和观点态度。所谓关键词，是指从特定文本中提取能反映文本侧重点的语义单元。关键词的提取原则多种各样，其中最为常见的是词频分析法。

词频分析是对舆情文本中重要词汇出现的次数进行统计与分析，其基本原理是通过词出现频次的变化来确定舆情关注的热点及其变化趋势。至少在认知层面上，某关键词被提及的次数越多表示表达者的诉求越集中与迫切。词频分析可以实现微博、评论分析、新闻文本分析、分词、词频统计、英文词频统计、流量分析、聚类分析等一系列文本分析。词频分析的基本步骤是首先对文本进行分词，分词的基本前提是必须有一个相对比较完备的“字典”，“字典”的词容量越大，分词的精准度也就越高。其次，提取关键词、计算关键词的数量，即为词频。最后，关键词的词频可视化，这可以通过绘制词云图实现。

目前，绘制词云图的工具越来越多，尤其是线上工具，比较出名的有纽扣词云、腾讯文智、新榜有数、易词云等。国外比较出名的在线工具是Tagxedo、WordArt、Wordle等。随着各种编程语言的出现，利用Python语言进行词频计算的研究越来越多，一般使用Python中jieba包的中文分词工具对对象文本进行分词与词频计算。

1. 纽扣词云（http：//cloud. niucodata. com/）

纽扣词云是一个在线中文词汇的统计、剖析网站，能够协助用户剖析一段话中的词性分类、词频统计并生产词云图，支持将生成后的词云图导出为图片（见图7－1）。

2. 腾讯文智（https：//cloud. tencent. com/product/nlp）

腾讯云自然语言处理（Natural Language Process，NLP）依托千

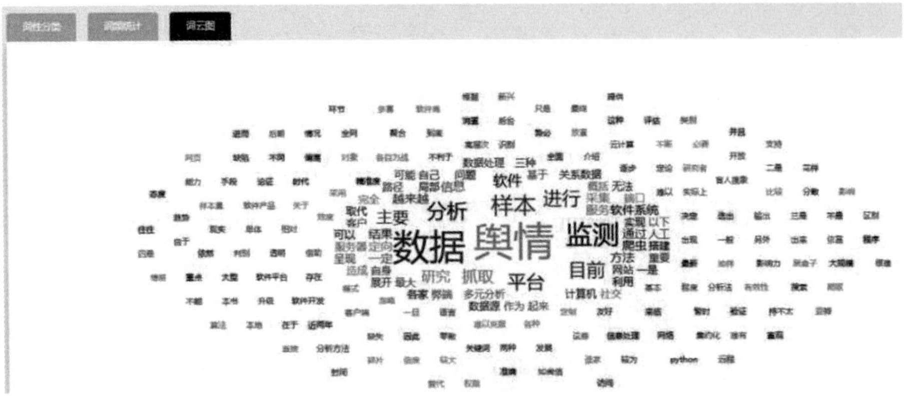

图 7－1　纽扣词云生成的网络舆情相关文本词云

亿级中文语料累积，提供 16 项智能文本处理能力，包括智能分词、实体识别、文本纠错、情感分析、文本分类、词向量、关键词提取、自动摘要、智能闲聊、百科知识图谱查询等（见图 7－2）。

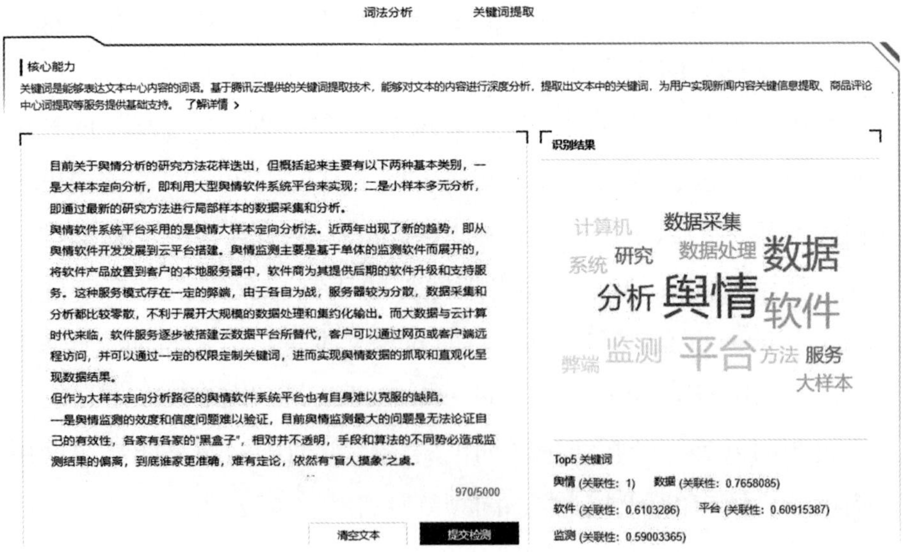

图 7－2　腾讯文智生成的网络舆情相关文本词云

3. 新榜有数（https：//data. newrank. cn/）

新榜有数是为微信公众号运营者设计的一款免费在线词云生成网站，支持文本粘贴、txt 导入、文章链接、登入公众号等文本输入方式，可以对词云图的形状、字体、配色、布局、背景进行修改，支持将生成后的词云图导出为图片（见图 7 -3）。

图 7 -3　新榜有数生成的网络舆情相关文本词云

4. WordArt（https：//wordart. com/）

WordArt 是一个国外的词云图生成网站，支持 CSV 格式导入和直接粘贴表格与文字的方式导入数据，可以对词云图的形状、颜色、布局、样式进行自定义设置，支持免费下载图片，但网站只支持英语文本，不支持中文文本（见图 7 -4）。

（二）基于时序的可视化

对于具有时间和顺序属性的文本信息，其内容具有有序演化的特点。研究者不但可以从这些文本信息中发掘其中的关键内容，还能以时间为主线探寻这些关键内容的演变状况。网络舆情文本信息本身具有的动态性特征使得研究者在处理这些信息的时候不可避免地要将时间纳入考虑的范围。

图 7－4　WordArt 生成的网络舆情相关文本词云

1. 主题河

对于具有明显时序性的网络舆情信息，主题河（Theme River）是一种比较常见的可视化分析技术。如图 7－5 所示，主题河将文本资料中的主题隐喻为时间上不断延续的河流，能够帮助人们观察与特定事件相关的文本主题的产生、变化和消失的全部过程，进而呈现一个宏观的主题演化结果。主题河的绘制需要借助 ECharts 实现。

2. 网络搜索日志

网络搜索日志是指对网民信息搜索行为的记录，通常储存于使用的门户网站的后台。通过对网络搜索日志分析，可以了解舆情信息涉及的具体社会问题，发现并追踪社会热点和焦点内容。舆情一经产生，便处在动态变化之中。利用网络搜索日志对在某一时期集中反映某一社会热点问题的网络舆情信息进行跟踪，便可以得到舆情产生、变化和衰落的趋势或规律，分析网络舆情随时间的发展趋势情况，以便实现对舆情环境的监测与预警。目前，常用的网络搜索日志数据平台主要有百度搜索指数等。

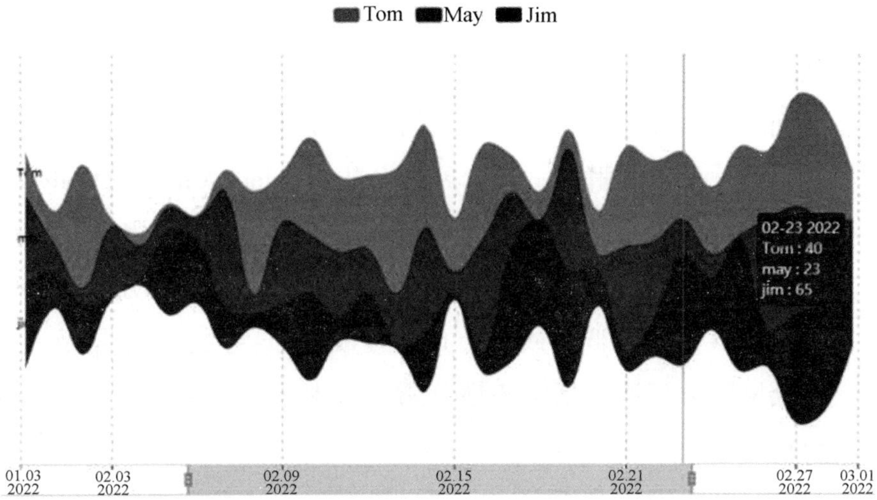

图 7-5　排名前 100 的 Twitter 用户发布内容的主题词

（三）基于关系的可视化

数据背后是网络，网络背后是人，研究网络数据实际上是研究人组成的社会网络。互联网上不同主体间的互动形成很多社会化网络，以微博为例，用户之间互相关注、转帖、评论，假设用户乙关注了用户甲，则可以画一条由甲指向乙的有向边，表示甲发布的信息可以自动传递给乙。将所有用户之间互相关注的关系都画成有向边，整个微博舆情场就成为一个有向图，每个用户就是一个节点，每个“关注”就是一条有向边，所有人际关系数据最终全景展示了整个社会化网络。这些舆情主体间频繁联系、相互影响，在这个过程中涌现出一些威望和地位较高的舆论“意见领袖”，他们左右着其他主体的舆论方向，最终影响整个舆情场。同时，关注点相似的舆情主体间也自觉或不自觉地形成一些联系相对紧密的子群体，在子群体中信息传播速度更快。要管理和引导网络舆情，就必须对网络舆情主体和舆论子群体进行研究，而社会网络分析方法就是有效的手段。

社会网络（Social Network）可简单地称为社会关系所构成的结构。从这一方面来说，社会网络代表着一种结构关系，它可反映行动者之间的社会关系。构成社会网络的主要要素有行动者、关系纽带、二人组、子群、群体。社会网络分析（Social Network Analysis）是对社会网络的关系结构及其属性加以分析的一套规范和方法。它又被称为结构分析法（structural analysis），因为它主要分析的是不同社会单位（个体、群体或社会）所构成的社会关系的结构及其属性。社会网络分析法包括中心性分析、凝聚子群分析、核心—边缘结构分析等。

目前，社会网络分析方法已成为研究现实社会网络和以互联网为基础的网络信息交流的重要工具。其中就包括了个体中心度分析和凝聚子群分析。个体中心度是评价一个人在网络中重要性的指标，主要包括点度中心度和中间中心度。其中，点度中心度用来衡量谁是网络中的重要人物，如果一个人可以将信息发送给更多其他人，那么他在网络中就拥有较大的话语权。中间中心度衡量一个人作为媒介者的能力，即在网络中控制其他人的能力，如果一个人处于许多其他两点之间的路径上，则认为他具有控制其他两个行动者之间交往的能力。凝聚子群分析主要揭示网络舆情形成者之间实际存在的或者潜在的关系，它们是否构成了相对较强的、直接的、紧密的或积极关系的小团体，这些小团体是否会成为促进舆情发展的核心群体。

根据舆情主体之间的“关注”数据，如果一个主体拥有的粉丝量越多，则他的信息能直接传递给其他人的可能性就越大，他的点度中心度越高，他就越有可能成为意见领袖。如果一个主体链接的意见领袖的数量越多，则他越有可能成为传播信息的桥梁，他的中间中心度越高。还可以根据主体之间的相互关注数据，发现相互关注度高的子群体。根据舆情主体之间的发帖、转帖、评论数据，如果一个舆情主体的原创帖文在一定时间内被转发和评论的数量越多，则他的点度中心度越高，那么他就是意见领袖。如果一个主体的转发帖文在一定时间内被再次转发和评论的数量越多，则他的中间中心度就越高，那么他就是传播信息的桥梁。同时，还可以根据主体之间相互转帖、评论的数据，发现互动紧密的子群体，他们之间舆情互动的实际效果更加明显。

当前，已经有一些成熟的社会网络分析软件，可以很好地进行社会网络分析，并呈现出可视化的分析结果，对于发现网络意见领袖和子群体有很好的作用。主要使用的是 Gephi、UCInet、Pajek、NETminer、MultiNet、NodeXL 等软件，其中使用最多的是 Gephi、UCInet。

1. Gephi 软件

Gephi 是一款开源和免费的网络分析可视化工具。Gephi 基于 Java 语言，具有探索性数据分析，链接分析，社交网络分析，生物网络分析，海报创作等功能。探索性数据分析即通过网络实时操作进行可视化分析，链接分析即揭示对象之间关联的底层结构，社交网络分析即轻松创建社交数据连接器，以绘制社区组织和小世界网络，生物网络分析即表示生物数据的模式，海报创作即用高质量的印刷地图宣传科学工作。Gephi 很容易学习和使用，即使不会编程语言，也可以轻松掌握。现在国内已经有汉化版，方便初学者使用（见图 7 – 6）。

2. UCINET 软件

UCINET 软件是由加州大学欧文（Irvine）分校的一群网络分析者编写的。Ucinet 网络分析集成软件，其中包括一维与二维数据分析的 NetDraw，还有正在发展应用的三维展示分析软件 Mage 等，同时集成了 Pajek 用于大型网络分析的 Free 应用软件程序。UCINET

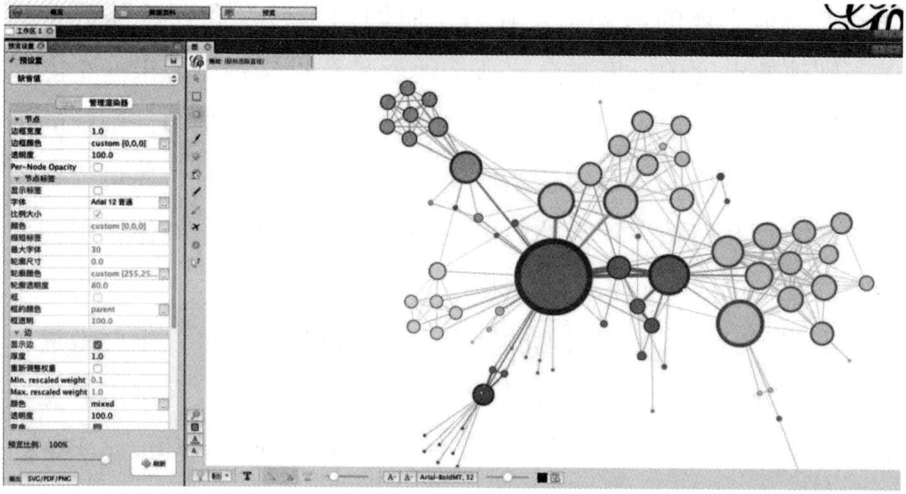

图 7－6　Gephi 0.7 生成的中心性分析

为菜单驱动的 Windows 程序，可能是最知名和最经常被使用的处理社会网络数据和其他相似性数据的综合性分析程序。与 UCINET 捆绑在一起的还有 Pajek、Mage 和 NetDraw 三个软件。

UCINET 能够处理的原始数据为矩阵格式，提供了大量数据管理和转化工具。该程序本身不包含网络可视化的图形程序，但可将数据和处理结果输出至 NetDraw、Pajek、Mage 和 KrackPlot 等软件作图。UCINET 包含大量包括探测凝聚子群（cliques，clans，plexes）和区域（components，cores）、中心性分析（centrality）、个人网络分析和结构洞分析在内的网络分析程序。UCINET 还包含为数众多的基于过程的分析程序，如聚类分析、多维标度、二模标度（奇异值分解、因子分析和对应分析）、角色和地位分析（结构、角色和正则对等性）和拟合中心—边缘模型。此外，UCINET 提供了从简单统计到拟合 p1 模型在内的多种统计程序（见图 7－7）。

除了上述三种类型的网络舆情信息可视化分析技术，一些常见的统计图形亦可用于展现网络舆情信息的时间趋势、情感倾向、区

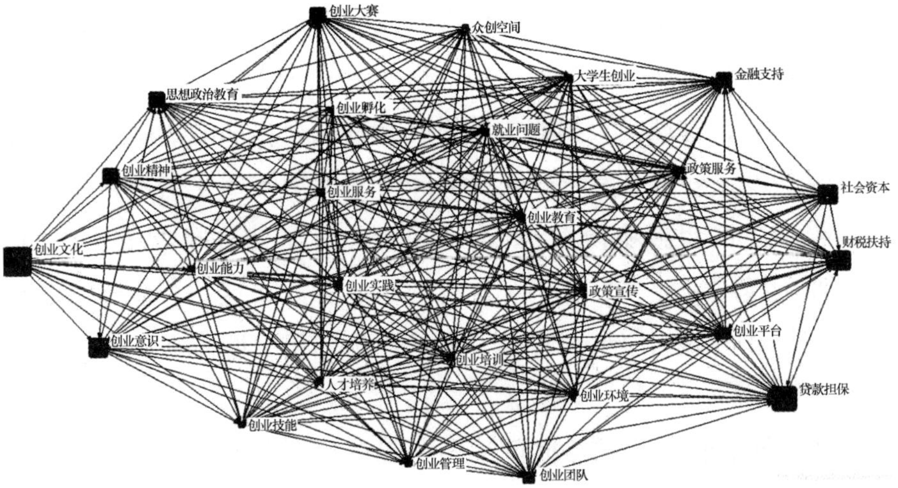

图 7－7　Ucinet 6 中的中心性分析

域分布等特征。可视化作为一种信息分析的方法与技术可以与案例分析、调查研究等传统的社会研究方法相互配合，共同为网络舆情关键信息和内在规律的发掘提供方法和技术上的支撑。

三　网络舆情观点聚合性分析

网络舆情的演化并不是一个简单的单向线性过程，其中交织着舆情观点聚合及舆情信息扩散这样两个具有交融—分阶结构的分支进程，同时这两个进程都依赖于以复杂社会网络联系起来的多样化行为主体之间的交互行为，因此，网络舆情演化具有复杂性、动态性、交互性等基本特征。作为网络舆情演化的一个重要分支，舆情观点聚合所要探讨的是网络舆情事件发生之后，来自不同个体的不同观点如何消解差异，并最终形成一致或相对一致的群体观点。

（一）观点动力学及观点动力学模型

观点动力学是统计物理学研究的一个重要方面，其研究目标在于通过对人类行为选择和观点交互过程的合理假设，运用模型构建与仿真分析的方式发现群体共识的形成规律和影响要素。这方面研究的切入点在于将现实的社会机制转化为合理的数学规则，并以此为基础建立观点动力学模型。

近年来，物理学及相关学科的研究者在观点动力学研究中取得了长足进展，一些具有很好现实解释力的模型被构建出来，如多数原则模型、社会影响模型、Sznajd 模型、有限信任模型等。比如，多数原则模型的建模思想是对“少数服从多数”这一社会行为规则的抽象，社会影响模型则解释了观点聚合过程中群体观点的分裂和极化现象。

根据个体观点取值空间的不同，观点动力学模型通常被划分为两类：一类是个体观点被限制在有限几个给定值的离散观点动力学模型，如 Sznajd 模型、多数原则模型和社会影响模型；另一类是个体可以在给定观点区间内任意取值的连续观点演化模型，其中较具代表性的是有限信任模型中的 Weisbuch-Deffuant 模型和 Hegselmann-Krause 模型，这两个模型都假设个体观点可以是值域［0，1］上的任意值。它们各有自己的适用范围，如离散观点动力学模型能够更好地解释选举投票过程，而当个体观点具有较大的异质性或模糊性时，连续观点动力学模型则具有更高的拟合效度。

（二）Weisbuch-Deffuant 模型及其应用

韦斯布奇（Gerard Weisbuch）和德芙恩特（Guillaume Deffuant）等提出的用于刻画群体观点聚合过程的 Weisbuch-Deffuant 模型是一种典型的社会动力学研究范式。该模型首先假定微观层面的个体观点交互行为受到信任阈值（在有些研究中被称为信任门槛）的制约，也就是说，当交互双方的观点距离小于信任阈值时交互行为才能发生，否则交互双方将避免接触而各自坚持自己原有的观点。这种观点交互规则虽然简单，但是它非常形象地揭示了人际交往过程中“道不同不相为谋”的现象；因此，通过这种交互模式的不断迭代，可以探知宏观层面群体观点聚合过程的某些规律。

网络舆情本质上是网络空间中较大规模的行为主体就某一事件或议题经过网络互动而形成的较具一致性的观点或意见，它的涌现与各行为主体之间的观点或意见交互有着密不可分的关系。在互联网空间中，人们从自己的兴趣或偏好出发参与各种信息的生产过程；当某一舆情事件发生之后，人们有选择性地汲取信息，同时结合自己的认知形成个体观点，这过程的不断重复催生了具有（相对）一致性的网络舆情观点。Weisbuch-Deffuant 模型通过对个体交互行为和规则的简单设定就实现了对群体一致性观点形成过程这一复杂行为的拟合。因此 Weisbuch-Deffuant 模型对个体行为模式的设定适用于网络舆情观点聚合过程中的个体行为；同时，由于网络空间中的个体交互行为具有一些不同于现实空间的特点，在构建网络舆情观点聚合模型时，需要对 Weisbuch-Deffuant 模型做出合理的修正。

四　网络舆情信息扩散性分析

舆情信息扩散是网络舆情演化中的另一个重要进程。网络舆情巨大的社会影响一方面是因为它是集合性的公众意志，因而能够直接反映群体的观点倾向；另一方面则是由信息扩散机制形成的规模效应，随着时间的演进，网络舆情信息通过个体之间的虚拟接触不断在网络空间中辐射开来，从而拥有规模庞大的信息受众。

罗杰斯在论及创新扩散的渠道时提出，个体在进行决策的过程中主要通过两种方式来获取新信息，即大众传媒与人际传播。随着信息技术和互联网应用的不断发展，相比于传统的大众传播媒介，网络传播媒介日益具有拟人化的特征，它们虽然仍具有较强的媒介权力，在信息获取和传播影响力等方面具有不可比拟的优势，但是，网络传播媒介的这种优势不再像现实大众传播媒介那样高不可攀，它们与网络空间中一般个体之间对话的可能性以及连接的通畅性使之成为类似于网络一般个体的存在。网络中的一般个体也不再像现实生活中那样受到大众传播媒介“议程设置”力量的牵引而总是被动地接收信息，他们还可以同时扮演信息的发布者、传播者等多重角色，一些个体由于具有较强的关注度，事实上已经发展成为类似网络媒体那样具有非凡影响力的存在。从这个意义上来说，网络传播媒体与网络空间中一般个体的隔阂是非常微弱的，他们共同组成了网络空间中的多样化个体，同时也是网络传播和参与网络舆情信息扩散的主体。

在网络舆情信息扩散的过程中，传统社会中的大众传媒和人际传播这两种信息传递呈现出相互交融的趋势，也就是说，多样化个体之间的交互传播成为网络舆情信息扩散的主要途径。具体来说，在以社交网络、微博为代表的新兴社会化媒体中，突发性网络舆情信息总是由网络中的少量个体率先发布，然后通过个体社会关系网络中其他个体的转发或分享等在线行为传播给一个个相对稳定的信息接收群体，经由一个虚拟的社会关系网络，网络舆情信息的“感染群体”规模不断扩大，进而拥有不容忽视的社会力量。

网络舆情信息扩散的这种微观个体接触过程及其内在机制与传染病的接触型传播机制相似，它们都是依靠接触关系而实现传染或影响范围的不断扩大。相比于传染病在人群中的扩散过程，网络舆情信息扩散过程中由个体接触带来的个体状态转移虽然同样受到信息发布源或转发源的影响，但是，这一过程还渗透了个体的主观意愿，也就是说，只有个体愿意在接触过程中转发或分享来自其他个体散布的信息，他才会成为该信息的新传染源，否则只会处于知情的状态，并造成整体扩散网络中某一传播链的暂时中止。

第三节　网络舆情研判方法及应用

网络舆情研判是指通过对网络舆情信息进行系统收集、分析和归纳、提取并整理出具有指导性意义的预警性、线索性和资料性的信息或报告的过程。这一过程是网络舆情工作的重要环节，它一头连着舆情的监测与分析，另一头连着舆情的应对与引导，起着承上启下的重要作用。网络舆情研判的结果是政府、社会组织、企业、高校等进行决策与应对的基础与依据。网络舆情研判必须尽量保证结果的全面、准确、及时，否则就不能有效地对舆情进行应对和引导，甚至可能误入歧途，错误的信息比没有信息效果更糟。

一　网络舆情研判模式与方法

（一）网络舆情研判模式

网络舆情的研判工作是一项系统工作，按照网络舆情发展的时间进程，主要可以划分为两种模式：一是日常研判，即对网络舆情进行日常性和持续性跟踪与搜集，并在此基础上建立网络舆情信息库，具有长期性、稳定性、系统性的特点；二是即时研判，即针对某一突发事件或某一特定任务进行有针对性的研判工作，一旦该任务完成则舆情活动随之结束，具有针对性、临时性、专题性的特点。

1. 日常研判

日常研判应重点关注两方面的工作：一是发现倾向性、苗头性的话题，二是在突发事件结束后对网络舆情发生发展的特点以及网络舆情运行过程中舆情主体所表现出来的社会意识、社会情绪、社会态度以及社会思潮进行专门化、系统化的研究，为顶层设计建言献策。

一般来说，日常研判更注重宏观与中观层面，主要内容包括：中介性事件发生发展的特点及规律分析、网民的网络舆情表达方式、网络舆情中所显示的思想观念。比如，在“我爸是李刚”“杭州飙车案”中网络上仇官仇富、官民对立情绪的分析等，众多“老人过马路扶不扶”的案例折射的是社会信任危机，日常研判就是要发现个别事件背后的深层次问题，这样突发事件发生时就能抓住关键问题，从容有效应对。

2. 即时研判

即时研判，是一种相对日常研判来说微观层面的研判，是指在网络舆情的具体处理过程中，针对本次舆情的具体内容及特点所做的研判，一般体现为对特定突发事件的研判。即时研判的内容主要是找出本次舆情产生的直接导火线、舆情形成过程中的意见领袖及网民的代表性意见倾向进行分析，在此基础上对本次舆情的下一步发展做出预判，同时为相关责任主体应对与引导工作提供具体的意见。

相较于日常研判，即时研判是一种紧急状态，对时效性、指导性和可操作性要求很高。即时研判随着突发事件舆情的平息而结束。

对网络舆情工作来说，日常研判与即时研判是同等重要、相辅相成的两个方面。日常研判为即时研判提供宏观理论指导，即时研判为日常研判提供具体案例经验。

（二）网络舆情研判方法

网络舆情具有爆发性、广泛性和持续性，要及时、有效地应对，就必须对网络舆情本身的形成、发展规律进行科学和准确的研判。总的来说，对网络舆情的研判方法主要可以分为以下类型：定性分析、定量分析、定向分析和定点分析。

1. 定性分析

定性分析主要是根据网络舆情危机的内容、发展等级、走向及应对等提供性质认定和价值判断，进而可以分析出网络舆情危机的基本属性、倾向、动机，找出应对网络舆情危机的重点和难点。

网络舆情危机的定性研判需要研判人员具有强烈的政治敏锐

性、敏感性，拥有较强的事实洞察力与认识能力、较广的知识面。在中国现有国情下，要深刻认识哪些网络舆情危机涉及政治敏感性，例如西藏“3·14”打砸抢事件属于境外敌对势力制造的暴力恐怖活动，网络舆情危机具有强烈的政治敏感性。

通常来说，对网络舆情危机进行定性研判时，需要经过以下的步骤：快速定性网络舆情危机的类型和性质、判断其背后是否有网络推手及“网络水军”、判断网络舆情危机是自发的还是人为的。只有对上述几个问题进行深入的解读和研读，才有可能对网络舆情危机做出科学、准确的研判。

2. 定量分析

定量分析主要是对网络舆情危机的相关信息进行量化的收集和处理，根据舆情信息在网络上出现的频率，如发文量、点击量、阅读量、点赞量、转载量等数据来分析和判断网络舆情信息的集中程度。网络舆情定量研判主要指标包括传播扩散度、民众关注度、内容敏感度和态度倾向性等。

一般来说，事物的发展是从量变到质变的过程，因此对量的方面的关注是十分必要的。网络舆情信息都是由一个个微小的信息元素组成的，如舆情信息的文本信息、产生时间、传播频率和周期等，这些元素在一定程度上反映出了网络舆情信息的基本属性和本质特征。可选取舆情信息传播的节点数、群集系数、聚集程度、子话题嵌入度等指标参数，构建舆情动态传播模型，准确判断舆情演化。

通过大数据收集技术和云计算平台，可以有效地收集和分析网络舆情危机的各项基本特征，进而为详细的应对办法和措施提供有效的信息基础。在舆情出现的初始阶段，如果能有效运用定量分析方法，将有助于决策者准确地预测舆情的演化路径及可能引发的衍生效应，从而大幅缩短反应时间，快速引导和控制舆情态势，平息风波，将各种社会损失降到最低。

3. 定向分析

定向分析主要是根据网络舆情的形成过程进行梳理和总结，概括出网民对舆情事件的主要观点和态度，找出占据主流的舆情倾向，进而可以掌握网络舆情危机的总体倾向。对舆情信息传播和评论过程中的分流进行把握，分析观点的联系与冲突，同时判断意见观点的群体范围是多数网民还是某一特定群体。

任何网络舆情的形成和发展都是由细微的关于社会事件的信息开始传播的，并且通过网络舆情主体之间不断地传播、评论和碰撞之后产生发酵效果，最终酿成能量巨大的网络舆情压力。

因此，需要对网络舆情危机的各种信息进行筛选、甄别、剔除、比较之后，利用真实的信息特征来判断出网络舆情危机的总体倾向，这是网络舆情危机研判的重要方面。

4. 定点分析

定点分析主要是抓住网络舆情危机中关键的网民以及在舆情从量变到质变过程中发挥关键性作用的因素。舆情研判需要抓住舆情焦点、兴奋点、波动点、重点和诱发点五个关键节点。

网络舆情的形成和发展过程是动态变化的，其发展壮大和转向都受到诸多因素的影响。关于网络舆情事件的某一个细微信息的披露，就很有可能扭转整个网络舆情的发展方向。这就要抓住网络舆情危机的焦点问题，只有把握住网络舆情危机的焦点，才可以有效地掌握整个网络舆情危机的发展方向。例如，在于欢刺死辱母者案中，网络舆情的焦点是“辱母”情节和重判之间的关系。关键要抓住两点事实，一是现场催债人究竟采取了什么样的侮辱手段，二是出警民警是否不作为、失职、渎职。对该事件的研判工作需要围绕着这个关系和关键点，进而掌握网络舆情危机的整个发展态势。

因此，对网络舆情危机的研判过程中，需要重点抓住网络版主、新闻线人、媒体记者、意见领袖等关键人物的言论和意见，同时关注网络舆情危机的关键因素，进而可以对整个网络舆情危机的研判工作起到“四两拨千斤”的作用。

在具体的网络舆情研判中，要将定性分析、定量分析与定向分析、定点分析结合起来，才能全面、及时、准确地研判舆情，实现化解危机与风险。

二　网络舆情研判指标

网络舆情研判指标是指网络舆情研判的维度，即从哪些方面、哪个角度对网络舆情进行研判。网络舆情分析与研判所对应的指标要能反映整个舆情的特点与趋势，从而通过分析这些指标能准确地做出判断、发出预警、提供支持。因此，这些指标必须具有普遍的适用性，同时是易得、可测、可靠的，并且具有代表性。

（一）网络舆情指标要求

1. 适用性

所谓适用性，是指选取的指标要具有一定的普遍性，可以适用于绝大多数网络舆情信息的分析与研判，不管是什么类别、处于什么阶段的网络舆情都可以根据这些指标进行分析与研判。一般来说，一条具体的网络舆情信息是由以下要素构成的：消息来源（发布者）、发布时间、发布渠道、信息内容、参与者、传播范围等。因此，分析与研判的指标应该考虑到这些普遍因素，使之都能得到体现与评价。

2. 可测性

网络舆情分析与研判的指标应该遵循可测、易得的原则，以便在突发事件发生时能够及时分析，快速做出决策。这些指标有些是通过计算机软件直接可以测得的，有些需要人工智能的进一步加工。例如，发帖量、跟帖量、评论量等都是计算机技术可以提供的，而网民的态度、情绪、意见等则需要人工分析与判断。

3. 代表性

网络舆情分析与研判的指标必须具有代表性，也就是说，必须是关键指标，通过这些指标的分析，就能得到关于网络舆情的整体判断。这种判断要代表网络舆情发展的趋势与方向。

（二）网络舆情研判指标

之前的网络舆情研判指标多是直接借用网络舆情监测和网络舆情预警指标，而且多从宏观的角度入手，或就群体性突发事件网络舆情的预警监测建构指标体系，缺乏针对管理部门监测和具体实践的网络舆情研判指标体系。徐迪在实践基础上，针对整个工作流程中网络舆情分析研判这一重要环节，构建定性和定量相结合的指标体系，如表 7 –8 所示。

表 7 –8　　网络舆情研判指标体系

<table>
<tr><th>一级指标</th><th>二级指标</th><th>三级指标</th><th>四级指标</th></tr>
<tr><td rowspan="16">事态发展程度</td><td rowspan="6">事件人物分析</td><td rowspan="3">涉事者分析</td><td>所处社会阶层</td></tr>
<tr><td>影响力/知名度</td></tr>
<tr><td>诉求/目的</td></tr>
<tr><td rowspan="3">发布者分析</td><td>所处社会阶层</td></tr>
<tr><td>影响力/知名度</td></tr>
<tr><td>诉求/目的</td></tr>
<tr><td rowspan="6">事件影响力分析</td><td>事件发生时间分析</td><td>时间的敏感程度</td></tr>
<tr><td>事件发生地点分析</td><td>地点的敏感程度</td></tr>
<tr><td rowspan="2">事件危害程度分析</td><td>有形伤害</td></tr>
<tr><td>无形伤害</td></tr>
<tr><td rowspan="2">事件扩大可能性分析</td><td>衍生事件发生可能性分析</td></tr>
<tr><td>（线上/线下）扩大可能性分析</td></tr>
<tr><td rowspan="4">事件活跃度分析</td><td colspan="2">页面浏览量</td></tr>
<tr><td colspan="2">发帖量</td></tr>
<tr><td colspan="2">跟帖量</td></tr>
<tr><td colspan="2">转载量</td></tr>
</table>

续表

<table>
<tr><th>一级指标</th><th>二级指标</th><th>三级指标</th><th>四级指标</th></tr>
<tr><td rowspan="7">媒体介入程度</td><td rowspan="3">介入媒体的性质</td><td colspan="2">主流媒体</td></tr>
<tr><td colspan="2">都市类媒体</td></tr>
<tr><td colspan="2">社会化网站</td></tr>
<tr><td rowspan="2">网络媒体报道数量</td><td colspan="2">报道的机构数量</td></tr>
<tr><td colspan="2">报道的文章数量</td></tr>
<tr><td rowspan="2">网络媒体报道质量</td><td colspan="2">真实程度</td></tr>
<tr><td colspan="2">权威程度</td></tr>
<tr><td rowspan="3">网民活跃程度</td><td rowspan="2">网民态度分析（深度）</td><td colspan="2">认知层面分析</td></tr>
<tr><td colspan="2">情感层面分析</td></tr>
<tr><td>受众范围分析（广度）</td><td colspan="2">分布地域分析</td></tr>
</table>

该指标体系运用定性和定量相结合的分析方法，对单一舆情事件的传播情况和演化规律进行研判，力图建构反映网络舆情传播深度和广度的标准衡量体系。该指标体系由“事态发展程度、媒体介入程度和网民参与程度”3 个一级指标组成，共分 4 个层级展开。其中二级指标的设立是基于一级指标的介质属性展开的，而三级指标又是二级指标的不同维度的细分，四级指标则在三级指标的基础上设立了特定环节。在咨询舆情管理部门和理论研究领域的专家后，通过专家打分法构造比较判断矩阵，确定各级指标权重，并区分阈值，如表 7 －9、表 7 －10 所示。

表 7－9　　网络舆情研判指标权重（一）

一级指标权重 Ai	二级指标权重 Bi	三级指标权重 Ci
事态发展程度 0.4	事件人物分析 0.3	涉事者分析 0.7
		发布者分析 0.3
	事件影响力分析 0.5	事件发生时间分析 0.2
		事件发生地点分析 0.2
		事件危害程度分析 0.4
		事件扩大可能性分析 0.2
	事件活跃度分析 0.2	页面浏览量 0.3
		发帖量 0.3
		跟帖量 0.2
		转载量 0.2
媒体介入程度 0.3	介入媒体的性质 0.3	主流媒体 0.3
		都市类媒体 0.3
		社会化网站 0.2
	网络媒体报道数量 0.3	报道的机构数量 0.5
		报道的文章数量 0.5
	网络媒体报道质量 0/3（倾向、主张等）	真实程度 0.5
		权威程度 0.3
		全面程度 0.2
网民参与程度 0.3	网民态度分析（深度）0.5	认知层面分析 0.4
		情感层面分析 0.6
	受众范围分析（广度）0.5	分布地域分析 1

表 7－10　　网络舆情研判指标权重（二）

三级指标权重 Ci	四级指标权重 Di	V_5	V_4	V_3	V_2	V_1
报道的机构数量 0.5		√				
报道的文章数量 0.5		√				
真实程度 0.5		√				
权威程度 0.5		√				
全面程度 0.2		√				
认知层面分析 0.4		√				

续表

三级指标权重 Ci	四级指标权重 Di	V_5	V_4	V_3	V_2	V_1
情感层面分析 0.6		√				
分布地域分析 1		√				
社会化网站 0.2		√				
涉事者分析 0.7	所处社会阶层 0.4		√			
	影响力/知名度 0.4				√	
	诉求/目的 0.2					√
发布者分析 0.3	所处社会阶层			√		
	影响力/知名度		√			
	诉求/目的					√
事件发生时间分析 0.2	时间的敏感程度 1					√
事件发生地点分析 0.2	地点的敏感程度	√				
事件危害程度分析 0.4	有形伤害 0.4					√
	无形伤害 0.6	√				
事件扩大可能性分析 0.2	衍生事件发生可能性分析			√		
页面浏览量 0.3		√				
发帖量 0.3		√				
跟帖量 0.2		√				
转载量 0.2		√				
主流媒体 0.5		√				
都市类媒体 0.3		√				
社会化网站 0.2		√				

1. 事态发展程度指标

事态发展程度是分析研判网络舆情发展态势的核心指标之一，分为事件人物分析、事件影响力分析和事件活跃度分析 3 个二级指标。

（1）事件人物分析指标从涉事者和发布者两个角度进行设计，因考量到两方的身份可能不统一，所以分别研判两方所处的社会阶层、影响力、知名度和诉求目的。以往的指标体系设计往往忽略了发布者这一特殊身份，当发布者与涉事者身份出现差异时，应着重从发布者的动机进行研判。首先对信息发布者的身份进行核实，通过这一步骤可以分辨出是无事生非还是蓄意报复行为，是否属于网络谣言范畴。

（2）事件影响力分析指标从事件发生时间、地点和事件危害程度以及扩大的可能性四个角度进行设计。首先，从事件发生时间是否处于关键性时间节点或位于特殊地点进行分析研判，由此判断出事件的敏感程度。其次，从事件的危害程度进行分析，网络舆情涉及事件的危害程度应该分为有形危害和无形危害两个方面。有形危害包括地域人员伤亡，重大经济损失和环境生态的破坏。无形危害包括国家形象遭到损害、政府公信力下降、社会价值观扭曲等，如涉及网上动员、群体性事件、重大公共安全事故等其舆情危害度就高。最后，从事件的扩大可能性进行分析，是否会出现衍生（次生）事件，并由此引发多次炒作和舆情波动；是否会由线上的网络动员转为线下的群体性突发事件。

（3）事件活跃度分析指标指的是具体舆情事件以文本形式呈现在不同载体上的客观量化统计数据指标。由页面浏览量、发帖量、跟帖量和转载量四个方面的量化指标构成，在既定的阈值区间内，量化数据达到一定的程度即可相应地给出取值。由此来反映整个事件在网络平台上的具体传播效率和速率。

2. 媒体介入程度指标

媒体介入程度是一个广义上的概念，它包含了介入媒体的性质分析、网络媒体的报道数量和质量分析。

（1）对介入媒体的性质进行判别是合理化分析网络舆情的关键步骤。必须核查舆情信息的首发源头，如舆情信息是首发于主流权威媒体网站还是首发于论坛、社区以及微博中，是从境外媒体转载还是国内媒体首发。舆情信息源头是判断舆情影响力、传播力以及适时关注处置、有效回应的核心要素，必须重点把握。

（2）网络媒体报道的机构数量和文章数量的量化数值指标是衡量一个具体舆情事件是否引起广泛关注的重要指标。

（3）网络媒体的报道在真实性、权威性和全面性几个方面的指标设计，是从定性的角度判别舆情事件在这一媒介平台传播的可信度，便于管理部门分析研判媒体在介入报道之后，对舆情事件的传播起到的作用。

3. 网民参与程度指标

网络舆情的构成要素主要包括：网民、公共事件、网民对公共事件的讨论和情绪表达、传播介质等。其中，网民是网络舆情中最基本，也是最主要的构成要素，是网络舆情的主体。网民的参与程度直接可以影响到网络舆情的发展态势。网民参与程度指标包括深度方面的网民态度分析指标和广度方面的受众范围分析指标。

（1）网民态度分析指标分为认知层面的分析和情感层面的分析。对于某一舆情事件如出现持不同意见的网民，则按照既定的认知情绪进行分类，然后在分类的基础上提取出占倾向性的意见进行研判。

（2）受众范围分析指标是指依据受众 IP 判别网络舆情分布地域，并据此核查舆情扩散程度的量化指标。

三　网络舆情研判工作程序

网络舆情研判在实践中包括一个大致稳定的流程，具体来说，主要包括以下基本工作程序：来源分析—真伪分析—归类分析—指向分析—矫正分析。

（一）来源分析

网络舆情信息来源广泛，研判人员应首先占有海量信息，在事情出现苗头时，应在第一时间监控和搜集各大网站上的所有舆论信息，对这些新闻或帖文进行分析与判断，确定其在舆情事件中可能存在的潜在价值。

（二）真伪分析

由于信息来源复杂，舆情分析与研判人员必须剔除虚假舆情，排除其对真实舆情的干扰。互联网的匿名性、复杂性使得真假信息鱼龙混杂，有些网络“大V”利用自身影响力散布谣言，有些“网络水军”及网络公关公司则披着“代表民意”的正义外衣搅乱舆论场。

因此，舆情研判至关重要的一步就是分清舆情与谣言，真舆情与伪舆情。在事件爆出后，应对网上舆情进行有针对性的鉴别，防止在新闻转载或跟帖中出现添油加醋现象，达到透过现象看本质的目的。

（三）归类分析

按照不同的标准，网络舆情可以分为不同的类型，例如：按地域分、按行业分。在具体的研判过程中，分类不是固化的、排他的，需要根据舆情信息的特点进行分类。在日常的研判中，可以按照网络舆情的不同类型组建案例数据库，在突发事件发生时，就可以根据分类找到类似案例的经验作为参考。在事件爆出后，网络管理部门应将事件归类，这样网络舆情研判中就有的放矢，并可借鉴国内和本地类似舆情事件的处置经验。

（四）指向分析

舆情分析研判的目的在于最后的研判结论，要得到研判的指向需要把握量与度的指标。网络管理人员通过相关网上信息进行定性与定量的分析与统计，可以得出网络舆情的基本研判结果，并给政府相关部门提供处置措施和咨询参考意见。

（五）矫正分析

在实际工作中，舆情分析与研判的结果与实际并不总是完全吻合，但对于错误的研判，要对舆情事件本身和舆情的分析研判实施“倒查”制度，这样既可以使舆情进一步臻于精确，更有助于提高舆情分析研判人员的工作能力和水平。

四　网络舆情研判经典案例

（一）“7·23动车事故”

1.“7·23”动车事故概述

2011年7月23日20时34分，D301次动车组列车运行至甬温线上海铁路局管内永嘉站至温州南站间双屿路段，与前行的杭州站开往福州南站的D3115次动车组列车发生追尾事故，后车四节车厢从高架桥上坠下。事故共造成40人死亡，172人受伤，直接经济损失19371.65万元。

7月24日铁道部在官方网站透露，经初步了解，事故原因是雷击造成设备故障，详细情况正在进一步调查，同时宣布免去上海铁路局局长、党委书记和分管局长的现任职务，对事故遇难者表示哀悼，对受伤旅客和死伤人员家属表示慰问。此举引发大量负面情绪，加之信息发布不及时不透明，新闻发言人发表言论不当等原因遭到网友的一致批判。新浪微博上关于对事故处理情况满意度的调查显示，90%以上的网民认为处置不力。质疑和责难主要集中在事故发生的真实原因、事发8小时后是否停止救援、伤亡人数与善后赔偿处理、列车残骸处理、中国高铁安全、铁道部新闻发布会及流媒体表现等焦点事件上。7月28日上午，时任总理温家宝同志实地察看事故现场并召开中外记者会，强调要求事故调查全过程公开、透明，给群众一个负责任的交代，得到了一致认可。多家媒体进行了直播，舆情向好。

7月28日，国务院调查组召开全体会议，成员包括有关部门单位、地方负责人和多领域专家。调查组表示，事故原因的调查已经全面展开，争取9月中旬向社会公布。9月21日，新华社发布国务院调查组的进展，表示仍有许多技术、管理等方面问题要深入分析和验证，调查报告的形成仍需一段时间。

12月25日调查组认定，“7·23”事故是一起因列控中心设备存在严重设计缺陷、审查把关不严、雷击导致设备故障后应急处置不力等因素造成的责任事故。原因是：通信信号研究设计院在设备研发中管理混乱，通信信号集团公司履责不力，致使为温州南站提供的设备存在严重设计缺陷和重大安全隐患。铁道部在设备招投标、技术审查、上道使用等方面违规操作、把关不严，致使其上道使用。雷击导致列控中心设备和轨道电路发生故障，错误的控制信号显示，使行车处于不安全状态。上海铁路局相关作业人员安全意识不强，未认真正确地履行职责，故障处置工作不得力。建议给予铁道部等单位54名责任人员党纪政纪处分。

2. “7·23”动车事故网络舆情传播阶段与节点分析

突发事件网络舆情传播阶段通常可分为事件影响初始期、传播扩散期和衰退终结期。在“7·23”动车事故的案例中第一阶段信息包括了事故发生前7分钟，一位温州居民通过微博发出动车行驶缓慢的消息，这条微博也成为众多网友质疑24日新华社通稿的事故发生时间为20时27分的重要依据。随后在事故发生13分钟时，一位乘客发出的第一条求助微博，转发突破十万次。事故发生12小时后，微博上相关讨论量已突破200万，其中寻人的转发量超过了50万条。多家官方微博也连夜实时发布消息。但铁道部在抢险救援过程中由于信息发布问题及新闻发言人的言论不当遭到网友的批判，使“我反正信了”和“这是生命的奇迹”已经作为“高铁体”被网友广泛传播。

铁道部的新闻发布会将网络舆情推向了高潮，使网络舆情由开始的事件影响初始期进入了舆情的传播与扩散期。7月26日人民网每日舆情热点数据显示，热门新闻跟帖最高的五条新闻、论坛热帖前三名和微博热门话题前五位均与动车事故相关，百度百科、百度知道均已出现相关词条解释，有关新闻 1600 多篇，微博 181 万余条，7 月 26 日舆情达到顶峰后呈下降趋势。27 日，除珠海陈某某的微博转推数达到 943282 次之外，与此事件相关的微博转推数和评论已大幅减少。28 日，时任国务院总理温家宝实地察看事故现场并召开中外记者会后，网民情绪有所缓和稳定，网上舆情首次出现积极态势。截至 7 月 28 日 10 时，中国传媒大学网络舆情研究所的分析监测数据显示，有关温州动车追尾事件直接相关报道共有 17595 篇，参与转载的网站有 468 家，这些新闻报道总共获 2845626 条网民评论，另有论坛主帖 92796 篇，博客文章 53495 篇，以“温州动车追尾”为关键词的微博有 9616248 条。

在本次事件中，传统媒体和主流媒体的反应速度和关注相对迟缓，事故发生后第 4 天才有新闻主播评论。7 月 24 日凌晨，新华网、人民网仍未有相关头条报道。《人民日报》《经济日报》《光明日报》与《解放军报》的次日头条标题都未有动车事故的相关内容刊登。以微博、博客和论坛等为代表的网络交往平台，在信息传播速度、广度和便捷性等方面的优势，加上其庞大的用户数量，改变了传统舆论格局的力量对比，成为引领舆论的关键节点。微博相关讨论量在 7 月 25 日达到高点，共有 1090000 条；传统媒体的报道在 7 月 26 日达到高点，共有 1360000 条网页信息，微博比传统媒体早一天到达高点，“7·23”事件也成为证明微博影响力的标志性事件，但微博和媒体报道数量趋势基本同态。

在网络舆情的传播与扩散期中，“新浪新闻”等网络新闻媒体在公共舆论平台信息的传播过程中占据了重要位置，通过对事件的信息发布、微博和博文的转发从而引起关注与思考，官方信息的传播与扩散也首先是通过各个公共舆论平台进行发布的，并且信息的可信度要高于其他信息来源，因此其主要作用是微博客无法替代的。个人舆论平台中名人关于“7·23”动车事故的微博都引起了大量网民和网络媒体的关注，其发布的信息通过转发、关注的方式达到扩散的目的，但微博传播方式中存在“马太效应”，意见领袖与其他草根博主受关注度存在巨大差异，表明了节点的作用不同。由于微博采用的是单向的“关注”和“被关注”关系，这种形态使得微博上用户既能建立起以现实生活中亲朋好友为基础的强关系，同时也有基于共同兴趣爱好、共同行业等因素建立起来的弱关系，强弱关系的打通满足了用户多层次的需求，使其具有舆情热点发酵和生成的优势。但是突发事件通常具有信息不对称及不透明的特点，事件进程中社会各方都迫切需要权威部门的动态信息，传统媒体在公众心目中具有相对更高的公信力，因此，传统媒体的舆论引导功能依然是社会总体舆论环境的主流，往往在关键的节点上起到推动或消解舆论的作用。

（二）“长生疫苗造假”事件

1. 事件概述

2018年7月21日某自媒体人在其微信公众号中发表一篇名为《疫苗之王》的文章，梳理了几家中国疫苗的巨头公司的发家史。虽然文章很快被删帖，真实性有待商榷，但不可否认的是，该文章犹如给这场网络舆论风暴注入了一针强心剂，迅速在微信朋友圈引爆，阅读量突破两百万，将疫苗安全的问题推至风口浪尖。

其实这场舆情从7月11日就已经开始酝酿，某疫苗公司内部的一名员工实名举报该公司疫苗生产存在造假。7月15日，国家药监局会同该省省局组成调查组进驻企业全面开展调查，发现该企业冻干人用狂犬病疫苗生产存在记录造假等严重违反《药品生产质量管理规范》的行为，责成该省药品监督管理局收回该公司相关《药品GMP证书》，责令停止狂犬疫苗的生产。7月16日，该公司发布公告召回所有有效期内的冻干人用狂犬病疫苗。7 月 19 日，因狂犬病疫苗记录造假而被国家药监局调查的该公司，再被曝出儿童疫苗百白破造假。但直到 21 日之前一直处于对该公司的调查中，媒体只是简单地跟进了调查的过程和结果，直到出现了那篇“爆款”文章。

7 月 22 日，时任总理李克强同志就疫苗事件作出批示：此次疫苗事件突破人的道德底线，必须给全国人民一个明明白白的交代，要求彻查。23 日 15 点，该市的公安分局立案调查，将主要涉案人员公司董事长高某芳和 4 名公司高管带至公安机关依法审查。19 点，习近平总书记作出重要指示，立即调查事实真相，一查到底，严肃问责，依法从严处理；要及时公布调查进展，切实回应群众关切。国务院调查组等开始调查，舆情再次达到小高峰。24 日该公司董事长高某芳等 15 名涉案人员被依法采取刑事拘留强制措施。

2. 舆情演化分析与研判

网络舆论出现：7 月 15 日至 7 月 21 日，疫苗事件因被该公司内部员工举报和国家药监局开展调查而出现，持续发酵 6 天。从微信公众号、微博和今日头条的相关内容发布量和阅读量可见，在此阶段，网民参与热度并不高，由于媒体主要集中在报道和介绍事件进展，舆情波及范围始终围绕涉事方层面，因此未形成强大的舆论效果。

网络舆论爆发：7 月 21 日至 7 月 23 日，《疫苗之王》一文在微信、微博中的快速传播，微信公众号、微博、今日头条中相关内容的当日阅读量分别达到了 2298439 次、2721746 次、2089490 次，瞬间形成舆论高潮。加之习近平总书记和李克强总理分别就这一事件作了批示，@人民日报、@央视新闻等媒体博主及政府博主@中国政府网通过发文进行报道，引发大量网民关注并转载，微信公众号和今日头条的相关文章也井喷式传播。疫苗、造假、狂犬病、百白破等与舆情密切相关的词汇成为三大平台最主要的关键词。

网络舆论整合：7 月 23 日至 8 月 9 日，随着各大媒体的刊文逐渐涌出，议题内容呈现整合性趋势，33% 的内容聚焦多部门联合调查问题疫苗，关注司法部门介入后的最新动态，22% 的内容报道、转发国家领导人对问题疫苗作出指示，关注各地回应问题疫苗流向和解读疫苗影响的内容各占 15%。焦点受众的人群画像逐渐完整，评论态度逐渐明朗。由于本次舆情具有普遍关注意义，三个新媒体平台中显示受众年龄和性别渗透度差别不大，男女性渗透度分别为 0. 077% 和 0. 046%，30 岁至 50 岁的人群更加关注舆情进展，渗透度达 0. 068%。就地域来说，疫苗生产和销往地区的人群更加关注此事，以吉林、上海、山东、北京等地最为显著。

网络舆论消散：8 月 9 日至 8 月 22 日，由于没有最新事态进展，舆情热度暂时逐渐降低，但仍有不少评论和内容在对这一事件的发生进行反思。

第八章

网络舆情引导与应对

第一节 网络舆情引导与应对的基本概述

网络舆情应对在整个网络舆情治理中占据着决定性的核心作用。倘若处置不当，将会对政治、经济、社会等各领域带来诸多严重后果。如造成舆情事件的升级化和复杂化，进一步激发社会矛盾，引发群体性事件，影响社会稳定，甚至影响司法独立和司法公正，破坏社会主义法制等，为国家治理体系和治理能力现代化带来困境。因此，合理的网络舆情危机应对和处置不仅是保障公民权利的重要抓手，同时也是提高政府执政水平，促进政府清正廉洁，化解社会矛盾，促进社会和谐的关键手段。

一 网络舆情引导与应对的基本原则

（一）信息公开透明

最大限度地做到信息公开透明是网络舆情应对与处置的核心。网络社会，舆情事件爆发之后，由于多元主体的广泛关注和参与，各类信息在网络上迅速蔓延，鱼龙混杂、真假难辨，极易导致各类谣言的传播，以及网民情感化的发泄，从而延误舆情应对时机，导致网络舆情事件的恶化。因此，在网络舆情发生时，一味地模板官话已行不通，治理主体应该及时公布有关权威信息，保证人手一台电脑，利用广大网络媒体平台，扩大权威信息的传播范围。

网络舆情一般会在很短的时间不断发展，造成的危害性也很难控制，人民网舆情监测室率先提出的“黄金 4 小时”原则，比起原来的“黄金 24 小时”时间大大缩短，在舆情危机发生时地方政府第一时间做出回应，做危机事件的“第一定义者”，能够从根源上减少谣言的滋生，避免公众盲从和偏听谗言。在做出回复后，要及时进行跟进，随时回应公众的质疑，与公众进行沟通，将更新情况通过新媒体平台公示出来，在最短的时间里，反馈给群众想要了解到的信息，安抚情绪，避免造成恐慌，缓和社会矛盾，提升政府的公信力，塑造良好的形象。

（二）合理进行风险评估

合理的舆情风险评估对于网络舆情的治理至关重要。在网络舆情治理之前，首先可以通过定量、定性等各类方法对网络舆情的风险进行合理评估，从而起到引导舆情治理的作用。这其中，自然离不开技术作用的发挥。以“AHP 模糊综合评价法”为例，通过采用层次分析法和模糊综合评价法，确定评价对象的因素集、评价集、计算权重并进行综合评价，可以划分舆情风险等级，构建网络舆情风险评估指标体系，从而针对当前网络舆情治理中存在的现实困境，提出网络舆情风险防控的对策。

（三）加强互联网管理

在网络舆情治理中，利用各种技术手段加强对互联网的管理尤为重要。正如前文所言，网络上弥漫的各类虚假不实信息，尤其是自媒体兴起以来，一些自媒体为了吸引眼球、博得流量，刻意歪曲事实、断章取义，极易在网民中引发不良影响，甚至导致网络舆情的线下蔓延及恶性演变。

中国互联网管理采取“谁接入，谁管理”“谁经营，谁管理”的基本原则，这在很大程度上为互联网信息传播设立了“把关人”

机制。各类平台的编辑、管理人员担负着为本平台内容负责的重任。因此，在网络舆情治理中应当加强对此类“把关人”的管理，同时充分发挥其责任主体的作用。一方面，应当加强对信息源头的把控，对虚假信息、未经确认的信息、不当言论或具有煽动性的信息坚决予以删除，阻断其传播的通道。必要时可借助大数据等技术手段对相关 ID 进行封杀，从源头切断不良信息的传播渠道。另一方面，可以采用技术手段对各类网络舆情信息的发布特征、发布时机、发布形式等进行掌握，从而采取灵活方式，积极引导网络舆情的走向。

（四）健全网络舆情治理相关法律法规

目前，中国应对网络舆情相关的法律法规虽然已初步完善，共同为依法管控网络舆情提供了必要的法律依据和合法性支撑，但是随着网络的不断发展，应该及时对相关法律法规进行不断的完善。此外，中国立法还比较分散，管控层次比较低，大多属于部门规章制度，法律条款进行了笼统概括，内容模糊，法律效力不强，只是在宏观上解决一些大的问题，适用的范围有很大的局限性，可操作性不强，对于一些网民和参与网络生活的公众，他们的权利和责任没有进行清晰界定，应该对法律法规进行专项性的完善，从而保证舆情工作的展开，让一些散播谣言、违法乱纪的网民受到约束。中国现有的网络舆情治理法律法规体系还需要进一步完善，立法机构和相关部门要及时进行修订，制定更加完备的法律法规，全面落实依法治国，确保舆情应对有法可依、有法必依、违法必究，进一步净化网络舆情管控的整体环境。

（五）加快推进新的技术手段的引进与运用

大数据时代，由于网络信息传播途径多样化所导致的网络信息扭曲极易发展成为对社会秩序和公众心理造成极大冲击的网络舆情。而由于传播网络舆情治理工作中存在的种种不足，也往往导致网络舆情治理的不力。在技术成为经济社会发展主导力量的当下，网络舆情的治理也必须加快推进新技术的引进和运用，以应对不断出现的新的舆情治理情况。

以区块链技术为例，当前网络舆情治理中所存在的网络虚假信息蔓延、信息在传播过程中产生扭曲、网络舆情信息追踪困难、网络法律法规运行失灵等问题，归根结底都是治理主体在网络舆情管控方面存在的技术困境所导致的。而作为一种新兴技术，区块链存在着去信任、难篡改、易追踪、去中心化和约束性等优势，在区块链社交媒体平台引入信誉惩罚机制，同时保留网络行为数据，为政府追责提供证据支持，能够有效规范网民行为，促进其理性参与和表达。在社交媒体平台中，对信息进行有效整合能使公众对网络舆情实践有更为清晰的认识，从而在一定程度上弱化非理性观点的影响力，降低舆情翻转的可能性。因此，运用区块链技术无论在信息真实性还是可溯源性等方面都对网络舆情治理有极大的实践应用价值。

网络舆情治理是一个与社会发展相适应的过程，在技术已经成为推动经济社会发展，影响网络舆情发展演化关键变量的当下，唯有吸纳并合理利用各类技术手段，才能更好地为网络舆情治理助力，不断提升网络舆情治理成效。

二 网络舆情引导与应对的基本元素

网络是一个开放的，也是相对自由的舆论空间，在这个空间里，交流的匿名性成为其与生俱来的特性。通过研究网络民意表达并分析网络民意的内容指向可以发现，网络民意“传播权利”的实质，就是现代社会赋予公民的各种权利在网络环境下的实现，因个人网络表达所引发的网络传播，进而导致的公民参与，对推动当代中国政治、法制、民主的进步发挥着难以估量的价值。

（一）网络空间中的个人表达

所谓网络表达，就是网民以互联网（包括移动互联网）为媒介所进行的表达。对此学者王君玲给出了较为严谨的学理界定：“网络表达是指个人（而非社会机构或组织）在互联网空间通过各种言语或非言语方式表示自己的观点、情感、意愿和态度等的网络行为。”对于政府和商业机构或组织利用互联网进行的各种表达都不应该算作真正的网络表达，只有代表网民个人的社会表达才能称为网络表达。

“个人化”是网络表达最大的特点。每个人都具有独立的思想，对事物有自己的独立判断和看法，因此在社会角色之余，个体有表达自我情感、思想、态度的需求，只要条件适合（如不会在表达之后对自身利益产生巨大的副作用），个人有可能真实表达自己所思所想的倾向。正是由于网络表达能够在相对自由的条件下进行，才有可能出现多元化的个性表达。这也就是为何匿名性成为网络表达的重要因素之一。

（二）网络空间中的公民参与

网络表达既是个人表达，同时也属于公共表达。在从个人表达转变成公共表达的过程中，存在两个重要变量：网络表达的媒介属性和内容属性。为了理解这种转变，首先需要对网络空间的公共表达进行定义。公共表达一般可以从两个方面来解释：一是从表达的场域来说，只要表达者在公共空间、公共场合的表达都可以称为公共表达，与其表达内容并无多少关联。如乾羽在《公共表达中不可突破的底线》中所说：“公共表达指的是在公共空间中所作的表达，表达的内容可以通过媒介在公共空间内广泛传播，进而影响到公众的态度和舆论的走向。”二是从表达的内容来界定，如果表达的内容涉及公共事务、公共话题、公共利益，也可以称这种表达为公共表达。如胡玲在《公共表达与民主话语》中所述：“所谓公共表达，即公民通过各种渠道公开表达自身对公共事务的意见、看法、观点并进行交流和辩论。”前者强调表达场域或媒介的公共性，后者强调表达话题的公共性。

网络表达具有个人性和公共性的双重属性。无论表达者自身意愿为何，在网络空间的任何表达其实都是在公共空间的表达，即“公共表达”。这种个人表达向公共表达的转向来源于互联网的媒介特性，而“公共性”正是媒介的天然属性。

（三）网络表达的公共性

除了上面所谈到的网络表达媒介的公共性外，网络表达话题的公共性也是被频繁讨论的重点。在对网络表达或者公共表达的表述中，难以避免对话题或内容的公共性的论述。

从表达的内容来看，为了区别于个人私域的表达，只有涉及公共利益的话题、事务的表达才属于公共表达。那么，如何定义公共利益呢？鲍勃·富兰克林在其《新闻学关键概念》中论述道：“‘公共利益’（Public Interest）一词经常出现在法律语境之中，广义上讲，还出现在关于伦理道德、传播政策以及社会责任的语境中。当媒体为了社会福祉而进行信息调查，而不得不损害个人或组织的一般合法权利时，‘公共利益’明确了损害这些权利时媒体应遵循的特定标准。”鲍勃并没有给出公共利益明确的界定，只是说明公共利益是作为一种传媒行业运作的标准而存在。但是鲍勃的要点在于指出了公共利益中指涉的“社会”和“个人”之间的关系。也就是“公”与“私”的关系。“公”在适当情况下可以侵犯“私”。此时的公共利益并不是单一地代表政府公权力，而是“社会福祉”。

既然公共事务、公共利益、公共话题是公共表达的核心，那么如何衡量一件事会不会成为公共话题呢？当一件事涉及相对较多的利益主体，超越了个人单一利益诉求，往往被认为这类事务属于公共事务或者涉及公共利益，如教育、医疗、住房、环保等话题。当然这种公共利益也具有相对性，当涉及的人数达到一定量，超越了纯粹个人利益，就可以把它看成公共利益。当然，涉及利益人数越多，话题越具有公共性。这就解释了为何教育、医疗、住房等问题比同性恋问题、公务员自杀问题更具有公共性。

（四）网络空间中的公共领域

1. 从个人表达到公民参与

要形塑一个健全的公民社会，充分的公民参与是必要条件。公民社会亦是差异共存的多元社会。因此，多元社会必须关注个体的自治，但共同体的正义又须臾不能离开集体行动，因为众多问题往往需要共同行动才能被得以解决。

网络的匿名特性让任何个体都可以更加真实、自由地发表观点意见，相较于传统媒体，网络在表达民意方面更具便利性和交互性。美国前大法官卡多佐曾说过，言论自由是一切权利之母。通过研究网络民意表达并分析网络民意的内容指向可以发现，网络民意“传播权利”的实质，就是现代社会赋予公民的各种权利在网络环境下的实现，互联网使“传播权利在人类历史上第一次得到真正的普及”。因个人网络表达所引发的网络传播，进而导致的公民参与，对推动当代中国政治、法制、民主的进步发挥着难以估量的价值。

2. 网络空间中的舆论场——以微博为例

哈罗德·伊尼斯认为：“不同媒介对控制有着不同的潜力。不能广泛传播的，或者需要特殊编码和解码技术的媒介很可能会被上流阶层利用，他们有时间和渠道获得这些媒介。相反，如果一种媒介很容易被普通人接触到，它就会被民主化。”而微博就是这种民主化的媒介。

当前，中国舆论的重心已向微博转移，网民爆料的首选媒体更多转向微博。微博已经超越网络论坛成为中国第二大舆情源头，仅次于新闻媒体报道。微博话题也从日常琐事转向社会事件，逐渐发展成为介入公共事务的新媒体。微博创造了网络社区的公共领域，这一公共领域的舆论反过来影响和引导着现实社会舆论。

尤尔根 · 哈贝马斯在《公共领域的结构转型》中提道："公共领域说到底就是公共舆论领域，它和公共权力机关直接抗衡。"公众舆论的形成是由有独立人格的公民就公共利益问题自由、平等地辩论和交流，进行理性批判达成共识的过程。"如果没有具有批判意识的公众的相互交流，即便舆论有公共潜力，也不会发展成一种公众舆论。"哈贝马斯认为公共领域应具有批判性、开放性、多样性和平等对话与协商的品质。而微博等社交媒体的去中心化、平等民主、社会互动等特点使得公民的言论自由、知情权、社会参与更充分，从这个意义上来说，社交媒体确实是民主化媒体最好的一种载体。但任何事情都有它的两面性，中国的网络力量从虚拟走向现实，从"打酱油"走向"围观"，事件本身没有偏向性，但"围观"的人多了也就有了偏向性，使得人们在网络舆论的洪流中失去了普通的判断力，其批判性、去中心化也就被失去了普通判断力的"民意"裹挟而去。所以，对微博舆论场中的言论自由进行反思，既能使我们的言论自由获得真正的保障，又不背离理性批判、理性表达的本意，这应是值得我们深思的问题。

3. 对网络舆论场中表达自由的反思

反思之一：微博用户不具备鲜明的专业组织性，不能为大众"提供参照框架"，导致了面对重大社会问题时，业余者的众说纷纭妨碍了专业人士对此问题的专业解读。

安德鲁 · 基恩在其著作《网民的狂欢——关于互联网弊端的反思》一书中指出，"在 Web2. 0 时代，人们的梦想是成为高贵的业余者"。在涉及公共利益的事件中，网络能够迅速传递信息，向全社会快速而全面地发出预警，搜集、整理和储存详细信息并部分地引导舆论。但互联网的易操作、不容易受监管的特性使得众多用户面对社会重大问题的时候有机会挑战政府和主流媒体的统治性话语，有更多机会表达和获取替代性信息，但是这些信息和观点更多的是从个人观感方面解读，缺乏深入的专业考量，这就使得契合社会某阶层的观点流行于网络并对社会造成重大舆论影响，而专业人士对此问题的解读却被淹没在大众无根据的喧嚣中。

一个具有讽刺意味的结果是：媒介的民主化最终会导致我们每一个人同时成为业余评论家和编辑。由于越来越多的网络信息未经编辑、修改和核实，我们不得不对任何信息都持批判态度。免费信息并不意味着我们可以不劳而获，最终，我们将为甄别和使用这些信息付出最昂贵的代价——时间。

反思之二：微博等舆论场成为群体性社会运动的动员工具，一旦被非理性情绪控制，易造成极高的社会成本。

互联网最初的媒介形式已被证明为一种强有力的自我表达工具，微博等社会化媒体进一步证明了其还具有极强的社会动员能力和集体行动的组织手段，它通过草根性的传播在目标群体之中组织起一场场群体性运动，产生一定的社会影响力。例如，微博“打拐”、对弱势群体的声援救助活动、对国家强权部门的舆论监督就是微博所具有的舆论动员和组织作用的典型体现。在这些事件中我们见证了微博强大的社会动员能力。

社交媒体既是有益知识的传递者、国家民主制度的最好体现形式，但同时通过这些工具传播信息匿名性、免责性强，海量信息的流动往往真伪难辨，甚至掺杂谣言和不负责任的煽动。一旦虚拟空间的煽动演变成现实社会的行动，就可能给更多人带来不幸。埃及艾因·夏姆斯大学传媒学教授希夏姆认为，“社交媒体助推社会事件发展，激化固有矛盾甚至制造新矛盾的现象，跟一个国家制度的好坏没有任何关系”。社交媒体是西方国家推动社会变革和普及民主化进程的一个重要工具，在阿拉伯国家发生动荡时，西方国家极力鼓励年轻人使用这一工具，如今这把双刃剑却伤到了它们自己。所以如何规范微博等新媒体，让它们既有利于人们交流信息，又能确保信息的真实性，无疑是值得社会管理者长期思考和探索的课题。

三　网络舆情引导与应对的基本策略

对于政务网络舆情问题的处置应对，主要从以下几方面入手：响应是否及时、态度是否诚恳、级别是否恰当、信息是否充足、是否运用网络技巧等。

（一）响应及时

如今，随着网络舆情影响力的提升，民众越来越重视通过网络渠道来表达诉求、不满或抗议，因而对有关部门或对象及时回应上述诉求或情绪的要求也不断提高。及时响应便成为衡量网络舆情处置应对效果的一个基本因素。自网络舆情诞生以来，由于处置应对不及时，网络舆情危机并不少见。只有“快速反应、及时出击”才能把握住舆情处置的“黄金时间”，及时有效地将事态控制在自己的掌控范围内，争取更多的时间与空间，化被动为主动，从而将矛盾化解、问题解决，避免了将小事闹大、大事闹炸的危机局面。诸多实例已证明，“捂盖子”功夫再高、“涂脂抹粉”的能力再强，也经受不住真相和网民（包括媒体和个人）的追问，政务舆情的火灭不了，则极可能引发成公共舆情中的熊熊大火。

2016 年 8 月，国务院办公厅印发《关于在政务公开工作中进一步做好政务舆情回应的通知》（以下简称《通知》）。《通知》要求对涉及特别重大、重大突发事件的政务舆情，最迟应在 24 小时内举行新闻发布会，对其他政务舆情则应在 48 小时内予以回应，并根据工作进展情况，持续发布权威信息。实际上，一度成为官方应对舆情危机最佳节点的“黄金24小时”早已升级为微博时代的“黄金4小时”，甚至微信时代的“黄金1小时”。因此，网络舆情的处置应对不应仅以特定时间为节点，而应将“主动应对”始终放置在第一位，尽可能地主动作为、提前感知、主动回应各方关切。但值得注意的是，响应并不代表下结论，对于网络舆情事件的处置与应对，要做到及时响应，但谨慎定论，切勿因一味地追求及时而草率地对事件的原因、结果等下结论。

（二）态度诚恳

态度诚恳是指在网络舆情事件的处置应对中，应尽可能地站在利益相关方、利益受损方或广大网民的立场，切实感受民众的所需、所求、所拒，切忌采用“蒙混过关”“混淆视听”“转移话题”“遮遮掩掩”甚至“控制打压”等做法，这样只能导致舆情火势更为凶猛。所谓态度诚恳，既包括设身处地为民众着想，也包括当事故发生后敢于面对事实、承认过错。

近些年来，一些官员因舆情处置应对态度不端正而引发的雷人、雷语事件亦不少见，诸如“不管你信不信，反正我信了”“你是选择替党说话还是替人民说话”以及“瓮安事件”中的“俯卧撑”、云南看守所事件中的“躲猫猫”等，一度在网络世界乃至现实生活中流传。对于网民而言，态度诚恳代表的是“执政为民”的落实力度，也是网络舆情处置应对的又一重要评估指标。

（三）级别恰当

网络舆情处置应对中的响应层级主要指回应人的行政级别。网络舆情事件的严重性不同，则网民对响应层级的期许也不同。例如，在“钴60事件”中，在大规模群体逃难事件发生之后，当地市政府才召开第一次新闻发布会。而在X自治区T县黑奴工事件中，在事件首曝当天该自治区党委书记就亲自表态，随后在事故调查过程中，政府领导也多次召开新闻发布会。这使得密切关注这一事件的广大网民看到了相关部门及官员解决问题的诚心和决心。然而，一方面，要求响应层级适当并不代表响应的级别越高越好。例如在S省H县PS事件中，宣传照片PS引发了对H县领导的恶搞狂潮，娱乐性成分要显著高于政治性、社会性成分，县政府及相关工作人员及时、巧妙地回应将此舆论危机事件转化为一次成功的城市营销，从而并不需要更高级别部门或官员介入。反之，若试图通过更高级别的介入来表明相关部门对事态的重视程度，反而会使原本带有浓重娱乐、调侃色彩的事件变得严肃且严重，效果将适得其反。另一方面，要求响应层级适当，也并非任何与该舆情事件有关的部门或人员均需要做出回应。例如，2015年有关“女儿举报父亲”的高考题引发了网民对题中所涉及人物以及教育部门、交警部门等的热议，有网友甚至对题中的“女儿”展开了“人肉搜索”。对于这一事件，随着高考后时间的推移，网民的关注热度会逐步消退，事件中所涉及的教育部门、交警部门等并不需要过多地做出回应。

（四）信息充足

网络舆情事件通常由特定信息引发，对网络舆情事件的处置应对过程同样离不开对信息的合理利用。信息是贯穿网络舆情形成、发展、消退的关键新因素，而信息充足作为重要的舆情应对指标，是平息网络舆情危机的最有效措施。信息充足指网络舆情处置应对部门对事件的背景、现状、原因以及处理情况等给予及时、准确的公布。信息的充足一方面体现在信息的量上，另一方面则体现在信息的质上。以2014年2月25日N市护士被打事件为例。事发两天后（即2月27日），N市警方就举行了发布会，通报了案情，却使得网民围绕当事人身份、瘫痪可能性、公布信息是否完整等提出各种质疑。因为尽管警方公布了现场的监控视频，但对于整个打人过程，却仅有两分钟不到的简短视频，且于事发两天后才公布。实际上，对于此类事件来说，详细记录该事件全过程的监控视频应该是处置应对此次网络舆情事件最有利的信息，但当地警方却在信息的量上“偷工减料”，从而使得最有说服力的监控视频在真实性、完整性上都大打折扣，让网民心生各种不必要的猜疑。对于信息质的保障，在一些突发事件或敏感问题引发的网络舆情事件中，相关方面由于害怕事实真相暴露、矛盾升级，便企图采用发布不实信息或封锁消息等方式来处置应对。例如，在频繁发生的各种矿难事故中，相关方的信息公布时常出现谎报、瞒报伤亡人数的情况。

因此，切实做到信息充足，不仅可以帮助政府机关迅速取得舆论的话语权，及时树立阳光负责的公众形象，还能有效防止网络上各种不利的猜测、质疑和炒作，最大化地压缩流言形成和大肆传播的空间，最终有效化解社会恐慌和平息舆情危机。

（五）网络技巧

网络技巧指党政机构、企业或个人积极、主动、及时和熟练地运用“两微一端”、官方网站、媒体网站、网民留言板等互联网新媒体手段，进行信息发布和意见沟通等舆情应对。这就要求：一方面，应熟悉网络宣传规律、互联网技术和网络舆论引导的技巧，积极开展网络问政，通过建立健全网络问政机制来更好地倾听民意，疏导民怨，化解矛盾，促进和谐，这是维护政府公信力和提高舆情应对效果的一个有效手段。在现代社会，充分利用便捷先进的互联网技术手段，还能大大减少行政成本，一定程度上节省了人力、物力、财力等社会资源，同时增加了阳光透明的多元化监督通道。另一方面，应熟练掌握网络语言技巧，要善于理解网民的用语、用词，在网络舆情处置与应对中则应避免使用“假、大、空”的官话、套话，而应尽可能地使用平和、平民化的语言，并巧妙地结合网络流行语的使用，这样能更好地拉近同网民之间的距离，改善自身在民众心中的形象。S 省 H 县 PS 事件的处置与应对就是网络技巧使用得当的一个经典范例。

当前，绝大多数政府机关都建有官方网站。在舆情危机的应对中，一些政府机关不仅把官方网站作为信息发布与互动的平台，还引入第三方权威网络媒体来扩大信息发布的受众面和影响力，有效地维护了政府部门的形象。例如，2010 年 8 月 6 日，J 省 S 县发生强拆事件，继而引起舆论热议。事后网络爆出“删帖门”，使事件进入舆情高涨期。10 月 14 日，S 县政府自制网页发到网上，全面公布官方掌握的有关事实的图文声像，指出当事人在拥有自家住宅的情况下，擅自抢建房屋，并伪造土地权证等细节。网页公开发布以后，引起媒体和网络关注，在事实材料面前，网络舆情压力得以有效缓解。虽然拆迁户与政府的争议依然存在，但网页发布效果显著，也为解决纠纷提供了新路径。

在网络舆情应对技巧中，引入第三方权威媒体是极为重要的方法。在舆情事件中，第三方媒体身处舆情危机之外，作为以“真实、客观、公正”为职业操守的第三方主流权威媒体，在政府和网民双方处于舆论对立状态时，其报道和评论往往更容易被网民接受，从而显示出其化解舆情危机的巨大优势。例如，在云南孟连事件中，第三方媒体的介入促进了舆情危机化解的进程，信息发布及时全面，获得了舆论的肯定。

第二节　网络舆情引导方法

随着网络的普及和信息技术的广泛应用，面对信息革命带来的巨大冲击和挑战，网络舆情已经突破了传统的时空限制为公众表达感情、交流思想提供了广阔的虚拟空间。正是由于这种开放式的交流沟通和随时性的信息获取，加之个人信息甄别能力有限，网络舆情危机层出不穷，对社会稳定和公共秩序造成了威胁，基于对网络舆情的分析与研判，管理者需要引导网络舆情的走向，应对网络舆情所产生的负面影响。

一　引导原则

习近平总书记强调“新闻舆论工作要适应分众化、差异化传播趋势，加快构建舆论引导新格局”。网络舆情引导是个复杂的生态系统，涉及系统、要素、环境之间的相互作用和适应程度。因此，既要了解社交媒体环境的变化趋势，也要洞悉因环境变化而改变的舆情主体特征，并根据主体、环境之间的信息与能量交换制定具体的舆情引导策略机制。

（一）理念引导

理念引导是加强网络舆论引导工作的思想前提，因为思想是行动的先声和指南。针对社交媒体环境下网络舆论信息源多元开放的特点，舆论引导不能再是传统封闭、简单直接的“围堵”理念，而应适应媒体环境变革，创新网络舆论思维，树立平等、开放、民主的多元引导理念。

理念引导主要涉及政府顶层设计理念、社会宏观支持理念和受众微观管理理念三个层面的创新转型。近年来，社交媒体发展迅猛，深刻改变着舆论的生成与传播方式，习近平总书记提出“使网络空间清朗起来”、构建“网络空间命运共同体”的创新思维，据此做出“数字中国”的新时代中国家层面信息化发展顶层架构，提高党的新闻舆论工作能力，把握好舆论引导的时度效。社交媒体环境下，宏观层面的社会舆论引导不再局限于现实社会，还拓展到网络虚拟社会，相对于传统舆论引导中的单一权威性，网络舆论引导理念转向多元开放；微观管理理念是就青年群体自身而言，如何在社交媒体情境下管理好自己的思想舆论。社交媒体平台的舆论主要分为建议型、投诉问题型、情绪发泄型、热点话题型、娱乐型等，其中投诉问题类、热点话题类舆论容易产生负面效应，甚至酿成网络危机事件。因此，针对社交媒体信息源多元、开放的特点，网络舆论引导首先要尊重受众的主体人格，满足其多元需求，营造自由平等的舆论情境，从而使大众在找到主体尊严的同时，发挥主观能动性，主动认同主流舆论，产生情感共鸣，进而外化为舆论行动力。

（二）态度引导

态度引导是加强网络舆论引导工作的有效方法。态度认同是建立在网络舆论创新理念指导下，针对网络舆情分析而获得的舆论引导效果。网络舆论主体发生改变，舆论引导的方式方法也要发生相应变化。基于态度改变理论的说服论模型认为说服者、说服对象、说服信息和说服情境构成态度改变的基本要素。信息的接受者是被说服的对象，说服效果取决于信息本身、信息传播的话语方式、手段，权威的说服者更容易改变受众的舆论态度，而情境因素对说服过程的影响主要涉及警告与分心。因此，态度引导也是网络舆论引导的重要策略。两级传播论认为人际传播比大众传播在态度改变上更有效，而人际交往功能是社交媒体最突出的特征，因此，在社交媒体环境下，可以借助网络意见领袖、“网络大V”或记者等新闻媒介从业者进行相关议题的舆论评判，从而在说服与决策阶段获得更好的舆论引导效果。需要注意的是，这种态度说服要建立在形成共识、提高责任、构建事件、实现主体间平等对话的基础上才能达成舆论引导的目标。社交媒体并行开放的“大集市”型裂变式传播模式深刻冲击着自上而下单向封闭的“大教堂”型灌输式的传统舆论引导模式，不尊重大众的知情权、参与权、表达权、监督权的“做减法”删帖、发表网评等传统物理手段可能会适得其反，引发网络舆情反弹甚至对抗。网络舆论态度形成受多种因素的影响，一旦形成就很难改变，且在一段时间内保持稳定。因此，要运用大众喜闻乐见的话语、形式、方法和途径传播主流思想舆论，影响青年群体的情绪、思想，进而改变其舆论态度。

（三）载体引导原则

传播载体是网络舆论传播系统中连接信息源与受众的关键环节。因此载体引导是网络舆论引导策略系统中的中介、渠道因素，对于整个舆论引导系统的运行起着技术支持与物质保障的作用。习近平总书记在党的十九大报告中指出，要“坚持正确舆论导向，高度重视传播手段建设和创新，提高新闻舆论传播力、引导力、影响力、公信力”。大数据社交媒体环境下，要推动舆论平台的融合发展，“主动借助新媒体传播优势，要抓住时机、把握节奏、讲究策略、体现时度效要求”。网络舆论载体引导涉及硬件、软件两种资源，需要人、财、物三方面的投资保障。国家层面设立了专门的网络舆论引导部门——国家互联网信息办公室，并在 2018 年 5 月 9 日发布的《数字中国建设发展报告（2017 年）》中明确了包括“宽带中国”、“互联网 + ”、大数据、云计算、人工智能、数字经济、电子政务、新型智慧城市、数字乡村等重点建设工程的网络强国建设任务。除了网络基础设施和核心技术领域的突破外，国家和各级地方政府还在信息技术与产业、数字经济与网络信息服务方面加大物质、技术投入；国家优化支持网信企业全球发展、网络空间治理、网络安全保障等的发展环境。通过投资机制的引导，共同搭建高效的网络舆论传播平台。

（四）内容引导原则

内容引导是加强网络舆论引导工作的核心。网络舆论态度的转变主要还是依赖于信息内容，为此必须运用“互联网 + ”大数据分析生产出精准化的信息内容，并有针对性地开展网络舆论引导。习近平强调新闻舆论工作者要通过创造有思想、有温度、高品质的作品弘扬主旋律。要着力打造一批新型主流媒体和传播载体，以内容优势赢得发展优势，不断增强社会主义意识形态的话语权、控制力。依据“沉默的螺旋”理论，微博等社交媒体对于关注度高的同一议题会形成强大的“网聚”能量，通过“意见领袖”的参与和“粉丝”的转发、评论，形成趋同的舆论心理，产生马太效应与集聚效应，从而影响网络舆论导向。因此，依托社交媒体大数据分析与挖掘的数据新闻是当下网络舆论引导和网络舆情研判的新视角。数据新闻如《图解两会》等因其可视化、人性化、社交化的特点极大地提升了舆论传播力。在进行网络舆论引导时，要积极主动地针对不同类型群体关心的时政热点、社会矛盾等话题因势利导，进行专门的议题设置，培养网络舆论的“意见领袖”，形成强势的舆论主导。

（五）自组织引导原则

自组织引导是网络舆论引导策略系统中的长效路径。协同论认为一个复杂的自组织系统，具有开放性、远离平衡态、非线性和随机涨落的特点，不断与外界交换信息、物质、能量，从外界引进熵流。青年群体网络舆论引导也是一个复杂的系统工程，具有一定程度的自组织、自协调、自适应性，并且，这个自组织系统是循环发展的，进行着自我再生、复制以及自我选择、优化。分析社交媒体环境下青年群体网络舆论引导系统的存在状态与运行机制可知，系统的结构体现了舆论引导理念、态度、载体、内容等要素间的功能耦合关系，这是系统的存在方式，是一个具有相对稳定性的动态结构。然而，系统的运动是由内外因共同作用决定的，从长效机制来看，强化网络舆论生态的自净能力和自然调节更为重要。因此，开放的社交媒体环境下，网络舆论的引导除了外在影响机制外，还必须实现自组织引导。习近平总书记指出，“推动实施国家大数据战略，加快完善数字基础设施，推进数据资源整合和开放共享，保障数据安全，加快建设‘数字中国’，更好服务我国经济社会发展和人民生活改善”。大数据时代，谁掌握了社交媒体，谁就拥有舆论话语权。社交媒体的“双刃剑”效应一方面促进了网络舆论的开放性、民主化，极大地拓宽了网络舆论的空间和范围；另一方面，也使得网络舆论环境更为复杂，更易出现负面、情绪化、非理性化舆论，甚至诱发网络群体事件，加大了舆论控制的难度。

网络舆论引导是个复杂的系统工程，需要协同创新，从多方面、多层次入手，多管齐下进行科学、有效的调控与引导。网络舆论引导策略不是单一的、孤立的，各个策略之间相互作用形成体系。也即国家、政府、社会、公益组织、个人等舆论主体之间协同发力，坚持创新反馈、自律、监督等管理机制，发挥运行合力在宏观、中观、微观各场域齐抓共管、营造氛围，从而形成立体化、多层次、高效的网络舆论引导策略系统。

二　引导方法

网络舆情危机的化解和消除是多方参与、时空互动的系统过程，既有政府的主导，又需要媒体的客观报道，还要公众的理解和支持，网络舆情危机的治理机制系统架构如图 8－1 所示。

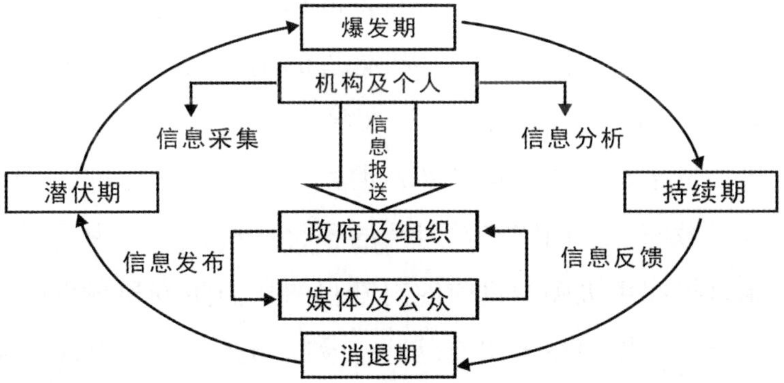

图 8－1　网络舆情危机的治理机制系统架构

根据网络舆情爆发的特性，当前的舆情引导机制需要在以下几个层面进行完善。

（一）完善危机信息汇集分析机制

舆情危机信息汇集机制，是指根据舆情危机信息在政府及部门决策中的地位和作用，依照舆情危机潜伏、爆发、持续、消退等演变规律，通过个人或专业机构，运用舆情危机信息传播的多方信息源、专门调查、内部访问等各类信息搜集渠道和手段，采用统计学、计算机科学、心理学等各类分析研究方法，并依靠有关制度保障，对舆情危机信息进行采集、提炼、报送和反馈的一套系统工程。从系统的角度看，这个活动过程包括了人、机构、规则和外在要素等相互联系的综合体，形成一个涵盖了时间、空间，横向、纵向等因素的信息汇集、分析网络，具有动态持续性、社会系统性等特点。在该机制中，应注重把握以下几点：一是组织、个人等直接接触网络舆情的主体的协调作用，针对不同的网络舆情危机，采取有的放矢的个性化信息采集策略；二是信息汇集的全面性和目的性，极可能搜集相关舆情危机的全部有价值信息；三是细化工作流程和考核机制，明确责任、细化目标是常规管理措施；四是建立信息分析专家库，充分挖掘各领域专家的信息分析能力；五是建立相关的激励机制，实现网络舆情危机处理的制度化、规范化。

（二）建立网络舆情危机预警机制

危机的发生具有不可预见性，但其发展、演变的过程具有可控制性。各级政府部门制定有针对性的预警系统机制尤为重要。所谓预警机制是指在危机爆发之前发出警报，从而防范和制止危机发生的工作机制，其作用在于超前反馈、及时布控、有针对性地防患于未然。建立一整套合乎情理、关乎民意，并具备科学的实施效果的预警机制，需要着重考虑以下几个方面：首先，应建立舆情分析处置机制。重视危机信息的搜集、分析、反馈和处置，及时把握危机的延伸倾向。其次，逐步完善应急预案体系。危机信息的发布要做到及时、准确，形式上要多样，内容上要真实。最后，提高公众自我保护的水平。由于信息不对称，对拥有不同信息资源的公众来讲，将危机信息传递给预警系统是一个挑战，且自我救助能力水平较低，心理压力较大。

（三）完善政府信息公开发布机制

网络舆情危机的消解需要网络参与主体的共同努力，政府行为是主要动力。政府信息公开的力度、渠道、及时性不仅影响公众的心理，还对危机的事后处理起到推动作用。主要需要考虑以下几个方面：首先，优化政府行为，有利于提高决策和执政能力，提升政府在公众心目中的形象，网络舆情危机发生的一大诱因就是政府对现实问题的处理不当，引起了公众心理失衡；其次，应用Web2.0技术构建和完善政府门户网站，增加信息公开的渠道和能力，因为政府网站是政府对外联系的主要窗口，也是公众获取信息的第一渠道；再次，增强政府与网民之间的沟通，建立"网络发言人"制度，搭建一个与网民平等对话的平台；最后，还要考虑信息安全问题，加强技术防范和信息保密，防止因恶意行为造成信息失真，正确把握信息公开的时效性。

（四）建立网络舆情管控引导机制

网络舆情危机具有可控制性和可引导性。政府和媒体应充分发挥网络舆情危机导向作用，围绕网上热点和焦点问题，及时披露信息，做到危机信息的公开透明、组织有理论深度和有现实说服力的文章在网上刊发，及时辟谣，维护网上正确舆情危机导向，逐步形成健康的网络风气。在网络环境下，不同地域的不同网民可以就同一舆情话题进行广泛而深入的交流，使得危机信息更加泛化和尖锐，由于政府与公众容易在信息不对称的情况下形成舆情对峙，政府对公众的心理疏导和舆情引导显得十分重要。政府及部门需要在第一时间掌握舆情危机信息发布的主动权，宣布工作机制和挽救措施，起到稳控公众心理、缓解矛盾激化、引导公众行为等作用。

（五）制定突发性应急策略

当面对重大突发事件，需要实时公布紧急事态进展，以正视听。政府想要避免舆情爆发，速度是第一要素，突发事件发生以后，有关部门需要第一时间获取真实具体信息，快速跟踪研判，及时跟进并发布事件进展，赢得话语权，从而掌握主动权。公布本体真相，满足受众的信息需求，从而降低舆情传播热度。

突发事件发生之后，政府需要充分调动传统媒体、新兴媒体的不同优势，整合外宣资源，在第一时间发布官方信息，增强事件透明度，表明官方立场。官方主流媒体需要及时奔赴一线，由专业记者进行实地报道。政府信息公开透明，拓展了媒体对事件的报道空间，也能有效保障新闻时效性和真实性，同时能进一步提高政府处理突发事件舆情传播的工作效率，帮助政府掌握引导舆论的主动权。在多方信息的相互验证下谣言不攻自破，公众对谣言的辨别能力也会提高。

（六）发挥传统主流媒体优势

传统主流媒体长期以来都发挥着传递官方信息的作用，有深厚的群众基础。网民辨别谣言的能力不断提升，“坐等真相”的声音越来越多，这是以往传统媒体引导舆论的结果。因此，传统媒体应继续发挥其优势，加强与政府间的联系。收集舆情上达官方，传递信息下至民众，疏导舆情。在疫情下的舆情传播中，传统媒体是公众获取官方信息的主要媒介，对网络舆情的引导负有重要责任，承担关键任务。政府要增强阵地意识，通过主流媒体向公众传递利于社会稳定的信息，正面回应群众关切，疏导舆情。主流媒体利用其官方背景优势搭建政府和民意间沟通桥梁，可以对疏解舆情起到关键作用。此外，主流媒体应该主动出击，设置议程。大众传媒不能决定受众思考问题的方式，但可以在一定程度上决定受众想什么，媒体通过把关，选择符合要求的内容打包给受众，这里的“符合要求”可以是符合政府管理的需求，也可以是符合社会稳定和谐发展的要求。

（七）提升新媒体及其技术的舆论引导能力

强化新媒体编辑的舆论导向意识，加快推进技术创新，为新媒体提供网络舆情安全技术保障。技术是新媒体发展的保障，更是网络舆情的安全屏障，要加快推动与媒体融合时代的技术创新工作，为丰富的报道形式提供产品平台，为提高舆情应对能力提供有力的支持，并结合当下舆情传播的方式、形式、途径进行有效的拦截、治理、IP识别等，为新媒体在网络舆情方面提高应对能力提供保障，为新媒体发展提供支持。新媒体编辑是信息的组织者、评论者、把关者，在新媒体时代，信息具有海量、快捷、多渠道等特点，这大大地增加了编辑的工作强度。如何有效选择符合舆论导向的信息，成了编辑的一个必修的课程。比如遇到突发事件，编辑应选择有力配合事件处置、有效维护社会稳定的信息；而对于社会热点问题，要围绕政府出台涉及民生热点的重要改革措施，结合网友利益关切，充分做好权威解读等。此外，要针对网民关注的问题进行客观理性的引导，澄清事实真相，批驳谣言，快速、准确、有效引导社会舆论和网上舆论。在编辑过程中，既要注重舆论监督的社会效果，确保事实准确、适时适度，又要防止报道失实、以偏概全和主观臆断、感情用事，防止产生负面影响。

第三节　网络舆情应对方法

网络舆情应对是指网络舆情爆发后，对网络舆情的性质、趋势和走向做出基本判断后，相关部门为了化解矛盾冲突、避免事态扩大，针对网络舆情所采取的措施和策略，例如信息公开、事实澄清、舆论引导，查处网络舆情所反映的社会问题等。积极应对网络舆情，不仅有利于舆情事件逐渐平息、消减舆情事件造成的负面影响，而且有利于满足网络舆情背后的社情民意诉求、重新建立和塑造网络舆情客体的形象和公信力。

一 网络舆情应对基本原则

网络舆情应对工作涉及面广，头绪繁多，局面复杂，应遵循一定的原则。所谓原则，是长期经过实践检验整理出来的合理化现象，是说话行事所依据的法则和标准。网络舆情应对的基本原则贯穿于整个应对过程中，既为应对工作提供了前瞻性的指导，也为检验应对效果提供了依据。网络舆情应对的基本原则应包括以下内容。

（一）态度原则

以人为本，就是要求在网络舆情应对过程中，要从人民的利益和需要出发，满足其物质、精神文化生活需求，而非简单地堵住舆论的“枪口”。在事关突发事件和重大安全事故的网络舆情应对过程中，应把人的生命健康权放在首位，生命第一，在信息发布过程中，尽最大努力抢救生命，先救人后救物。

网络舆情作为民意的网络呈现，承载着公民的不满与希冀，折射着社会的矛盾与风险。面对网络舆情，不能采取听之任之的漠视态度，也不能摆出严防死守的敌对态度。舆情爆发，群情涌动，如果居高临下，自说自话，会激起公众的质疑和反感，形成对立。无数群体性事件的应对经验表明，对话胜于对峙。舆情处置者只有放下架子，积极与媒体沟通，平等与公众交流，才能得到公众的尊重与理解。

面对网络舆情，首先就是要尊重和理解民意，尊重每个公民表达意见的权利、理解公民的反对声音以及情绪宣泄。其次要端正自身的态度，向公众表达妥善解决问题的态度与决心。表态不是为事件定性定论，在有确切的调查结果之前，对于任何有关事件的原因、后果、责任方等信息都须抱着谨慎的态度。避免轻率言行给公众造成视听混乱。表态应包含以下三层含义，首先，告知公众已获知此事；其次，告知公众针对事件已采取哪些应对举措；最后，告知公众将会及时公布事件调查结果和最新进展，同时对公众监督表示感谢。

（二）速度原则

速度原则分为两个方面：第一，要在第一时间发现舆情；第二，发现舆情要第一时间处理。总的来说，速度原则就是“发现并及时处理”。在互联网时代，谁掌握了信息的主动权谁就掌握了局势。因此，网络舆情一旦爆发，相关部门应坚持“黄金一小时”原则，第一时间做出反应，及时应对。

网络舆情一旦发生，相关部门应立即反应，在自己的职责范围内开展应对和先期处理工作，而不是消极地等待上级部门来应对，或是等上级过问才开展应对工作。消极抱怨，或者简单地“瞒”“捂”“堵”，在网络时代和信息时代，是极其危险、错误和愚蠢的。也不要抱有“息事宁人”“大事化小小事化了”的心态，这将会使自身在网络舆情应对工作中处于不利和被动的地位。尤其是对重大敏感事件、突发性事件的新闻报道和舆论引导，要努力抢占先机，掌握话语权，赢得主动权。

在网络舆情形成初期，网民有实现话语权的欲望，有附和情绪和盲从心理。因此，在其形成初期，有效的主动应对可以防止网络群体性事件的发生，为网络舆情应对工作抢占先机，抢占制高点。网络舆情爆发后若没有官方的声音，没有官方的消息，各种猜测、曲解必将为事件的处理带来阻力，导致应对工作的被动。主动发布权威信息，在媒体还没来得及报道时及时发布相关信息，可避免公众盲目猜测、恶性炒作以及媒体虚假报道。

（三）诚实公开原则

从信息传播的角度来说，信息公开是对付小道消息和谣言的最好办法。事件发生或网络舆情爆发后，应公开事实真相、事情经过、伤亡情况、已采取的措施、已查明的事件原因等，让公众想知道、想了解的情况都能通过公开的渠道和信息找到，而不要让网民想要获取舆情信息却无从获取，致使公众主观臆断或造谣。只有平等地与公众交流，以信息公开消除谣传猜测，才能赢得信任支持，才能有效引导。

真实准确是信息之本，通报事实，切忌不实。一条不实信息往往能引起“破窗效应”，诱发“次生危机”，不但不利于危机的化解，反而会导致公信力和权威性受损。只有准确真实的信息才不会误导公众，错误虚假的信息比没有信息危害更大。信息准确、细节真实，还原真相、还原全貌，尽量不让事件留下疑点，力争不给公众带来困惑，做到客观公正、取信于公众和网民，唯有如此，才能促使问题尽早解决，舆情尽早平息。

（四）系统原则

网络舆情应对工作涉及面广，牵扯多个部门，应对工作需要部门之间有效联动，协调行动，共同应对。回应舆论关切需要统一和规范的口径。若同一事件在不同部门、不同阶段得到的解释差异大、矛盾多，势必会给舆论留下话柄，质疑责难之声将接踵而至。

部门联动不仅指网络舆情应对各主体之间联合行动，如宣传部门、公安部门、工信部门等，也指上下级部门之间、政府与企业之间的联合行动，甚至包括与媒体之间的有效联动和沟通。各个部门之间高效的联合行动需要有效的沟通协调，做到步调一致、口径一致、行动一致，才能提高网络舆情的应对效果。

网络舆情一旦形成，应立即明确主管部门、主管领导及其责任，统一指挥、统一领导舆情应对工作，避免相互掣肘。尤其是对于突发事件而引发的网络舆情，在危机状态下，领导指挥机构有权调动各个部门的人力、物力，以便统一行动，从而将危害程度降到最低，同时应在领导指挥机构设立新闻工作组，负责事件的媒体接洽、对外宣传、舆情应对工作。

（五）三分法原则

舆情类型不同、影响不同，应对的渠道、方式亦有不同，应按照分级、分类、分别的三分法原则积极处置负面舆情。分级应对，心中有数才能精准施策。根据网络舆情危急、紧急的程度以及网络舆情涉及事件的大小分别由不同层级的相关部门负责应对，启动相应的应急预案。

分类应对，找准病根才能对症下药。明确责任主体及影响范围，平衡整体与局部利益关系，不为价值观有问题、损害公共利益的人或事埋单，不损害自身的公信度。如果属于确有其事，应该虚心接受，马上改正；如果属于局部出错的，应该及时切割，厘清责任；如果属于误解误传的，应该及时沟通，解疑释惑；如果属于恶意诬陷的，应该坚决斗争，诉诸法律；如果属于特殊情况的，应该及时寻求上级管理部门支持。

分别应对、因势利导才能事半功倍。对于误解误传，需要幽默应对，采用幽默、调侃方式进行回击，达到辟谣和主导舆论的双重效果；对于确实有错或者局部有错的舆情，适合正式应对，采用新闻发布会等官方正式发布平台；对于一些较为特殊、敏感的舆情，适合采用第三方发布的隐式应对，明修栈道暗度陈仓。

舆情应对的处置结果有三种境界：化危为险、化危为安、化危为机。最高的境界是化危为机，在看似危险的境地中得到平安，甚至获得进取的机遇。具体来说，化危为险，舆情处置全流程中的每一个环节都不能有问题，任何处理不当都有可能使事态越来越糟糕，陷入危险境地。化危为安，如果发生了危机，就要快说事实、诚说态度、慎说原因、多讲措施。化危为机是最高境界。

二 网络舆情应对常见误区

随着网络的发展和网络舆情的不断出现，各级政府相关部门都建立相应的机制，制定相关的制度，采取有效措施以应对网络舆情，处理各种突发事件和危机。但从现实的网络舆情工作状况来看，还存在诸多误区。

（一）事实真相应该可以掩盖，简单控制封堵网络舆情

面对突发事件或敏感问题引发的网络舆情，某些政府部门或企业，害怕事实真相暴露，害怕矛盾升级，首先想到的是封锁消息，并主观地认为，只要保密工作做得好，事实真相应该可以掩盖。传统政府是封闭保守型的政府，习惯于封锁消息，遇有突发事件便采取封堵措施。随着中国政府追责制度和引咎辞职制度的逐步建立和完善，某些政府部门或政府官员，因为害怕被追究责任，也倾向于封锁消息，掩盖事实真相，甚至不惜捏造事实、撒谎。

中国频繁发生的矿难事故中谎报伤亡人数的情况便时有出现。未经分析研判、合理引导，就采取封堵措施，或关闭网站、关闭论坛、禁止发短信等做法，不仅封不住消息，而且会使问题复杂化，错失解决问题的最佳时机。信息传递犹如管道一样，封堵了真实消息，必然会有虚假消息或谣言充斥于管道中，最终导致舆情失控。

（二）重视事件，却忽视舆情，舆情与危机意识不强

在突发事件和网络舆情的应对中，有些政府部门重视突发事件本身，却忽视网络舆情的应对，普遍存在这么一种心态：事件我们已经处理好了，网上管它怎么说去吧。这是危机公关意识与舆情意识淡薄的体现。

在处置突发事件的整个过程中，始终都伴随着网络舆情的应对和处置。很多基层政府及其公务人员缺乏危机意识与舆情意识，很

少能觉察到潜在的风险和危机，面对突发事件和网络舆论，不能预判到即将爆发的网络舆情。面对一些敏感事件、负面报道，舆情敏感性不够。而当新情况、新问题被媒体曝光后，因缺乏经验与公关素养，往往不能做出正确的判断和应对，不敢有所作为，不能妥善处置，有的公务人员面对媒体质疑甚至表现出过激的言辞，致使舆情升级。

（三）政府完全可以指令媒体，应对媒体的方式不正确

网络舆情一旦爆发，面对各路媒体的质疑、提问及其采访报道要求，政府并不是以平等的心态，主动满足其要求，而是对于自己不想公布的信息，采取打压手段，认为可以指令媒体，让其保持沉默，让其"闭嘴"。这反而激起媒体和公众的愤怒，使质疑批评不绝于耳，流言和小道消息不断，事态不断扩大升级。上述这种观念是官本位思想的体现，应及时摒弃。

在中国，随着事业单位改革的推进，媒体已经不再是政府的下属单位了，政府应更新观念，不能对其指手画脚。在对待媒体方面，存在以下几种错误的方式。一是放不下"架子"，摆出一副高高在上的姿态，结果把自己放到了媒体和网民的对立面，使突发事件的处理和舆情应对更加被动。二是面对媒体的质疑，情急之下，使用过激的言辞，甚至谩骂媒体，攻击媒体，阻止媒体采访，毁坏媒体器材。三是对媒体的作用认识片面，认为媒体是来挑刺揭短、找毛病、暴露丑陋面的，采取不合作的态度。

（四）网民不讲理，不予理睬，缺乏与网民互动与沟通

某些政府部门，在突发事件或舆情爆发后，常常抱怨公众或网民不明真相，被人利用，不讲道理。他们认为事实清楚，案情明了，于是对部分公众或网民的质疑、"无理取闹"置之不理，殊不知，舆情就像野火一样，一有风吹草动，点点星火又会死灰复燃。

网络的便捷性使网民更愿意利用网络与政府部门进行交流和互

动，相反，一些政府部门却不重视与网民的互动沟通。例如，出现了网络谣言，很少有政府部门及时出来辟谣，或通过媒体和网络发布公关公告；网民对事件真相提出质疑的时候，也没有相关部门对质疑一一做出回应；发生重大事件后也较少有相关部门与网民进行在线交流，就网民关心的问题回答网民。

（五）舆情应对乃是宣传部门的事，舆情工作机制不健全

在有些部门或公务人员中存在观念误区，认为舆情应对只是宣传部门或者新闻办的职能，自己完成本职工作即可。但事实上，舆情应对工作是需要多个部门协同配合完成的，而不是某个部门能独立有效应对的。任何网络舆情一般都会至少涉及宣传部门、新闻办、新闻出版部门、事件主管部门。

网络舆情工作涉及多个部门、多个环节，没有健全的工作机制，难以开展有效的舆情工作。如舆情工作组织领导机制，统一领导舆情预警、研判、引导、应对工作；舆情分工负责机制，明确专人负责对主流门户网站、本地网站的新闻信息和互动类网络社区、论坛实施动态监控等。网络舆情工作机制包括网络舆情监测机制、预警机制、研判机制、引导机制、部门联动机制、保障机制、互动机制、责任追究机制等。就目前的实际状况来看，很少有某一个地方政府健全了上述所有工作机制。

三 网络舆情应对策略

（一）逐步完善网络舆情监测预警机制

按照美国危机管理专家罗伯特·希斯（Robert Heath）的观点，避免危机的发生或者将危机消灭在萌芽状态是成本最小、最经济也是最成功的危机管理方法。网络舆情通常在极短时间内就能大范围地蔓延开来，想要进行有效处置将不得不面临较大的挑战。为此，更为有效的方法就是做好网络舆情监测和预警工作。

具体来说，网络信息管理部门和新闻媒体要树立网络舆情监测和预警意识，逐步完善网络舆情监测和分析系统，对海量网络信息进行风险评估、价值筛选，及时、准确地把握热点信息的来源、流量、流向、性质等，明确舆情热点，分析研判网络舆情演进的动态趋势，并制定相应的预警和应急措施，进行科学决策，防患于未然。同时，网络信息管理部门和各媒体单位之间也需要加强有关网络舆情研判、分析、预测的联动沟通机制，力求以合力有效降低突发网络舆情对社会的不良影响。

（二）逐步完善网络舆情分析研判机制

网络舆情分析研判机制是网络舆情应对的日常工作机制之一，主要是对监测到的网络舆情预警情报进行分析和评价，对网络舆情的等级、走向、应对措施和办法，做出较为准确的判断，以指导网络舆情应对工作。

对于网络舆情职能部门来说，建立网络舆情研判机制，一是要有专人负责网络与监测、研判工作，明确工作职责，形成制度，做到研判工作常态化；二是利用网络舆情监测系统软件，在对网络舆情进行初步敏感性分析和监测分析的基础上，再由研判人员进行研判分析。

（三）逐步健全网络舆情应对机制

网络舆情管理的日常工作之一，是建立网络舆情应对机制，制定网络舆情应对工作制度，就舆情应对、舆情应对的责任人与工作程序、舆情应对的方式做出明确规定。在网络舆情爆发后，迅速启动网络舆情应对预案，第一时间回应网民和公众的质疑和问题。

当网上出现负面报道后，坚持积极、正面的引导，有针对性地答疑解惑、跟帖，以正视听；对暂时未能查明原因的事件，要讲清事实，慎重宣布事件原因，滚动播报事件动态；对于重大网络舆情，应以新闻发布会、发布新闻通报等形式，来引导社会舆论和网络舆论。

第四节 网络舆情信息管理与报告撰写

习近平总书记指出："要依法加强网络社会管理，加强网络新技术新应用的管理，确保互联网可管可控。"首先，进行思想监督。要加强网络伦理、网络文明建设，发挥道德教化引导作用，用人类文明优秀成果滋养网络空间，修复网络生态。其次，加强法律监督。针对网络暴力、网络犯罪、网络成瘾，要加快网络立法进程，完善依法监管措施化解网络风险。国家要加强互联网领域立法，完善网络信息服务、网络安全保护、网络社会治理等方面的法律法规。国家有关部门加快修订《互联网信息服务管理办法》，发布《互联网新闻信息服务管理规定》，制定一系列互联网信息服务业规范性文件，加强互联网行业自律，清理违法和不良信息，依法惩治网络犯罪，加快建立网络舆论生态相关的法治治理体系。再次，进行技术控制。技术监督主要有"围堵""疏导""转移"三种形式，因此，可以采用网络监控机制、信息过滤、特定域名拦截、应用端口封锁等技术手段进行网络舆论的监控。最后，加强组织监督。政府、各机构要完善互联网管理领导机制要整合各职能部门的职责，主动"联网""触网"，健全网络内容管理机制，形成打击网络犯罪、防范网络突发事件的工作联动机制。尤其在社交媒体环境下，要"不断提高对互联网规律的把握能力、对网络舆论的引导能力、对信息化发展的驾驭能力、对网络安全的保障能力"，就要"善于运用互联网技术和信息化手段开展工作"，不断提升网络监管能力，激发网络舆论正能量。

一　网络舆情信息法制管理

网络舆情依法治理是网络管理发展的必然趋势。网络传播中网络主体是庞杂多元的，网络经营者、网络信息传播者的角色和关系也是非常复杂的。网络环境里隐含了太多不确定因素，如果缺乏一种有效的法律约束，网络安全将受到更大威胁，网络舆情治理也会失去保障。因此，中国在网络舆情治理中要强化法律法规建设，建立针对网络言论和行为的奖惩制度，完善信息公开制度、网络新闻发言人制度、网评员制度及网络危机管理制度等各个方面的具体制度，为网络舆情治理机制运行奠定良好基础。

（一）逐步建立权威系统的法律体系

一方面，中国网络舆情治理中的法制法规建设虽然取得了一定的成果，但相关规定过于笼统，如“扰乱社会秩序”“破坏社会稳定”“危害国家统一、主权和领土完整”，还有像“违反法律、行政法规禁止的其他内容”这些模糊不清主观定义的标准，常常给相关监管部门在具体执行过程中带来了较大的自由裁量空间，削弱了法律的严肃性和强制性。在网络舆情治理中，法律应该量化非法行为的标准，并对应合理科学的惩罚力度，既要彰显法律的约束意义，还应该体现对公民言论自由权利的保护作用。网络舆情治理的目的是了解真实的民声民意，为公共决策提供参考基础，因此网络舆情治理绝不是要禁止民众发声，侵犯公民言论自由权利，网络的本质特性就是自由平等开放，网络舆情治理的法律制度更应该体现自由平等开放的人文精神。另一方面，在加强互联网法律制度的制定和实施过程中，要逐步解决法律的协调统一、内容交叉、多头执法等问题。对已经不再适用的法律规范，应在适当时机及时废除。各地也应依据实际情况以出现的网络舆情事件为契机，有针对性地制定和更新相应法律规范，要在修改、废除、制定、完善的过程中逐步形成包括法律、政策法规、部门规章及行业自律规范在内的网络规范体系。这也是政府、网络非政府组织、网络媒体、网络运营商以及网民等主体之间平等协商、共同治理的制度保证，在一定程度上以法律法规的形式规定了各自行为的活动范围及权责关系，也可以作为必须遵守的行为准则，推动网络舆情治理工作的有序开展。

（二）继续健全完善网络舆情治理机制

目前中国网络舆情治理的监测、预警、应急机制都存在许多问题，因为缺乏一种常规化的多主体对话协作共同治理机制，在网络舆情监测中国家各职能机构与各方专业力量之间的联动不够规范，预警过程中各级监控点网络舆情信息的层级传递效率效果不理想，以及在网络舆情突发事件应急中政府部门和其他组织之间的信息交流资源共享不够畅通难以形成合力。网络舆情治理体系要逐步走向多元主体协同过程，建立健全资源协同和政策协同的治理机制，激发包括网络媒体行业和公民社会在内的多方主体的积极性，创造多种渠道和环境提高其参与性，有效发挥各个参与主体的优势和作用，才能达到更显著的治理效果。

二　网络舆情信息技术管理

在网络舆情治理过程中，法律制度是网络舆情治理的软性保障，网络舆情治理技术则是硬性支撑，对于网络舆情治理现代化更是如此，没有技术支撑的网络舆情治理是虚弱无力的。在完善网络舆情治理机制过程中，我们需要不断改进网络舆情治理的科学技术，加强人才培养。这不仅需要对非法信息和不良信息，采用信息过滤技术、防火墙屏蔽技术等一系列技术手段，还需要研究更加科学合理的民意调查手段，运用更先进有效的技术搭建网络对话平台和服务窗口，并通过第三方渠道来疏通社情民意，倾听百姓心声，了解网民需求，维护网民利益。建立技术保障最重要的一个方面就是要培养一支掌握高端网络技术知识的技术人员和具备专业理论和丰富经验的管理人员队伍，并将各类优势资源集中协调，为网络舆情的有效治理提供技术保障，同时切实维护网络安全和信息安全。

网络舆论不像社会舆论那样容易受到时空因素限制，网络舆论一旦产生，瞬间传遍全国乃至全球，并长期保留于网络之上，因此，沿用不予理睬的传统舆论管理方法，非但不能消除网络舆论的社会影响，反而诱发网民产生新的质疑和批评，进一步放大舆论影响力。从这个角度说，对网络技术的不了解和不适应是网络舆论引导问题丛生的原因之一。

从管理角度看，网络舆论引导就是网络信息管理。因此，技术调控作为网络舆论引导的方法，将强化以法律为基础、按照国际惯例引导网络舆论的管理模式，提高中国舆论引导的能力和水平。目前，中国舆情监控技术研制已经有所突破，如“方正智思舆情系统”“Goonie 互联网舆情监控系统”“HainaGEN 一舆情监控系统”“邦富互联网舆情监控及舆情分析系统”等都被用于网络舆论引导实践。

从本质上说，网络技术构筑了网络舆论传播平台，没有这个传播平台将不会产生网络舆论，而人是网络技术的主人，可以通过网络技术的应用与调整，影响和主导网络舆论发展。如果网络舆论违反国家法律法规，严重危害社会稳定和国家安全，侵害他人基本权利，就必须采用诸如网络技术屏蔽、删除危险言论和不当言论等方法进行有效控制。

三　网络舆情信息自我规范

（一）认知偏差——阻碍我们独立思考的重要因素

我们对真实世界的思考，存在大量认知偏差而不自知。成年之后的学习，就是一次次纠正认知偏差的过程。在舆论交锋过程中，自我否定和被怀疑是很痛苦的。当被攻击时，我们会有天然的心理防御机制，常见的有：回避、否认、愤怒、陈词滥调、从众。然而要意识到自己对反对意见的心理抗拒，是一种大部分人没有的高级能力。只有越过这道关口才能进入独立思考的状态。正因为纠正认知偏差的难度大，这造成互联网受众，更愿意寻找符合自己“既有政治倾向”的内容，主动屏蔽不同意见。

（二）克服认知偏差的三个阶段

哈佛大学教育学家威廉 · 佩里（William G. Perry）研究了大学生认知发展中世界观的变化过程，后人将其简化成了三个阶段。第一阶段：非黑即白的二元论（Dualism），所谓非我族类，其心必异。第二阶段：相对主义（Relativism），当你了解到更多不同的角度和看法，你会开始怀疑一切，或者否定一切——“任何事情都有两面性，所以你不能说我一定是错的”。第三阶段：承担责任（Commitment），他们会理性地认为，对任何事情的认识，都是不断靠近真相的过程。如果是通过独立思考得出的结论，不仅要对结论负责，还愿意在新的证据加入时，转变已有的结论。从2019年脸书（Facebook）上关于中国香港事态的网络舆论中，不难发现相当一部分的偏激言论，出自处于认知发展初级阶段的在校学生。

（三）矫枉过正的独立思考——批判过度

批判性思维过度，就是过犹不及。生活中绝大部分的事情或争论，都不是批判性思考的议题。以香港修例风波为例，香港当地新闻媒体对示威者与警察多次冲突有大量细节描写，这些描写往往也成了网络舆论交锋、互相指责、批判的风口浪尖。其实在混乱场面中，无论哪一方错手伤人都是情理之中，但对这些小细节的锱铢必较，就往往形成批判过度——也就是抬杠、较真儿。批判性思维是一种思维方式，宽容性思维，则是一种处事的原则。正如美国作家亨德里克·房龙（Hendrik Willem Van Loon）所说："宽容：容许别人有行动和判断的自由，对于不同于自己观点的见解要耐心、公正、包容。"在舆论发酵、无益细节被无限放大的情况下，恰到好处的舆论引导，能转移矛盾焦点、强调共识，是一种需要政府强制执行的有利社会各方的手段。香港本地媒体竞争激烈、缺乏政治自觉，大部分报道偏向吸引眼球以博取阅读量，这就进一步扼杀了社会宽容的空间。

我们的时间有限，精力有限，偏偏在世界上无数事情中，我们更倾向让自己忧心忡忡，限制了视野，甚至对负面言论产生过度情绪化反应。已故著名统计学大师汉斯·罗斯林（Hans Rosling）在其著作《事实真相：我们误解世界的十个原因——以及为何事情比你想象中要好》（*Factfulness*：*Ten Reasons We're Wrong about the World*）中指出，喜欢追逐负面信息，是人类固有的思维本能，也是错误决策的元凶——人类是绝对的悲观主义者，这是人类在进化过程中获得的一种本能——正是靠这种本能，人类的祖先才能在严酷的环境下生存下来。于是，当代大众媒体与受众关系的底色逐渐养成：感觉讲负面才是讲真话。这种关系也间接加剧了负面思维对个人决策的影响。难免让人觉得这个世界变得越来越坏，自己即便努力也无法改变，逐渐变得消沉。媒介越发达，这种状况越严重。一个社会做任何事都有成本，包括探寻真相，也是有成本的。言论自由，成本更高。如英国脱欧就是一个代价高昂的成本。正如人类的所有美德，都是为了推动社会进步和族群发展，"言论自由"和"舆论引导"，作为一种倡议，在不同的社会发展阶段，有不同的适用性。显然在全球经济下行压力增大、民粹主义抬头的今天，不负责任地表达的自由让社会付出沉重代价，这正成为理性的共识。

四 网络舆情报告撰写

网络舆情报告指导着网络舆情信息的整理分析、网络舆情工作总结上报以及网络舆情危机处理，写好一份网络舆情分析报告是每个网络舆情治理工作者的必备技能。

（一）网络舆情报告撰写注意事项

1. 多方面分析

在对某一时间或话题进行分析时，尽量多角度分析，如分析话题影响力、影响层面、传播动态、网民情绪，是否是一个热门的话题，以及每个话题或某个事件主题的传播路径等。

2. 全面分析预测舆情发展趋势

舆情话题或事件，不是静止的，而是时刻变化的。有现在的状态，也有过去的演变轨迹和未来的可能动向。所以，一份好的舆情分析报告不仅要分析现阶段舆情的发展趋势，还需评估预测未来的舆情发展走向。

3. 各类数据量化分析

网络舆论的观点的倾向、舆情传播渠道和载体、舆情发展路径等，是支撑舆情报告的基础。因此，一份好的舆情分析报告需要对各类数据量化分析，分析的数据可采用数据图表的方式直观呈现出来。

4. 依据舆情类型进行撰写

需求的不同其分析的内容也不同，因此，舆情分析报告也需量体裁衣，对不同类型的舆情要构建不同的舆情分析报告框架。例如，蚁坊软件提供的定制化舆情分析报告服务，可根据用户的需求，打造不同类型的舆情报告，如速报、日报、周报、月报、专题报告、综合性报告等，分析模板多样，形式灵活，还可提供图片报告和视频报告。

（二）网络舆情报告撰写：以“A 公司女员工被侵害事件”为例

1. 舆情简介

2021 年 8 月 7 日，A 公司女员工被侵害事件引发舆论广泛关注。除事件本身涉及职场潜规则、女性权益等话题易引发网民讨论外，事件背后折射出来的 A 公司企业文化与价值观、酒桌文化等也成为舆论场讨论的重点。

2. 事件回顾

8 月 7 日，脉脉平台一名“A 公司员工”认证用户发帖称，有女员工被部门领导带到 KTV 陪客户喝酒并在酒局上被灌酒；同时，女员工实名举报称当夜该领导多次进入其酒店房间涉嫌性侵，多次向企业管理层求援维权无果，前往食堂发传单维权并有视频佐证。

8 月 7 日 23：28，A 公司对媒体回应称：决不容忍，全力配合警方，涉嫌员工已停职接受警方调查。

8 月 8 日 08：32，A 公司董事局主席兼 CEO 张某 8 月 8 日凌晨在公司内网发帖，用震惊、气愤、羞愧，表达对该员工涉嫌侵犯女同事事件的感受。他同时表示，必须调查清楚，给全体公司同事和全社会一个交代。

8 月 8 日 11：34，J 市某超市回应 A 公司女员工被侵害：涉嫌员工现已停职正在接受警方调查。

8 月 8 日 11：58，J 市某公安通报，J 市公安局 H 区分局对“A 公司女员工被侵害”警情，目前正在积极调查取证。警方调查侦办结果，将及时向社会通报。

8 月 8 日 14：02，随着“A 公司女员工被侵害”一事引起热议，微博上流传出多张“A 公司破冰文化”的低俗聊天截图。对此，A 公司方面称，“A 公司破冰文化”的截图是一则 2018 年的谣言，当时 A 公司已经辟谣，图中所涉人士并非 A 公司员工，也非 A 公司内部培训。

8 月 8 日 14：15，A 公司女员工称被灌酒猥亵，J 市某超市当事人回应侵害 A 公司女员工：只是普通饭局，没有过分动作。

8 月 8 日 16：44，A 公司合伙人王某回应女员工被侵害：中间自己失职，A 公司不是如此。

8 月 8 日 21：43，公司网站发布《6000 名 A 公司员工关于 807 事件的联合倡议》：公司治理存在系统性漏洞，缺失女性员工权益保护机制。

8 月 9 日 06：35，A 公司公布处理决定：A 公司业务总裁和 HRG 引咎辞职，A 公司涉侵犯男员工被辞退永不录用。

8 月 9 日 09：33，J 市某酒店称 A 公司女员工未入住，也不会给陌生人开房卡。

8 月 9 日 12：46，有社交平台传出，A 公司涉侵犯男员工王某曾到 Z 公司面试，并通过一面。字节回应：属实，核查后已终止。

8 月 9 日 18：01，H 市妇联回应 A 公司女员工遭侵害：正研究相关举措。

8 月 9 日 18：31，J 市某超市回应 A 公司员工被侵害事件：涉事员工被辞退。

8 月 9 日 19：46，《人民日报》评 A 公司女员工被侵害事件：越是扩张发展，企业文化越需“实质校准”。

8 月 10 日 07：28，央广网评女员工陪酒遭侵犯事件：为何让女员工陪酒？丑陋的职场文化当止矣。

8 月 10 日 08：05，“A 公司女员工称被侵害”事发饭店回应：警方已来调查取证，包厢内无监控。

8 月 10 日 13：43，据事发当日值班店员回忆，该女子在包间已处于醉酒状态，“包间只有一位女士，他们七八个人喝了四五瓶白酒”。

8 月 10 日 17：34，A 公司女员工醉酒饭店店员发声：同行男性对女子有“碰胸”动作。

8 月 11 日 13：47，Y 酒店称警方认可其操作未违规。警方：官方未认可，会核实。

8 月 11 日 15：11，Y 酒店就“A 公司女员工事件”再次发表声明称，酒店前台是在得到该女士确认情况下，按同住手续给该男士办理的房卡。

8 月 12 日 14：04，漩涡视频联系到 J 市公安局，J 市民生警务热线工作人员表示，此事已立案，正在侦查中。

3. 舆情传播分析

（1）主要传播媒体分布

识达科技舆情监测服务平台数据显示，8 月 7 日至 8 月 11 日，有关“A 公司女员工被侵害”一事的相关信息主要集中在社交平台，占比超九成，新闻 App 和新闻报刊共占 5.41%，主要以传播 A 公司董事长张某及企业相关回应为主，如图 8－2 所示。

（2）网络舆情传播趋势分析

优讯全媒体舆情监测系统显示，自 8 月 7 日“A 公司女员工被侵害”一事曝光后，事件逐渐发酵，舆情信息量逐渐攀升。8 月 8 日，#张某 A 公司内网回应女员工被侵害#、#J 市某超市回应阿里女员工被侵害#、#A 公司回应破冰文化传言#、#6000 名 A 公司员工关于 807 事件的联合倡议#等多个话题登上微博热搜，网民对此展开热议，促使舆情信息达到监测期峰值，如图 8－3 所示。

4. 舆情画像分析

（1）舆论传播热词图

识达科技舆情监测服务平台数据显示，网传 A 公司女员工遭领导侵害一事，引发舆论热议。除“A 公司”“女员工”等涉事主体备受舆论关注外，“被侵害”“灌醉”“侵犯”“强奸”等行为描述

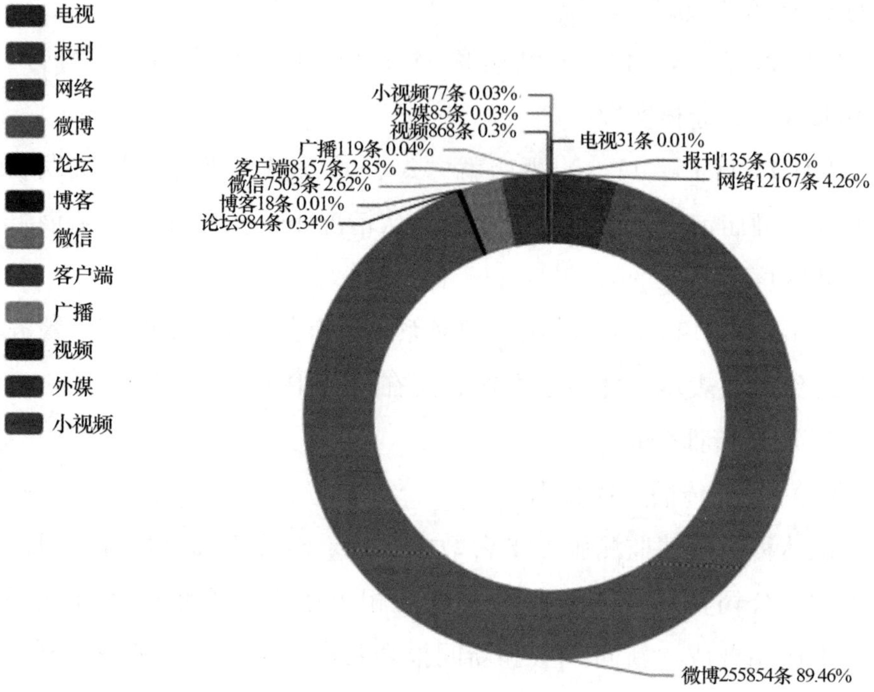

图 8－2　网络舆情传播媒体分析

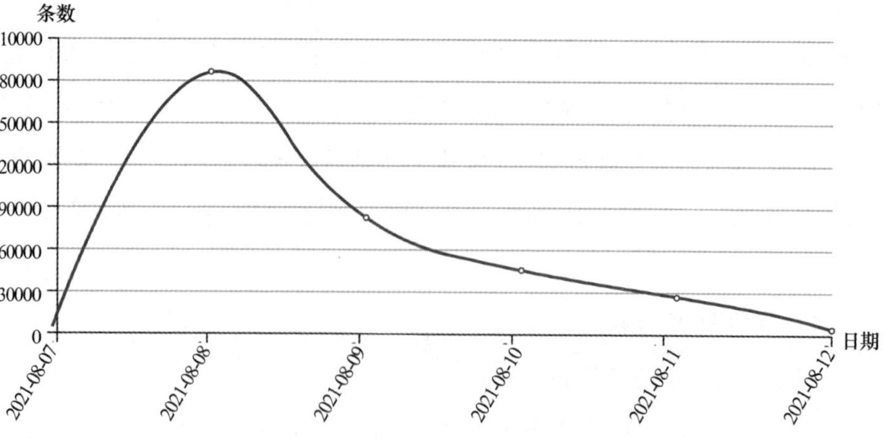

图 8－3　网络舆情走势

词成为热门词汇。

（2）主要讨论的热门话题

媒体话题方面，涉事企业对 A 公司女员工事件的回应等成为各大媒体报道的重点，占比 39.8%；另外，还有部分媒体将职场生态环境作为报道的落脚点，并认为建设完善的企业内部监督和权益保护机制或许能有力约束此事件中暴露出的企业反应渠道不畅、不良职场生态等问题，相关报道占比 13.3%。此外，还有少部分媒体对“A 公司破冰文化”截图流出及 A 公司辟谣一事进行了报道，占比 4.9%。

（3）主要的观点聚焦

在网络话题聚焦方面，针对事件的讨论主要集中于：企业文化、酒桌文化。

5. 各方舆情应对反馈

（1）A 公司回应

8 月 7 日晚，“A 公司女员工被侵害”一事引发舆论热议，该事件内网爆料原文在互联网中广泛传播，网民多对公司领导不作为、畸形“酒文化”、A 公司的价值观、女性员工权益保障缺失等表示愤怒，对该女员工维权行为表示支持，希望有关部门尽早公布事件真相，严惩犯罪者等。针对此事 A 公司做出回应表示“决不容忍，全力配合警方，涉嫌员工已停职接受警方调查”。随后，微博上流传出多张“A 公司破冰文化”的低俗聊天截图。对此 A 公司方面展开辟谣，但大部分网民仍表示不相信 A 公司，认为 A 公司避重就轻，并建议 A 公司报警彻查才能真实打击传言。

8 月 9 日，A 公司公布处理决定，表示“业务总裁和 HRG 引咎辞职，涉嫌男员工被辞退，永不录用”。对此网民讽刺受舆论影响 A 公司“处理速度快”，认为通告中“过度亲密行为”用词存在淡化事件的倾向，表示通告中称呼花名措辞不正式，态度不严谨。

此外，该事件发酵过程中，A 公司高管也发帖做出回应。其中 A 公司董事局主席兼 CEO 张某 8 月 8 日凌晨在 A 公司内网发帖，用震惊、气愤、羞愧，表达对 A 公司一员工涉嫌侵犯女同事事件的感受。8 月 8 日下午 A 公司合伙人王某回应称中间自己失职，A 公司不是如此。对此大部分网民留言吐槽 A 公司高管对此事反应速度慢，表示畸形“酒桌文化”应当反思。

（2）涉事客户方回应

事件曝光不久，涉事超市、酒店等相继发声，对员工处理决定、事发当天如包厢监控、酒店房卡等事件细节做出回应。网民对此发表不同观点，其中不少网民表示愤怒，认为 A 公司领导冷漠不作为，事后包庇、表示应严惩相关涉事人员；还有部分网民建议成立调查组对此事深入调查；也有网民认为饭店店员勇敢发声值得称赞；此外，还有网民对“涉事饭店称包厢内无监控”“酒店称经 A 公司女员工确认后开房卡”表示质疑，如“包间没监控，酒店全部没有？一路上都没有？办房卡有没有记录？进出人房间有没有记录？”“女方同意的话直接开房门不就好了，费劲办房卡干啥”等。

（3）J 市公安、H 市妇联回应

8 月 8 日，J 市公安发微博对“A 公司女员工被侵害”进行通报，网民对此发表看法，观点主要集中在期待调查结果、希望严惩凶手方面，也有部分网民认为警方通报慢、建议类似案情通报少用被动语态，如改为“A 公司男性高层侵害女性员工”等。

8 月 9 日，H 市妇联回应 A 公司女员工遭侵害称“正研究相关举措”。对此网民表示全国治理“酒桌文化”应该提上日程；希望该案例有助于形成司法举措；也有部分网民发表负面看法，如“妇联马后炮事后诸葛亮”“平日里不见人，这时候蹭热点”等。

6. 媒体观点

8 月 9 日，@人民日报评论发微博称：近日，“某企业女员工被侵害”一事持续引发关注。舆情焦点往往是关切重点，相关探讨指向了一个共同命题，那就是企业管理如何更好、企业文化如何更健康。越是扩张发展的企业，隐含的风险度越高，越需要强化价值观引导；越是专注核心竞争力的企业，抗风险能力越强，越能保持价值观的有效稳定。碰到危机，与其“震惊，气愤，羞愧”，不如省思、查漏、行动，给企业来一次“制度升级”，更给企业文化来一次“实质校准”。

8 月 9 日，@中国新闻网发微博称：“A 公司女员工被灌酒侵犯”事件中，畸形的“陪酒文化”被公众痛批“恶臭”。在病态和扭曲的酒桌环境下，酒异化为权力彰显的介质，变成一种服从性测试、一种诚意测试。作为弱势一方的员工，为了避免遭遇职场霸凌和孤立，只能无奈从命。丑陋的“陪酒文化”一日不根除，类似事件恐怕仍会不断发生。所以，全社会应该行动起来，应该坚决向丑陋的“陪酒文化”说“不”。

8 月 9 日，@北京晚报发微博称：由于事件尚未真相大白，该名上司是否涉嫌犯罪，有待 J 市警方给出具有公信力的调查结论。但就已经披露的事发经过，“丑陋的陪酒文化”确实难辞其咎，需要反思；与此同时，更要旗帜鲜明反对的，是“陪酒文化”背后涉及的职场霸凌心态以及强行灌酒、借酒猥亵等欺侮手段，谁也不能借着“酒劲”做见不得人的事，不能让“陪酒文化”遮蔽了酒桌上种种突破法律红线的行为。

8 月 10 日，@央广网发微博称：立志长远的企业不能只顾眼前利益，而要致力于实现企业利益和员工利益、企业前途和员工成长的双赢。对于企业而言，企业文化和员工保护不是一件事情的两个方面，真正健康的企业文化本身就包含着对员工的尊重和保护。构建呵护企业员工权益的健康企业文化，一方面，需要企业内部从制度层完善员工利益有效保护机制；另一方面，监管部门要及时出台保护企业员工利益的立法督查执法机制，依法划出企业不能逾越的红线，在全社会筑牢依法保护企业员工合法权益的道德底线和良心共识。

8月10日，中纪委官网刊文“评‘A公司女员工被侵害’：铲除潜规则滋长的土壤”称，“A公司女员工被侵害”，违反法律的行为要严惩，深层次的“霸凌文化”“酒桌文化”等潜规则问题同样要铲除。破除潜规则，关键是树立正确的价值观，去除权力滥用，弘扬新风正气、压倒歪风邪气。同时，完善制度规矩，减少空白点和模糊地带，不断压缩各种潜规则的生存空间。

7. 舆情总结及反思

从该事件来看，舆论大多对“酒桌文化”和职场权力进行探讨，大多网民认为现如今的“酒文化”逐渐“变了味儿”，“酒文化”被思想不正之人利用后就变成了违法犯罪的手段。这时不仅需要员工自身站出来反抗，企业也应当积极承担社会责任，进行自上而下的整顿。除此之外，企业内部文化及价值观的病态发展也应得到关注，所有企业都应以此事件为例，深思企业管理和企业文化如何进一步高质量升级。

（三）网络舆情报告撰写辅助工具

由于网络舆情具有突发性、多元性、交互性、隐蔽性等特点，从海量的网络信息中快速、精准地找到某一舆情事件的源头、传播过程、媒体观点和网民反应等信息并不简单。

因此，熟练运用搜索引擎挖掘数据成为报告撰写人员需具备的重要技能。下面将介绍几种常见的搜索工具，以帮助及时洞察舆情源头、跟踪舆情发酵情况。还会介绍几种数据美化、数据可视化工具，以帮助分析人员更高效、更简捷地完成报告撰写工作。

1. 搜索工具

（1）新闻总量及发展脉络

百度搜索是目前国内领先的搜索引擎，信息呈现也较为全面，是报告撰写人员初步了解舆情事件发展的有效辅助工具。借助百度搜索，通过设置事件关键词、百度高级搜索功能，能够获取一段时间内该事件的新闻总量、媒体来源等数据。对于某些重大事件，还可以通过百度搜索直接获取事件全程的发展脉络，相对省时省力。

（2）快速搜索微信公众号和文章

搜狗搜索于 2014 年正式接入微信公众号数据，是国内独家将数百万微信公众号资源数据接入的搜索引擎。搜狗搜索在查询微信公众号及文章方面的优势，成为舆情分析人员快速获取微信平台数据的优先选择。搜狗搜索支持关键词设定，可以实现对微信公众号文章的抓取，达到获取目标舆情事件微信公众号文章数据的目的。

以“重庆一星巴克被曝赶走在门口吃盒饭民警”事件为例，在搜狗搜索栏输入关键词“星巴克 驱赶民警”，可以获取整个事件的微信公众号文章数据为 815 篇，如图 8 -4 所示。

（3）国内新闻数据库

Wise search 慧科搜索新闻研究数据库由香港慧科讯业创建。数据库致力于满足用户对新闻搜索/浏览、新闻传播分析、案例研究的需求，在满足对新闻全文数据的需求下，帮助用户研究事件传播特点、分析特定媒体/版面新闻报道、发现用户关注的热点新闻以及高效进行新闻检索。该库可搜索 1000 多种平面媒体和 6000 余种网站新闻，收录的新闻资料最早可回溯到 1998 年，为用户提供了珍贵的历史资料。

（4）国际新闻数据库

Factiva 道琼斯全球新闻库监控与搜索引擎，由道琼斯和路透社共同发起建立，现隶属于道琼斯公司，是世界一流的信息数据库之一，提供的是全球范围内最有价值的新闻和商业信息，可以满足不

图8-4 微信公众号搜索

同专业层次不同岗位类型的工作人员对于此类信息的需求。Factiva整合了全球159个国家和地区，以22种语言发行的10000多种权威信息来源，涵盖了30多种行业领域。除了道琼斯和路透社新闻电讯、华尔街日报等独家组合新闻服务以外，还囊括了全球最有影响力的电讯和报刊所报道的全部信息，如BBC、CNN、NBC、FOX、《纽约时报》、《南华早报》、《泰晤士报》、《经济学家》、《财富》、《时代周刊》等2300余种报刊，以及世界各地的地方性著名新闻机构发布的信息。

2. 数据美化工具

（1）词云生成工具：wordart

wordart是一款制作文字云效果图的免费在线软件，能将出现频率较高的“关键词”以视觉化的形式呈现。制作时，首先进入wordart网站主界面，点击“CREATE NOW”进入输入文本界面，然后点击“Import”导入目标关键词，再在对应子界面选择合适的词云图形状、字体、排列方式、颜色等功能即可，如图8-5所示。

图 8－5　wordart 词云图生成工具

（2）矢量图标库：阿里巴巴矢量图标库（https：//www.iconfont.cn/）

阿里巴巴矢量图标库是阿里巴巴体验团队推出的国内较为全面的矢量图标库，站内提供矢量图标下载、在线存储、格式转换等功能。在使用时，在搜索框输入所需的图表类型关键词，如需要公司有关的图表可输入“企业”或“公司”，即可获取想要的图标，如图 8－6 所示。

（3）数据分析平台：识微商情（https：//www.civiw.com/product/report）

识微商情系统是识微科技基于大数据服务云自主研发的主要服

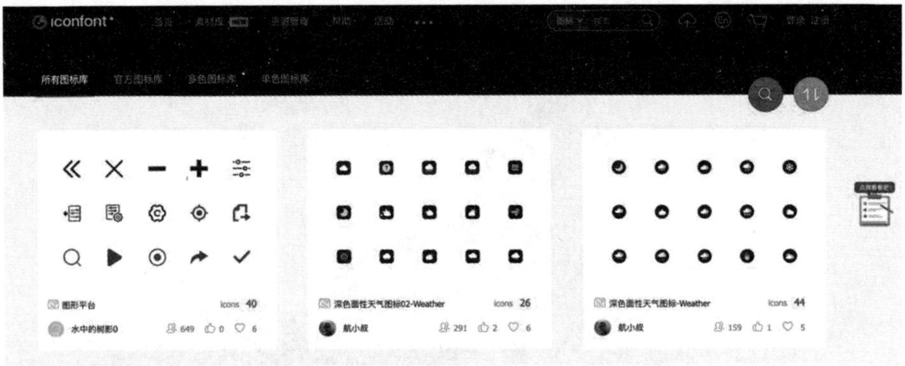

图 8-6　阿里巴巴矢量图标库

务于企事业单位的舆情监测平台。其能够实现对全媒体的监测，7×24小时实时监测社交媒体、视频、博客、论坛、新闻站点等平台，按需求对企业重要负面信息做出即时预警。同时，还提供识微商情报告服务，通过定性及定量分析，多角度、多维度地分析总结信息传播特点及规律，挖掘信息背后隐藏的商业价值，为企业提供专业的互联网信息整合、商情建议和定制化分析方案。

五　拓展阅读

（一）H 省 A 市“狗咬人”事件

1. 舆情概要

2021 年 9 月 20 日下午，H 省 A 市八旬老人耿女士在小区遛弯时被两条大型犬咬伤。小区监控显示狗主人（安阳市市场监管综合行政执法支队正科级稽查专员王新刚）就在现场。受伤后，耿女士的家人采取了一系列维权措施，拨打了 110 报警电话，到过小区所在的社区居民委员会、城市养犬的主责部门城市管理局、A 市公安部门、A 市市场监管综合行政执法支队、A 市信访局、A 市纪委监委，并向 H 省电视台相关节目求助，但公安部门称狗咬人属于民事纠纷，让去找城市管理局；城市管理局则先称大型犬不属于城管负责，也不会办证，后期却又拿出了狗证，建议耿女士家人走法律程序，去法院起诉。在两个月的时间内，耿女士家人及 H 省电视台相关节目记者反复奔走在多个部门之间。最终，A 市市委、市政府派出工作组，对事件进行了调查，对相关人员进行了处理，狗主人也向受伤人进行了赔礼道歉，事件画上了句号。整个舆情事件期间，全网共传播相关舆情信息 32. 3 万条，其中微博声量最大为 14. 9 万条，负面信息占比为 65. 61%。

2. 舆情分析

一是当地相关部门舆情应对意识较差，导致事态扩大。原本只是一起普通的民事纠纷，何至于发酵成重大舆情？做了 9 期报道，加上第 10 期节目中社区主任的反馈，时间跨度如此长，以《小莉帮忙》节目在当地的知名度和口碑，却解决不了“狗咬人”这么简单的一个事情，也难怪记者小莉会为此落泪。现在回头来看，此事有很多次“化解舆情、息事宁人”的机会，可惜都被当地有关部门白白错过，甚至主动抛弃，最终酿成了越捂越火、越闹越大的严重后果。

二是当事人身份敏感，引发了舆论炒作。从近几年的新闻热点舆情观察，很多简单的小事一旦沾上公职人员，往往会发酵成大事。从早些年的“我爸是李刚”到查酒驾找“yuwei”事件，无不关联着公职人员的身影。虽然有些热点在事后澄清了与公职人员无关，但在舆情爆发的当口，一旦与事件有牵扯，不仅被牵扯的公职人员要接受层层审视和口诛笔伐，连其所在的单位都要因此被“株连”。

3. 舆情启示

这次事件暴露出相关单位和干部求稳怕乱不敢为、本领欠缺不会为、消极懈怠慢作为、装模作样假作为、以权谋私乱作为等问题，根源上还是理想信念动摇、宗旨意识淡化、本领恐慌不够、自我要求不严、监督问责不力。群众利益无小事，各级党员干部要积极转变作风，站稳群众立场，把一切工作的出发点和落脚点放在为群众办实事上，用行动回答好“我是谁、为了谁、依靠谁”这个根本问题。提升媒介素养和舆情应对能力，是当前全媒体时代公务人员的重要素质。一方面，相关责任主体要正确认识舆情监管与引导的重要意义，加强对突发敏感舆情的预警和研判。对于突发舆情事件，要在最短的时间内做出回应。另一方面，要不断健全舆情引导处置机制，在舆情事件发生后，相关部门要遵循实事求是、公开透明的基本原则，及时、主动向社会通报相关信息，变被动为主动，掌握舆论引导的主动权。

（二）最高检点名“老夫少妻”恶搞事件

1. 舆情概要

吴某从网上下载一女士与其外公的合影照片，编成“老夫少妻”恶搞发布，本来是女博主记录的与外公在一起的温暖时光，却被换了一个吸引眼球的标题，造谣成“老年企业家豪娶大美女”，阅读量逾 4.7 亿人次。广东公安机关以公诉案件立案，检察机关批准逮捕。

2. 舆情分析

“老夫少妻”案是典型的网络诽谤案件，其对象选择的随机性，造成不特定公众恐慌和社会安全感、秩序感下降。司法机关主动介入，这是一个积极的信号，体现出网络法治正在强化。诽谤罪一般属于自诉案件，被害人告诉才处理，但严重危害社会秩序和国家利益的除外。很显然，网络放大了诽谤的社会危害性。就这两个案件看，嫌疑人动动手指头，随意编造恶搞信息，动辄数亿人围观，不仅侵犯个人权利，而且严重危害社会秩序。

3. 舆情启示

恶性舆情事件作为一种典型的网络乱象，须依法治理，怎么治？根据最高人民检察院办公厅主任马骐的观点，需要一体推进

“不敢、不能、不想”。第一，依法惩治要到位，把“不敢”做实。2021 年起诉网络犯罪增长近一倍，还要加大力度，提高违法成本，形成震慑、以案止案。第二，监督管理要到位，把“不能”做实。相关职能部门、网络平台的监管职责落实了，很多网络乱象就能消除在萌芽状态。第三，源头预防要到位，把“不想”做实。营造清朗网络空间，要靠每一位网民共同参与。要加大典型案例发布、宣传力度，向社会传递一个明确信号：网络不是法外之地，网络言行也要守底线。

第 九 章

网络舆情治理的域外实践

进入信息化时代，随着网络的媒介属性越发凸显，网络舆情的治理深刻关系到公共秩序稳定乃至国家安全。由于网络舆情治理深受国家治理经验以及所处政治背景和安全局势的影响，因此各国的治理实践存在较大的差异。

第一节 美国的网络舆情治理

美国信息产业高度发达，由此衍生的各种网络舆情事件层出不穷。社交媒体起源于美国，在美国政治生态的构建中扮演着重要角色。因此，研究社交媒体时代美国网络舆情的治理困境与实践经验对世界各国有着巨大的镜照作用。

一 社交媒体在美国的影响力现状

在用户使用量方面，美国各主要社交媒体平台均拥有巨大的用户使用量，且具有相当大的增长潜力。以 Facebook、Twitter 等为代表的社交网站，虽然在受众群体、目标定位上略有差别，但从它们创立至今的 10 余年时间里，功能越来越强大，吸引了数以亿计的网民在此发出自己的声音。皮尤研究中心《2018 美国社交媒体使用报告》对美国目前最富人气的社交媒体平台及美国成年互联网用户对这些平台的使用情况进行了调查，以 Facebook 这一美国最具人气的社交媒体平台为例，其在各个年龄层、教育程度、收入程度都拥有庞大用户群体，约 68% 的美国成年人是脸书用户，且 74% 的脸书用户每天都会访问该网站。

在信息接受程度方面，社交媒体正成为美国民众信息获取的重要渠道。社交媒体具有四个方面的特征：一是基于 Web2. 0 互联网的应用；二是用户生成内容是社交媒体的命脉；三是用户创设适用于特定服务的信息内容，以方便社交媒体的设计与维护；四是社交媒体通过实现个人信息的共享对接，促进在线社交网络的发展。而在这四个方面特征中，除第一方面强调了社交媒体的互联网技术依托外，其他三方面都突出强调社交媒体必须直面用户，以实现信息来源的平民化、互动反馈的便利化。社交媒体变政府与公众、传统媒体与读者关系中的公众与读者等客体受众为主体信息源，深刻地改变了传统媒体与传播的格局。

2016 年美国总统竞选便是社交媒体具有不可比拟信息传播力的充分展现。特朗普在成功当选美国第 45 任总统后接受哥伦比亚广播公司（CBS）的专访，他谈道："我在社交媒体上有着很多粉丝，我认为这种优势帮助我赢得了此次大选。"大选后的分析文章显示：一方面，由于社交媒体上的公众意见往往通过转发、评论等公开的方式表达出来，随着选战的深入，社交媒体已经成为新闻声明最快速的发布平台，总统候选人无论面对正面报道还是危机事件都选择在社交媒体平台上作出回应；另一方面，有 44% 的美国人坦言他们会从社交媒体上获得一些不同于主流媒体的总统竞选信息，年龄在 18—29 岁的美国年轻人中有 2/3 的人将社交媒体认定为最主要的信息接收工具。①

---

① Marissa Lang, San Francisco Chronicle. 2016 Presidential Election Circus: Is Social Media the Cause?, http://www. govtech. com/social/2016 - Presidential - Election - Circus - Is - Social - Media - the - Cause. html.

二 美国网络舆情治理存在的问题

（一）个性化政治信息的传播撕裂社会政治意识

社交媒体平台吸引了数亿规模的用户群体，并在美国当前的媒体信息传播格局中处于强势地位，政治人物越来越倚重社交网络平台开展政治宣传、展示个人形象、表达内政外交立场观点，他们吸引的网友关注与转发数量越多，达到的宣传效果就越好。特朗普作为一个没有任何施政经历的地产大亨和真人秀明星，由于深谙社交媒体的游戏规则，凭借一系列讨好选民的言辞和搏出位的行为，制造了超高的话题度，在总统竞选期间成功拉拢了众多“铁杆儿”追随者。执政后，特朗普更是变身为“推特总司令”，毫无遮拦、不加修饰地发送推文表达自己对国内国际大小政策甚至丑闻八卦的看法，搅动舆论并影响和塑造民意。社交媒体催生的“形式主义与无底线的竞选风格”在特朗普的总统任期中被延续，虽然这种公关作秀、“永恒选战”的执政风格能在短时期内增加总统的民意支持度，但从长期来看，特朗普反复无常的表态发声与过多个性色彩的注入，使美国社会的“真议题”渐无立足之地，也为弥合美国社会的内部分歧带来了相当的困难。

（二）政治话语对真假新闻的任性界定

长期以来，由知名报纸、杂志、电视组成的美国主流媒体，在构成美国社会“第四权力”的同时，也充当着美国普通民众了解美国政治社会运行的主要信息渠道。但是随着社交媒体时代的来临，美国民众已不再满足于仅仅从主流媒体获得同质化的信息，“当美国人知道从主流媒体上自己永远和邻居获取一样的信息时，社交媒体似乎成了一个更简便化、情绪化、个性化的信息源”。在各社交媒体平台上，无止尽的信息被不停地输入与讨论，这在催生巨大信息泡沫的同时，也折射出美国新闻业所面临的困局与挑战。在“双中心”的媒体格局下，事实似乎已经不再重要，真假新闻激烈辩论，压缩了“第四权力”监督、制约行政权力的空间。在美国，对新闻行业中存在的自由主义倾向、精英化思维以及“权力异化”等现象的讨论与批评由来已久，2016 年总统竞选中主流媒体民意调查的集体沦陷以及社交媒体影响力的蹿升，更助长了美国民众普遍存在的对主流媒体的不信任感。2018 年美国中期选举前，出现了“炸弹包裹”案、犹太教堂枪击案等一系列可以左右选情的突发事件，美国主流媒体据此反思特朗普针对政治对手的分裂、刻薄言辞，认为这些言辞给美国社会造成了深深的裂痕。特朗普对此进行了猛烈回击，他在自己的推特账号上发文，“我们国家有很大的怨气，部分是因为失实甚至是欺诈的新闻报道所造成的”“假新闻媒体、真正的人民公敌必须停止这种公开和明显的敌意，准确而公正地报道新闻”。无论选前还是选后，特朗普巧妙利用了弥漫在全美社会的对主流媒体的消极情绪，但凡出现对其不利的新闻，他都在社交媒体上予以猛烈还击，并将其冠上“假新闻”的帽子。

（三）对民意的政治迎合与利用

在美国社会，民意长久以来一直被奉为民主政治发展的重要指引和政治科学的核心关切。在社交媒体时代，一方面，社交媒体上聚集着大量彼此境遇相同的人。一个没有经济来源的拉丁裔后代，或是一个极端的白人至上主义者，他们不知道是否还有其他人和自己持相同立场。而社交媒体的出现，使持各色观点的人很容易在社交网络平台上找到同类。他们通过社交网络顺畅地沟通、创建群组，赋予民粹主义的情绪宣泄和意见表达以实实在在的政策影响力。另一方面，社交媒体似乎天然排斥一种有秩序、可预测的世界。在美国有“话语窗口”的传播理论，即一个言论的政治生存能力取决于其是否置于公众可接受的话语窗口，一个政治家欲赢得或保持公职，应尽量使自己的政策主张符合“政治正确性”的要求。

但伴随着社交媒体的出现，滋生极端言论的土壤变得肥沃，这似乎使以不可预测的方式改造历史成为可能。比如，特朗普通过借助社交网络平台大肆抨击华盛顿政治生态，经常抛出明显有违美国多元社会传统与经济全球化趋势的观点，虽然赢得了大批追随者，但同时也严重撕裂了美国的民意凝聚。

三 美国网络舆情治理模式

作为互联网的发源地，美国网络舆情治理有着较为规范和成熟的范式模式。美国对网络舆情的管理以“9·11”事件为分水岭，大致可分为自由自律和加强管制两个阶段。其对网络舆情的管理主要包括内容把关、秩序协调和安全维护三个维度。① 从战略层面和策略层面，从技术层面与管理层面，对网络实施监管。美国的网络舆情治理模式主要有以下几个特点。

（一）法治化治理

美国构建了完备的网络法律体系，在互联网管理上的规章制度较为健全。无论是自律约束还是政府管理，都是在一定的法律法规政策框架下进行的。美国先后出台130多项涉及互联网管理的法律法规，通过密集的法律约束，在维护公民言论自由的宪法基础上约束了互联网行业及用户个人行为。美国政府通过制定或修订、补充、完善相关法律，逐步规范互联网。从1968年的《窃听法》开始，美国政府先后通过并实施了一系列法律，如1980年的《隐私保护法》、1986年的《电子通信隐私法》、1996年的《电信法》、1999年的《电子签名法》、2000年的《儿童互联网保护法》。“9·11”事件以后，面对网络空间新问题的出现和恐怖主义的威胁，美国政府一方面加强网络立法，通过《爱国者法案》《国土安全法》

① 沈逸：《控制优先：9·11后的美国国家信息安全政策》，《复旦学报》（社会科学版）2006年第4期。

《网络空间安全强化法》《互联网用户隐私权利法案》《“网络中立”管制方案》（2015）等法律规制网络舆情；另一方面，逐步探索对社交媒体的法律监管手段，如2010年美国政府将Facebook、Twitter等社交网站及其知名博客、公共意见领袖置于政府常态监控下。

（二）技术化治理

互联网作为信息化的产物，通过采取相应的技术手段做好网络舆情治理，是必不可少的。美国目前常见的技术手段是进行内容分级和过滤。内容分级是浏览器按分类系统所设定的类目限制网络内容。而过滤技术中最常见的是通过设置过滤词拦阻有关内容的进入。如美国过滤软件的代表CyberPatrol，对CyberLISTS进行更新，用户可以对名单进行修改。美国通过运用信息屏蔽、信息分级过滤等技术，限制用户使用某些不良网站或特定网站的内容，政府制定“互联网网址清单”封堵用户访问，进而实现对不良信息的过滤和筛选。例如：W3C推动的PICS技术标准协议，在设立网络分级制度标准基础上，定义网络分级的检索方式。RSAC的RSACi分级系统通过网页内容中的“性、暴力、不雅言论、裸体表现程度”四个方面进行分级。SafeSurf的自我分级系统在保障言论自由的同时使儿童免受成人与色情等网络内容伤害。[①]

（三）多方参与，自律引导与政府管理相结合

发达国家对网络舆情的治理从最初一贯秉持的“少干预，重自律”，发展为“多方参与、综合治理”。美国采用的是“行业自律为主，政府管理为辅，行业与政府协同监管”。政府主要负责制定相关的政策，网络行业组织制定并实施具体的操作规范。一方面，利用行业协会搭建管理平台，制定网络伦理公约，如著名的“摩西十诫”和“网络伦理八项要求”；建立行业组织的自律模式，如

① 薛瑞汉：《国外网络舆情管理和引导的主要经验及对我国的启示》，《中共福建省委党校学报》2012年第9期。

“纽约媒体道德联盟”主张建立网上道德标准。政府通过立法鼓励网络行业组织的自律行为，如1998年通过的《网络免税法》，对自律行为表现较好的网络商给予两年免税待遇等。另一方面，美国政府并没有放弃对互联网的监管，美国联邦通信委员会负责本土的互联网管理工作。“9·11”事件之后，美国政府陆续成立了“白宫网络安全办公室”“全国通信与网络安全控制联合协调中心”等部门，加大了对网络舆论的监控力度。

（四）网络舆情管理的原则

美国联邦最高法院为避免政府对新闻自由的不当管理，在长期的司法实践中，形成了一些原则，作为准许政府对舆情进行管理的标准和尺度，如明显且即刻危险原则、逐案权衡原则、恶劣倾向原则、优先地位原则等，其中最重要的是明显且即刻危险原则和逐案权衡原则。明显且即刻危险原则主要用来解决公共利益与言论自由之间的冲突，该原则适用于以下言论：煽动他人从事暴力内乱行为的言论；攻击性言论；批评审理中的案件或者意在阻碍法院审判正当程序的言论；煽动他人从事违法行为的言论。逐案权衡原则的意义在于将最多数个人利益放在首要考虑地位，允许自由在与其他利益的冲突中被选择。

第二节　德国的网络舆情治理

德国是欧洲信息技术水平最高的国家，其通信服务和电子信息服务已基本覆盖了社会所有领域。德国在网络舆情治理上业已形成了完善严密的法制与执法体系，在欧洲乃至大陆法系国家有着较强的示范效应。

一　德国网络舆情治理的法律制度体系

德国是首个发布网络成文法的国家，亦是第一个把网络犯罪写入刑法的国家，《德国刑法典》对于网络犯罪有着明确规定。德国将立法作为管理网络舆情的主要方式，它既延续德国《基本法》即德国宪法中对网民的保护，又主要依靠《信息与通信服务法》（即《多元媒体法》）对国内的网络舆情进行管理和惩戒。德国《基本法》规定，网民受到宪法保护，随着网络的日益发展，网络言论的两面性显露无余，网络舆情亟待规范。为了阻截经由网络传输的违法内容，德国于1997年就出台了《多元媒体法》，这是一部综合而全面的管理网络舆情的法案，它包括三个方面的内容：一是明确了互联网服务提供商传播非法内容的责任，例如将在网上传播恶意言论、谣言、反犹太人等宣扬种族主义的言论界定为非法行为，禁止利用互联网传播上述言论、思想和图片；二是设置“网络警察局”这一专职机构，实时监督国内网络违法乱纪行为；三是将制作或传播对儿童有害内容的言论归罪，确保儿童不受网络暴力、网络淫秽等言论与图片的侵扰。总体来说，《多元媒体法》对德国网络舆情管理起到了主要作用，对网络服务提供商的行为进行严格规范并加以惩治，同时设置“网络警察”也对网络管理的形式进行了有效创新。此外，进入21世纪以来，德国逐步完善了涵盖10余类法律内容的互联网管理体系，将谣言治理适用于《刑法典》《民法典》《电信服务法》等，可见德国网络舆情治理的决心和严厉态度，根据其《刑法典》，在广大网民中传谣造成社会不稳定、危害公共秩序者，将被处以最高六个月监禁或罚款；若造成死亡事件，违法者还将受到高达五年的监禁处罚。如此严重的惩戒措施必会使网民意识到自己对于所发表的网络言论的责任，从而进一步约束自己的行为，有效抑制网络谣言的产生和传播。

二 德国网络舆情治理的行政执法体系

德国在确立和维护政府主导地位的基础上，分三个层级在联邦、州和行业设立相应的监管部门或机构。[①] 首先，多层次的政府监管。互联网信息安全与监管由德国联邦内政部负责；信息技术安全局提供安全技术支持，同时向社会发布安全预警；联邦刑警局负责实时跟踪网上可疑信息内容；数据网络无嫌疑调查中心负责监控有害信息的传播。而且，德国家庭部设立的青少年有害媒介联邦检验局，州政府层面设立的青少年媒介保护委员会与青少年保护网络有限公司，共同对德国网络实施监管。其次，在政府监管以外，也有大量的非官方组织参与互联网的自治管理。如德国五大网络运营商与政府签订“自律条款”，屏蔽和删除互联网上不良信息。

三 德国网络舆情治理的模式

德国政府在网络舆情管理过程中重视与社会各界的通力合作。联邦内政部每年都邀请社会各界专业人士和经营管理者等代表参加以“信息和通信犯罪”为主题的研讨会，倡导提高网络行为的自律性，从而有效减少网络非法行为。对于违反“信息和通信犯罪”的网络组织和网民加大处罚力度，传播非法信息者最高可判 15 年监禁。在加强网络舆情监督管理、打击网络犯罪方面，德国政府注重“先发制人”，侧重预防，联邦刑警局 24 小时系统地跟踪、分析互联网上的可疑情况。德国内政部投入技术力量，请专业人士建立和维护的“信息和通信技术服务中心”，运用网络技术对各种违反活动行为给予严厉的打击，加强网络上的“非法”行为的治理，尤其是暴力、恐怖主义、种族主义、纳粹主义等信息。中心还为警方提供技术支持保障调查的顺利进行。

---

① 黄志雄、刘碧琦：《德国互联网监管：立法，机构设置及启示》，《德国研究》2015 年第 3 期。

第三节　韩国的网络舆情治理

韩国虽为后发国家，但无论在互联网建设上还是规制上，韩国均走在世界前列。韩国是世界上第一个颁布专门互联网审查法律法规的国家，也曾是推行网络实名制最彻底的国家。韩国与中国有着相似的文化底蕴，总结韩国网络治理经验及教训，对于中国网络或网络舆情的治理具有重要的借鉴意义。

一　韩国互联网发展现状

自20世纪60年代韩国实施外向型经济发展战略以来，经济得到迅速发展，工业化、城市化、现代化、国际化水平不断提升，成为“亚洲四小龙”之一。韩国的飞跃式发展与其高水平的互联网建设存在紧密关联。

韩国自70年代末开始对计算机网络进行研究和开发，1982年5月，韩国诞生了第一个远程计算机网络SDN（System Development Network）。经过几十年的发展，其成为当今全球互联网基础设施最完善的国家之一。2017年，韩国移动互联网用户数量达4018万，社交媒体用户数量为2477万，用户渗透率分别为88.5%、48.17%。2018年，韩国互联网普及率达到96%，使用率为91.6%。[①] 同时，在韩国1952万户家庭中，有1943万户家庭可以通过移动互联网、无线局域网、xDSL（数字用户线路）等方法连接到互联网。

韩国三大电信运营商为SK电讯（SK Telecom）、韩国电信（KT）以及LGU+（LGU Uplus）。随着5G网络技术的不断发展，

① 张志安、卢家银：《互联网与国家治理蓝皮书：互联网与国家治理发展报告（2020）》，社会科学文献出版社2021年版，第307页。

三大运营商于2019年4月宣布将5G技术投入商用，开通了5G移动网络服务。截至2020年4月，韩国5G覆盖率接近10%，基站数量达11.5万，用户超过577万。

根据世界经济论坛发布的《2016年全球信息技术报告》，在所统计的139个国家中，韩国网络就绪指数（Networked Readiness Index，NRI）排第13位。[①] 互联网综合环境指数为5.6，其中，政治和制度环境指数为4.3（第34位），商业和创新环境指数为5.1（第21位）。基础设施指数为7.0（第5位），支付能力指数为5.8（第48位），技术水平指数为5.6（第35位）。互联网使用指数为5.8，其中，个人应用指数为6.5（第10位），商业应用指数为5.4（第13位），政府应用指数为5.6（第4位）。影响指数为5.6，其中，经济影响指数为5.1（第14位），社会影响指数为6.2（第4位）。在国际宽带容量与安全服务器大幅增加的基础上，韩国的信息技术基础设施进一步得到改善。在允许公民利用网络参与公共生活和决策方面的排名位列全球第一。

此外，根据国际电信联盟（ITU）公布的《衡量全球信息社会发展报告2017》，韩国信息通信技术发展指数（IDI）为8.85（全球第2位）。IDI是衡量一个国家和地区信息通信技术（ICT）发展水平的综合评价指标，下设ICT接入分指数、ICT使用分指数、ICT技能分指数，反映了ICT技术发展过程的不同维度。韩国上述三项分指数得分分别为8.85、8.71和9.15，信息通信技术发展水平在全球处于优势地位。

二　韩国网络舆情治理背景

近年来，随着互联网及其新媒介技术的融合创新应用，网络媒

---

① 网络就绪指数是一个国家或团体加入信息化发展并从中受益的就绪程度。网络就绪指数由世界经济论坛的《全球信息科技报告》发布，对全球主要经济体利用信息和通信技术推动经济发展及竞争力的成效进行打分和排名，从而对各经济体的信息科技水平进行评估。

介平台释放的公众情感、意识理念和观点表达日趋多元多样。特别是在网络社交媒体环境下，网络舆情呈现的交互性、自主性、突发性和多元性等特点，使得网络舆情节点识别、扩散模式及其公共治理日益成为全球关注的重要议题。从全球网络治理范式演化路径看，全球互联网治理在大体历经从个人管理到以互联网名称与数字地址分配机构为核心的网络化治理后，正不断迈向“赋权社群”主导的、基于“多利益攸关方”模式的全球共治阶段。

当前，在网络自媒体时代的大背景下，网络媒介已成为韩国社会生活的重要组成部分，Facebook、Twitter 等新媒体正成为影响现实社会的重要力量。网络媒介自身的开放性、及时性、隐匿性以及低风险、低成本等特征，使得网络行动主义（internet activism）和动员效应（mobilization effect）日益彰显。无论是从全球视域看，还是基于韩国网络实践，互联网的快速发展和实践应用在创设互动交往、媒介分享和参政议政、自主议程设置的同时，也给公共生活秩序和网络公共安全带来全新挑战。此外，网络媒介赋权、错综复杂的利益关系博弈、公共治理和多部门间协作关系的权力重构，都使得韩国现行网络媒介发展和舆情演化呈现崭新态势。基于利益诉求表达集聚生成的民粹主义倾向在环境、交通、生计或其他相关政策中更加错综复杂，引发网络媒介无序化“闹大”动员呼应及舆情极化示范效应。日益突破道德伦理规范秩序的网络暴力、人肉搜索等行为，以及线上线下多因素不断激发并持续引爆公众眼球的网络舆情事件，给韩国现行的网络媒介公共治理带来全新危机，平民权益维护和知识精英、权力精英之间的博弈互动日趋走向割裂和对抗。

三　韩国实施网络实名制及其评价

（一）韩国网络实名制发展脉络

韩国在网络的普及和应用上走在世界前列，数字化程度很高，但网络在给韩国人生活提供便利的同时，网络暴力、网络犯罪等问题也愈演愈烈。网络实名制在2002年便被韩国政府提出。2005年，韩国发生了一系列网络暴力事件，特别是“狗屎女事件”（2005年6月，一个女孩牵的宠物狗在首尔的地铁车厢内排泄，狗主人为爱犬擦拭后下了车，没有清理座位上的狗屎。这一场面被人用手机拍下后上传至网上论坛，媒体造出了“狗屎女”这一新词。网民发起了寻找“狗屎女”运动，很快就有人将这个女孩就读的学校、身份等信息传到网上。在巨大的压力面前，这个女孩不得不公开道歉，但也因此患上了严重的精神疾病），促使韩国政府下决心将网络实名制政策化。①

韩国政府从2005年10月开始在全境实施互联网“实名制”。网络实名制，即网络发布身份验证制度，是依据《促进使用信息通信网络及信息保护关联法》而制定的。网民必须在输入真实姓名和身份证号码并通过验证之后，才可以享有在互联网上发言的权利。2006年底，韩国国会通过了《促进利用信息通信网及个人信息保护有关法律》修正案，规定在平均每天点击量超过10万的门户网站和公共机关网站的留言栏上登载文章、照片、视频等内容时，必须先以本人真实姓名加入会员。如果网站违反确认实名的做法，将会收到信息通信部部长的改正命令，如果拒不遵守命令，将被处以3000万韩元（1元人民币约合143韩元）以下罚款。该修正案将于2009年7月27日正式生效。为便于网络运营商和使用者适应这一新规定，同时保护网民的信息隐私，韩国信息通信部允许网民在通过身份验证后，用代号等替代自己的真实姓名在网上发布信息。同时，信息通信部还计划在网上发放宣传手册，指导网民进行身份验证；计划建立网络名誉纠纷调解部，专门处理网络名誉侵权行为；

① 杨婷：《韩国网络实名制发展脉络研究及反思》，《西南政法大学学报》2018年第2期。

计划通过伦理委员会对网络信息进行管理和监督。韩国在 2008 年扩大了网络实名制的适用范围，韩国的 35 家主要网站按照韩国信息通信部的规定，陆续实施网络实名制，登录这些网站的用户在输入个人身份证号码等信息并得到验证后，方可发帖。此前，韩国已要求网民在注册邮箱和聊天室用户名时使用实名制。此次实名制所涉及的 35 家网站，是日均页面浏览量在 30 万以上的门户网站和日均页面浏览量在 20 万以上的媒体网站。其中，韩国最有影响力的两大商业性门户网站 DAUM 和 NAVER 将率先执行，其他网站也将陆续实施。

网络实名制虽旨在减少网上侵犯隐私、毁坏名誉、恶意诽谤等不良行为，促使网民在政府的有效监督下合理合法地使用网络资源，然而，网络实名制的实施在韩国并未达到预期效果，所带来的正面影响效应并未达到满意程度。2011 年的一份调查数据显示，实名制施行后，侵犯公民人格权的帖子仅仅减少了 1.7%，但是论坛的活跃人数却减少了一半以上。[①] 原因在于恶意发帖的网民很大一部分并不认为法律会对其进行惩处，还有一部分人用一些伪造身份的软件进行注册。用户的减少导致国外的网站风靡韩国，诸如 Facebook、Twitter 等社交网站纷纷占领韩国网络市场，而韩国法律上的网络实名制度并不能适用于这些社交网站。

给韩国网络实名制造成致命一击的是 2011 年 7 月韩国两个比较大的网站所发生的大规模个人信息泄露事件，有超过 3500 万的个人信息被泄露，这些信息包括了网民的姓名、地址、工作单位、身份证号码等。在该事件发生后不久，韩国政府开始表态将逐步取消网络实名制，同年底韩国广播通信委员会向总统提交 2012 年业务计划，表示将“重新检讨”网络实名制。与此同时，一系列大型

---

① 周益嘉：《对建立我国新型网络实名制的思考——以韩国网络实名制的兴衰为视角》，《四川职业技术学院学报》2016 年第 2 期。

门户网站也纷纷宣布，之前存储的用户个人信息将予以删除。2012年韩国宪法裁判所裁定网络实名制违宪，称网络实名制侵害用户的匿名表达自由、互联网言论自由以及隐私权。[①] 随着违宪的槌音落下，网络实名制退出韩国历史，韩国乃至世界上第一次网络实名制的实验就这样戛然而止。

（二）对韩国网络实名制的评价及失败成因分析

韩国网络实名制的最大受益者是企业。购物网站等商业性网站实行实名制，通过身份证号码可以精准收集顾客的性别、年龄和生日等个人信息，从而建立顾客数据库，开展有针对性的市场营销活动。此外，购物网站还能对实名进入的用户信用进行验证，银行数据库通过与其连接，可以高效便捷地对用户的信用状况进行评估。网络实名制促进了韩国网上银行、网络消费等领域的快速发展，吸引了大批资金进入网络产业，带动韩国网络产业不断升级，提升了网络服务的质量。同时，实名制对保护青少年健康成长也有一定的积极意义。在最大的搜索服务网站 NAVER 搜索成人内容时，需要输入姓名和身份证号码以进行成人认证，这样就可以避免青少年从搜索引擎中获得淫秽电影和小说等信息。此外，针对日益泛滥的电影的非法下载和上传，部分韩国电影发行公司建议网民上传和下载电影时实行实名制。网络实名制的实施，在韩国社会树立了网络世界也存在伦理法治的社会意识，为保护网民权益、规范网民行为、预防和查处网络犯罪奠定了基础。

网络实名制在韩国虽取得一定的成果，但未达到预先的“公益性”，并涉嫌侵害言论自由，且使得境内网站在与国外网站的竞争中处于不利地位。[②] 在多重因素的共同作用下，网络实名制在韩国

① 董俊祺：《韩国网络实名制治理及启示》，《中国人民公安大学学报》（社会科学版）2015 年第 6 期。

② 朱巍：《韩国网络实名制为何会失败》，《中国对外贸易》2016 年第 2 期。

最终走向了失败，原因如下。

（1）区别设置网站义务是失败的直接原因。在强烈民意的推动下，韩国政府一方面决定推行网络实名制，另一方面又担心实名制可能会给中小网站带来过多的额外成本，在衡量利弊后，决定推行“有限实名制”，即日访问量在 30 万以上的网站，严格实行实名注册制度。当时符合这个访问量次数的网站有 35 家。事后证明，这个决定并不妥适。这是因为，以网站的访问量区分是否实行实名制，会造成不同网站义务的不均等，必然引起市场混乱，而且网站访问量是可以被人为操控的，这就埋下了网站弄虚作假的根源。由于网站在实名制中的差别对待，网民为避免自己的身份信息被记录，更喜欢去那些中小网站。如此便直接导致韩国大型网站营业收入锐减，冲击了正常的市场竞争秩序。后来，很多网站为规避法律，开始不显示、不计算或减少计算日访问量，这种人为控制访问次数的行为，一度让韩国政府束手无策。韩国网络实名制的约束对象仅限于境内网络公司，对后来涌进韩国市场的 Facebook、Twitter 等并不适用。这种差别对待将韩国网民全部推向了外国网络平台，这彻底引起了国内网站的愤怒，他们认为差别化的网络实名制度不仅严重侵害了正常市场竞争秩序，而且还侵害了国内网站表达传播的权利。这成为后来宪法法院认定实名制违宪的理由之一。

（2）缺乏制度保障是失败的制度原因。韩国网络实名制正式施行于 2005 年，此时网络技术尚处于初级阶段，个体网站几乎不可能全面建立起信息安全保障制度，然而网民大量的个人信息却被收集、储存在商业网站。商业网站以盈利为目的，既缺乏安全防护措施，也不愿意投入过多成本去保护网民信息安全。因此，这种个人信息保护制度上和技术上的漏洞缺陷最终直接导致了韩国 2011 年 3500 万用户资料被泄密。从 2011 年开始，大数据技术的逐渐广泛应用高度依赖数据的采集与利用。韩国政府认为，数据应用不可避免，非特定化的使用与实名制之间难以协调。同年底，李明博总统宣布将重新“检讨”实名制。总而言之，缺乏制度保障和技术保障的乌托邦式实名制，让韩国实名制建设“始乱终弃”。

（3）弄虚作假是失败的重要原因。从一开始，韩国网站就以虚报、瞒报访问量的方式来规避实名制责任，演变至后期，竟然出现网站支持的“身份证伪造器”。尤其是在国外网站不受实名制约束的背景下，韩国网站更是处心积虑对实名制阳奉阴违。正是这个原因，韩国网络实名制实施后，并未真正起到制约网络暴力的作用，当然，根本原因在于韩国网络实名制也从未真正实施过。网站与网民沆瀣一气的弄虚作假，反向刺激了网络暴力和侵权的发生。至此，韩国网络实名制名存实亡，基本失去了作用力。

第四节 新加坡的网络舆情治理

新加坡一直对媒体和信息传播实行严格管理，其网络舆情治理体系较为完善。除了严审网络舆情内容外，民众的网络素养教育也是新加坡网络舆情治理的重要一维，从而形成了鲜明的治理特色。

一 新加坡网络舆情治理的基本价值观

新加坡在国家发展进程中始终强调国家认同，推行各种族都能够接受的核心价值观。1991 年 1 月，新加坡国会通过了《共同价值白皮书》，确定了由五个方面组成的共同价值观：国家至上，社会为先；家庭为根，社会为本；关怀扶持，同舟共济；求同存异，协商共识；种族和谐，宗教宽容。[①] 这一核心价值观贯穿于新加坡学校教育和社会教化之中，成为新加坡教育的根本指引，也是新加

① 李静、王晓燕：《新加坡网络内容管理的经验及教训》，《东南亚研究》2014 年第 5 期。

坡网络舆情治理的重要基础。正是循着这一理念，新加坡网络舆情治理将政府监管、行业自律和个体发展联系在一起，注重协调各方在网络舆情治理中的作用，注重通过提升民众网络素养、培养民众批判性思维能力和网络安全意识，创建网络舆情治理的新境界。

二　新加坡网络舆情治理的特殊群体面向

截至2019年1月，新加坡互联网用户492万，预计到2023年，新加坡社交网络用户将达到470万，[①] 其中青少年所占比例较高。为此，新加坡政府从两个维度着手加强青少年相关的网络舆情治理。一方面，通过立法对网络内容进行严格审查和监管，从保护青少年的角度出发，努力净化网络环境，使青少年避免接触不健康甚至有害的网络信息；另一方面，通过各种有效途径，鼓励政府部门、传媒企业以及社会公益组织等开展各类针对青少年的网络素养教育活动和培训项目，以提升青少年的网络素养和网络安全意识。

2014年，新加坡政府提出建设"智慧国家"的倡议，计划用10年时间实现这一目标。面对人口不断老龄化的现状，新加坡政府十分关注老年群体网络素养的提升。通过制定相关目标，推进老年人网络素养教育进程；组建和赋权相关组织机构，专门负责老年群体网络素养教育工作；开展丰富多彩的实践活动，提升老年人网络素养等途径，实现了在网络舆情治理过程中不同人群全覆盖的目标。

三　新加坡网络内容的严格审查模式

新加坡以其法治严肃闻名世界，一方面，新加坡政府通过严格有效的法律制度实现了对互联网及网络舆情的规范化治理；另一方

---

① 耿益群：《新加坡网络舆情治理特色：重视提升民众的网络素养》，《中国广播电视学刊》2020年第9期。

面，在不损害公民言论自由权利的同时，加强道德宣传和公共教育，以柔性政策疏导，深化行业自律意识和家长教育责任。主要立法包括：宏观层面的《刑法》《诽谤法》《煽动法》《维护宗教融合法》，具体层面的《广播法》《网络行为法》《垃圾邮件控制法》《个人信息保护法》《互联网操作规则》《分类许可证制度》等。

新加坡媒体发展局（MDA）作为其国内互联网管理的主管机构，负责互联网服务的注册登记与内容严格的审查工作。依据《分类许可证制度》，所有的网络服务提供商（ISP）必须在 MDA 登记方能开始运作；网络内容提供商（ICP）无须专门注册，但涉及讨论政治和宗教问题的网站、网络内容提供商需要进行注册登记，预防并及时删除不良信息在互联网上的传播。而根据《互联网操作规则》的规定，新加坡政府信息与艺术部的检察署负责对网络信息进行直接监管，严禁不良信息的传播。新加坡《互联网规则》第 4 条对严禁的不良信息做出具体规定：禁止的内容是违反公共利益、公共道德、公共秩序、公共安全、民族团结，为新加坡法律所禁止的；禁止的内容应考虑是否含有色情描述、违背社会伦理、极端暴力、支持煽动民族宗教仇恨等因素；须深入考虑是否具有医疗、科学、艺术、教育价值方面的价值；如信息发布者对所发布内容是否违禁有疑虑，可以申请并参考相关部门做出的决定。对于网络谣言，如果查明谣言制造者企图故意制造或引发社会恐慌，或引发针对某些特定族群的犯罪行为，均被视为违反《刑法》第 505 条，将处以 3 年监禁、罚款或两者兼施的刑罚。新加坡政府还于 2015 年初成立新部门——新加坡网络安全局，以整合新加坡资讯通信科技安全局以及资讯通信发展管理局的部分职责，加强对网络安全及网络舆情的管制。

第五节　伊朗的网络舆情治理

伊朗长期处于复杂的地缘政治格局，网络舆情事件随时可能演变为引爆破坏公共秩序与国家安全的导火线。因此，对网络世界的争夺成为伊朗与西方世界角逐的重要战场。研究伊朗的网络舆情治理策略，可以窥探在复杂的博弈态势下如何决战网络这一无形战场。

一　西亚北非动荡简介

西亚北非动荡，是指 2010 年底开始在北非和中东地区发生的示威、游行、骚乱、政变、内战等暴力和非暴力的革命浪潮，是第二次世界大战以后中东阿拉伯地区发生的最重要事件。发生于突尼斯的突尼斯革命是导火线。一名叫穆罕默德·布瓦吉吉的 26 岁突尼斯青年，家庭贫困，一直没有固定的工作，通过卖水果和蔬菜维持一家人的生计，是家庭的主要支柱。由于没有经营许可证，布瓦吉吉摆卖水果和蔬菜曾多次被警察处罚，遭到粗暴对待。布瓦吉吉申诉无门，在 2010 年 12 月 17 日将一瓶汽油浇到自己身上点火自焚。这名青年自杀之后，引发了其他处于困境的年轻人相继自杀。这些人的自杀行为激起了人们的不满情绪，人们纷纷走上街头，控诉政府的腐败与专制。突尼斯当局采取了粗暴强硬的处理方式，警方在处理示威抗议时造成了流血冲突。突尼斯发生了骚乱，局势失控，总统本·阿里出逃他国寻求政治避难，其政权被推翻，前后历时共 29 天。相似的语言、文化、社会、政治状况使得突尼斯的动乱迅速蔓延至其他阿拉伯国家和邻近地区，利比亚、埃及、也门、叙利亚、巴林出现政权崩溃或大规模叛乱与社会暴力，摩洛哥、伊拉克、阿尔及利亚、黎巴嫩、约旦、科威特、阿曼、苏丹发生持续的街头示威，吉布提、毛里塔尼亚、巴勒斯坦、沙特阿拉伯、摩洛哥控制的西撒哈拉发生小规模的抗议。阿拉伯世界游行示威者的主要口号是“人民想要现政权下台”。谁也未曾预料到一次粗暴的执法能颠覆国家政权，一名青年的自焚能激起整个阿拉伯世界的动荡。

由于在突尼斯推翻本·阿里政权的革命和埃及推翻穆巴拉克政权的革命中，民众大量使用 Twitter、Facebook 等社交媒体在网络上进行串联，在短时间集结大批民众掀起声势浩大的政治运动，许多媒体把西亚北非动荡称之为“推特革命”或“脸书革命”。[①]

二 网络舆情对伊朗的影响

网络舆情是社会现状和问题的“投射”，是民情民意公共表达的集聚反映。但网络舆情往往与社会转型期的各种矛盾和敏感问题结合紧密，而且在信息全球化时代非常容易受到内外敌对势力的煽动利用，易成为引发“街头政治”或群体性事件的导火线。互联网打破了国与国之间的边界，弱化了国家对社会信息的控制，削弱了国家主流意识形态的影响力，对国家主权安全、信息安全、政治制度安全以及意识形态安全等方面构成严峻挑战。

2009 年 6 月 12 日，伊朗举行了第十届总统选举。保守派候选人、现总统内贾德和改革派候选人、前总理穆萨维被外界普遍认为是最有竞争力的两名候选人。由于此次选举结果对伊朗的未来将产生重要的影响，伊朗民众对选举展示出了空前高涨的政治热情。但谁也无法料想，伴随着 6 月 13 日伊朗内政部宣布内贾德以压倒性优势取胜，伊朗改革派与保守派之间就选举是否公开、公平、公正的争议越来越大，抗议活动愈演愈烈，来自伊朗内部和外部的大量

---

① 吕文增：《网络政治与社会运动——以“阿拉伯之春”为例》，《比较政治学研究》2019 年第 2 辑。

信息开始在网上传播，并引发了世界性瞩目的伊朗选举危机。从披露的信息看，以美国为首的西方国家在这场选举危机背后扮演了重要的角色。首先，美国等西方国家在伊朗总统选举当晚就通过手机、网络等方式发布消息称，伊朗宪法监护委员会已经通知穆萨维其赢得总统选举的消息，营造了“先入为主”的选举结果预期。于是当数小时后，伊朗官方宣布内贾德获胜的消息后，本来真实的信息却似乎成为一场骗局、一个阴谋。由于“先入为主”的胜选预期，改革派民众对选举结果表示出极度的抗拒与不信任，一些社交网站和微博客的用户也开始通过手机短信发布一些关于政治危机和街头抗议行动的信息，这些信息又鼓动了大量支持改革派的伊朗青年走上街头，引发了大规模集会抗议。可以看出，美国利用手中的信息技术优势，积极干预、影响伊朗总统大选，通过预设话题，刻意引导伊朗境内支持改革派的部分民众形成某种一致的舆情意见，与伊朗官方形成强烈的意见冲突，引发伊朗境内两派持续交锋，对伊朗国内稳定造成了严重影响。

2011 年，席卷阿拉伯世界的运动也波及了伊朗的胡齐斯坦省，虽然抗议活动仅持续了数天（2011 年 4 月 15 日至 2011 年 4 月 18 日），但仍造成 12 人死亡的严重后果。[①]

三 伊朗网络舆情管理策略

伊朗自 21 世纪初开始大规模信息化建设，经过十几年发展，取得了长足进步。世界经济论坛发布的《全球信息技术报告 2016》中的数据显示，2016 年伊朗的网络就绪指数中网络空间综合就绪指数为 3.7，在 139 个国家中排名第 92 位。[②] 在伊朗各类信息通信指

---

① 吕文增：《网络政治与社会运动——以“阿拉伯之春”为例》，《比较政治学研究》2019 年第 2 辑。

② 《2016 年全球信息技术报告》，https：//www. weforum. org/reports/the－global－information－technology－report－2016。

标中，只有“基础设施”一项与中上收入国家的平均水平有较大差距，其余各项指标已达到中上收入国家的平均水平。

然而，互联网传播着西方文化和价值观念，不断动摇着伊朗穆斯林既有的生活方式、行为准则，从而造成价值标准的混乱和精神困惑。伊朗国内各方政治势力派别出于对国家利益的不同认识和判断，导致了各方势力对信息化建设发生了观念上的冲突，在网络舆情管理策略上也存在差异。改革派在承认伊斯兰价值观的前提下，主张在伊斯兰框架内开放、辩证地吸收西方价值观中的有益成分。而保守派坚决维护伊斯兰价值观在伊朗的主导地位，对任何来自西方的新兴事物都保持着高度警惕。哈塔米总统是改革派，其任期内（1997—2005）着力在国内发展新的传媒领域，拓宽信息的传输渠道，倡导“文明间对话”，希望与更多的国家展开多层次、多频率的互动，扩大伊朗在国际社会的影响力。[①] 在哈塔米时期，伊朗网络环境相对较开放，舆情管理相对较宽松。而内贾德总统具有强烈的保守派背景，任期内（2005—2013）通过出台专门法规和设立相应的管理机构，强化了中央政府对信息化建设过程中的监督管理。在2009年出台首部计算机犯罪法（CCL）。伊朗司法系统在计算机犯罪法的框架下，还被授权建立一个由伊朗检察长领导下的部门来进行专门网络空间的监测。确定犯罪内容委员会（CDICC）在司法机构的管理下运行，其职能为负责监测网络空间，决定什么内容应被过滤和阻止，监督伊朗的数据通信公司和互联网服务提供商，筛选出其中登载不符合法律法规内容的网站。此外，建立了“世界一流的互联网控制和审查系统”（2009）。该系统既可军用也可民用，不仅能封锁网站或阻碍网络访问，还能广泛监测和收集个人的网上

① 罗炯杰、冀开运：《伊朗信息化建设历程探析》，《内蒙古民族大学学报》（社会科学版）2018年第2期。

通信内容，甚至修改内容传递假消息。[①] 该网络审查系统加大了伊朗的网络审查力度，能抵御来自外部的网络攻击，但对网络传输速度造成不利影响。

此外，由于伊朗和以美国为首的西方世界长期处于政治文化冲突和地缘政治博弈状态的复杂情势，伊朗域内网络舆情极易与境外势力相勾连，美国等西方势力利用网络极尽渗透、煽动之能事，伊朗则全力反制，双方在网络空间明争暗斗。因此，伊朗网络舆情管理是一种特殊的网络安全策略，维护伊朗网络安全的力量主要有政府机构和代理人。

（一）政府机构

政府机构是伊朗网络舆情治理以及实施网络安全策略的主导力量。

（1）通信与信息技术部

2011 年 7 月，伊朗成立了通信与信息技术部。该部下设伊朗电信研究中心，后者在各个高科技领域，尤其是在信息安全领域的尖端研究中发挥着关键作用。在通信与信息技术部的领导下，伊朗随后还建立了马赫信息安全中心，以便及时处置网络攻击及其他挑战。

（2）伊朗网络警察

2011 年 1 月，伊朗新成立的网络警察部门开始正式运转。该部门主要负责打击网络犯罪和监视伊朗境内的在线活动，其任务包括入侵不同政见者的网站和电子邮箱，以免有人利用互联网从事间谍及破坏活动。

（3）网络空间最高委员会

2012 年 3 月，为了协调网络攻击与网络防御，伊朗最高领导人

---

① 龚汉卿、张运雄、郝志超：《伊朗网络战能力研究》，《信息安全与通信保密》2021 年第 4 期。

哈梅内伊创建了一个由高级军事和情报官员组成的“网络空间最高委员会”（亦称“网络空间高级理事会”），以负责协调伊朗政府的网络空间政策以及进攻性与防御性网络战。凡是涉及网络业务的组织或团体，都必须执行该委员会的政策。

（4）国家网络空间中心

该中心是网络空间最高委员会的下设机构，主要关注网络信息的内容及国内互联网的安全管控。根据伊朗2013年发布的《国家网络空间中心规范》，该部门还负责“做好与敌人展开文化战争的准备”。

（5）情报与安全部

该部门类似美国国家安全局，主要负责收集信号情报。

（6）电子战与网络防御组织

该组织隶属于伊斯兰革命卫队，主要负责提供网络防御方面的培训课程、阻止网络访问以及审查在线内容和通信。

（二）代理人

代理人主要为出于爱国或经济目的的独立黑客，此外也包括一些私营承包商和准政府组织。他们要么得到了伊朗政府的支持，要么在伊朗政府的默许下开展行动，在伊朗网络安全战中扮演着重要角色。

（1）马布纳研究所

这是一家私人承包商，能够根据伊朗政府和伊朗革命卫队的要求，实施计算机入侵、电信欺诈和数据盗窃等活动。

（2）“伊朗网军”

该组织成立于2005年，主要负责网络攻击。“伊朗网军”与伊朗革命卫队存在千丝万缕的联系。伊朗政府会指示该组织入侵“敌方网站”，转移互联网流量，并入侵外国媒体网站和社交媒体平台。

（3）APT33

该组织堪称伊朗黑客组织的领军团队，其攻击对象包括航空航天、国防和能源企业。该组织通常以沙特拥有和运营的机构为攻击目标，但有时也会攻击美国和韩国等国的机构。

（4）Copy Kittens。该组织从 2013 年开始活跃，其攻击范围包括以色列、沙特阿拉伯、土耳其、美国、苏丹和德国等。

（5）Oil Rig

该组织的主要攻击目标是中东地区的企业，并常常利用组织之间的信任关系来发起供应链攻击。

（6）Operation Cleaver

该组织从 2012 年开始活跃，主要攻击范围包括加拿大、中国、英国、法国、德国、印度、以色列、科威特、墨西哥、巴基斯坦、卡塔尔、沙特阿拉伯、韩国、土耳其、阿拉伯联合酋长国和美国等。

（7）Muddy Water

主要攻击中东国家，有时也会攻击欧洲和北美国家。该组织的主要攻击目标是电信企业、政府机构（IT 服务）和石油行业，并喜欢使用开源工具来发动攻击。

可以看出，伊朗两大网络安全力量有着明确的任务分工，政府机构主内，代理人主外。网络战已成为伊朗应对西方世界渗透、攻击的重要形式和手段，是伊朗一种重要的非对称作战方式。

第六节　澳大利亚的网络舆情治理

尽管存在地广人稀的天然劣势，但澳大利亚在互联网建设以及互联网产业发展上仍可圈可点。澳大利亚重视网络的管理，在网络内容的监管上走在世界前列，不仅优化了网络内容立法，打造了全面的监管体系，还对一些治理举措进行了大胆的尝试。

一 澳大利亚互联网发展现状

互联网在澳大利亚的出现要追溯到1986年，当时澳大利亚计算机科学网络（ACSNet）获得了沿用至今的.au域名。1989年，澳大利亚正式接入互联网。此后，互联网使用率不断上升。2004—2005年度为16%，2010—2011年度达到73%，2014—2015年度，澳大利亚86%的家庭使用互联网，达到770万。[①] 据美国皮尤研究中心（Pew Research Center）统计，2016年澳大利亚互联网普及率达93%，仅次于韩国的96%，居世界第二。2018年10月，澳大利亚统计局（Australian Bureau of Statistics）公布《互联网活动调查》，截至2018年6月，澳大利亚互联网用户达1470万。和其他经合组织国家相比，澳大利亚的互联网网速慢，收费贵，覆盖农村地区难度很大。

根据澳大利亚标准工业分类系统（2006年版），互联网属于信息传媒电信业（IMT）。信息传媒电信业包含七个分行业：（1）出版（互联网与音乐出版除外）；（2）电影与音乐；（3）广播（互联网除外）；（4）互联网出版与广播；（5）电信服务；（6）互联网服务、搜索门户网站与数据处理服务；（7）图书馆与其他信息服务。澳大利亚统计局通过经济活动调查（Economic Activity Survey）收集该行业的有关数据。2014年6月底，整个IMT的就业人数大约为16.5万人，与2013年相比减少2.4%。其中电信服务雇用人数最多，为34.3%，其次为出版业（互联网与音乐出版除外），为23.5%。从就业人数变化来看，互联网服务、搜索门户网站与数据处理服务增长最快，和2013年相比增加17.2%，其次为电信服务（4.5%），互联网出版与广播排在第三（4.1%）。相比之下，传统

① 赵力涛：《澳大利亚的互联网——发展、治理与挑战》，《汕头大学学报》（人文社会科学版）2017年第9期。

媒体就业人数呈现萎缩趋势，例如出版业（互联网与音乐出版除外）下降了 11.5%。从收入和支出来看，整个 IMT 的收入为 74 亿澳元，支出为 66 亿澳元，电信的比重最大，在收入和支出中都占到了 55.7%。互联网服务、搜索门户网站与数据处理服务的收入增长最快，和 2013 年相比增加了 17.4%。整个 IMT 的利润达到了 190 亿澳元，其中电信服务贡献了 67.1%。行业的基建支出为 140 亿澳元，比 2013 年增长 29.6%。电信业贡献了 84.1%，其他的分行业都有不同程度的增长，整个 IMT 行业的工业附加值为 360 亿澳元，相对规模很小，只占澳大利亚工业附加值的 3.5%。

澳大利亚的企业最近几年互联网的使用率有所上升，其中变化最大的是社交媒体的使用率，从 2011—2012 年度的 18.1% 增加到 2013—2014 年度的 30.8%。通过互联网接受订单的企业/公司也在增加，2011—2012 年度有 27.8% 的企业/公司接受互联网的订单，2013—2014 年度这一比例增加到 33.2%。相应的线上销售额也在增长，从 2011—2012 年度的 2371 亿澳元增加到 2013—2014 年度的 2668 亿澳元。不同规模企业/公司的互联网行为也有所差别，规模越大的企业/公司越有可能拥有自己的网站和社交媒体，越有可能通过互联网进行交易。

二　澳大利亚网络内容监管概述

（一）澳大利亚互联网法治建设历程

澳大利亚互联网法规所依托的法案最初为《广播服务法（1992）》中的第 5、7 条专项条款，该法案于 1993 年实施，以代替 1942 年的《广播法案（1942）》。这是澳大利亚主要的传媒法，主要制定宏观的广播政策的目标和原则，而法案细则则延伸向不同的传媒领域，包括互联网。

1. 1994—1999 年：有关条款的调研、讨论与修订

1994 年 8 月，澳大利亚政府所辖的传播和艺术部成立专门工作组开展有关互联网管理的调查，推出了《网络论坛规范报告》。1996 年 7 月，调查报告《在线服务内容的调查》正式发布，澳大利亚广播局承担起新的互联网自我规范的责任。1999 年 4 月，传播、信息科技与艺术部参议员阿尔森在参议院提出互联网审查制度立法提案，并作为对《广播服务法案》第 5、7 条的修正案。1999 年 6 月，经过长达五年的酝酿、筹划与讨论，《广播服务修订法案（1999）》以正式的互联网审查法规的面目出现，标志着澳大利亚互联网法治化进入新的轨道。①

2. 2000—2006 年：互联网审查法规的细化实施

2000 年元旦，澳大利亚宣布《广播服务修订法案（1999）》正式实施，互联网行业协会和各党派在《互联网审查制度》的框架下，开展细则化、深入化的互联网规章制定与实施工作，如 2003 年，澳大利亚互联网行业会推出《互联网服务提供者强制过滤计划》。2006 年，劳工党推出《互联网提供者强制过滤/封锁计划》，这些细则的出台，从不同角度丰富和完善了互联网审查法规体系。

3. 2007 年至今：互联网法治管理的强度不断提升

首先，澳大利亚传媒局正式成为官方指定的互联网管理机构。2008 年 1 月，根据实施的《广播服务修订法案（1999）》审查立法的扩展范围认定，澳大利亚传媒局被赋予互联网内容过滤的权力，负责拟定“审查黑名单”和处理群众对于互联网问题的投诉，职责进一步明晰。其次，法规制定走向广域化、全面化。2007 年颁布的《传播立法修正案（内容服务）（2007）》规定了各种互联网的审查新规定。从 2008 年 1 月开始，联邦政府开始扩大互联网内容审查

① 李斌：《澳大利亚如何依法治网》，《青年记者》2015 年第 15 期。

范围，开始审查以前不曾包含的商业 MA +15 级别的内容、境外 R18 +级别的内容等，这些法规不但涉及面广，而且相关惩处力度不断加大。[①] 最后，法规实施更加严格。2007 年 11 月，新任的工党政府宣布截至当年底，政府对列入澳大利亚传媒局黑名单的内容实施《强制互联网服务商封锁计划》，这就意味着互联网审查不再是自愿的而是强制的。2014 年 9 月，政府特工机构又以反恐的名义，被赋权监管全国的互联网，互联网法治力度与强度空前加大。

（二）澳大利亚网络内容监管体系

1. 监管主体

澳大利亚网络内容监管主体以政府部门、行业组织为代表。

（1）政府部门

澳大利亚网络内容监管初步形成了以澳大利亚通信与媒体管理局和澳大利亚电子安全专员办公室为主体，以澳大利亚信息专员办公室、澳大利亚通信与艺术部下属分级委员会、澳大利亚国防信号局下属澳大利亚网络安全中心等为辅助的监管机构。[②] 澳大利亚通信与媒体管理局负责对广播、数据广播、互联网、商务内容服务和网络内容服务予以监管，围绕“通信基础设施”“内容、消费和公民”“组织与研究”“法律服务”这四个板块，制定稳定且有预见性的监管政策，有效处理《广播服务法》规定的违法内容和行为，在维护消费者和用户权益的同时，推动互联网、网络内容行业的自我监管和竞争，为其发展创造良好的环境。澳大利亚电子安全专员办公室以维护网络安全为宗旨，为澳大利亚公民特别是青少年提供网络欺凌投诉和违法内容投诉服务，采取有效行动删除“禁止内容”和“潜在禁止内容”，同时为年轻人、妇女、教师、父母、老

---

① 李斌：《澳大利亚如何依法治网》，《青年记者》2015 年第 15 期。

② 黄先蓉、程梦瑶：《澳大利亚网络内容监管及对我国的启示》，《出版科学》2019 年第 3 期。

年人和社区团体提供特定的内容，开展网络安全教育。在澳大利亚通信与媒体管理局和澳大利亚电子安全专员办公室主导的网络内容监管框架下，澳大利亚信息专员办公室负责保护公民隐私权和信息自由权，澳大利亚分级委员会负责对电影、电脑游戏和在澳大利亚展览、销售或租赁的出版物予以分级，澳大利亚网络安全中心负责保护澳大利亚网络安全，而澳大利亚联邦、州和地区警署部门则负责开展网络执法。

（2）行业组织

澳大利亚互联网行业协会和澳大利亚通信联盟在澳大利亚网络内容监管中起着不可忽视的作用。澳大利亚互联网行业协会先后发布《内容服务规则》和《互联网产业实践规则：网络和移动内容》，以明确商业内容服务商、互联网服务提供商、内容存储商和移动运营商的职责与功能，指导它们更好地履行法律义务，为其提供清晰、有效的自我监管评估制度。澳大利亚通信联盟代表会员向联邦、州、地区政府和机构进行交流，以维护会员共同利益，同时，保护、维护和鼓励互联网服务提供商和内容提供商的融合，并对其不良行为予以严厉打击。2014 年，澳大利亚通信联盟接管了互联网行业协会的相关工作，成为澳大利亚网络内容行业自律中的中流砥柱。

2. 监管客体

澳大利亚《广播服务法》附录 5“在线服务”、附录 7“内容服务”和附录 8“在线内容服务”在法律层面构建了澳大利亚网络内容监管框架，并对其监管客体网络内容予以明确界定。[①] 网络内容是一种可以储存在数据存储设备上，且可通过互联网传输服务访问的信息，但不包括普通电子邮件（不包括新闻推送）和以广播服

---

① Broadcasting Services Act 1992，2019 - 01 - 22，https：//www. legislation. gov. au/Details/C2018C00375.

务形式传送的信息。

三　澳大利亚网络信息过滤计划

2008 年 5 月，澳大利亚政府推出加强互联网安全的一揽子计划，拟在 4 年内投入 1.25 亿澳元，旨在防范网络不良信息对个人隐私、经济利益和国家安全的威胁，并实施互联网强制过滤计划。2009 年 12 月，澳大利亚政府公布了《传播服务法》修正案草案，并拟于 2010 年正式立法。首先，草案规定加强网络安全的三项相关措施，并将实施互联网强制过滤作为“互联网安全计划”的重要组成部分。草案规定加强网络安全首先要引入互联网强制过滤。要求澳大利亚所有互联网服务商（ISP）必须使用过滤系统，以堵截来自海外网站的违规内容。其次，鼓励 ISP 在政府协助下，自愿提供额外的过滤服务，并增加相关投入扩大网络安全教育计划，以提高民众对网络安全的认识。最后，修正案草案还规定，为实现对 RC 级网址（根据澳大利亚国家信息分类方案，RC 级信息包括性侵犯儿童、性暴力、犯罪指南、吸毒、鼓励恐怖主义活动等）的过滤，ISP 必须在法案通过后 12 个月内安装过滤系统。所有 ISP 都必须提供过滤服务，包括向手机、上网游戏机提供网络服务的 ISP。法律修正案生效 12 个月后，对仍未能过滤 RC 级网站的 ISP，将给予最高每天 2.75 万澳元的罚款。

《澳人报》2010 年初的一份民意调查显示，澳大利亚多数民众对互联网强制过滤计划表示支持，其中，支持政府规范网络信息的受访者有 62%，支持政府采用强制性过滤措施屏蔽存在 RC 级内容网站的受访者有 80%。澳大利亚查尔斯特大学开展的民意调查也显示，有 93% 的家长支持强制性网络过滤。澳大利亚基督教团体认为，网络并非完全自由的地带，从科技发展和社会期望角度看，政府引入强制性网络过滤是好事。

但是，也有部分互联网服务商和业界人士对此存在异议。有的认为，境外网站被过滤后会很快更换网址，或将导致 RC 网址名单不断扩大，对网速造成影响。有些网络专家则表示，过滤系统很容易被绕开，如许多儿童色情信息通过点对点网络或者聊天软件直接传播，过滤系统就无法起作用。澳大利亚通信部和联邦议会网站曾遭一些反对强制过滤的黑客数次攻击。

参考文献

一　中文著作/译著

[1] 埃弗雷特·M. 罗杰斯：《创新的扩散》，辛欣译，中央编译出版社 2002 年版。

[2] 彼得·泰勒顾柏、詹斯·金：《社会科学中的风险研究》，黄觉译，中国社会劳动保障出版社 2010 年版。

[3] 陈力丹：《舆论学——舆论导向研究》，中国广播电视出版社 1999 年版。

[4] 丹尼斯·麦奎尔：《大众传播模式论》，祝建华译，上海译文出版社 1987 年版。

[5] 方付建：《把脉网络舆情》，华中科技大学出版社 2015 年版。

[6] 郭小平：《风险社会的媒体传播研究——社会建构论的视角》，学习出版社 2013 年版。

[7] 韩运荣、喻国明：《舆论学原理、方法与应用》，中国传媒大学出版社 2005 年版。

[8] 郝纳根：《功能共振分析方法——复杂社会—技术系统建模》，田瑾、吴居宜、杨启舶、高娟娟译，国防工业出版社 2015 年版。

[9] 赫伯特·甘斯：《什么在决定新闻》，石琳、李洪涛译，北京大学出版社 2009 年版。

［10］李春华、冯霞、吴勇：《坚持正确舆论导向的体制机制研究》，中国社会科学出版社 2018 年版。

［11］刘建明：《舆论传播》，清华大学出版社 2001 年版。

［12］刘毅：《网络舆情研究概论》，天津人民出版社，2007 年版。

［13］彭兰：《新媒体用户研究：节点化、媒介化、赛博格化的人》，中国人民大学出版社 2020 年版。

［14］彭铁元：《网络舆情管理学》，湖北教育出版社 2015 年版。

［15］乔纳森·H. 特纳：《人类情感：社会学的理论》，孙俊才、文军译，东方出版社 2009 年版。

［16］人民网舆情检测室：《如何应对网络舆情》，新华出版社 2011 年版。

［17］汤景泰：《危机传播管理》，经济日报出版社 2015 年版。

［18］王国华、曾润喜：《解码网络舆情》，华中科技大学出版社 2011 年版。

［19］王来华：《舆情研究概论》，天津社会科学院出版社 2003 年版。

［20］杨冬雪：《风险社会与秩序的重建》，社会科学文献出版社 2005 年版。

［21］俞可平：《治理与善治》，社会科学文献出版社 2000 年版。

［22］俞可平：《走向善治——国家治理现代化的中国方案》，中国文史出版社 2016 年版。

［23］张志安、卢家银：《互联网与国家治理蓝皮书：互联网与国家治理发展报告（2020）》，社会科学文献出版社 2021 年版。

［24］中共中央宣传部舆情信息局：《舆情信息工作概论》，学

习出版社 2006 年版。

［25］中共中央宣传部舆情信息局：《网络舆情信息工作理论与实务》，学习出版社 2009 年版。

［26］周蔚华、徐发波：《网络舆情概论》，中国人民大学出版社 2015 年版。

二 中文文献

［1］毕宏音：《网络舆情形成与变动中的群体影响分析》，《天津大学学报》（社会科学版）2007 年第 3 期。

［2］陈华明、孙艺嘉：《情感线逻辑下的网络舆情生发演化机理与治理研究》，《西南民族大学学报》（人文社科版）2022 年第 5 期。

［3］陈云松：《互联网使用是否扩大非制度化政治参与——基于 CGSS2006 的工具变量分析》，《社会》2013 年第 5 期。

［4］丁柏铨：《论网络舆情》，《新闻记者》2010 年第 3 期。

［5］丁柏铨：《略论舆情——兼及它与舆论、新闻的关系》，《新闻记者》2007 年第 6 期。

［6］董俊祺：《韩国网络实名制治理及启示》，《中国人民公安大学学报》（社会科学版）2015 年第 6 期。

［7］范晨虹、谭宇菲：《网络舆情事件对城市形象建构的影响研究》，《情报杂志》2019 年第 12 期。

［8］耿益群：《新加坡网络舆情治理特色：重视提升民众的网络素养》，《中国广播电视学刊》2020 年第 9 期。

［9］龚汉卿、张运雄、郝志超：《伊朗网络战能力研究》，《信息安全与通信保密》2021 年第 4 期。

［10］郭庆光：《大众传播、信息环境与社会控制——从“沉默的螺旋”假说谈起》，《新闻与传播研究》1995 年第 3 期。

［11］韩宗生：《风险社会理论范式的批判性阐释》，《华东理工大学学报》（社会科学版）2018 年第 2 期。

［12］黄先蓉、程梦瑶：《澳大利亚网络内容监管及对我国的启示》，《出版科学》2019 年第 3 期。

［13］黄志雄、刘碧琦：《德国互联网监管：立法、机构设置及启示》，《德国研究》2015 年第 3 期。

［14］姬德强：《平台化治理：传播政治经济学视域下的国家治理新范式》，《新闻与写作》2021 年第 4 期。

［15］李斌：《澳大利亚如何依法治网》，《青年记者》2015 年第 15 期。

［16］李波：《网络舆情中微博意见领袖的培养和引导》，《新闻大学》2015 年第 1 期。

［17］李畅、陈华明：《社交媒体在社会突发暴力事件风险传播中的情感动员研究》，《新闻界》2016 年第 16 期。

［18］李东：《日本社会舆论形成的三极模式评析》，《新闻与传播研究》1996 年第 4 期。

［19］李礼：《网络舆情的生成机理与政府善治》，《首都师范大学学报》（社会科学版）2016 年第 3 期。

［20］李良荣、张盛：《互联网与大众政治的勃兴——“新传播革命”研究之一》，《现代传播》（中国传媒大学学报）2012 年第 3 期。

［21］凌复华：《突变理论——历史、现状和展望》，《力学进展》1984 年第 4 期。

［22］刘成波：《政府网络舆情危机管理及其应对》，《学校党建与思想教育》2018 年第 17 期。

［23］刘毅：《刍论中国古代舆情收集制度》，《天津大学学报》（社会科学版）2007 年第 5 期。

[24] 刘正祥：《网络言论的失范及其法律规制》，《政法学刊》2010 年第 2 期。

[25] 罗炯杰、冀开运：《伊朗信息化建设历程探析》，《内蒙古民族大学学报》（社会科学版）2018 年第 2 期。

[26] 吕文增：《网络政治与社会运动——以“阿拉伯之春”为例》，《比较政治学研究》2019 年第 2 期。

[27] 毛太田、蒋冠文、李勇、赵蓉、高凯：《新媒体时代下网络热点事件情感传播特征研究》，《情报科学》2019 年第 4 期。

[28] 毛湛文：《新媒体事件研究的理论想象与路径方法——“微博微信公共事件与社会情绪共振机制研究”开题研讨会综述》，《新闻记者》2014 年第 11 期。

[29] 任立肖、张亮、杜子平、李杨：《复杂网络上的网络舆情演化模型研究述评》，《情报科学》2014 年第 8 期。

[30] 沈逸：《控制优先：9·11 后的美国国家信息安全政策》，《复旦学报》（社会科学版）2006 年第 4 期。

[31] 孙江、秦小琪：《网络舆情隐喻化及纠偏治理机制研究》，《现代传播》（中国传媒大学学报）2019 年第 4 期。

[32] 孙卫华：《中共十八大以来网络舆情与治理的结构转型》，《天津师范大学学报》（社会科学版）2017 年第 3 期。

[33] 汪明艳、余丽彬、朱译冰：《舆论反转中群体极化效应的影响因素研究》，《情报杂志》2018 年第 9 期。

[34] 王灿发、张哲瑜：《新中国 70 年媒体格局的变化及舆论引导策略的创新》，《新闻爱好者》2019 年第 8 期。

[35] 王国华、张剑、毕帅辉：《突发事件网络舆情演变中意见领袖研究——以药家鑫事件为例》，《情报杂志》2011 年第 12 期。

[36] 王建明：《我国近代舆情概念的使用及其思想内涵的历

史嬗变》,《天津师范大学学报》(社会科学版)2019 年第 6 期。

［37］王平、谢耘耕:《突发公共事件网络舆情的形成及演变机制研究》,《现代传播》(中国传媒大学学报)2013 年第 3 期。

［38］温淑春:《网络舆情对政府管理的影响及其应对机制探讨》,《理论与现代化》2009 年第 5 期。

［39］夏立新、毕崇武、梅潇、陈健瑶、叶光辉:《基于事件链的网络舆情事件演化研究》,《情报理论与实践》2020 年第 5 期。

［40］谢耘耕、李丹珉:《网络舆情监测分析的十大趋势》,《新闻记者》2020 年第 12 期。

［41］徐萍、付兵:《网络谣言的传播机理与治理途径研究》,《哈尔滨工业大学学报》(社会科学版)2020 年第 5 期。

［42］薛瑞汉:《国外网络舆情管理和引导的主要经验及对我国的启示》,《中共福建省委党校学报》2012 年第 9 期。

［43］杨婷:《韩国网络实名制发展脉络研究及反思》,《西南政法大学学报》2018 年第 2 期。

［44］姚怡帆、叶中华:《社会治理创新的逻辑转向——基于协同治理理论》,《领导科学论坛》2020 年第 23 期。

［45］张华:《网络社群:网络舆情研究的核心概念和分析框架》,《新闻界》2014 年第 15 期。

［46］张权、燕继荣:《中国网络舆情治理的系统分析与善治路径》,《中国行政管理》2018 年第 9 期。

［47］张涛甫:《再论媒介化社会语境下的舆论风险》,《新闻大学》2011 年第 3 期。

［48］张志安、张美玲:《网民社会心态与舆论引导范式转型》,《社会科学战线》2016 年第 5 期。

［49］赵力涛:《澳大利亚的互联网——发展、治理与挑战》,《汕头大学学报》(人文社会科学版)2017 年第 9 期。

［50］郑昌兴、苏新宁、刘喜文：《突发事件网络舆情分析模型构建——基于利益相关者视阈》，《情报杂志》2015 年第 4 期。

［51］周廷勇：《从“威权舆论”到“权威舆论”——“微时代”主流舆论的解构与重振》，《重庆工商大学学报》（社会科学版）2012 年第 6 期。

［52］周伟：《自媒体时代网络舆情政府回应困境与消解路径》，《情报杂志》2018 年第 4 期。

［53］朱晓峰：《生命周期方法论》，《科学学研究》2004 年第 6 期。

［54］邹军：《中国网络舆情综合治理体系的构建与运作》，《南京师大学报》（社会科学版）2020 年第 2 期。

［55］左蒙、李昌祖：《网络舆情研究综述：从理论研究到实践应用》，《情报杂志》2017 年第 10 期。

三　英文文献

［1］Aboudzadeh N., Shoshtari A., “Hashemnia S. Crisis management: Planning for the inevitable”, *Management Science Letters*, Vol. 4, No. 6, 2014.

［2］Clarkson M. E., “A stakeholder framework for analyzing and evaluating corporate social performance”, *Academy of management review*, Vol. 20, No. 1, 1995.

［3］Clough P. T., “The affective turn: Political economy, biomedia and bodies”, *Theory, culture & society*, Vol. 25, No. 1, 2008.

［4］Fischhoff B., “Risk perception and communication unplugged: twenty years of process 1”, *Risk analysis*, Vol. 15, No. 2, 1995.

［5］Kasperson R. E., Renn O., Slovic P., et al., “The social amplification of risk: A conceptual framework”, *Risk analysis*, Vol. 8,

No. 2, 1988.

[6] Katz E., Shibutani T., "Improvised News: A Sociological Study of Rumor", *American Sociological Review*, Vol. 34, No. 5, 1969.

[7] Kleinginna P. R., Kleinginna A. M., "A categorized list of emotion definitions, with suggestions for a consensual definition", *Motivation and emotion*, Vol. 5, No. 4, 1981.

[8] Krotz F., "The meta – process of mediatization as a conceptual frame", *Global media and communication*, Vol. 3, No. 3, 2007.

[9] Leiss W., "Three phases in the evolution of risk communication practice", *The Annals of the American Academy of Political and Social Science*, Vol. 545, No. 1, 1996.

[10] Li L., "Political trust in rural China", *Modern China*, Vol. 30, No. 2, 2004.

[11] National Research Council, *Improving Risk Communication*, Washington: National Academy Press, 1989.

[12] Starr C., "Social benefit versus technological risk: what is our society willing to pay for safety?" Science, Vol. 165, No. 3899, 1969.

[13] Stoker G., "Public value management: A new narrative for networked governance? ", *The American review of public administration*, Vol. 36, No. 1, 2006.

[14] Taylor R. S., "Value – added processes in the information life cycle", *Journal of the American Society for Information Science*, Vol. 33, No. 5, 1982.